스페인어 진짜학습지 버전업 부록

성취도 평가

스페인어 진짜학습지 버전업 부록 성취도평가

여러분의 스페인어 실력을 점검할 수 있도록, **스페인어 진짜학습지 버전업 교재**의 학습 진도율에 맞춰 총 4회분의 성취도평가를 제공합니다.

본편 **Día 01 ~ Día 18 학습 완료**	➡	성취도평가 ❶ 문제풀기
본편 **Día 19 ~ Día 36 학습 완료**	➡	성취도평가 ❷ 문제풀기
본편 **Día 37 ~ Día 54 학습 완료**	➡	성취도평가 ❸ 문제풀기
본편 **Día 55 ~ Día 72 학습 완료**	➡	성취도평가 ❹ 문제풀기

성취도평가 문제를 풀어 보면서
여러분의 스페인어 실력을 마지막으로 확인해 보세요!

성취도평가 ❶

스페인어 진짜학습지 버전업

20 .   .

평가 부분 본편 Día 01 ~ Día 18 학습내용   나의 점수   개 / 20개

1 다음 중 관사의 쓰임이 올바르지 못한 문장을 고르세요.

❶ Picasso es un pintor español.

❷ Mi padre es el bombero.

❸ El hijo de mi vecino es alto.

❹ Hay un hombre en el parque.

2 다음 중 동사의 규칙 변화의 형태가 올바르지 않은 문장을 고르세요.

❶ Nosotros tocemos la guitarra en la plaza.

❷ Tú hablas español muy bien.

❸ Ellos escriben una carta.

❹ Vosotros abrís la ventana.

3 동사의 불규칙 변화형이 올바르게 나열된 것을 고르세요.

❶ o>ue 변화 불규칙동사 – dormir, poder, recordar, romper

❷ e>ie 변화 불규칙동사 – querer, pesar, empezar, preferir

❸ e>i 변화 불규칙동사 – pedir, servir, repetir, seguir

❹ -g- 삽입 불규칙동사 – poner, ser, tener, venir

4 다음 중 목적격 대명사의 기본 형태가 아닌 것을 고르세요.

① me

② se

③ les

④ os

5 다음 중 문법적으로 올바르지 않은 문장을 고르세요.

① Os llama el profesor.

② ¿Me quieres?

③ Elena nos invita a su casa.

④ Quiero a ti.

6 빈칸에 들어갈 알맞은 의문사를 고르세요.

> 보기   ¿_____ años tiene tu hermano?

① Cuál

② Cuántos

③ Dónde

④ Quién

7 다음 한국어 문장을 스페인어로 올바르게 바꾼 것을 고르세요.

> 보기   이것이 내가 새로 이사한 집이에요.

① Esta es mi casa nueva.

② Esta es una gran casa.

③ Esta es una casa grande.

④ Esta es mi nueva casa.

8 다음 중 의미가 올바르게 연결되지 않은 것을 고르세요.

① muchos amigos – 많은 친구들

② varias frutas – 다양한 과일들

③ poca agua – 거의 없는 물

④ poca imaginación – 약간의 상상력

9 다음 중 부정적인 의미를 가지는 문장을 고르세요.

① Julia trabaja demasiadas horas.

② Nosotros tenemos varios días de vacaciones.

③ Yo hablo español bastante bien.

④ Tenéis suficiente dinero para comer fuera.

10 다음 한국어를 스페인어로 올바르게 바꾼 문장을 고르세요.

보기　　　　　　　　　나는 오늘 오후에 어떠한 계획도 없어요.

① Esta tarde no tengo ninguno plan.

② Esta tarde no tengo plan ninguno.

③ Esta tarde no tengo ningún plan.

④ Esta tarde no tengo plan ningún.

11 각 형용사의 부사형이 올바르게 연결된 것을 고르세요.

① rápido – rápidamente

② frecuente – frecuenmente

③ económico – económicomente

④ normal – normalamente

12 '종종'의 의미가 아닌 빈도부사를 고르세요.

① con frecuencia

② frecuentemente

③ de vez en cuando

④ a menudo

13 다음 중 llamarse의 동사변화 형태가 올바르지 못한 것을 고르세요.

① Mi gata se llama Mimi.

② Me llaman Julio.

③ ¿Te llamas Jorge?

④ Sus padres se llaman Antonio y María.

14 다음 한국어를 스페인어로 올바르게 바꾼 문장을 고르세요.

> 보기   나는 아침에 머리를 감아요.

① Me baño el pelo por la mañana.

② Me ducho el pelo por la mañana.

③ Me lavan el pelo por la mañana.

④ Me lavo el pelo por la mañana.

15 다음 질문의 대답으로 어울리는 것을 고르세요.

> 보기   ¿A qué hora vas al trabajo?

① Mi trabajo está en el centro de la ciudad.

② Voy al trabajo con mi marido.

③ Voy al trabajo en coche.

④ Voy al trabajo a las ocho de la mañana.

16 다음 중 불규칙이 아닌 재귀동사를 고르세요.

① levantarse

② despertarse

③ vestirse

④ dormirse

17 다음 재귀동사 중 자주 동반되는 전치사가 다른 하나를 고르세요.

① enamorarse

② enfadarse

③ aburrirse

④ alegrarse

18 다음 문장에 들어갈 표현의 순서가 올바른 것을 고르세요.

보기 Por la mañana, _____ desayuno y _____ me cepillo los dientes. _____, voy al colegio.

① primero – después – Luego

② luego – después - Primero

③ después – primero - Luego

④ después – luego – Primero

19 다음 중 재귀대명사로 쓰이지 않은 se를 고르세요.

① Se lo regalan a mis primos.

❷ Ellos se aburren en clase.

❸ Mi padre se baña en la piscina.

❹ Usted se llama Luis.

20 다음 문장에서 밑줄 친 대명사가 가리키는 대상이 될 수 없는 것을 고르세요.

> 보기
>
> ¡Qué bonitos! Me **los** quiero llevar.

❶ los vaqueros

❷ los guantes

❸ la falda

❹ los zapatos

성취도평가 ❶의 정답 및 해설은 28페이지를 확인하세요.

스페인어 진짜학습지 버전업

성취도평가 ❷

20 .   .

평가 부분 본편 Día 19 ~ Día 36 학습내용

나의 점수   개 / 20개

1 빈칸에 들어갈 gustar 동사 변화 형태가 다른 것을 고르세요.

① Le _____ las películas españolas.

② Me _____ cantar y bailar.

③ Te _____ los animales.

④ Nos _____ la carne y el pescado.

2 다음 중 문법적으로 올바르지 않은 문장을 고르세요.

① Me gusta mucho ir al colegio.

② No me gusta trabajar los fines de semana.

③ Me encantan los dulces.

④ Me encanta mucho la música clásica.

3 다음 문장을 들을 수 있는 장소로 올바른 것을 고르세요.

보기   Me duele el estómago desde esta mañana.

① supermercado

② clase

③ entrevista

④ consulta médica

9

4 다음 문장의 해석으로 올바른 것을 고르세요.

> 보기
>
> No me gusta mucho estudiar matemáticas.

① 나는 수학 공부하는 것을 많이 좋아하지 않아요.

② 나는 수학 공부하는 것을 별로 좋아하지 않아요.

③ 나는 수학 공부하는 것을 매우 싫어해요.

④ 나는 수학 공부하는 것을 좋아해요.

5 다음 역구조동사 문장에 동의하는 표현으로 알맞은 것을 고르세요.

> 보기
>
> Me gusta ir de compras.

① A mí también.

② A mí tampoco.

③ Yo también.

④ A mí sí.

6 다음 중 제안을 나타내는 표현이 아닌 것을 고르세요.

① ¿Qué tal si vamos al cine juntos?

② ¿Por qué no vamos al cine juntos?

③ ¿Por qué vamos al cine juntos?

④ ¿Qué te parece si vamos al cine juntos?

7 다음 질문에 대한 답변으로 올바른 것을 고르세요.

> 보기
>
> ¿Te importa ayudarme?

① Sí, te ayudo sin problema.

② No, no me importa. Ahora te ayudo.

③ No. Ahora no puedo ayudarte.

④ Sí, claro. ¿Qué necesitas?

8 다음 중 현재분사의 변화 형태가 올바르지 않은 것을 고르세요.

① rompiendo

② escribiendo

③ estudiando

④ quieriendo

9 다음 한국어를 스페인어로 올바르게 바꾼 문장을 고르세요.

> 보기   공원에 책을 읽고 있는 아이 한 명이 있어요.

① En el parque, hay un niño leyendo un libro.

② En el parque, hay un niño leiendo un libro.

③ En el parque, hay un niño leyando un libro.

④ En el parque, hay un niño leeindo un libro.

10 제시된 문장과 동일한 의미를 갖는 문장을 고르세요.

> 보기   Ella conduce mientras escucha música.

① Ella conduce y escucha música.

② Ella conduce escuchando música.

③ Ella conduce antes de escuchar música.

④ Ella conduce sin escuchar música.

11 다음 질문에 대한 답변이 될 수 없는 것을 고르세요.

> 보기 ¿Qué estás haciendo?

① Estudio español.

② Estoy estudiando español.

③ Estudio español escuchando música.

④ Todos los días estudio español.

12 다음 한국어를 스페인어로 올바르게 바꾼 문장을 고르세요.

> 보기 우리는 운동을 한 지 3개월 되었어요.

① Seguimos haciendo ejercicio tres meses.

② Vamos haciendo ejercicio tres meses.

③ Llevamos haciendo ejercicio tres meses.

④ Estamos haciendo ejercicio tres meses.

13 다음 답변에 대한 질문으로 올바르지 않은 것을 고르세요.

> 보기 Ana lleva cocinando dos horas.

① ¿Cuánto tiempo hace que cocina Ana?

② ¿Cuánto tiempo lleva cocinando Ana?

③ ¿Cuándo cocina Ana?

④ ¿Hace mucho que cocina Ana?

14 다음 중 과거분사의 변화 형태가 올바르지 않은 것을 고르세요.

① subir – subido

② encontrar – encontrado

③ querer – querido

④ estar – estaido

15 과거분사가 형용사로 사용된 다음 문장 중 성수일치 되지 않은 것을 고르세요.

① Las luces de la cocina están encendidas.

② La película está doblado en español.

③ Los obreros están muy cansados.

④ Mi amiga está enfadada conmigo.

16 다음 동사 중 과거분사 불규칙 형태가 다른 하나를 고르세요.

① decir

② escribir

③ morir

④ poner

17 다음 과거분사가 명사로 사용될 때, 사람을 나타내지 않는 것을 고르세요.

① el dicho

② el enamorado

③ el fallecido

④ el herido

18 다음 중 올바르지 않은 문장을 고르세요.

① Tengo muchas cartas escritas para ti.

② Ellos llevan una semana enfadados con vosotros.

❸ Mis padres llevan casándose 15 años.

❹ La cafetería sigue abierta.

19 다음 빈칸에 들어갈 동사변화 형태로 올바른 것을 고르세요.

> 보기
>
> Esta mañana mi hermano y yo no _____.

❶ habéis desayunado

❷ hemos desayunado

❸ han desayunado

❹ has desayunado

20 다음 문장의 해석으로 올바른 것을 고르세요.

> 보기
>
> Ya he terminado los deberes.

❶ 나는 이미 숙제를 마쳤어요.

❷ 나는 아직 숙제를 마치지 못했어요.

❸ 나는 숙제를 마쳤어요.

❹ 나는 숙제를 마쳐요.

성취도평가 ❷의 정답 및 해설은 29페이지를 확인하세요.

성취도평가 ❸

평가 부분 본편 Día 37 ~ Día 54 학습내용

나의 점수 개 / 20개

1 -ar 규칙변화 동사의 단순 과거 시제 어미로 올바르지 않은 것을 고르세요.

① -ió

② -amos

③ -aron

④ -é

2 다음 빈칸에 들어갈 수 없는 주어를 고르세요.

보기 _____ vivieron en España hace 10 años.

① Mis padres

② Ellos

③ Marcos y tú

④ Sara y Erica

3 빈칸에 들어갈 올바른 시간 표현을 고르세요.

보기 Nos vimos el 31 de diciembre. _____ fue Año Nuevo.

① Mañana

② Una semana más tarde

③ Hace un día

④ Al día siguiente

4 다음 중 ser 동사가 사용된 문장을 고르세요.

① Ellos fueron directamente al hotel.

② La vista desde la montaña fue maravillosa.

③ Fui al trabajo en metro.

④ Ella fue a la reunión con los documentos.

5 다음 중 단순 과거 변화 형태가 올바르지 않은 것을 고르세요.

① Estuvimos muy nerviosos.

② Ayer no hice la cama.

③ Hubieron mil personas en la plaza.

④ Se pusieron el abrigo.

6 다음 문장에 대해 미안함을 표현하는 대답으로 가장 적절한 것을 고르세요.

보기   Siempre llegas tarde. Estoy harta.

① Puedo llegar tarde.

② ¿Y qué?

③ Lo siento. Es que el autobús ha llegado tarde.

④ No es mi problema.

7 dormir 동사의 단순 과거 변화형으로 알맞지 않은 것을 고르세요.

① dormí

② dormisteis

③ dormió

④ durmieron

8 다음 중 전치사 en을 동반하지 않는 시간 표현을 고르세요.

① verano

② Navidad

③ la una

④ enero

9 다음 중 단순 과거에서 동일한 불규칙 변화 형태의 동사끼리 나열되지 않은 것을 고르세요.

① producir, repetir, traducir

② dormir, morir

③ preferir, mentir, vestir

④ leer, oír, huir

10 leer 동사의 단순 과거 시제 변화형이 잘못된 문장을 고르세요.

① Mi madre leyó mi carta.

② ¿Leíste mi mensaje?

③ Leí el Quijote el año pasado.

④ Ellos leieron muchos artículos anoche.

11 다음 한국어를 스페인어로 올바르게 바꾼 문장을 고르세요.

보기 나는 지난달에 스페인어를 공부하기 시작했어요.

① Empequé a estudiar español el mes pasado.

② Empezé a estudiar español el mes pasado.

③ Empecé a estudiar español el mes pasado.

④ Empegué a estudiar español el mes pasado.

12 단순 과거 진행형의 변화 형태로 올바르지 않은 문장을 고르세요.

① Me estuve duchando durante una hora.

② Él estuvió arreglando la mesa.

③ ¿Qué estuvisteis haciendo vosotros?

④ Estuvimos tomando un chocolate caliente.

13 다음 중 편지의 끝인사로 올 수 없는 것을 고르세요.

① Un saludo,

② Un abrazo,

③ Un beso,

④ Un guiño,

14 다음 시간 표현을 스페인어로 올바르게 나타낸 것을 고르세요.

> 보기 10년 전에

① desde hace diez años

② hace diez años

③ diez años pasados

④ diez años después

15 hablar 동사의 불완료 과거 변화 형태에서 띨데가 필요한 것을 고르세요.

① hablaba

② hablabamos

③ hablaban

④ hablabais

16 다음 스페인어 문장을 올바르게 해석한 것을 고르세요.

> 보기   Los fines de semana comía con mis abuelos.

① 나는 지난 주말에 조부모님과 함께 식사를 했다.

② 나는 주말마다 조부모님과 함께 식사를 하곤 했다.

③ 나는 주말마다 조부모님과 식사를 한다.

④ 나는 이번 주말에 조부모님과 함께 식사를 했다.

17 다음 한국어를 스페인어로 올바르게 바꾼 문장을 고르세요.

> 보기   우리 엄마는 닭을 오븐에 구워 요리해요.

① Mi madre cocina el pollo a la plancha.

② Mi madre cocina el pollo frito.

③ Mi madre cocina el pollo al vapor.

④ Mi madre cocina el pollo al horno.

18 빈칸에 들어갈 단어로 올바른 것을 고르세요.

> 보기   _____ era pequeño, era alto y delgado.

① Quién

② Dónde

❸ Cuándo

❹ Cuando

19 불완료 과거 시제를 자주 동반하는 시간부사구가 아닌 것을 고르세요.

❶ anoche

❷ antes

❸ de pequeño

❹ en aquella época

20 다음 중 밑줄 친 불완료 과거의 쓰임이 다른 하나를 고르세요.

❶ Íbamos al cine juntos los domingos.

❷ Hola. Quería un bolígrafo azul.

❸ Cuando era pequeña, comía mucho.

❹ Ella siempre corría en el parque por la mañana.

성취도평가 ❹

스페인어 진짜학습지 버전업

평가 부분 본편 Día 55 ~ Día 72 학습내용   나의 점수   개 / 20개

1 다음 한국어를 스페인어로 올바르게 바꾼 문장을 고르세요.

보기 밤 10시였어.

① Son las diez de la noche.

② Era la diez de la noche.

③ Eran las diez de la noche.

④ Es la diez de la noche.

2 다음 문장과 동일한 의미의 문장을 고르세요.

보기 Solía estudiar en la biblioteca después de clase.

① Estudiaba en la biblioteca después de clase.

② Estudié en la biblioteca después de clase.

③ Iba a estudiar en la biblioteca después de clase.

④ Estudio en la biblioteca después de clase.

3 '과거에 하려고 했으나 하지 못했다'는 의미를 나타내기 위해 빈칸에 들어갈 알맞은 표현을 고르세요.

보기 _____ levantarme temprano.

① Quería

21

② Tenía que

③ Iba a

④ Podía

4 다음 중 과거 시제가 올바르지 않은 문장을 고르세요.

① Juan ha venido hace cinco horas.

② Antes, siempre vi películas en versión original.

③ El otro día fui a un buen restaurante.

④ Cuando era pequeño, viajaba mucho con mis padres.

5 다음 스페인어 문장을 가장 올바르게 해석한 문장을 고르세요.

보기 Cuando salí de casa, llovía.

① 내가 집에서 나왔을 때, 비가 오고 있었어요.

② 내가 집에서 나오는 중이었을 때, 비가 오고 있었어요.

③ 내가 집에서 나왔을 때, 비가 왔어요.

④ 내가 집에서 나오는 중이었을 때, 비가 왔어요.

6 재귀대명사의 위치가 올바르지 않은 문장을 고르세요.

① Él estaba afeitándose.

② Os estabais bañando en la piscina.

③ Estaba me vistiendo.

④ Estabas cepillándote los dientes.

7 다음 한국어 문장을 스페인어로 올바르게 바꾼 것을 고르세요.

| 보기 | 그들이 집에 도착했을 때 우리는 이미 나와있었어요. |

① Cuando ellos llegaron a casa, nosotros salimos.

② Cuando ellos llegaron a casa, nosotros ya habíamos salido.

③ Cuando ellos llegaban a casa, nosotros salíamos.

④ Cuando ellos llegaban a casa, nosotros salimos.

8 다음 중 1인칭 단수 주어 (yo)에 대한 단순 미래 변화형으로 알맞은 것을 고르세요.

① limpiaremos

② comerán

③ hablaré

④ aprenderás

9 다음 빈칸에 들어갈 수 없는 단어를 고르세요.

| 보기 | Mi hijo _____ español en la escuela el próximo año. |

① aprenderá

② verá

③ enseñará

④ estudiará

10 단순 미래 시제에서 '-d-'가 삽입되는 불규칙 동사가 아닌 것을 고르세요.

① poner

② preferir

③ tener

④ salir

11 다음 중 단순 미래의 동사변화가 틀린 문장을 고르세요.

① Algún día, sabremos la verdad.

② Mañana podré acompañarte al médico.

③ Mis primos no querrán venir a la fiesta.

④ Haberá mucha gente en el museo.

12 다음 중 추측의 표현이 가능한 문장을 고르세요.

① Pedro volvió a casa muy tarde.

② Pedro va a volver a casa muy tarde.

③ Pedro vuelve a casa muy tarde.

④ Pedro volverá a casa muy tarde.

13 다음 문장의 빈칸에 들어갈 수 없는 주어를 고르세요.

> 보기　　　　　　　　_____ haremos la compra.

① Mi hermano y yo

② Nosotros

③ Tú

④ Mis padres y yo

14 다음 문장의 빈칸에 들어갈 수 없는 시간부사구를 고르세요.

> 보기　　　　　　　　Hablaré con mi profesor _____.

① mañana

② la próxima semana

③ el otro día

④ algún día

15 다음 중 미래 진행형의 쓰임이 다른 문장들과 다른 하나를 고르세요.

① Mañana a estas horas estaremos tomando el sol en la playa.

② Tú madre estará buscándote.

③ Creo que ahora mis padres estarán cenando.

④ No sé dónde está Carmen. Estará durmiendo en el sofá.

16 다음 중 미래의 일을 나타내지 않는 문장을 고르세요.

① Ellos van a invitarme a la cena.

② Viajaré a España este verano.

③ La próxima semana tengo una reunión muy importante.

④ Mis padres siempre me apoyan.

17 다음 문장을 추측형으로 바꿀 때 올바른 것을 고르세요.

> 보기
>
> Mi amigo nunca ha visitado España.

① Mi amigo nunca visita España.

② Mi amigo nunca visitará España.

③ Mi amigo nunca habrá visitado España.

④ Mi amigo nunca va a visitar España.

18 다음 중 tú 긍정명령에서 불규칙 변화 형태를 가지는 동사를 고르세요.

① hablar

② comer

③ salir

④ querer

19 다음 문장을 너희들(vosotros)에게 충고하는 형태로 만들 때 알맞은 동사변화를 고르세요.

보기
_____ más confianza.

① Tiene

② Tened

③ Ten

④ Tenéis

20 다음 중 대명사의 위치가 올바른 문장을 고르세요.

① ¡Dáselo!

② ¡Dálose!

③ ¡Seloda!

④ ¡Sedalo!

정답 및 해설

성취도평가 ❶ 정답 및 해설

정답

| 1. ❷ | 2. ❶ | 3. ❸ | 4. ❷ | 5. ❹ | 6. ❷ | 7. ❹ | 8. ❹ | 9. ❶ | 10. ❸ |
| 11. ❶ | 12. ❸ | 13. ❷ | 14. ❹ | 15. ❹ | 16. ❶ | 17. ❷ | 18. ❶ | 19. ❶ | 20. ❸ |

해설

1. Ser 동사 다음에 직업, 국적, 종교, 정치적 사상이 나오는 경우 앞에 관사 사용하지 않음.
2. Tocar 동사는 -ar 규칙 동사로 1인칭 복수 주어 (nosotros/as)에 대한 동사변화 형태는 tocamos.
3. 선택지 1, 2, 4번에서 romper, pesar는 규칙변화 동사, ser는 완전 불규칙변화 동사.
4. Se는 재귀대명사의 형태 혹은 간접 목적격대명사의 변화 형태.
5. 'A + 인칭대명사' 형태는 목적격 대명사 없이 홀로 문장에 쓸 수 없음.
6. 나이를 묻는 표현을 직역하면 '얼마나 많은 해를 가지고 있니?'이므로, '얼마나'에 해당하는 cuánto를 años와 수 일치를 시켜서 cuántos의 형태로 사용.
7. Nueva casa는 '새로 이사한 집', casa nueva는 '신축인 집'을 의미. 선택지 2, 3번에 등장하는 grande는 명사 앞에 위치하면 '위대한', 뒤에 위치하면 '큰'이라는 의미.
8. Poco/a는 '거의 없는', '거의 ~않는'의 의미로 4번은 거의 없는 상상력. '약간의'는 un poco를 사용.
9. Demasiado는 '지나친', '지나치게'라는 의미로 부정적 의미를 포함.
10. Ninguno는 명사의 앞에 위치하며 뒤에 남성 단수 명사가 올 경우 -o가 탈락하고 띨데가 붙는 형용사.
11. 형용사의 여성형에 -mente를 더해 부사를 만들 수 있음.
12. De vez en cuando는 a veces처럼 '가끔'의 의미로 사용.
13. 1인칭 단수 변화형인 '내 이름은 ~다'는 me llamo의 형태로 변화.
14. Bañarse는 '물에 몸을 담그다', ducharse는 '샤워하다'라는 의미. Lavarse + 정관사 + 신체부위.
15. ¿A qué hora…? 는 '몇 시에…?'라는 질문으로 '아침 여덟 시에 회사에 간다'라는 대답이 어울림.
16. Despertarse (e>ie 불규칙변화 동사), vestirse (e>i 불규칙변화 동사), dormirse (o>ue 불규칙변화 동사)이며 levantarse는 규칙변화 동사.
17. 다른 선택지는 모두 전치사 de와 사용하지만 2번은 con을 동반.
18. Primero는 '우선', '먼저', después와 luego는 '그리고 나서', '다음에'라는 의미. 순서대로 나오기 위해서는 보통 primero, luego, después 혹은 primero, después, luego의 순으로 등장.
19. 여기에 사용된 se는 간접 목적격대명사 les가 lo (3인칭 단수형 직접 목적격대명사)와 만나 형태가 변한 것.
20. Los는 남성 복수형 대명사이므로 여성 단수형인 la falda는 가리키는 대상이 될 수 없음.

성취도평가 ❷ 정답 및 해설

정답

1. ❷ 2. ❹ 3. ❹ 4. ❷ 5. ❶ 6. ❸ 7. ❷ 8. ❹ 9. ❶ 10. ❷
11. ❹ 12. ❸ 13. ❸ 14. ❹ 15. ❷ 16. ❶ 17. ❶ 18. ❸ 19. ❷ 20. ❶

해설

1. Gustar와 같은 역구조동사는 뒤에 나오는 대상이 주어. 문법적 주어가 단수 명사이거나 동사원형이 오는 경우에는 동사가 gusta의 형태로, 문법적 주어가 복수 명사인 경우에는 동사가 gustan의 형태로 변화.

2. Encantar는 'gustar mucho'와 동일한 뜻으로, 최상급의 의미를 가진 단어이기 때문에 mucho와 함께 쓸 수 없음.

3. Doler 동사는 역구조동사이며 아픈 증상을 나타낼 때 사용.

4. no … gustar mucho는 '많이 좋아하지 않아요'가 아니라 '별로 좋아하지 않아요'로 해석.

5. 긍정형 문장의 동의 표현은 también. 부정형 문장에 대한 동의는 tampoco로 표현. Sí는 부정형 문장에 대한 비동의 표현. Yo también은 일반 동사에 대한 동의.

6. Por qué no는 '~하는 게 어때?'의 의미를 가지지만 por qué는 이유를 묻는 의문사.

7. Importar 동사로 부탁했을 때 거절하기 위해서는 sí, 부탁을 승낙하기 위해서는 no를 이용해 대답.

8. Querer 동사가 직설법 현재 시제에서는 e>ie 변화 불규칙이지만 현재 변화에서는 규칙변화.

9. Leer 동사와 같이 어간이 모음으로 끝나는 동사들은 -iendo가 아닌 -yendo로 변화.

10. 동시동작은 현재분사뿐 아니라 mientras를 이용해서도 표현 가능.

11. 4번은 현재 일어나고 있는 상황에 대한 답변이 아닌 반복되는 일에 대한 설명.

12. 기간을 나타내는 표현은 'llevar + 현재분사'로 '~한 지 (기간만큼) 되다'의 의미. 'seguir + 현재분사'는 '계속해서 ~하다', 'ir + 현재분사'는 '~해가다', 'estar + 현재분사'는 '~하는 중이다'로 현재 진행 중인 상황을 표현.

13. 나머지 질문들은 모두 기간을 묻는 질문인 반면 3번은 언제 요리를 하는지를 질문.

14. -ar 규칙 변화이므로 -ado로 어미가 변화.

15. La película가 여성 단수이므로 과거분사의 형태가 doblado가 아닌 doblada가 되어야 함.

16. 나머지는 각각 escrito, muerto, puesto로 -to 불규칙 형태를 가지는 반면 decir는 dicho로 -cho 불규칙 형태.

17. El dicho는 '격언'이라는 뜻. 나머지는 각각 사랑에 빠진 사람, 사망자, 부상자의 의미.

18. 결혼을 하는 행위를 15년째 지속중인 것이 아닌 결혼한 상태로 15년의 시간을 보낸 것으로 과거분사를 사용.

19. Haber 동사의 1인칭 복수 (nosotros) 변화 형태는 hemos.

20. Ya는 '이미', '벌써'의 의미로 사용.

성취도평가 ❸ 정답 및 해설

정답

1. ① 2. ③ 3. ④ 4. ② 5. ③ 6. ③ 7. ③ 8. ③ 9. ① 10. ④
11. ③ 12. ② 13. ④ 14. ② 15. ② 16. ② 17. ④ 18. ④ 19. ① 20. ②

해설

1. -ió는 -er/-ir 규칙변화 동사의 3인칭 단수 (él, ella, usted) 변화 어미.
2. Vivieron은 vivir 동사 3인칭 복수형의 단순 과거 변화 형태.
3. Año Nuevo는 새해로 1월 1일을 나타냄. 현재가 아닌 시점을 기준으로 그 다음날을 나타낼 때에는 al día siguiente를 사용.
4. Ser와 ir 동사는 단순 과거 시제에서 변화형이 동일. 2번을 제외하고는 ir 동사가 사용된 문장.
5. 존재를 나타내는 haber 동사는 각 시제에서 변화형이 하나만 존재. 단순 과거 시제에서는 hubo의 형태를 사용.
6. 상대방의 제안을 거절하거나 변명을 할 때에는 Es que를 사용해서 이유를 나타냄. 이 때, 미안함을 나타내기 위해 lo siento 등의 표현을 동반할 수 있음.
7. Dormir 동사는 단순 과거의 3인칭 형태에서 o가 u로 변화하는 불규칙.
8. 전치사 en은 뒤에 월, 계절, 년도, 명절 등과 함께 사용. '몇 시에'를 나타내기 위해서는 전치사 a를 동반.
9. Producir, traducir는 -ducir로 끝나기 때문에 동일한 불규칙 변화 형태를 공유하지만 repetir는 e>i 불규칙 변화.
10. 올바른 변화형은 leyeron.
11. Empezar 동사의 단순 과거 1인칭 단수형은 empecé. 발음 변화를 막기 위해 철자의 불규칙이 발생.
12. 단순 과거 진행형은 'estar 동사의 단순 과거 형태 + 현재분사'이며 estar 동사의 3인칭 단수 변화형은 estuvo.
13. Guiño는 윙크라는 뜻으로 편지의 끝인사에 쓰이는 표현이 아님.
14. Hace는 '~전에'라는 뜻.
15. -ar 규칙 변화 동사의 불완료 과거인 경우 1인칭 복수 (nosotros/as) 형태에서 띨데 표시를 가짐.
16. 불완료 과거는 과거의 습관적인 행동을 나타낼 수 있으므로 여기서는 '~하곤 했다'로 해석하는 것이 좋음.
17. '오븐에 구운'은 'al horno', 나머지는 각각 다음과 같음. A la plancha (구이), frito (튀긴), al vapor (증기에 찐).
18. Cuando는 '~할 때', 나머지는 의문사.
19. Anoche는 '어젯밤'으로 단순 과거 시제와 자주 쓰이는 시간부사구.
20. 나머지는 과거의 습관을 나타내기 위해 사용한 반면 2번은 정중한 표현으로 사용.

성취도평가 ❹ 정답 및 해설

정답

1. ❸   2. ❶   3. ❸   4. ❷   5. ❶   6. ❸   7. ❷   8. ❸   9. ❷   10. ❷
11. ❹   12. ❹   13. ❸   14. ❸   15. ❶   16. ❹   17. ❸   18. ❸   19. ❷   20. ❶

해설

1. 과거의 시간을 물어보았기 때문에 불완료 과거 사용. 10시는 복수이므로 ser 동사의 3인칭 복수 형태인 eran을 사용한 문장이 정답.
2. 'soler의 불완료 과거 변화 + 동사원형'은 '~하곤 했다'의 의미를 가지며 불완료 과거 시제도 과거의 습관을 이야기할 수 있음.
3. 'ir a + 동사원형'의 불완료 과거형은 '과거에 하려고 했으나 결국 하지 못했다'는 의미를 포함.
4. Antes와 빈도부사는 불완료 과거와 자주 쓰이는 시간부사구.
5. 불완료 과거는 과거에 진행 중이던 일, 지속되던 일에 대해서 묘사. 단순 과거는 과거에 일회성으로 일어난 일을 표현.
6. 진행형과 함께 재귀대명사는 estar 동사의 앞에 위치하거나 현재분사형 뒤에 한 단어처럼 붙어서 등장 가능.
7. 과거의 특정 시점보다 이전에 일어난 과거를 나타낼 때에는 과거 완료를 사용.
8. 단순 미래의 규칙변화 동사는 다음과 같은 어미를 동사원형에 추가. -é, -ás, -á, -emos, -éis, -án.
9. Aprender (배우다), enseñar (가르치다), estudiar (공부하다)는 모두 의미상 적합. Verá는 ver 동사의 단순 미래 시제로 '볼 것이다'의 의미.
10. 단순 미래 시제에서 '-d-'가 삽입되는 불규칙 동사는 현재 시제에서 '-g-'가 삽입되는 불규칙 동사와 동일.
11. Haber 동사는 단순 미래 시제에서 어간 '-e-'가 생략되는 동사로 올바른 변화형은 habrá.
12. 단순 미래는 현재 사실에 대한 추측 표현 가능.
13. Haremos는 hacer 동사의 1인칭 복수 (nosotros/as) 동사 변화 형태.
14. El otro día는 '일전에'라는 의미로 단순 과거와 자주 쓰이는 시간부사구.
15. 나머지는 현재 일어나고 있는 사실에 대한 추측을 나타내는 반면 1번은 미래에 진행중일 일에 대해 표현.
16. 1, 2, 3번 선택지는 미래의 의미를 포함. 4번은 현재의 사실을 표현.
17. 미래 완료 시제는 현재 완료 시제에 대한 추측을 표현할 수 있음.
18. Salir 동사는 tú 긍정명령에서 sal의 형태를 가짐.
19. Tener 동사의 vosotros 긍정명령 변화형은 tened.
20. 긍정명령형과 대명사를 함께 쓸 경우엔 항상 명령형 뒤에 간접 목적격대명사, 직접 목적격대명사 순으로 한 단어처럼 붙어서 등장.

진짜학습지

스마트 쓰기펜
사용법 보기

스마트 쓰기펜 사용 가이드

스마트 쓰기펜 사용안내

스마트 쓰기펜으로 교재 내 아이콘을 터치하면 쉽고 간편하게 원하는 학습이 가능합니다.

※ 스페인어 진짜학습지에 적용되는 스마트 쓰기펜과 저자 동영상 강의는 시원스쿨 진짜학습지 홈페이지(daily.siwonschool.com)에서 별도 구입 가능합니다.

학습 기능 아이콘

아이콘	주요 기능 설명
전체강의	해당 과(Día)의 저자 강의 영상 전체 재생
MP3	해당 과(Día)의 전체 mp3 재생
강의보기	해당 STEP의 저자 강의 영상 개별 재생
01-1	해당 STEP의 개별 mp3 재생 ※ STEP 1, STEP 3는 예문 터치 시, 각 예문별 mp3 재생 가능
말하기 연습	음성 녹음 후 원어민 음원과 발음 비교 기능
단어	각 단어별 개별 mp3 재생

관리 기능 아이콘

아이콘	주요 기능 설명
학습 시작	해당 과(Día)의 학습 일자 + 시작 시간 기록
질문 게시판	공부 질문 게시판에서 선생님께 1:1 문의 가능
나의 점수 개 / 10개	맞은 개수를 직접 펜으로 쓰면, App에 점수 기록 저장
정답 보기	연습문제 정답 확인 가능
오늘의 Misión	미션 내용 녹음 및 1:1 첨삭 서비스 제공 ※ 1:1 첨삭 서비스 이용권 구입 시, 이용 가능
학습 종료	해당 과(Día)의 학습 종료 시간 기록

온라인 무료 학습 자료

1. 원어민 MP3 음원   **2.** DELE 모의테스트 해석 및 듣기 스크립트 PDF   **3.** 예문 쓰기 노트 PDF

온라인 무료 학습 자료는 시원스쿨 진짜학습지 홈페이지(daily.siwonschool.com) 접속 ➡ 학습지원 ➡ 공부 자료실에서 무료로 다운로드 받으실 수 있습니다.

스페인어 진짜학습지 학습 가이드

표준 학습 패턴

스페인어 진짜학습지는 1주일에 총 6과씩, 약 3개월 동안 학습이 가능하도록 구성되었습니다.

☐ 1주일 학습 패턴
1~5일차 : 학습편 동영상 강의 15분 + 학습지 공부 20분
6일차 : 복습편 문제 풀이 30분 + 동영상 강의 15분

학습편

STEP 1 스페인어 진짜 맛보기
간단한 예문을 통해 오늘 학습할 내용을 미리 확인할 수 있어요.

STEP 2 스페인어 진짜 알아가기
오늘의 학습 내용을 저자 동영상 강의와 함께 확실하게 공부할 수 있어요.

STEP 3 스페인어 진짜 즐기기
오늘 배운 내용을 활용한 재미있는 대화문을 통해 일상 회화 실력도 키울 수 있어요.

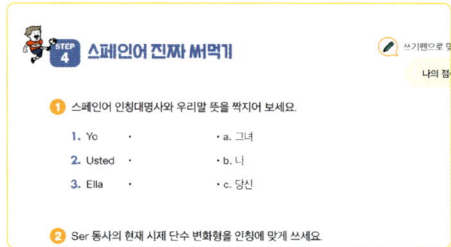

STEP 4 스페인어 진짜 써먹기
주어진 문제를 풀어 보고, 얼마나 확실히 내 것이 되었는지 점검해 보세요.

복습편

5일 동안 학습한 내용은 다양한 연습문제를 풀어보면서 한번 더 내 실력으로 만들 수 있어요. 헷갈리거나 틀린 문제가 있다면 관련 내용을 한 번 더 복습해 보세요.

스페인어 진짜학습지 버전업 부록

스페인어능력시험
DELE A2
모의테스트

스페인어 진짜학습지 버전업 부록 DELE A2 모의테스트

목차

PRUEBA 1: COMPRENSIÓN DE LECTURA p. 03
독해 영역

PRUEBA 2: COMPRENSIÓN AUDITIVA p. 13
듣기 영역

PRUEBA 3: EXPRESIÓN E INTERACCIÓN ESCRITAS p. 19
작문 영역

PRUEBA 4: EXPRESIÓN E INTERACCIÓN ORALES p. 23
회화 영역

DELE A2 모의테스트 정답표 p. 28

DELE A2 모의테스트 듣기 영역 mp3, 해석 및 듣기 스크립트 PDF는 진짜학습지 (daily.siwonschool.com) > 학습지원 > 공부 자료실에서 다운받으실 수 있습니다.

Prueba 1. Comprensión de lectura

Esta prueba tiene cuatro tareas. Usted debe responder a 25 preguntas.
La duración es de 60 minutos.
Marque las opciones elegidas en la **Hoja de respuestas**.

Tarea 1

INSTRUCCIONES

Usted va a leer la carta que Carmen ha escrito a su amiga Laura. A continuación, conteste a las preguntas (de la 1 a la 5). Seleccione la opción correcta (A, B, o C).

Marque las opciones elegidas en la **Hoja de respuestas**.

Querida amiga:

¡Hola, Laura!

¿Qué tal todo?

Ya estoy de vuelta en casa. La verdad es que esos quince días fueron unos días fabulosos. Jorge y Eduardo se divirtieron muchísimo en el campo y mi mamá estuvo muy contenta también. Pienso que para los niños es mejor vivir en el campo que en la ciudad. El bosque, el río, los animales, las montañas… Aprenden mucho más jugando con la naturaleza que sentados en clase.

Laura, hoy te escribo para sugerir algo. Es que me ha dicho mi vecina que el próximo viernes es el cumpleaños de tu peque, Íker. Me sorprendí mucho porque ese día es el cumpleaños de Eduardo, también. Así que tengo una buena idea. ¿Qué tal si hacemos una fiesta de cumpleaños de los dos niños juntos? Podemos hacer la fiesta en el patio de mi casa. Además, tengo mesas y sillas para los invitados. Podemos invitar a todos los amigos de Eduardo y de Íker y comprar una tarta muy grande para los dos amiguitos. Ellos son muy buenos amigos y sería fantástico celebrar juntos su cumpleaños. Será un bonito recuerdo para ellos y más fácil de preparar para nosotras.

Yo prepararé comida para los niños y decoraré el patio. Tú puedes traer refrescos y hacer las invitaciones para mandárselas a los niños del barrio. La tarta podemos pedirla en la pastelería que está en la esquina de la plaza. Allí hacen tartas muy buenas. ¿Qué te parece mi idea?

Sabes que nos veremos el lunes, pero como ese día vamos a estar en la reunión de padres, podemos vernos al día siguiente para almorzar juntas y hacer más planes para la fiesta del viernes. ¿Vale?

¡Hasta luego!

Carmen

PREGUNTAS

1. Carmen ha pasado sus vacaciones en...

A) la casa de sus hijos.

B) la ciudad.

C) el campo.

2. Los hijos de Carmen, cuando no están de vacaciones...

A) están con su abuela.

B) van a las montañas.

C) están en la ciudad.

3. Carmen le sugiere hacer una fiesta a Laura porque...

A) el día del cumpleaños de sus hijos es el mismo.

B) los amigos de sus hijos son los mismos.

C) tiene mesas y sillas para la fiesta.

4. Lo que tiene que hacer Laura es...

A) preparar comida.

B) hacer las invitaciones.

C) hacer una tarta de cumpleaños.

5. Carmen le propone almorzar a Laura...

A) el lunes.

B) el martes.

C) el viernes.

Tarea 2

INSTRUCCIONES

Usted va a leer ocho anuncios. A continuación, responda a las preguntas (de la 6 a la 13). Seleccione la opción correcta (A, B o C).

Marque las opciones elegidas en la **Hoja de respuestas**.

Ejemplo:

TEXTO 0

Distinguido cliente:

Nos complace invitarle a la inauguración de nuestro nuevo gimnasio situado en la C/ Ancha, 3. Le esperamos el sábado 30 de septiembre a las 14.00 h. para mostrarle nuestras nuevas instalaciones y compartir con usted un aperitivo.
Atentamente,
Fernando Ruiz.
Director comercial.

* Rogamos confirmen asistencia.

0. Si usted desea asistir a esta inauguración debe…

A) acudir a las cuatro.

B) llevar su propia comida.

C) comunicar previamente que va a ir.

La opción correcta es la letra C.

0. A ☐ B ☐ C ■

TEXTO 1

TALLERES DE LECTURA PARA ADULTOS

Actividades gratuitas dirigidas a personas mayores de 65 años.

Inscripciones del 4 al 30 de septiembre en La Casa de Cultura o llamando por las mañanas (de 9.00 a 14.00 h.) al teléfono 837 61 52.

Las actividades se realizarán durante los meses de octubre, noviembre y diciembre los martes y los jueves en La Casa de Cultura de 18.00 a 20.00 h.

6. Las personas inscritas podrán asistir a los cursos de lectura...
A) sin pagar.
B) en septiembre.
C) por las mañanas.

TEXTO 2

El Festival de Cine Latino de Bogotá

Se complace en presentar la serie anual Cine en tu Idioma 2020, exhibiendo nuevo cine latinoamericano y español. La presentación de septiembre será la película EL BRINDIS, del 17 al 23, con los siguientes horarios: 11.30, 16.00, 20.30 y 22.45.

La presentación de las 22.45 solo se realizará los viernes y sábados. El precio de la entrada es de 27.000 pesos colombianos para el público en general y de 20.000 para estudiantes, personas de la tercera edad y miembros del Centro de Arte de Bogotá.

Las entradas individuales se deberán comprar previamente a la exhibición en la taquilla.

7. Las personas mayores que asistan de manera individual podrán comprar la entrada...
A) solo los viernes.
B) más barata.
C) en el Centro de Arte de Bogotá.

TEXTO 3

COMPAÑÍA DE TANGO ESTAMPAS PORTEÑAS

Sentimos informarles de que la función del sábado 27 de junio ha sido aplazada al día 30 del mismo mes debido a la huelga de transporte que ha impedido trasladar hasta aquí nuestro escenario, vestuario e instrumentos. El director, los bailarines y toda la organización piden disculpas por las molestias. Para la devolución de entradas diríjanse a las taquillas del teatro antes del día de la función.

8. El espectáculo ha sido pospuesto porque...
A) los transportistas han tenido mucho trabajo.
B) el material no ha llegado.
C) las entradas se han agotado.

TEXTO 4

EXCURSIÓN DE SIETE DÍAS A CATALUÑA

Opción A1
(alquiler de un autobús + siete días en destino + actividades + excursión al Museo Dalí de Cadaqués): 350 euros.

Opción B1
(viaje ida y vuelta hasta Cataluña con una línea regular de autobuses + contratación de un autobús en Barcelona para las actividades + excursión al Museo Dalí de Cadaqués): 230 euros.

Opción C1
(vuelo ida y vuelta hasta Cataluña + contratación de un autobús en Barcelona para las actividades): 290 euros.

9. Para conocer el Museo Dalí sin pagar más de trescientos euros, usted deberá elegir la opción...
A) A1
B) B1
C) C1

TEXTO 5

CONCURSO 'ARTEXPRESIÓN 2020'
Cochabamba Bolivia

Fecha límite de entrega de las obras: julio de 2020. Exposición Colectiva de Artistas Latinos 2020. En octubre se comunicará el ganador, que será elegido por los visitantes de la exposición. El público escribirá el nombre de la mejor obra en una hoja que se facilitará a la entrada de la exposición. El primer premio es la exposición de toda la obra del artista en las salas más reconocidas de Bolivia.

10. En este concurso, el ganador lo eligen...
A) los visitantes de la exposición.
B) los ciudadanos de Cochabamba.
C) los profesionales.

TEXTO 6

MODAS 'Daniela' TRAJES, VESTIDOS, PANTALONES Y CAMISAS

- Para cambios y devoluciones es necesario presentar el ticket de compra en el plazo de un mes y con etiqueta.
- Si compra unos pantalones en el mes de julio, le regalamos una camisa.
- Los trajes de fiesta no se cambian si ha pasado una semana de su compra.
- Se admiten tarjetas.

11. Según este aviso, si usted compra un traje de fiesta en la tienda 'Daniela'...
A) le hacen un regalo.
B) puede cambiarlo antes de siete días.
C) tiene que pagarlo en metálico.

TEXTO 7

8 Y 9 DE NOVIEMBRE / SÁBADO Y DOMINGO

VIAJE A GRANADA

Adultos: 57 euros

Niños: 50 euros (Hasta 12 años)

Incluye:
- AUTOBÚS IDA Y VUELTA
- ALOJAMIENTO DE UNA NOCHE Y DESAYUNO EN HOTEL DE 4 ESTRELLAS

Límite de inscripción y pago:
- MIÉRCOLES 15 DE OCTUBRE
- SOLO BUS IDA Y VUELTA 35 EUROS

12. Pagas menos de 50 euros si…

A) te alojas una noche en el hotel.

B) tienes menos de 12 años.

C) compras solo el traslado.

TEXTO 8

PISCINA PÚBLICA DE LIMA

- Utilice calzado de goma para entrar en la zona de baño.
- Use la ducha antes de introducirse en el agua.
- Coma sólo en las zonas habilitadas.
- Siga las instrucciones de los socorristas.

Gracias por su colaboración

13. En esta piscina…

A) no se permite andar descalzo.

B) prohíben comer.

C) faltan socorristas.

Tarea 3

INSTRUCCIONES

Usted va a leer tres textos de tres películas. Relacione las preguntas (de la 14 a la 19) con los textos (A, B o C).

Marque las opciones elegidas en la **Hoja de respuestas**.

PREGUNTAS

		A	B	C
14.	¿En qué película es adoptado el personaje?			
15.	¿Qué película es de miedo?			
16.	¿En qué película el personaje tiene problemas de salud?			
17.	¿En qué película el personaje viaja en busca de su familia?			
18.	¿En qué película hay un encuentro inesperado de dos personas?			
19.	¿Qué película está ambientada en una guerra?			

TEXTOS

A. LA CANCIÓN DE LOS NOMBRES OLVIDADOS

En pleno estallido de la Segunda Guerra Mundial, el pequeño Dovidl acaba de llegar a Londres como refugiado judío desde su Polonia natal. Con tan solo 9 años, es un prodigio del violín, lo que propicia su acogida en una destacada familia británica, que lo integra como un hijo más y promociona sus estudios musicales. Dovidl se convierte en el mejor amigo de su nuevo hermano Martin y en la gran promesa familiar. Años después, Dovidl está a punto de ofrecer su primer y esperado concierto, pero horas antes desaparece sin dejar rastro provocando la vergüenza y la ruina de la familia y dejando a Martin sumido en la tristeza y la incertidumbre.

B. ¡DÉJATE LLEVAR!

El Dr. Elia Venezia es un rígido psicoanalista con una vida tranquila y predecible. Elia vive una vida confortable centrada en la autocomplacencia, hasta que un día es alertado por su médico y se ve obligado a cambiar de dieta y a practicar ejercicio diario. Es entonces cuando el rumbo de Elia cambia drásticamente, tras conocer a Claudia, una jovial entrenadora personal más preocupada por el culto al cuerpo que de la mente. La energía y la espontaneidad de Claudia conducen a Elia a experimentar una sucesión de contratiempos disparatados a lo largo y ancho de la ciudad de Roma. Este soplo de vitalidad hace que Elia se replantee su existencia y vea la vida de un modo diferente y algo más despreocupado.

C. EL CUADERNO DE SARA

Desde hace años, Laura busca a su hermana Sara, desaparecida en medio de la selva del Congo. Ni en la ONG para la que trabaja, ni en la embajada tienen noticias de su paradero, hasta que aparece una foto de Sara en un poblado minero del este del país africano. Laura decide viajar a Kampala para, desde allí, iniciar un peligroso viaje al corazón de África, un territorio dominado por los señores de la guerra. Una aventura que la lleva hasta la más sucia, violenta y oculta trastienda de los poderes occidentales.

Tarea 4

INSTRUCCIONES

Usted va a leer un texto sobre unos consejos para comer bien. A continuación, conteste a las preguntas (de la 20 a la 25). Seleccione la opción correcta (A, B o C).

Marque las opciones elegidas en la **Hoja de respuestas**.

COMER SANO

Comer determinados alimentos te ayuda a llevar una dieta más saludable y te ayudará a no engordar. Y es que comer sano es esencial para disfrutar de una buena vida y alejar el riesgo de enfermedades.

Primero, el desayuno es la comida más importante del día. Tiene que aportar la energía que el cuerpo necesita para funcionar el resto de la jornada y para no tener demasiada hambre y comer de manera descontrolada. Debe incluir alimentos con vitaminas B y C para mejorar el rendimiento intelectual. Además, es necesario para estar sano, ya que los estudios médicos señalan que no desayunar puede aumentar el riesgo de enfermar.

Segundo, la comida debe aportar los nutrientes que equilibran el desayuno. No debe ser demasiado copiosa ni pesada para evitar las digestiones pesadas y el adormecimiento. Estos son los alimentos que puedes incluir: un bocadillo de pan integral con queso fresco o pavo. Recuerda que no puedes excederte con las carnes procesadas puesto que la Organización Mundial de la Salud (OMS) ha advertido de que comer más de 50 gramos de carne procesada al día puede aumentar el riesgo de cáncer.

- Frutos secos: son calóricos, pero muy beneficiosos para el organismo.
- Fruta: tienes una amplia variedad de frutas. Las que más azúcar contienen y deberías evitar si eres diabético son las bananas o el plátano, el coco, las uvas y el mango.
- Un lácteo: si has tomado leche por la mañana, puedes optar por yogur o queso fresco.

Por último, la cena tiene que ser ligera. Esta comida del día puede tener una importante responsabilidad en los casos de sobrepeso u obesidad, ya que muchas personas se descontrolan en la cena, eligen menús hipercalóricos, ricos en grasa y no hacen nada de ejercicio para quemarla.

Además, las personas que sufren problemas de sobrepeso deben evitar o reducir alimentos ricos en carbohidratos (pasta, arroz, legumbres o pan), ya que proporcionarían una cantidad de energía que el organismo no podría quemar y acabaría convirtiéndose en grasa almacenada.

PREGUNTAS

20. La idea principal de este texto es que...
A) es necesario realizar una dieta saludable.
B) hay que hacer dieta para no engordar.
C) hay que disfrutar mucho de la vida.

21. El desayuno...
A) no debe faltar.
B) ayuda a mejorar el rendimiento intelectual.
C) aumenta el riesgo de enfermar.

22. La Organización Mundial de la Salud advierte de que el riesgo de cáncer es mayor si comes...
A) mucho queso.
B) mucho pavo.
C) muchas salchichas o mucho jamón.

23. Si eres diabético es mejor elegir frutas...
A) que tienen mucho azúcar.
B) que no tienen mucho azúcar.
C) como las uvas o el mango.

24. Lo que puede causar sobrepeso u obesidad es...
A) una cena ligera.
B) un menú rico en grasa.
C) hacer ejercicio.

25. Las personas con problemas de sobrepeso deben...
A) cenar menús hipercalóricos.
B) tratar de no cenar.
C) consumir menos pasta o pan.

Prueba 2. Comprensión auditiva

Esta prueba contiene cuatro tareas. Usted debe responder a 25 preguntas.
La duración es de 40 minutos.
Marque las opciones elegidas en la **Hoja de respuestas**.

Tarea 1

INSTRUCCIONES

Usted va a escuchar seis conversaciones. Escuchará cada conversación dos veces. Después, tiene que contestar a las preguntas (de la 1 a la 6). Seleccione la opción correcta (A, B o C).
Marque las opciones elegidas en la **Hoja de respuestas**.

A continuación va a oír un ejemplo:

0. ¿Qué deporte le gusta a la madre de Gemma?

A   B   C

La opción correcta es la A.

0. A ■   B ☐   C ☐

1. ¿Qué le prestó la mujer a Sebastián?

A   B   C

2. ¿Por dónde pasea la perra durante la semana?

A　　　　　　　　　　　B　　　　　　　　　　　C

3. ¿Qué va a hacer el hombre?

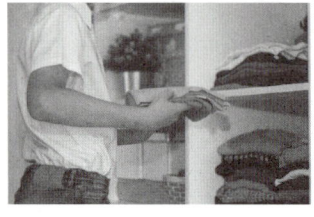  

A　　　　　　　　　　　B　　　　　　　　　　　C

4. ¿Dónde piensa el hombre que estaba la mujer a las cinco?

  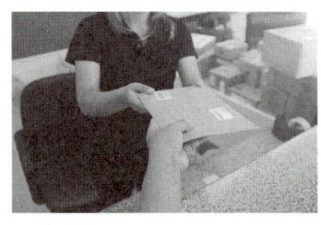

A　　　　　　　　　　　B　　　　　　　　　　　C

5. ¿Por dónde le aconseja el hombre ir a su hija?

A　　　　　　　　　　　B　　　　　　　　　　　C

6. ¿Para qué instrumento necesitan un músico?

A　　　　　　　　　　　B　　　　　　　　　　　C

Tarea 2

INSTRUCCIONES

Usted va a escuchar seis anuncios o fragmentos de un programa de radio y tiene que responder a seis preguntas. Cada audición se repite dos veces. Lea las preguntas (de la 7 a la 12) y seleccione la opción correcta (A, B o C).

Marque las opciones elegidas en la **Hoja de respuestas**.

A continuación va a oír un ejemplo.

0. Según el anuncio...

A) son más baratos los abrigos y las chaquetas.

B) es una fiesta sorpresa.

C) toda la ropa tiene descuento.

La opción correcta es la A.

0. A ■   B ☐   C ☐

PREGUNTAS

7. Si compras un dormitorio juvenil...

A) pagas a plazos con un interés descontado.

B) pagas a plazos sin interés.

C) te hacen descuento para comprar una alfombra.

8. En esta escuela...

A) se puede elegir el horario.

B) los fines de semana hay clases.

C) se paga la matrícula.

9. Este servicio de voluntariado convoca a...

A) extranjeros.

B) universitarios.

C) mayores de edad.

10. Esta película es...

A) una comedia.

B) una historia de un hospital.

C) para los niños.

11. En el anuncio se informa de que...

A) hay más animales que el año pasado.

B) hay un teléfono especial de información para grupos organizados.

C) en verano podremos visitar el parque.

12. Según el anuncio, ellos...

A) envían flores a otro país sin costo adicional.

B) envían comidas a domicilio sin costo adicional.

C) envían regalos sin costo adicional.

Tarea 3

INSTRUCCIONES

Usted va a escuchar una conversación entre dos amigos, David y Silvia. Indique si los enunciados (del 13 al 18) se refieren a David (A), a Silvia (B) o a ninguno de los dos (C). Escuchará la conversación dos veces. Marque las opciones elegidas en la **Hoja de respuestas**.

Ahora tiene 30 segundos para leer los enunciados.

	A DAVID	B SILVIA	C NINGUNO DE LOS DOS
0. Fue al cine para ver una película.	✓	☐	☐
13. Quizás vaya al cine al día siguiente.	☐	☐	☐
14. No le gustan mucho las películas de piratas.	☐	☐	☐
15. Se encontró con alguien por casualidad.	☐	☐	☐
16. Acaba de llegar del extranjero.	☐	☐	☐
17. Quiere hablar con un amigo.	☐	☐	☐
18. Va a bailar al día siguiente.	☐	☐	☐

Tarea 4

INSTRUCCIONES

Usted va a escuchar ocho mensajes, incluido el ejemplo. Cada mensaje se repite dos veces. Seleccione el enunciado (de la A a la K) que corresponde a cada mensaje (del 19 al 25). Hay once opciones, incluido el ejemplo. Seleccione siete.

Marque las opciones elegidas en la **Hoja de respuestas**.

A continuación va a oír un ejemplo.

0. A☐ B☐ C☐ D☐ E☐ F■ G☐ H☐ I☐ J☐ K☐

La opción correcta es la letra F.

Ahora tiene 45 segundos para leer los enunciados.

ENUNCIADOS

A.	Los más rápidos pueden obtener un premio.
B.	Quiere conseguir una entrada.
C.	Está cancelando un paseo de un fin de semana.
D.	Es un mensaje para realizar un viaje.
E.	Hace diez años que han abierto el negocio.
F.	Se pide llegar a tiempo.
G.	Es un evento familiar.
H.	Es un aviso sobre la apertura de un nuevo supermercado.
I.	Anuncian el cierre.
J.	Es una sugerencia a participar en una actividad física.
K.	Va a ver pájaros.

	MENSAJES	ENUNCIADOS
0.	Mensaje 0	F
19.	Mensaje 1	
20.	Mensaje 2	
21.	Mensaje 3	
22.	Mensaje 4	
23.	Mensaje 5	
24.	Mensaje 6	
25.	Mensaje 7	

Prueba 3. Expresión e interacción escritas

Tarea 1

INSTRUCCIONES

Su abuela le escribe para pedirle ayuda.

> ¡Hola! ¿Cómo estás?
> ¿Sabes? Tu abuelo me ha regalado un teléfono inteligente de los últimos modelos y he estado tratando de descubrir sus funciones, pero no lo logro. ¿Me podrías echar una mano? Visítame en mi casa y te preparo algo de comer.
> Un beso muy grande
> Natalia

Conteste a su abuela. En el correo tiene que:

- saludar;
- contarle sobre lo que ha hecho últimamente;
- decirle si puede ayudarla;
- decirle cuándo podrá visitarla;
- hacerle dos preguntas y despedirse.

Número de palabras recomendadas: entre 60 y 70.

소요 시간: _____

단어 수: _____

Tarea 2

INSTRUCCIONES

Elija solo una de las dos opciones. En cada opción tiene que tratar todos los puntos.

OPCIÓN 1

Escriba un texto sobre unas vacaciones especiales que haya tenido. Hable de:
- cuándo las hizo;
- dónde estuvo y qué hizo durante esas vacaciones;
- con quién estuvo;
- por qué fueron especiales;
- qué hace usted normalmente en sus vacaciones.

OPCIÓN 2

Olga ha trabajado durante los últimos veinte años. Aquí tiene algunas de sus fotos de su vida de antes y de ahora.

Usted tiene que escribir un texto sobre Olga, y decir:
- en qué trabajaba antes;
- en qué trabaja ahora;
- cómo ha cambiado su vida y por qué cree eso.

Número de palabras recomendadas: entre 70 y 80.

OPCIÓN: _____

소요 시간: _____
단어 수: _____

Prueba 4. Expresión e interacción orales

INSTRUCCIONES

La prueba de Expresión e interacción orales tiene tres tareas:

- TAREA 1: Monólogo.

  Usted tiene que hablar ante el entrevistador sobre un tema durante 2-3 minutos.

- TAREA 2: Descripción de una fotografía.

  Usted tiene que describir una fotografía durante 2-3 minutos.

- TAREA 3: Diálogo en una situación imaginaria.

  Usted tiene que hablar con el entrevistador en una situación imaginaria, relacionada con la fotografía que ha descrito en la Tarea 2, durante 3-4 minutos.

Tiene 12 minutos para preparar las tareas 1, 2 y 3. Puede tomar notas y escribir un esquema de sus respuestas. Durante la prueba, puede consultar sus notas, pero no leerlas detenidamente.

Tarea 1 . Monólogo

El personal de apoyo ofrece al candidato dos láminas para que escoja una. El candidato debe preparar su exposición para hablar de 2 a 3 minutos y debe seguir las pautas que se le dan en las instrucciones de la lámina.

En su preparación podrá tomar notas que después puede llevar a la sala de examen. Durante su presentación puede mirar las notas pero no leerlas.

El entrevistador, al margen de dar instrucciones, no interviene durante el desarrollo de la tarea, ya que se trata de un monólogo.

Una vez concluida la exposición, el entrevistador dará paso a la siguiente tarea.

Tarea 1 . Presentación de un tema

INSTRUCCIONES

Hable de un viaje especial que usted ha hecho. Hable de:
- adónde fue, cuándo y por qué;
- si fue solo/-a o con alguien más;
- dónde se alojó;
- por qué fue especial para usted ese viaje;
- qué es lo más importante para usted en un viaje y por qué.

Tareas 2 y 3. Descripción y diálogo

TAREA 2

El personal de apoyo ofrece al candidato dos fotografías para que escoja una. El candidato debe preparar un monólogo de 2 a 3 minutos con la descripción de la fotografía siguiendo unas preguntas que se le facilitan. En su preparación podrá tomar notas que después puede llevar a la sala de examen. Durante su exposición puede mirar las notas pero no leerlas.

El entrevistador, al margen de dar instrucciones, no interviene durante el desarrollo de la tarea, ya que se trata de un monólogo.

Una vez concluida la exposición, el entrevistador dará paso a la siguiente tarea.

TAREA 3

El candidato debe preparar el diálogo de 3 a 4 minutos que va a tener con el examinador. La situación que se le propone enlaza directamente con el tema desarrollado en la Tarea 2.

El examinador seguirá un esquema para la interacción. Irá seleccionando las preguntas de su material que considere pertinentes de acuerdo con la extensión y el detalle de las respuestas que vaya dando el candidato.

En algunas preguntas el examinador tendrá que improvisar con los datos que el candidato le haya dado. El examinador dará por terminada la tarea cuando el papel del candidato en la interacción haya concluido.

Tareas 2 y 3

TAREA 2. Descripción

Hable de la fotografía durante dos o tres minutos. Usted debe hablar de:
- ¿Cómo son las personas de la foto? (aspecto físico, personalidad que cree que tienen...) ¿Qué ropa llevan?
- ¿Dónde están esas personas? ¿Qué objetos hay? Describa el lugar.
- ¿Qué están haciendo las personas de la foto?
- ¿Qué relación cree que hay entre ellas?
- ¿Qué cree que piensan, o cómo cree que se sienten, esas personas? ¿Por qué?
- ¿Qué cree que han hecho antes? ¿Y qué van a hacer después?

TAREA 3. Diálogo en una situación imaginaria

Imagine que usted está en un restaurante. El examinador es el camarero. Hable con él siguiendo estas indicaciones.

> **Durante la conversación, tiene que:**
> - pedir la carta;
> - pedir el menú que le gusta;
> - pedir algo para beber;
> - decirle si le ha gustado o no la comida.

Ejemplo de preguntas que puede hacer el examinador en la Tarea 3:

- Hola. ¿En qué puedo ayudarlo/la? - Claro que sí. Aquí está la carta.
- ¿Qué le gustaría tomar, de primero? Tenemos sopa de zanahoria y crema de champiñones. - De segundo, tenemos filete de pavo y filete de ternera. - Sí, tenemos vino, cerveza y también sangría. - ¿Algo más?
- De nada, hasta luego.

스페인어 진짜학습지 버전업 부록　DELE A2 모의테스트 정답표

PRUEBA 1: COMPRENSIÓN DE LECTURA 독해 영역

1	2	3	4	5
C	C	A	B	B

6	7	8	9	10	11	12	13
A	B	B	B	A	B	C	A

14	15	16	17	18	19
A	C	B	C	B	A

20	21	22	23	24	25
A	A	C	B	B	C

PRUEBA 2: COMPRENSIÓN AUDITIVA 듣기 영역

1	2	3	4	5	6
C	B	C	A	C	C

7	8	9	10	11	12
B	A	C	A	C	A

13	14	15	16	17	18
B	B	B	C	A	C

19	20	21	22	23	24	25
A	K	J	D	C	I	E

※ DELE A2 모의테스트 문제의 해석 및 듣기 스크립트는 진짜학습지(daily.siwonschool.com) > 학습지원 > 공부 자료실에서 PDF 파일로 제공합니다.

PRUEBA 3: EXPRESIÓN E INTERACCIÓN ESCRITAS 작문 영역

Tarea 1 모범답안

Abuela, ¿cómo estás?

He estado ocupado preparando mis exámenes finales. ¡Qué bien que tengas un nuevo teléfono! El que tenías ya era muy viejo. ¡Claro que puedo ayudarte! Te explicaré sobre las funciones que más vas a utilizar. ¿Qué tal este sábado a las doce? Abuela, ¿tienes planes para el domingo? ¿Crees que me puedes prestar tu coche para ir a recoger a mi hermana al aeropuerto?

Bueno, ya me dirás.

Gabriel

Tarea 2 모범답안

옵션 1

Las vacaciones de verano del año pasado fueron muy especiales para mí. Mi familia y yo decidimos pasar las vacaciones en el extranjero, y como a mí me interesaba mucho el español, decidimos irnos todos a España. Visitamos Barcelona, Madrid y Sevilla. Desde esas vacaciones, he practicado mucho el español. Además, fue muy útil haberme quedado un tiempo en España. En mis vacaciones normalmente paso mucho tiempo con mi familia.

옵션 2

Primero, Olga trabajó como camarera. Trabajó durante casi cinco años y, como le gustaba mucho la gastronomía, decidió trabajar de cocinera desde 2011. Trabajó allí durante casi diez años, pero se cansó de trabajar en restaurantes y ahora ella ha buscado otro trabajo. Es que a Olga, además de la cocina, también le gustan las flores. Así que ha abierto una floristería. Ahora ella tiene un estilo de vida diferente porque ahora ya no trabaja por las noches ni tampoco los fines de semana.

PRUEBA 4: EXPRESIÓN E INTERACCIÓN ORALES 회화 영역

Tarea 1 모범답안

Me acuerdo de un viaje especial que hice hace un año a Europa. Es que, cuando me gradué de la universidad, tenía ganas de hacer un viaje solo antes de empezar a trabajar. Nunca había hecho un viaje sin compañía y tampoco había estado en Europa, así que planeé visitar las ciudades europeas más famosas como Londres, París, Barcelona, etc. El viaje duró, más o menos, un mes y me alojé en albergues baratos porque no quería gastar mucho dinero en alojamiento. Además, pude conocer a gente nueva que viajaba sola, como yo. Ese viaje fue muy especial porque fue el primer viaje que hice yo solo y también mi primera visita a Europa. Me impresionaron sus ciudades y la cultura de cada país que visité. A través de ese viaje, pude hacer muchos amigos de todo el mundo y, hasta la fecha, seguimos en contacto. Es que, para mí, lo más importante en un viaje es conocer a gente nueva porque en mi ciudad siempre salgo con mi familia o con mis amigos y no es nada fácil conocer a gente nueva.

Tarea 2 모범답안

En la fotografía, veo un restaurante. En la mesa hay una pareja y una camarera. Creo que es un día especial para la pareja y quiere celebrarlo en este restaurante. Me parece que es un restaurante famoso y el ambiente es muy tranquilo. Ellos ya tienen su copa de vino y están tomando la ensalada. La pareja está mirando el menú y la chica le está preguntando algo a la camarera. Creo que la chica quiere que la camarera le sugiera algo para cenar. La camarera está tomando la orden y dice que la especialidad de la casa es la Paella de mariscos. La camarera parece ser muy simpática y amable. Pienso que ellos van a cenar la paella.

Tarea 3 모범답안

응시자: ¡Hola! Buenas noches.

감독관: Hola. ¿En qué puedo ayudarlo/la?

응시자: ¿Me podría traer la carta?

감독관: Claro que sí. Aquí está la carta.

응시자: Mire, me gustaría tomar el menú del día. ¿Qué se puede elegir?

감독관: ¿Qué le gustaría tomar, de primero? Tenemos sopa de zanahoria y crema de champiñones.

응시자: Quiero la sopa de zanahoria, por favor. Es que no me gustan los champiñones. De los platos principales, ¿qué se puede elegir?

감독관: De segundo, tenemos filete de pavo y filete de ternera.

응시자: Ah, pues filete de pavo, por favor. Me encanta el pavo. ¿Qué tiene para beber?

감독관: Tenemos vino, cerveza y también sangría.

응시자: Una copa de vino blanco y un vaso de agua, por favor.

감독관: ¿Algo más?

응시자: Eso es todo. Muchas gracias.

응시자: Oiga, la cena estuvo riquísima. Me gustó mucho. Muchas gracias.

감독관: De nada, hasta luego.

응시자: Hasta luego.

진짜학습지

스페인어 진짜학습지 버전업 부록

정답 및 모범답안

Día 01 — Estudio en la universidad.
나는 대학교에서 공부해요.

스페인어 진짜 써먹기 정답

❶ 1. un / El 2. una 3. Los 4. el 5. una
❷ 1. un 2. una 3. El 4. La 5. Los 6. Ø 7. Ø 8. los 9. Ø 10. un 11. una
❸ 1. la zanahoria 2. el/la joven 3. el hotel 4. el español 5. el móvil 6. el/los jueves

해석

❶
1. 한 아이가 거리에 있어요. 그 아이는 슬퍼요. 그는 부모님이 어디에 있는지 몰라요.
2. 나는 레모네이드를 하나 원해요. 나는 목이 많이 말라요.
3. 내 아빠의 형제들은 내 삼촌들이에요.
4. 우리는 영화관에서 핸드폰을 사용해서는 안 돼요.
5. 나는 좋은 소식이 하나 있어요. 나는 이번 여름에 스페인에 가요.

❷ 내 친구 에리카는 앵무새 한 마리와 암고양이 한 마리가 있어요. 그 앵무새는 알록달록한 색을 가졌고 이름은 베야에요. 그 고양이는 매우 작고 다정해요. 에리카의 부모님은 일을 많이 해요. 우리는 함께 많은 시간을 보내요. 에리카는 스페인 사람이에요. 그녀도 나처럼 학생이에요. 나는 에리카의 부모님을 잘 알아요. 그들은 선생님이에요. 그녀의 아버지는 상냥한 선생님이지만 그녀의 어머니는 매우 엄격한 선생님이에요.

❸
1. 당근
2. 젊은이, 젊은
3. 호텔
4. 스페인어, 스페인 남자
5. 핸드폰
6. 목요일/매주 목요일

오늘의 Misión 모범답안
1. Esta chaqueta está sucia.

Día 02 — Hablo español bastante bien.
나는 스페인어를 꽤 잘해요.

스페인어 진짜 써먹기 정답
❶ 1. viajáis 2. abren 3. lee 4. debo 5. tocas
❷ 1. compra, Necesita 2. escribo, vive 3. llama, discute 4. comemos, trabajamos 5. hablan, comprendo

해석
❶
1. 너희들은 많은 나라들을 여행해.
2. 그들은 창문을 열지 않아요. 그들은 감기에 걸려 있어요.
3. 내 남자 형제는 많은 책들을 읽어요. 그는 매우 똑똑해요.
4. 나는 스페인어를 더 잘하기 위해서 더 공부해야만 해요.
5. 너는 피아노를 매우 잘 쳐.

❷
1. 사라는 몇 권의 스페인어 책을 사요. 그녀는 내일 수업을 위해 그 책들이 필요해요.
2. 나는 내 여자 친구에게 편지를 써요. 그녀는 다른 도시에 살아요.
3. 선생님은 후안의 부모님에게 전화해요. 후안은 항상 반 친구들과 다퉈요.
4. 내 사촌과 나는 많은 날들을 밖에서 식사해요. 우리는 매우 늦게까지 일해요.
5. 스페인 사람들은 매우 빨리 말해요. 나는 스페인 친구들의 말을 잘 이해하지 못해요.

오늘의 Misión 모범답안
1. Hablo coreano, inglés y español.
2. Hablo coreano muy bien y un poco de español.

Día 03 — Vamos al cine y a la cafetería.
우리는 영화관과 카페에 가요.

스페인어 진짜 써먹기 정답
❶ 1. ⓓ 2. ⓔ 3. ⓑ 4. ⓐ 5. ⓒ
❷
1. Yo recuerdo a mi profesor de español.
2. Tú siempre vuelves tarde a casa. Tus padres están preocupados.
3. Ellos prefieren el metro al autobús.
4. Mañana tenemos un examen. Hoy vamos a la biblioteca para estudiar.
❸ 1. Queremos 2. hacen 3. prefieren

오늘의 Misión 모범답안
1. Quiero estudiar español para hablar con mis amigos.
2. Quiero estudiar español por mi trabajo.
3. Quiero estudiar español porque mi hermano vive en España.

Día 04 — Erica nos da un regalo interesante.
에리카는 우리에게 흥미로운 선물을 줘요.

스페인어 진짜 써먹기 정답
❶ 1. Lo 2. nos 3. los 4. Se las
❷
1. Mi madre me llama para cenar conmigo.
2. Os quiero invitar a mi casa. = Quiero invitaros a mi casa.
3. Ellos nos lo pueden dar. = Ellos pueden dárnoslo.
4. Se la tienes que devolver. = Tienes que devolvérsela.

해석
❶
1. 내 강아지는 아파요. 나는 강아지를 동물 병원에 데려가요.
   ➡ 내 강아지는 아파요. 나는 그를 동물 병원에 데려가요.
2. 네 부모님이 우리를 놀이공원에 데려가. 정말 기대돼!

➡ 네 부모님이 우리를 놀이공원에 데려가. 정말 기대돼!
3. 이 바나나들은 매우 싸요. 엄마와 나는 바나나들을 사요.
   ➡ 이 바나나들은 매우 싸요. 엄마와 나는 <u>그것들</u>을 사요.
4. 우리는 많은 편지들을 써요. 우리는 토요일마다 조부모님께 편지들을 보내요.
   ➡ 우리는 많은 편지들을 써요. 우리는 토요일마다 <u>그들</u>에게 <u>그것들</u>을 보내요.

오늘의 Misión 모범답안
1. Sí, la veo mucho.
2. No, no la veo mucho.

Día 05 ¿Dónde quedamos hoy?
우리 오늘 어디서 만날까?

스페인어 진짜 써먹기 정답
❶ 1. ⓓ 2. ⓐ 3. ⓒ 4. ⓑ 5. ⓔ
❷ 1. Dónde 2. Cómo 3. Por qué 4. Cuál
   5. Quiénes
❸ 1. Cuál / Madrid
   2. Cuántos / millones
   3. Dónde / Sudamérica
   4. Cómo / tropical
   5. Cuáles / el español, el catalán, el gallego y el vasco

해석
❷ 1. 루카스는 어디에 있어요? 나는 그를 오늘 아침부터 못 봤어요.
   2. 내가 어떻게 도서관에 도착할 수 있나요? 나는 이 도시에 처음 와 봐요.
   3. 너는 왜 안 먹어? 너 아파?
   4. 네가 가장 좋아하는 요리는 어느 것이니 (무엇이니)?
   5. 사진의 아이들은 누구야?
❸ 1. 스페인의 수도는 어떤 거야 (스페인의 수도가 어디야)?
   ➡ 스페인의 수도는 마드리드야.
   2. 칠레는 인구가 얼마나 있어?
   ➡ 칠레는 1950만 명의 인구를 가졌어.
   3. 아르헨티나는 어디에 있어?
   ➡ 아르헨티나는 남아메리카에 있어.
   4. 코스타리카의 기후는 어때?
   ➡ 코스타리카의 기후는 열대 기후야.
   5. 스페인의 공용어는 어떤 거야 (뭐야)?
   ➡ 스페인의 공용어는 스페인어, 카탈루냐어, 갈리시아어, 바스크어야.

오늘의 Misión 모범답안
1. La lengua oficial de Corea es el coreano.
2. Corea está en Asia.

Día 06 Práctica ①
연습문제

연습문제 정답
❶ 1. La/Ø/una 2. un/una/El/la 3. El/Ø/Los
❷ 1. examenes, Estámos
      ➡ exámenes, Estamos
   2. japonéses, simpaticos
      ➡ japoneses, simpáticos
   3. jovenes, trabajadorés
      ➡ jóvenes, trabajadores
❸ 1. vende 2. leo 3. escribimos 4. estudian
❹ 1. Mis abuelos quieren mucho **a mí**.
      ➡ Mis abuelos me quieren mucho.
   2. ¿Necesitas este libro? **Te podemos lo comprar**.
      ➡ ¿Necesitas este libro? Te lo podemos comprar.
      ➡ ¿Necesitas este libro? Podemos comprártelo.
   3. Pedro es un chico popular. Todo el mundo **la** invita a la fiesta.
      ➡ Pedro es un chico popular. Todo el mundo lo invita a la fiesta.
   4. Voy a **decirtelo** más tarde. Ahora estoy ocupado.
      ➡ Voy a decírtelo más tarde. Ahora estoy ocupado.
   5. Compro una bufanda para mi madre. **Le** la doy mañana.
      ➡ Compro una bufanda para mi madre. Se la doy mañana.
❺ ③, ⑤
❻ 1. tienen/tiene/tiene
   2. hace/duerme
   3. queréis/queremos
   4. mides/mido
   5. viene/vengo
❼ 1. Dónde 2. Cuál
   3. Cuántos 4. Qué
   5. Quién
❽ 1. Cuántos 2. Cuáles
   3. Cuándo 4. Qué

연습문제 해석
❶ 1. 파블로의 엄마는 변호사예요. 그녀는 매우 유명한 변호사예요.
   2. 나는 강아지 한 마리와 암고양이 한 마리가 있어요. 강아지는 작고 고양이는 커요. 그들은 좋은 친구예요.
   3. 김씨 아저씨는 불교 신자예요. 그는 일요일마다 항상 그의 가족과 함께 절에 가요.
❷ 1. 내일 우리는 시험들이 있어요. 우리는 매우 긴장돼요.
   2. 나는 몇몇 일본인 친구들이 있어요. 그들은 매우 친절해요.
   3. 한국인 젊은이들은 매우 성실해요.
❸ 1. 우리 엄마는 광장에서 과일들을 판매해요.
   2. 나는 내 여가 시간에 소설들을 읽어요.

3. 우리들은 조부모님을 위해 편지를 하나 써요.
   4. 그녀들은 매우 늦게까지 공부해요.
❹ 1. 내 조부모님은 나를 많이 사랑해요.
   2. 너 이 책이 필요해? 우리는 너에게 그것을 사 줄 수 있어.
   3. 페드로는 인기 있는 소년이에요. 모두가 그를 파티에 초대해요.
   4. 내가 너에게 그것을 더 나중에 말해 줄게. 나는 지금 바빠.
   5. 나는 우리 엄마를 위해 스카프를 하나 사요. 나는 그녀에게 그것을 내일 줘요.
❻ 1. 네 부모님은 몇 살이셔?
      ➡ 우리 아빠는 48세이고 우리 엄마는 45세셔.
   2. 파블로는 뭐해?
      ➡ 파블로는 집에서 자.
   3. 너희들은 휴가로 어디에 가고 싶어?
      ➡ 우리들은 스페인을 방문하고 싶어.
   4. 너는 키가 몇이야?
      ➡ 나는 1.65 미터야.
   5. 당신은 어디에서 오는 길인가요?
      ➡ 저는 공항에서 오는 길이에요.
❼ 1. 한국은 어디에 있나요?
   2. 한국의 화폐는 무엇인가요?
   3. 한국에는 몇 명의 거주자가 있나요?
   4. 한국은 여름에 날씨가 어떤가요?
   5. 한국의 대통령은 누구인가요?
❽ 1. 너는 몇 살이 돼? (생일이라 나이를 먹는 상황이에요)
      - 나는 20살이 돼.
   2. 어떤 게 네 구두야?
      - 내 구두는 갈색이야.
   3. 너희의 기념일은 언제야?
      - 우리 기념일은 2월 23일이야.
   4. 뭐 먹고 싶어?
      - 나는 한식을 먹고 싶어.

오늘의 Misión 모범답안

1. Normalmente, visito a mis abuelos los fines de semana. No puedo visitarlos entre semana porque viven lejos. Como en su casa y juego con sus perros. Les enseño a usar el ordenador y vuelvo a casa.

Día 07 — Vivo en una casa grande.
나는 큰 집에 살아요.

스페인어 진짜 써먹기 정답

❶ 1. altos, modernos
   2. aburridas, interesante
   3. buen, buen
   4. nueva, grande
❷ 1. primeros
   2. empresa grande
   3. familia feliz
   4. mal día
❸ 1. ③   2. ①

해석

❶ 1. 서울에는 높고 현대적인 건물들이 있어요.
   2. 내 친구들은 지루해요. 왜냐하면 영화가 흥미롭지 않기 때문이에요.
   3. 그는 좋은 친구지만 좋은 남자 친구는 아니에요.
   4. 내 새로운 집(=새로 이사한 집)은 도시 중심가에 있어요. 매우 큰 집이에요.
❷ 1. 첫 백 명의 손님들(=선착순 백 명의 손님들)은 선물을 받을 거예요.
   2. 구글은 거대한 회사예요. 이 회사는 환경을 신경 써요.
   3. 우리는 행복한 가족이에요. 나는 우리 부모님을 많이 사랑해요.
   4. 날이 안 좋아요. 하루 종일 비가 와요.
❸ 1. 윤동주는 위대한 시인이에요.
   2. 우리 조부모님은 새로 지어진 집에 살아요. 그 집은 (지어진 지) 일 년 밖에 안 되었어요.

오늘의 Misión 모범답안

1. Yo soy alta y morena. Soy un poco tímida.
2. Yo soy un poco bajo. Soy sociable y simpático.

Día 08 — Tengo muchos amigos.
나는 많은 친구들이 있어요.

스페인어 진짜 써먹기 정답

❶ 1. Varios libros de esta librería son clásicos.
   2. Tengo muchos amigos, pero pocos me llaman por teléfono para quedar conmigo.
   3. Muchas veces, hago la compra en el supermercado del barrio.
   4. Hoy hace poco calor. Podemos ir a varios sitios.
❷ 1. mucha
   2. muchos, varios
   3. muchas, pocas
   4. muchas, Varias

해석

❶ 1. 이 서점의 여러 책들은 고전적이에요.
   2. 나는 친구들이 많아요. 하지만 적은 친구들이 나와 만나기 위해 나에게 전화해요.
   3. 많은 경우에, 나는 동네의 슈퍼에서 장을 봐요.
   4. 오늘은 별로 덥지 않아요. 우리는 여러 장소에 갈 수 있어요.

오늘의 Misión 모범답안

1. Sí, tengo muchos amigos.

2. Sí, tengo varios amigos.
3. No, tengo pocos amigos.

Día 09 Erica es bastante inteligente.
에리카는 상당히 똑똑해요.

스페인어 진짜 써먹기 정답

❶ ①
❷ 1. demasiadas
   2. suficiente
   3. suficientes
   4. demasiado
❸ 1. Mis padres están demasiado preocupados por la salud.
   2. Hay suficiente leche en la nevera.
      = Hay leche suficiente en la nevera.
   3. Tengo bastante tiempo libre los fines de semana.
      = Los fines de semana tengo bastante tiempo libre.

해석

❷ 1. 내 사촌들은 컴퓨터 게임을 열 두 시간 동안 해요.
      ➡ 내 사촌들은 지나치게 오랜 시간동안 게임을 해요.
   2. 나는 하루에 2리터의 물을 마셔요.
      ➡ 나는 하루에 충분한 물을 마셔요.
   3. 내 할머니는 매일 세 시간을 자요.
      ➡ 내 할머니는 충분한 시간을 자지 않아요.
   4. 훌리오는 와인 다섯 병을 마셔요.
      ➡ 훌리오는 지나치게 많은 와인을 마셔요.

오늘의 Misión 모범답안

1. Sí, hago bastante ejercicio.
2. No, no hago suficiente ejercicio.

Día 10 Marcos cocina toda la comida.
마르코스는 모든 음식을 요리해요.

스페인어 진짜 써먹기 정답

❶ 1. ninguna 2. toda 3. Todos 4. algún
❷ 1. ② 2. ③ 3. ①
❸ 1. No viene ninguno de mis compañeros a mi fiesta de cumpleaños.
   2. Ningún estudiante quiere responder a la pregunta del profesor.
   3. No trabaja ninguna de nosotras este fin de semana.

해석

❶ 1. 나는 동전이 하나도 없어. 나한테 100원만 빌려줄 수 있어?

2. 나는 그의 가족을 모두 알아. 우리는 오래된 친구들이야.
3. 너희들 모두는 큰 도시 출신이야.
4. 너 무슨 책 필요하니?
❸ 1. 내 동료들 중 아무도 내 생일 파티에 오지 않아요.
   2. 어떠한 학생도 선생님의 질문에 대답하고 싶어 하지 않아요.
   3. 우리들 중 누구도 이번 주말에 일하지 않아요.

오늘의 Misión 모범답안

1. Sí, todos mis amigos hablan español muy bien.
2. No, solo algunos de mis amigos hablan español.
3. No, ninguno de mis amigos habla español.

Día 11 Normalmente, Sara estudia en la biblioteca.
보통, 사라는 도서관에서 공부해요.

스페인어 진짜 써먹기 정답

❶ 1. ② 2. ③ 3. ② 4. ①
❷ 1. nunca
   2. siempre
   3. a veces = de vez en cuando
   4. Normalmente
   5. a menudo = frecuentemente = con frecuencia
❸ 1. rápidamente
   2. regularmente
   3. fácilmente

해석

❶ 1. 한국에는 여름에 비가 많이 와요.
   2. 멕시코에는 예쁜 해변들이 몇몇 있어요.
   3. 나는 소음 때문에 차분하게 식사를 할 수가 없어요.
   4. 루이사는 매우 똑똑해요. 그녀는 많이 읽어요.

오늘의 Misión 모범답안

1. Normalmente, hago ejercicio todos los días.
2. No hago ejercicio a menudo. Solo lo hago a veces.

Día 12 Práctica ②
연습문제

연습문제 정답

❶ 1. cansados/mala (※ 모두 여성이라고 생각한 경우 cansadas도 가능)
   2. maravillosa
   3. primer/nerviosas

    4. nueva/grande

② ②

③ 1. Pocos estudiantes llevan portátil a clase.
   2. Mi hermana tiene pocas faldas y yo tengo pocos pantalones.
   3. Hay pocas playas bonitas en mi país.
   4. Vosotros tomáis poco café al día.
   5. Hoy en día, los jóvenes tienen poco tiempo libre y duermen poco.

④ 1. Hay varios candidatos para este proyecto.
   2. Varios de mis amigos estudian en el extranjero.
   3. Tenemos varios planes para este verano.

⑤ ②

⑥ 1. Ninguno 2. Todos 3. Algunos 4. Ninguna
   5. Todos 6. Alguno

⑦ 1. rápidamente
   2. amablemente
   3. económicamente

⑧ 1. Vosotros tenéis demasiada ropa. Ya no cabe más en el armario.
   2. Mis padres trabajan demasiado. Siempre vuelven a casa tarde.
   3. Tengo demasiadas horas libres. Estoy aburrido.
   4. Juan conduce demasiado rápido. Algún día va a tener un accidente.

⑨ 1. Tenemos que hacer ejercicio regularmente para llevar una vida sana.
   2. Ellos hablan alegremente porque están muy contentos.
   3. Los niños cruzan el puente cuidadosamente.

해석

② ① 큰
   ② 예쁜
   ③ 좋은
   ④ 첫 번째의
   ⑤ 나쁜

③ 예 도시에는 오염이 **많아요**.
   ➡ 도시에는 오염이 **거의 없어요**.
   1. 많은 학생들이 수업에 노트북을 가져가요.
   ➡ 얼마 안 되는 학생들이 수업에 노트북을 가져가요.
   2. 내 여자형제는 많은 치마들을 가지고 있고, 나는 많은 바지들을 가지고 있어요.
   ➡ 내 여자형제는 치마들을 별로 가지고 있지 않고, 나는 바지를 별로 가지고 있지 않아요.
   3. 우리 나라에는 예쁜 해변이 많아요.
   ➡ 우리 나라에는 예쁜 해변이 거의 없어요.
   4. 너희들은 하루에 많은 커피를 마셔.
   ➡ 너희들은 하루에 적은 커피를 마셔.
   5. 오늘날, 젊은이들은 많은 여가 시간을 가지고 잠을 많이 자요.
   ➡ 오늘날, 젊은이들은 여가 시간이 거의 없고 잠을 적게 자요.

⑤ ① 더 빨리! 우리는 도착하기까지 시간이 **별로 없어**.
   ② 냉장고에 음식이 **충분히** 있어?
   ③ 루이사의 가게는 유명해요. 주말마다 **몇몇** 유명인들이 와요.
   ④ 그들은 **많은** 돈을 벌어요.

⑥

	사라	루카스	에리카	마르코스
직업	학생	학생	학생	요리사
나이	24	20	25	28
성격	친절하고 소심한	친절하고 외향적인	친절하고 상냥한	친절하고 외향적인
국적	한국사람	한국사람	스페인사람	멕시코사람

   1. 그들 중 누구도 불친절하지 않아요.
   2. 모두들 친절해요.
   3. 그들 중 몇몇은 학생들이에요.
   4. 누구도 칠레 사람이 아니에요.
   5. 모든 남자들은 외향적이에요.
   6. 그들 중 누군가는 일을 해요.

⑦ 1. 빠른 ➡ 빠르게
   2. 상냥한 ➡ 상냥하게
   3. 경제의 ➡ 경제적으로

⑧ 예 그들은 **많이** 먹어요.
   ➡ 그들은 지나치게 많이 먹어요.
   1. 너희들은 많은 옷을 가지고 있어. 옷이 더는 옷장에 들어가지 않아.
   ➡ 너희들은 **지나치게 많은** 옷을 가지고 있어. 옷이 더는 옷장에 들어가지 않아.
   2. 우리 부모님은 많이 일하셔. 그들은 항상 집에 늦게 도착해.
   ➡ 우리 부모님은 **지나치게 많이** 일하셔. 그들은 항상 집에 늦게 도착해.
   3. 나는 자유 시간이 많아요. 나는 지루해요.
   ➡ 나는 자유 시간이 **지나치게 많아요**. 나는 지루해요.
   4. 후안은 빠르게 운전해요. 언젠가 사고가 날 거예요.
   ➡ 후안은 **지나치게 빠르게** 운전해요. 언젠가 사고가 날 거예요.

⑨ 1. 우리는 건강한 삶을 살기 위해 규칙적으로 운동을 해야만 해요.
   2. 그들은 매우 만족하기 때문에 기쁘게 이야기해요.
   3. 아이들은 다리를 조심히 건너요.

오늘의 Misión 모범답안

1. Yo estudio mucho español. Normalmente, estudio español casi todos los días. Algunos fines de semana no estudio.
2. Yo estudio español pocas horas. No lo estudio solo porque es difícil para mí.

Día 13 Me llamo Sara.
내 이름은 사라예요.

스페인어 진짜 써먹기 정답

❶ 1. me 2. te 3. se 4. nos 5. os 6. se
❷ 1. se llama, lo llaman
   2. me llama
   3. me llama, se llama
   4. te llamas, Me llamo
❸ 1. 목적격 대명사
   2. 재귀 대명사
   3. 재귀 대명사

해석

❶ 1. 우리 아빠는 절대 나에게 전화하지 않아요. 그는 메시지 보내는 것을 선호해요.
   2. 내가 가장 좋아하는 가수들의 이름은 엘튼 존과 샤키라예요.
   3. 네 부모님의 성함은 뭐야?

오늘의 Misión 모범답안

1. Me llamo Jimin. Mis padres se llaman Yeongsu y Miseon. Mi mejor amiga se llama Nari.

Día 14 Me levanto a las siete de la mañana.
나는 아침 7시에 일어나요.

스페인어 진짜 써먹기 정답

❶ 1. se levanta   2. se ducha
   3. se afeita   4. se peina
❷ 1. afeitarse   2. peinarse
   3. lavarse   4. levantarse
❸ 1. 예) Me levanto a las ocho y media de la mañana.
      나는 아침 여덟 시 반에 일어나요.

해석

❶ 8:00 일어나기
  8:30 샤워하고 면도하기
  9:00 빗질하기
  9:15 아침 식사하기

루카스는 아침 여덟 시에 일어나요.
30분 후에 샤워를 하고 면도를 해요.
아홉 시 정각에 머리를 빗고 샐러드를 준비해요.
집에서 혼자 아침을 먹어요. 하지만 가끔은 부모님과 함께 아침 식사를 해요.

❸ 1. 너는 몇 시에 일어나니?

오늘의 Misión 모범답안

1. Me levanto a las ocho de la mañana. Desayuno, me lavo los dientes y me ducho. Voy a la universidad a las once de la mañana. Como con mis compañeros a la una de la tarde. Vuelvo a casa a las ocho. Ceno con mi familia y duermo.

Día 15 Nos despertamos por el ruido.
우리는 소음 때문에 잠에서 깨요.

스페인어 진짜 써먹기 정답

❶ 1. se despiertan
   2. os acostáis, os acostáis
   3. se levanta
   4. me duermo
❷ 1. antes de
   2. Después de
   3. después de
   4. Antes de

해석

2023년 4월 6일
- 일어나기
- 샤워하고 나가기 위해 치장하기
- 대학교에 가기
- 집에 돌아오기
- TV 시청하기
- 잠자리에 들기

에리카는 샤워하기 전에 일어나요.
샤워를 한 후에 나가기 위해 치장해요.
수업 후에 집으로 돌아와요.
잠자리에 들기 전에 항상 TV를 봐요.

오늘의 Misión 모범답안

1. Me despierto a las siete de la mañana y me acuesto a las once de la noche.

Día 16 Nos aburrimos de esta película.
우리는 이 영화에 싫증이 나요.

스페인어 진짜 써먹기 정답

❶ 1. nervioso/nerviosa
   (※ yo를 남자라고 생각한 경우 nervioso, 여자라고 생각한 경우 nerviosa가 될 수 있어요.)
   2. bien
   3. tristes

4. frustrados
② 1. ⓒ 2. ⓑ 3. ⓑ 4. ⓐ
③ 1. está enamorado
   2. están aburridos
   3. estamos enfadados

해석
① 1. 나는 오늘 오후에 시험이 있어요. 나는 매우 긴장돼요.
   2. 알레한드로는 직장에서 기분이 매우 좋아요. 그의 모든 동료들은 친절해요.
   3. 우리는 슬퍼요. 왜냐하면 우리 선생님이 그의 나라로 돌아가기 때문이에요.
   4. 너희들은 공부를 많이 하지만 좋은 성적을 받지 못해. 너희들은 실망감을 느껴.
② ① preocuparse por: ~을 걱정하다
   ② enamorarse de: ~에게 사랑에 빠지다
   ③ alegrarse de: ~에 기뻐하다
   ④ enfadarse con: ~에게 화가 나다
③ 1. 훌리오는 마리아에게 사랑에 빠져요.
   ➡ 훌리오는 마리아에게 사랑에 빠져 있어요.
   2. 그들은 책에 싫증을 내요.
   ➡ 그들은 책에 싫증이 나 있어요.
   3. 우리는 우리 친구들에게 화를 내요.
   ➡ 우리는 우리 친구들에게 화가 나 있어요.

오늘의 Misión 모범답안
1. Por la mañana primero me levanto. Después, paseo con mi perro y luego desayuno.
2. En el trabajo primero tomo un café. Después enciendo el ordenador. Luego, empiezo a trabajar.

Día 17 Quiero ponerme esta ropa.
나는 이 옷을 입고 싶어요.

스페인어 진짜 써먹기 정답
① ②
② 1. Me quito la ropa y me pongo el pijama.
   2. Me lavo el pelo por la mañana, pero hoy voy a lavármelo por la noche.
   3. Estas zapatillas son muy bonitas. Nos las llevamos.
③ ③

해석
③ 사라: 나는 겨울 옷이 필요해. 나는 집에 (겨울 옷이) 하나도 없어. 내가 고르는 것을 도와줄 수 있어?
에리카: 응, 물론이지. 이 가게에는 많은 옷들이 있어. 바지들, 치마들, 코트들…
사라: 이 갈색 바지는 어때? 이것들은 예뻐.

에리카: 예쁘지만 매우 비싸. 나는 너에게 이 코트가 최고라고 생각해. 이것은 예쁘고 저렴해.
사라: 응, 좋은 생각인 것 같아. 나는 그것을 살래.

① 바지 ② 치마 ③ 코트 ④ 셔츠 ⑤ 목도리

오늘의 Misión 모범답안
1. Quiero ponerme este abrigo.
2. ¿Puedo probarme esta camiseta?
3. Me llevo estos zapatos.

Día 18 Práctica ③
연습문제

연습문제 정답
① ④
② 1. Me/me 2. se/lo 3. nos 4. Me/se 5. le
③ 1. se peinan
   2. se cepilla
   3. se llama
   4. se maquilla
   5. nos ponemos
④ 1. después de 2. antes de
   3. antes de   4. después de
⑤ ③
⑥ 1. ¿A qué hora te levantas?
   2. ¿A qué hora os vestís?
   3. ¿A qué hora se acuestan tus padres?
⑦ 1. se duerme
   2. nos acostamos
   3. me despierto
   4. me levanto
⑧ ⑤
⑨ 1. las 2. la 3. la
⑩ 1. Esta chaqueta es muy bonita. Me la quiero llevar. / Esta chaqueta es muy bonita. Quiero llevármela.
   2. Me puedo duchar rápidamente. / Puedo ducharme rápidamente.
   3. Me voy a cortar el pelo mañana. / Voy a cortarme el pelo mañana.

연습문제 해석
② 1. 내 이름은 카롤리나이지만, 내 가족과 내 친구들은 나를 카롤이라고 불러요.
   2. 내 남자형제는 혼자서 면도를 할 줄 몰라요. 그래서 내 아빠가 그를 면도해 줘요.
   3. 여름에, 우리는 보통 수영장에 가서 물에 들어가요.
   4. 나는 독서 클럽에 등록을 해요. 클럽의 이름은 '책 애호가들'이에

요.
5. 너희들의 강아지는 얼굴이 지저분해. 너희들은 그에게 (그의) 얼굴을 씻겨 줘야만 해.

❸ 1. 그녀들은 머리를 빗어요.
2. 남자아이는 이를 닦아요.
3. 내 상사의 이름은 알베르토예요.
4. 내 엄마는 직장에 가기 위해 화장을 해요.
5. 우리는 코트를 입어요. 왜냐하면 춥기 때문이에요.

❹
사라	스페인어 수업에 가기 에리카와 공부하기 TV 시청하기 가족과 저녁 식사하기
루카스	축구하기 피아노 연습하기 전시회 가기 집에서 쉬기
에리카	공원에서 산책하기 사라와 공부하기 마르코스와 영화관 가기 일기 쓰기
마르코스	장 보기 요리하기 에리카와 영화관 가기 집 청소하기

1. 사라는 에리카와 함께 공부한 후에 집에서 텔레비전을 봐요.
2. 루카스는 피아노를 연습하기 전에 친구들과 축구를 해요.
3. 에리카는 일기를 쓰기 전에 마르코스와 함께 영화관에 가요.
4. 마르코스는 장을 본 후에 요리를 해요.

❺ **Transcripción**
Lucas: Sara, ¿a qué hora vas a la universidad?
Sara: Normalmente, me levanto a las nueve y media. Desayuno a las diez y me ducho. Después, me pongo la ropa y me maquillo. Tardo una hora para prepararme.
Lucas: Entonces, ¿sales de casa a las once de la mañana?
Sara: Sí, pero la semana que viene tengo que salir una hora antes porque tengo exámenes.

스크립트 해석
루카스: 사라, 너는 대학교에 몇 시에 가?
사라: 보통 나는 아홉 시 삼십 분에 일어나. 열 시에 아침을 먹고 샤워를 해. 그리고 나서 옷을 입고 화장을 해. 나는 준비하는 데 한 시간이 걸려.
루카스: 그러면, 집에서 아침 열 시에 나가?
사라: 응, 하지만 다음 주에는 시험이 있어서 한 시간 일찍 나가야 해.

❻ 1. 너는 몇 시에 일어나?
➡ 나는 아침 여덟 시에 일어나.
2. 너희는 몇 시에 옷을 입어?
➡ 우리는 아침 여덟 시 반에 옷을 입어.
3. 네 부모님은 몇 시에 주무셔?
➡ 우리 부모님은 밤 열 시에 주무셔.

❼ 1. 내 남자형제는 수업에서 문제들을 겪어요. 집에서 충분히 잠을 자지만 수업 시간에 항상 잠이 들어요. 그의 선생님은 그에게 매우 화나 있어요.
2. 주말마다 우리는 퇴근한 후에 밤에 영화관에 가요. 그래서 우리는 늦게 자러 가요.
3. 최근에 아침에 길에 소음이 많아요. 나는 심지어 주말까지 아침 7시에 잠이 깨요. 나는 지긋지긋해요!
4. 나에게는 하루를 일찍 시작하는 것이 매우 어려워요. 아침에 눈을 뜨지만 열 시까지 일어나지 않아요.

오늘의 Misión 모범답안
1. Me levanto bastante tarde. Me levanto a las once de la mañana. A la una como con mi familia y salgo a quedar con algunos amigos. Nos divertimos y vuelvo a casa antes de cenar. Me ducho y me acuesto.

Día 19 — Me gusta esta película.
나는 이 영화를 좋아해요.

스페인어 진짜 써먹기 정답

❶ 1. A Sara le gustan las verduras.
2. A Erica le gusta nadar en el mar.
3. A Lucas le gusta ver la televisión.
4. A Marcos le gusta el pescado.

❷ 1. me 2. os 3. les 4. os 5. les

❸ 1. gusta 2. gusta 3. gustan 4. gusta 5. gustan

해석

❶ 1. 사라는 야채들을 좋아해요.
2. 에리카는 바다에서 수영하는 것을 좋아해요.
3. 루카스는 TV 보는 것을 좋아해요.
4. 마르코스는 생선을 좋아해요.

❷ 1. 나는 여가 시간에 친구들과 만나는 것을 좋아해요.
2. 너희들은 슈퍼 히어로 영화들을 좋아해.
3. 많은 한국인들은 김치를 좋아해요.
4. 너희 부모님과 너는 동물들을 좋아해.
5. 내 사촌들은 비디오 게임들을 좋아해요.

❸ 1. 고양이들은 우유를 좋아해요.
2. 나는 스페인어 공부하는 것을 좋아해요. 그것은 매우 재미있어요.
3. 내 동생과 나는 모든 스포츠들을 좋아해요.
4. 너는 여행하는 것을 좋아하니?
5. 우리는 많은 취미를 가지고 있어요. 우리는 영화와 음악을 좋아해요.

오늘의 Misión 모범답안
1. Me gusta estudiar español.
2. Me gustan los dulces.
3. Me gusta el fútbol.

9

Día 20 — Me encantan las canciones latinoamericanas.
나는 라틴아메리카 음악을 정말 좋아해요.

스페인어 진짜 써먹기 정답

❶
1. no le gusta trabajar los fines de semana
2. le encanta ir de compras
3. le gustan la fotografía y la arquitectura

❷ ④

❸
1. Me gusta ver películas.
2. Me gusta escuchar música.

해석

❶
1. 루카스는 주말에 일하는 것을 좋아하지 않아요.
2. 에리카는 쇼핑 가는 것을 매우 좋아해요.
3. 사라는 사진과 건축학을 좋아해요.

❷
① 우리 부모님은 늦게 도착하는 것을 좋아하지 않아.
② 우리는 이 영화를 매우 좋아해.
③ 너희들은 한국 영화들을 좋아하니?
⑤ 나는 오전에 운동하는 것을 좋아해.

❸
1. 나는 영화들을 좋아해.
 ➡ 나는 영화 보는 것을 좋아해.
2. 나는 음악을 좋아해.
 ➡ 나는 음악 듣는 것을 좋아해.

오늘의 Misión 모범답안
1. Me gusta escuchar música. Sobre todo, me encanta la música clásica.
2. Me gustan los deportes. Sobre todo, me encanta el tenis.

Día 21 — Me interesa el fútbol.
나는 축구에 관심이 있어요.

스페인어 진짜 써먹기 정답

❶
1. le interesa el curso de pronunciación
2. le interesa ir a la exposición sobre la arquitectura española

❷
1. les duele la espalda
2. nos duele la cabeza
3. me duele el estómago
4. le duelen las piernas

해석

❶
여름 강좌 및 활동

- 스페인 요리 강좌
- 춤 강좌
- 발음 강좌

- 플라멩코 공연 보러 가기
- 라틴아메리카 노래들 배우기
- 스페인 건축에 대한 전시회 보러 가기

Transcripción
Erica: Hola, Sara. Hoy tenemos que decidir qué cursos o actividades queremos hacer en verano. ¿Tú ya lo sabes?
Sara: Hay muchos cursos interesantes. Por ejemplo, me interesa el curso de pronunciación. Quiero hablar mejor.
Erica: Ya hablas muy bien. A mí me interesa la exposición. Me gusta la Arquitectura.

스크립트 해석
에리카: 안녕, 사라. 오늘 우리는 여름에 어떤 강좌나 활동을 하고싶은지 결정해야만 해. 너는 이미 (무엇을 원하는지) 알아?
사라: 매우 흥미로운 강좌들이 많이 있어. 예를 들어 나는 발음 강좌에 관심이 있어. 나는 말을 더 잘하고 싶어.
에리카: 너는 이미 잘 말하는 걸. 나는 전시회에 관심이 있어. 나는 건축학을 좋아해.

❸
1. 내 부모님은 허리가 아파요.
2. 우리는 머리가 아파요.
3. 나는 배가 아파요.
4. 그녀는 다리가 아파요.

오늘의 Misión 모범답안
1. Me interesa la comida española.
2. Me interesa el arte de México.
3. Me interesan las canciones latinoamericanas.

Día 22 — ¿Qué te parece esta novela?
이 소설 어때?

스페인어 진짜 써먹기 정답

❶
1. parece/parece
2. parecen
3. parece/parece
4. parecen/parecen

❷
1. ¿Y a ti? 2. ¿Y a ti? 3. ¿Y tú? 4. ¿Y a ti?

❸
1. A mí también. / A mí no.
2. A mí tampoco. / A mí sí.
3. A mí tampoco. / A mí sí.
4. A mí también. / A mí no.
5. A mí también. / A mí no.

해석

❶
1. 모두가 함께 영화관에 가는 것이 너에게는 어때 보여?
 ➡ 나에게는 좋은 생각처럼 보여.
2. 나에게는 새로운 스페인어 선생님들이 상냥해 보여. (=나는 새로운 스페인어 선생님들이 상냥하다고 생각해.)
3. 너희들에게는 이 블라우스가 어때 보여?
 ➡ 우리에게는 매우 우아해 보여.

4. 당신들에게는 제 보고서들이 어떻게 보이나요? (=당신들은 제 보고서들을 어떻게 생각하시나요?)
   ➡ 우리에게는 잘 정리된 것 같이 보여요.

❷ 1. 나는 텔레비전 보는 것을 좋아하지 않아. 너는?
   2. 나는 배가 아파. 너는?
   3. 나는 이번 토요일을 위한 계획이 아무것도 없어. 너는?
   4. 나에게는 오늘 오후에 해변에 가는 것이 나빠 보이지 않아. 너에게는? (= 나는 오늘 오후에 해변에 가는 것이 나쁘다고 생각하지 않아. 너는?)

❸ **Transcripción**
   1. Me gusta mucho cantar.
   2. A mí no me gustan mucho los niños.
   3. No me gusta el invierno.
   4. Me encantan los deportes.
   5. Me interesa aprender español.

   스크립트 해석
   1. 나는 노래하는 것을 매우 좋아해요.
   2. 나는 아이들을 별로 좋아하지 않아요.
   3. 나는 겨울을 좋아하지 않아요.
   4. 나는 스포츠들을 매우 좋아해요.
   5. 나는 스페인어 배우는 것에 관심이 있어요.

   오늘의 Misión 모범답안
   1. El español me parece interesante y divertido.
   2. El francés me parece atractivo, pero difícil.

Día 23 ¿Qué te parece si vamos de compras?
우리 쇼핑하러 가는 게 어때요?

스페인어 진짜 써먹기 정답
❶ 1. ¿Qué te parece si vamos a la hamburguesería?
   2. ¿Qué te parece si jugamos al baloncesto?
   3. ¿Qué te parece si hacemos los deberes juntos?
❷ 1. ① 2. ① 3. ② 4. ③
❸ 1. Sí 2. No 3. Sí

해석
❷ 1. 우리 에리카를 위한 환영 파티를 하는 게 어때?
   2. 우리 독서 클럽에 가입하는 게 어때?
   3. 제 배낭을 지켜봐 주실 수 있나요? (=제 배낭을 맡아 주실 수 있나요?)
   4. 내가 창문을 닫는 것이 너희에게 중요하니? (=내가 창문을 닫아도 될까?)
❸ 1. 내가 에어컨을 틀어도 될까? 날씨가 더워.
   ➡ 안 돼. 나는 감기에 걸려 있고 조금 추워.
   2. 너희들이 내 동생들을 돌봐 줄 수 있어? 내가 긴급하게 (=갑자기) 병원에 가야만 해.
   ➡ 그럼. 너는 안심하고 갈 수 있어.
   3. 내 친구들이 와도 너에게 상관없어? 그들도 이 영화를 보고 싶어 해.
   ➡ 안 돼. 나는 많은 사람들과 있는 것을 좋아하지 않아.

오늘의 Misión 모범답안
1. ¿Qué te parece si vamos de viaje?
2. ¿Por qué no vemos una película?
3. ¿Qué tal si jugamos al tenis juntos?

Día 24 Práctica ④
연습문제

연습문제 정답
❶ ③
❷ 1. 주어 ➡ todos los deportes acuáticos
      목적어 ➡ Nos
      해석 ➡ 우리는 모든 수중 스포츠를 좋아해요.
   2. 주어 ➡ pasear, leer e ir al cine
      목적어 ➡ A mis padres = les
      해석 ➡ 우리 부모님은 산책하는 것, 독서하는 것 그리고 영화관에 가는 것을 좋아해요.
   3. 주어 ➡ estudiar español
      목적어 ➡ Os
      해석 ➡ 너희들은 스페인어 공부하는 것에 관심이 있어?
❸ 1. gustan
   2. interesa
   3. gusta
   4. encantan
❹ 1. ir al parque con los (sus) primos
   2. montar en bicicleta
   3. las hojas coloridas y el cielo azul
   4. hacer ejercicio
   5. el verano
   6. el calor
❺ 1. Os gusta ver películas.
   2. A mucha gente le interesa aprender español.
   3. Nos gusta mucho subir montañas.
   4. A ellos les gusta comer frutas.
❻ 1. ② 2. ① 3. ②
❼ 1. parece si
   2. parece
   3. parecen
❽ 1. A mí también. / A mí no. / A mí tampoco.
   2. A mí sí. / A mí no. / A mí tampoco.
❾ 1. ③ 2. ① 3. ③ 4. ①

11

연습문제 해석

1
① 다리
② 등
③ 이
④ 머리
⑤ 목

Transcripción
Erica: ¿A dónde vas?
Lucas: Voy al médico. Estos días no me encuentro muy bien y no puedo dormir por la noche.
Erica: ¿Qué te pasa? ¿Te duele la cabeza?
Lucas: No, no tengo dolor de cabeza. Creo que como demasiados dulces. Me duelen mucho los dientes. Por eso voy al dentista.

스크립트 해석
에리카: 너 어디에 가?
루카스: 나는 병원에 가. 요즘 나는 몸이 별로 안 좋고 밤에 잠을 잘 수가 없어.
에리카: 무슨 일이야? 너 머리 아파?
루카스: 아니, 나 두통은 없어. 내가 단것을 지나치게 많이 먹는다고 생각해. 나는 이가 매우 아파. 그래서 나는 치과에 가.

3 모두들 안녕! 내 이름은 엘레나이고 나는 스페인 사람이야. 나는 한국어를 연습하기 위해 친구들을 찾고 있어. 나는 외국어들을 좋아해. 특히, 나는 아시아 문화에 관심이 있어. 언젠가 나는 한국을 방문하고 싶어. 나는 스페인어, 영어, 중국어, 한국어를 하고 프랑스어를 조금 할 줄 알아. 내 여가 시간에 나는 독서하기, 수영하기, 영화 보기를 좋아해. 우리는 함께 영화관에 갈 수 있어. 나는 액션 영화들을 매우 좋아해.

4 내가 가장 좋아하는 계절은 가을이에요. 왜냐하면 날씨가 좋기 때문이에요. 나는 가을의 색깔의 나뭇잎들과 파란 하늘을 좋아해요. 나는 내 사촌들과 공원에 가는 것을 매우 좋아해요. 나는 운동하는 것을 별로 좋아하지 않지만 자전거 타는 것은 꽤 좋아해요. 하지만 나는 여름은 좋아하지 않아요. 왜냐하면 내가 더위를 전혀 좋아하지 않기 때문이에요.

5 예 나는 음악을 좋아해요.
➡ 나는 음악 듣는 것을 좋아해요.
1. 너희들은 영화들을 좋아해.
➡ 너희들은 영화 보는 것을 좋아해.
2. 많은 사람들은 스페인어에 관심이 있어.
➡ 많은 사람들은 스페인어 배우는 것에 관심이 있어.
3. 우리는 산들을 매우 좋아해.
➡ 우리는 산을 오르는 것을 매우 좋아해.
4. 그들은 과일들을 좋아해.
➡ 그들은 과일을 먹는 것을 좋아해.

6
1. 나는 쇼핑 가는 것을 좋아해요.
2. 우리는 이번 여름 방학을 위한 계획이 많이 있어요.
3. 나는 야채들을 전혀 좋아하지 않아요.

7
1. 너는 우리가 후안을 위한 파티를 기획하는 것에 대해 어떻게 생각해?
2. 당신들에게는 이 영화가 어때요? (=당신들은 이 영화를 어떻게 생각해요?)
3. 너희들에게는 이 그림들이 어때? (=너희들은 이 그림을 어떻게 생각해?)

8
1. 나는 이탈리아 음식을 좋아해요.
2. 나는 친구들을 집에 초대하는 것을 좋아하지 않아요.

9
① 너희들 내가 여기 앉는 것이 상관있어? (= 나 여기에 앉아도 될까?)
② 우리 이번 주말에 함께 영화관에 가는 거 어때?
③ 내가 창문을 여는 것이 너에게 상관있어? (= 나 창문 열어도 될까?)
④ 우리 호텔에 묵는 것이 어때?

오늘의 Misión 모범답안
1. Me gusta mucho estudiar idiomas. ¿Qué tal si hacemos intercambio con nativos?
2. Me encantan los deportes. ¿Qué te parece si nos inscribimos en el gimnasio?

Día 25 Hay muchas personas estudiando en la biblioteca.
도서관에서 공부하고 있는 사람들이 많이 있어요.

스페인어 진짜 써먹기 정답

1 1. estudiando 2. encontrando
   3. abriendo 4. siendo
2 1. cerrando 2. estudiando
   3. escribiendo
3 1. paseando 2. jugando
   3. preguntando 4. subiendo

해석

1
1. 공부하다
2. 발견하다
3. 열다
4. ~이다

2
1. 창문들을 닫고 있는 아주머니가 한 분 계세요.
2. 도서관에 공부하고 있는 학생들이 거의 없어요.
3. 연애편지들을 쓰고 있는 소녀가 한 명 있어요.

3
1. 강아지를 산책시키는 아저씨 한 분이 계세요.
2. 놀이터에는 놀고 있는 아이들이 많이 있어요.
3. 선생님께 질문을 하고 있는 여학생이 한 명 있어요.
4. 산을 오르는 커플이 한 쌍 있어요.

오늘의 Misión 모범답안
1. Hay una señora tomando un café.
2. Hay un hombre arreglando el coche.
3. Hay dos perros jugando con su pelota.

Día 26 — Puedes llegar a la sala de profesores entrando en el edificio.
너는 건물에 들어가면서 교무실을 발견할 수 있어.

스페인어 진짜 써먹기 정답

① 1. yendo 2. durmiendo 3. pudiendo 4. siguiendo
   5. prefiriendo 6. leyendo
② 1. durmiendo 2. mintiendo 3. huyendo
③ 1. girando 2. Siguiendo 3. entrando

해석

① 1. 가다
   2. 자다
   3. 할 수 있다
   4. 따르다
   5. 선호하다
   6. 읽다
③ 1. 나는 어떻게 은행에 갈 수 있어? (= 은행에 어떻게 가?)
   ➡ 왼쪽으로 돌면 은행에 갈 수 있어.
   2. 빵집이 어디에 있는지 알아?
   ➡ 빵집은 광장에 있어. 이 길을 쭉 따라가면.
   3. 우리는 아이스크림 가게를 발견할 수가 없어. 우리가 거기에 어떻게 도착할 수 있어?
   ➡ 어렵지 않아. 너희는 공원에 들어가면서 그것을 발견할 거야.

오늘의 Misión 모범답안

1. El aparcamiento está saliendo del restaurante. Está a la izquierda.
2. El banco está en el centro. Podemos llegar siguiendo esta calle unos cinco minutos.

Día 27 — Estudio escuchando música.
나는 음악을 들으면서 공부해요.

스페인어 진짜 써먹기 정답

① 1. trabajando 2. estando
   3. conduciendo 4. hablando
② 1. Erica ve películas cuidando a sus primos pequeños.
   2. Ella me pide un favor arrodillándose.
   3. Vosotros hacéis mucho ruido lavándoos la cara.
   4. Me miro en el espejo peinándome.

해석

② 1. 에리카는 그녀의 어린 사촌들을 돌보면서 영화를 봐요.
   2. 그녀는 무릎을 꿇으면서 나에게 부탁을 하나 해요.
   3. 너희들은 세수를 하면서 매우 시끄럽게 해.
   4. 나는 머리를 빗으면서 거울을 봐요.

오늘의 Misión 모범답안

1. Estas son las fotos de mi familia. Aquí tenemos a mi padre cocinando y a mi madre viendo la televisión.
2. Te enseño mi foto de pequeño. Aquí salimos mi hermano y yo. En la nota pone: Lucas tocando el piano y Sara cantando.

Día 28 — ¿Qué estás haciendo?
너 뭐하는 중이야?

스페인어 진짜 써먹기 정답

① 1. Estáis paseando
   2. Estoy leyendo
   3. están discutiendo
② 1. ② 2. ③
③ 1. ② Mis amigos se están bañando en la piscina.
      = Mis amigos están bañándose en la piscina.
   2. ③ Nosotros nos estamos lavando los dientes.
      = Nosotros estamos lavándonos los dientes.

해석

② 1. 우리는 파에야를 요리하는 중이에요. 우리는 요리하는 것을 좋아해요.
   2. 이번 주에는 우리 아빠가 요리를 하고 있어요. 왜냐하면 우리 엄마가 직장에서 늦게 돌아오기 때문이에요.
③ 1. 내 친구들은 수영장에 들어가 있는 중이에요.
   2. 우리는 이를 닦는 중이에요.

오늘의 Misión 모범답안

1. Estos días, estoy estudiando español.
2. Estos días, estoy trabajando de camarero.
3. Estos días, estoy preparando la boda.

Día 29 — Llevamos seis meses estudiando español.
우리는 스페인어를 공부한지 6개월 되었어요.

스페인어 진짜 써먹기 정답

① 1. Llevo una semana practicando deporte.
   2. Llevamos diez años siendo amigos.
② 1. sigue estudiando
   2. no sigue viviendo
   3. sigue saliendo
   4. no sigue aprendiendo
③ 1. vamos aprendiendo
   2. va ganando

해석

❶ 1. 내가 스포츠 활동을 한 지 일주일이 되었어요.
   2. 우리가 친구인 지 십 년이 되었어요.

❷
	과거	현재
사라	스페인어 공부하기	스페인어 공부하기
에리카	부모님과 함께 살기	혼자 살기
루카스	엘레나와 사귀기	엘레나와 사귀기
마르코스	프랑스어 배우기	독일어 배우기

1. 사라는 계속해서 스페인어를 공부하고 있어요.
2. 에리카는 계속해서 부모님과 함께 살고 있지 않아요.
3. 루카스는 계속해서 엘레나와 사귀고 있어요.
4. 마르코스는 계속해서 프랑스어를 배우고 있지 않아요.

오늘의 Misión 모범답안

1. ¿Cuánto tiempo llevas estudiando español?
2. ¿Cuánto tiempo lleváis estudiando español?

Día 30 Práctica ⑤
연습문제

연습문제 정답

❶ 1. trabajando 2. escribiendo 3. teniendo
   4. viniendo   5. sintiendo

❷ ⑤ ·

❸
o>u 불규칙	morir: 죽다 poder: 할 수 있다 dormir: 자다
e>i 불규칙	repetir: 반복하다 preferir: 선호하다 mentir: 거짓말하다 pedir: 시키다, 주문하다 seguir: 계속하다
-iendo>-yendo 불규칙	huir: 도망가다 leer: 읽다 oír: 듣다 ir: 가다

❹ ②

❺ 1. Muchos españoles comen hablando.
   2. Ellos estudian escuchando música.
   3. Me cepillo los dientes viendo la televisión.
   4. Ella busca el cuaderno hablando por teléfono.

❻ 1. esquiando 2. cantando 3. nadando 4. jugando

❼ 1. Me lavo las manos mirándome en el espejo.
   2. ¿Qué estás preguntándole al profesor?
      = ¿Qué le estás preguntando al profesor?
   3. Mis padres siempre me explican todo sonriendo.

❽ 1. estamos esperando
   2. Estamos viviendo
   3. enseña
   4. está estudiando
   5. come

❾ 1. llevan 2. sigue 3. llevo 4. van

연습문제 해석

❷ ① 놀고 있는 아이가 두 명 있어요.
   ② 아이스크림을 파는 남자가 한 명 있어요.
   ③ 신문을 읽는 남성 분이 한 명 있어요.
   ④ 음식을 먹고 있는 새들이 몇몇 있어요.
   ⑤ 요가를 하는 여성 한 명이 그룹에 있어요.

❹ **Transcripción**
   A: ¿Cómo puedo llegar a la biblioteca? Soy nueva en esta ciudad y no la conozco muy bien.
   B: La biblioteca no está lejos. Vas a encontrarla girando a la derecha al final de esta calle.

   스크립트 해석
   A: 도서관에 어떻게 도착할 수 있어? 나는 이 도시에 처음으로 왔고 도시를 잘 알지 못해.
   B: 도서관은 멀리 있지 않아. 너는 이 길 끝에서 오른쪽으로 돌면 그것을 발견할 거야.

❻ 1. 겨울에 스키를 타는 사라
   2. 생일 파티에서 노래하는 루카스
   3. 수영장에서 수영하는 에리카
   4. 친구들과 축구하는 마르코스

❽ 1. 루카스, 너 어디에 있어? 우리는 너를 기다리고 있는 중이야.
   2. 우리는 지금은 부산에 사는 중이야. 우리는 이번 달 말에 서울로 돌아갈 거야.
   3. 내 사촌은 스페인어 교수님이에요. 그녀는 대학에서 스페인어를 가르쳐요.
   4. 요즘 사라는 열심히 공부하고 있어요. 그녀는 쉴 필요가 있어요.
   5. 내 강아지는 조금 뚱뚱해요. 항상 많이 먹어요.

❾ 1. 그들은 스페인어를 공부한 지 5년 됐어요. 그들은 매우 좋은 스페인어 실력을 가지고 있어요.
   2. 내 삼촌은 45살이지만 계속해서 그의 부모님과 함께 살아요.
   3. 나는 너를 삼십 분째 기다리는 중이야. 어디쯤 오고 있어?
   4. 선생님은 만족해요. 왜냐하면 그의 학생들이 조금씩 배워 나가고 있기 때문이에요.

오늘의 Misión 모범답안

1. Ahora estoy estudiando español en una cafetería. Llevo dos días estudiando y actualmente estoy preparando el examen de español. El español es un poco difícil, pero sigo estudiando porque me gusta.

2. Ahora estoy chateando con mi novio. Llevamos saliendo desde la semana pasada. A los dos nos gusta viajar. Estamos buscando

sitios para viajar juntos.

Día 31 — Estoy preparado para conocer a alguien.
나는 누군가를 만날 준비가 되어있어요.

스페인어 진짜 써먹기 정답

① 1. encontrado 2. comprado 3. comido 4. preferido
   5. dormido 6. sido
② 1. enfadados 2. cerrados 3. casadas
③ 1. querida 2. cerrando 3. asustado

해석

① 1. 발견하다
   2. 구매하다
   3. 먹다
   4. 선호하다
   5. 자다
   6. ~이다

오늘의 Misión 모범답안

1. Yo estoy muy cansado porque tengo mucho trabajo.
2. Yo estoy enamorada de ese chico.

Día 32 — Hay una carta de amor escrita en la mesa.
식탁 위에 쓰여진 연애편지가 있어요.

스페인어 진짜 써먹기 정답

① 1. leído 2. abierto 3. hecho 4. roto
② 1. rotos 2. hecha 3. satisfecha 4. abierto
③ 1. heridos 2. El fallecido 3. enamorados

해석

① 1. 읽다
   2. 열다
   3. 하다
   4. 부수다
② 1. 모든 신발들은 망가져 있어요. 나는 몇몇 새로운 신발들이 필요해요.
   2. 내 딸의 침대는 절대 정돈되어 있지 않아요. 매우 어질러져 있어요.
   3. 내 사촌은 경연 대회의 결과에 매우 만족해요.
   4. 오븐이 열려 있어요. 알람 소리가 들려요.

오늘의 Misión 모범답안

1. Estoy muy satisfecho con mi relación. Quiero pasar todo el tiempo con mi pareja.
2. No estoy muy satisfecho con mi relación. Últimamente, discutimos mucho.

Día 33 — Mis padres llevan 20 años casados.
우리 부모님은 결혼한 지 20년째에요.

스페인어 진짜 써먹기 정답

① 1. esperando 2. enfadado 3. rota
   4. aprendiendo 5. saliendo
② 1. tengo 2. lleva
   3. siguen 4. llevan

해석

① 1. 우리는 우리의 조부모님을 두 시간 기다렸지만 오시지 않아요.
   2. 너 여전히 나에게 화나 있어?
   3. 텔레비전은 고장나 있는 상태인지 오래되었어요.
   4. 나는 계속해서 테니스 치는 것을 배워요. 그것은 매우 재미있어요.
   5. 나는 내 여자 친구와 5년째 사귀고 있어요.

오늘의 Misión 모범답안

1. ¡Hola! Tengo una mesa reservada para dos personas en este restaurante.
2. Tenemos dos habitaciones reservadas a nombre de Siwon.

Día 34 — ¿Qué has hecho con tu novio esta semana?
너는 이번주에 남자 친구랑 무엇을 했어?

스페인어 진짜 써먹기 정답

① 1. he llegado
   2. he desayunado
   3. he visitado
   4. hemos ido
   5. hemos probado
   6. ha gustado
   7. hemos comido
② 1. me he caído / me he hecho
   2. llega / ha llegado
   3. vamos
   4. ha escrito / ha llegado
   5. cenar / hemos comido

해석

①

친애하는 후안에게:

잘 지내? 너도 알듯이 나는 지금 스페인에 휴가 와 있어. 나는 이번 주에 여기에 도착했어. 오늘 아침에 초콜라떼 꼰 추로스를 아침으로 먹었어. 정말 맛있어! 오후에는 그 유명한 레띠로 공원을 방문했어. 그러고 나서 내 누나인 사라와 나는 산 미겔 시장에 갔어. 우리는 단 것, 과일들 그리고 해산물을 먹어 봤어. 내 누나는 오징어 샌드위치를 아주 좋아했는데, 나는 별로였어. 오늘 우리는 많이 그리고 매우 잘 먹었어. 나는 떠나기 전에 너를 보고 싶어. 나는 여기에 다음 주까지 있을 거야. 네 답장을 기다릴게.

안녕,
루카스가

②
1. 이번 주에 나는 계단에서 넘어져서 다쳤어요.
2. 훌리오는 항상 수업에 늦게 도착해요. 오늘 아침에도 늦게 도착했어요.
3. 내일 우리는 헬스장에 등록하러 가요. 우리는 운동을 할 필요가 있어요.
4. 올해 우리 엄마는 나에게 많은 편지들을 썼지만 나에게 지금까지 아무것도 도착하지 않았어요.
5. 너희들 오늘 저녁 뭐 먹을 거야?
   ➡ 오늘 우리는 한식당에서 저녁을 먹을 거야. 왜냐하면 점심으로 피자를 먹었고 반복하고 싶지 않아.

오늘의 Misión 모범답안

1. Esta semana he ido al parque de atracciones con mis amigos.
2. Esta semana he conocido a un chico muy guapo.
3. Esta semana he estado muy ocupado. No he podido hacer nada.

Día 35 — Hemos viajado juntos a Busan.
우리는 함께 부산에 여행을 갔어요.

스페인어 진짜 써먹기 정답

①
1. Sara ha escrito cartas de amor dos veces.
2. Erica nunca ha hecho surf. = Erica no ha hecho surf nunca.
3. Lucas ha comido paella varias veces.
4. Marcos ha ido a España un par de veces.

②
1. Todavía no
2. No

해석

①

사라	루카스	에리카	마르코스
연애편지들 쓰기	서핑하기	파에야 먹기	스페인에 가기
두 번	한 번도 해본 적 없음	여러 번	몇 번

1. 사라는 연애편지들을 써 본 적 있어?
   ➡ 사라는 연애편지들을 두 번 써 봤어요.
2. 에리카는 서핑 해 본 적 있어?
   ➡ 에리카는 서핑을 한 번도 해 본 적 없어요.
3. 루카스는 파에야를 먹어 본 적 있어?
   ➡ 루카스는 파에야를 여러 번 먹어 봤어요.
4. 마르코스는 스페인에 가 본 적 있어?
   ➡ 마르코스는 스페인에 몇 번 가 봤어요.

②
1. 너 프리다 칼로 전시회에 갔어?
   ➡ 아직 안 갔어. 하지만 이번 주말에 친구 한 명과 갈 거야. 나는 매우 가고 싶어.
2. 너 돈키호테 읽었어?
   ➡ 아니. 나는 고전 작품에 별로 관심이 없어.

오늘의 Misión 모범답안

1. ¿Te has enamorado alguna vez a primera vista?
2. ¿Has preparado alguna vez una cena romántica para tu pareja?

Día 36 — Práctica ⑥
연습문제

연습문제 정답

①
1. terminadas   2. perdido
3. abierta   4. escrito
5. llamados   6. preocupados
7. satisfecho

②
1. No he salido en la radio nunca.
   = Nunca he salido en la radio.
2. Todavía no los he comprado.
3. He viajado al extranjero un par de veces.

③
1. perdido ➡ perdidas
2. enamorando ➡ enamorada
3. encendiendo ➡ encendida
4. interesado ➡ interesados
5. cansando ➡ cansados

④ 1. tengo   2. Sigue   3. lleva

⑤
1. ha sido
2. he puesto
3. Me he levantado
4. hemos ido
5. ha dicho
6. he visto
7. he vuelto

⑥ ③

⑦ ② El dicho está mal escrito en el libro.
   ➡ 책에 격언이 잘못 적혀 있어요.

⑧ 1. ②   2. ①   3. ①

연습문제 해석

❶

공원에서

훌리오와 엘레나는 산책하기 위해서 함께 공원에 가요. 모든 집안일들이 끝마쳐진 상태이기 때문에 그들은 걱정하지 않고 갈 수 있어요. 공원에서 호수 옆에서 울고 있는 어린아이를 발견해요. 아이는 길을 잃은 상태이고 부모님이 어디에 계신지 몰라요. 그들은 그를 돕기로 결심하고 아이의 가방이 열려 있는 것을 봐요. 가방에서 부모님의 연락처가 쓰여 있는 공책을 발견해요. 십 분 후에 뻬드로와 파블로라고 불리는 젊은 청년 둘이 와요. 그들은 아이의 형들이고 매우 걱정하는 것처럼 보여요. 지금 형들을 보고 난 후 아이스크림을 손에 쥐고 있는 아이는 매우 만족한 상태예요.

❷
1. 너 라디오에 나와 본 적 있어?
   ➡ 나는 한 번도 라디오에 나와 본 적이 없어.
2. 너 한국에 가기 위한 표를 샀어?
   ➡ 아직 그것들을 사지 않았어.
3. 너 외국에 여행 가 본 적 있어?
   ➡ 나는 외국에 몇 번 여행 가 봤어.

❸
1. 사무실에는 잃어버린 물건들이 많이 있어요.
2. 내 조카는 한 가수에게 사랑에 빠져 있어요.
3. 루이스는 자고 있지 않아요. 그의 방의 불이 켜져 있어요.
4. 많은 학생들이 외국어를 공부하는 데에 관심이 있어요.
5. 우리들은 매우 피곤한 상태예요. 왜냐하면 올해에 매우 중요한 프로젝트가 있기 때문이에요.

❹
1. **웨이터**: 안녕하세요. 예약하셨나요?
   사라: 네, 사라 이름으로 5명을 위한 테이블을 하나 예약해 두었어요.
   웨이터: 이쪽으로 오세요.
2. **에리카, 마르코스**: 네 형제에게 무슨 일 있어? 매우 조용하고 우리와 이야기를 하고 싶어 하지 않아.
   사라: 음… 확실치는 않지만 너희에게 화가 나 있는 것 같아. 너희들 말다툼했지, 그렇지?
   에리카, 마르코스: 계속 우리한테 화가 나 있어? 몇 시간이나 지났는데…
3. **마르코스**: 컴퓨터가 매우 뜨거워. 너 일 많이 남았어?
   루카스: 컴퓨터는 오랜 시간 동안 켜져 있어. 내일 나는 글쓰기를 하나 제출해야만 하는데 매우 어려워.

❺
2023년 6월 23일
오늘은 좋은 날이었다. 나는 매주 월요일은 수업이 없기 때문에 알람을 맞추지 않았다. 나는 후안과 만나기 위해 오전 열 시에 일어났다. 후안과 나는 아침을 먹기 위해 카페에 갔다. 그리고 나서 그는 그가 가장 좋아하는 여배우의 신작 영화를 보고 싶다고 말했다. 하지만 나는 그것을 이미 이번 주에 내 여자 친구와 봤다. 그래서 조금 더 쉬기 위해 집으로 돌아왔다.

❻
① 게시판에 여러 개의 포스터들이 붙어있어요.
② 불이 켜져 있어요.
③ 책상 위에 써진 편지가 있어요.
④ 두 명의 학생이 창문 옆에 앉아있어요.

❽
1. 나는 아직 로살리아의 노래들을 들어 보지 않았어요.
   ① 나는 그것들을 듣지 않았고 그것들을 들을 생각이 없어요.
   ② 나는 그것들을 듣지 않았지만 그것들을 들을 생각이 있어요.
2. (전화통화에서) 호르헤, 나 아나야. 너 숙제 벌써 끝냈어?
   ① 호르헤가 아나에게 숙제를 할 것이라고 말했고 그녀는 그가 숙제들을 다 끝냈는지 알고 싶어 해요.
   ② 아나가 그가 숙제를 끝냈는지 묻고 싶어 해요.
3. 나는 내 인생에서 한 번도 스키를 타 본 적이 없어요.
   ① 스키를 탄 경험이 없어요.
   ② 한 번도 스키를 타 본 적이 없지만 미래에 그것을 할 생각이 있어요.

오늘의 Misión 모범답안

1. Este año he hecho muchas cosas. He viajado a Estados Unidos y he conocido a mucha gente. También, he empezado a estudiar inglés. Pero este año no he hecho ejercicio. Nunca he jugado al tenis y quiero aprender.

Día 37 Tomé el autobús con Lucas.
나는 루카스와 버스를 탔어요.

스페인어 진짜 써먹기 정답

❶
1. cerró
2. limpiasteis
3. encontramos
4. se bañaron
5. estudié
6. se ducharon
7. habló
8. se despertó

❷

❸ 1. avión 2. tren 3. coche 4. barco

해석

❷
1. 닫다
2. 청소하다
3. 발견하다
4. 목욕하다, 몸을 물에 담그다
5. 공부하다
6. 샤워하다
7. 말하다
8. 깨다

❷
① 우리 부모님이 나에게 재활용하는 법을 가르쳐 주셨어요.
② 마침내 후안이 직장을 구했어요.
③ 우리는 대학에서 함께 공부했어요.
④ 나는 지난주에 매우 늦게까지 일했어요. (Yo trabajé hasta muy tarde la semana pasada.)
⑤ 어제 나는 내 남동생과 싸웠고 지금 우리는 말하지 않아요.

오늘의 Misión 모범답안

1. Viajé a Busan en mis últimas vacaciones.
2. Mis amigos y yo viajamos a España en las últimas vacaciones.

Día 38 — Ellos corrieron mucho en el partido de fútbol.
그들은 축구 경기에서 많이 달렸어요.

스페인어 진짜 써먹기 정답
① 1. salió 2. subió 3. corrió 4. abrió
② 1. Una semana después
  2. Ese invierno
  3. Al año siguiente
  4. Tres años más tarde

해석
① 어제 마르코스는 신문을 사기 위해 집에서 일찍 나왔어요. 길에서 그는 신문 가판대를 발견했고 신문 하나와 잡지 하나를 샀어요. 곧 바로 버스가 도착했고 버스에 탔어요. 버스에서 내린 후에 그는 직장에 늦게 도착하지 않으려고 많이 뛰었어요. 다행히도 늦게 도착하지 않았고 식당을 제시간에 열었어요.

②
2019년 3월 2일: 대학교에 들어가다
2019년 3월 9일: 가장 친한 친구를 알게 되다
2019년 12월 29일: 함께 유럽 여행을 하다
2020년 4월 5일: 스페인에 공부를 하러 가다
2023년 7월 7일: 학업을 마치다

2019년 3월 2일에, 나는 대학교에 들어갔어요.
1. 일주일 후에 역사 수업에서 내 가장 친한 친구인 후안을 알게 되었어요.
2. 그해 겨울 우리는 함께 유럽을 여행했고 많이 즐겼어요.
3. 그 다음 해 나는 스페인어 실력을 향상시키고 히스패닉 문화를 알기 위해 스페인에 가기로 결정을 했어요.
4. 3년 후에 학업을 마치고 직장을 구했어요.

오늘의 Misión 모범답안
1. Conocí a mi mejor amiga en el instituto.
2. Conocí a mis mejores amigos trabajando en un restaurante.

Día 39 — Vi este buen restaurante en Instagram.
나는 이 맛집을 인스타그램에서 봤어요.

스페인어 진짜 써먹기 정답
① 1. di 2. vimos 3. fue 4. viste 5. fuisteis
② ②

해석
① ① 전시회
  ② 카페
  ③ 영화관
  ④ 식당
  ⑤ 공원

Transcripción
Hombre: ¿Qué tal tu fin de semana?
Mujer: Fui al museo a ver una exposición. Fue maravillosa. ¿Y tú fuiste al cine como siempre?
Hombre: Normalmente voy al cine los fines de semana, pero la semana pasada no.
Mujer: Entonces, ¿te quedaste en casa?
Hombre: No, fui a una cafetería cerca de mi casa para estudiar.

스크립트 해석
남자: 지난 주말 어떻게 보냈어?
여자: 나는 전시회를 보러 미술관에 갔어. 전시는 훌륭했어. 너는 평소처럼 영화관에 갔어?
남자: 보통은 내가 매주 주말에 영화관에 가지만 지난주는 안 갔어.
여자: 그럼 집에 머물렀어?
남자: 아니, 나는 공부하러 집 근처 카페에 갔어.

오늘의 Misión 모범답안
1. Fui al parque con mis compañeros para hacer un picnic.
2. Fui al parque acuático. Lo pasé muy bien.

Día 40 — Ayer hubo una actuación de flamenco en la plaza.
어제 광장에서 플라멩코 공연이 있었어요.

스페인어 진짜 써먹기 정답
① ①
② 1. quisimos 2. Hubo 3. estuvieron 4. hicisteis
③ ① ⓑ ② ⓓ ③ ⓐ ④ ⓒ ⑤ ⓔ

해석
① ① En el museo, hubo mucha gente.
  ➡ 박물관에 사람이 많이 있었어요.
② 지난주에 우리는 시험들 때문에 매우 바빴어요.
③ 너희들 어젯밤에 숙제했어?
④ 나는 식탁에 핸드폰을 두었어요.
⑤ 아무도 내 이야기를 듣고 싶어 하지 않았어요.

② 1. 우리는 비행기를 타고 여행하기를 원했어요.
  2. 건물에 화재가 있었어요.
  3. 아이들은 더위 때문에 피곤해했어요.
  4. 너희들은 지난주에 침구 정돈을 하지 않았어.

③ ① Hubo una pelea en el parque por eso llamé a la policía.
  ➡ 공원에서 싸움이 있었어요. 그래서 나는 경찰을 불렀어요.
② Ayer no fui a clase porque estuve enfermo.
  ➡ 나는 어제 수업에 가지 않았어요. 왜냐하면 아팠기 때문이에요.
③ Quise hacer un regalo a mis padres por eso fui al centro comercial.
  ➡ 나는 부모님께 선물을 하고 싶었어요. 그래서 쇼핑몰에 갔어요.

④ Echaron a Marcos de la biblioteca porque puso música sin auriculares.
  ➡ 마르코스는 도서관에서 쫓겨났어요. 왜냐하면 이어폰 없이 음악을 틀었기 때문이에요.
⑤ Me hice amigo de ellos porque fueron muy simpáticos.
  ➡ 나는 그들의 친구가 되었어요. 왜냐하면 그들이 매우 친절했기 때문이에요.

오늘의 Misión 모범답안

1. Ayer hice los deberes de español.
2. Ayer hice muchas cosas por eso por la noche estuve cansado.

Día 41 Lo siento. No pude ir a tu boda.
미안해. 나는 네 결혼식에 못 갔어.

스페인어 진짜 써먹기 정답

❶ 1. ⓒ 2. ⓑ 3. ⓓ 4. ⓐ
❷ ③
❸ 1. trajeron 2. dije 3. pudimos 4. vino

해석

❶ 1. 우리 이번 토요일에 영화관에 가는 거 어때?
  ➡ 못 가. 왜냐하면 이번 주말에 나는 조부모님을 방문해야만 하거든.
2. 어젯밤에 왜 집에 안 들어왔어?
  ➡ 미안. 왜냐하면 마지막 버스를 놓쳤어.
3. 나는 어제 잘 수가 없었어. 네가 많이 시끄럽게 했어.
  ➡ 미안해. 왜냐하면 어젯밤에 여행을 위해 짐을 싸야만 했어.
4. 내가 집 치우는 것을 도와줄 수 있어?
  ➡ 아니, 미안해. 왜냐하면 나는 지금 나가야만 해.

❷
Transcripción
H: hombre   M: mujer
M: ¿Qué tal la fiesta de ayer?
H: Estupenda. Fue muy divertida. Vinieron muchos amigos.
M: ¿Quiénes fueron a la fiesta?
H: Vinieron Sara y su hermano, Lucas. Trajeron una tarta deliciosa.
M: ¿Y Marcos?
H: Sí, vino un poco tarde. Pero Erica no pudo venir porque tuvo que ayudar a sus padres.

스크립트 해석
H: 남자   M: 여자
M: 어제 파티 어땠어?
H: 끝내줬어. 매우 재미있었어. 많은 친구들이 왔어.
M: 누가 파티에 갔어?
H: 사라와 그녀의 남자 형제 루카스가 왔어. 그들은 맛있는 케이크를 가져왔어.

M: 마르코스는?
H: 응, 조금 늦게 왔어. 하지만 에리카는 그녀의 부모님을 도와야 했기 때문에 오지 못했어.

❸ 1. 우리 부모님은 스페인을 방문했고 나에게 몇몇 기념품들을 가져다 주셨어요.
2. 나는 남자 친구에게 진실을 말했지만 그는 나에게 화가 났어요.
3. 우리는 제시간에 도착할 수 있었어요.
4. 어제 수업에 아무도 오지 않았어요. 왜냐하면 공휴일이었기 때문이에요.

오늘의 Misión 모범답안

1. Lo siento. Es que tuve una comida familiar y no pude ir.
2. Perdón… Es que me quedé dormido.

Día 42 Práctica ⑦
연습문제

연습문제 정답

❶ 1. visité 2. tomé
  3. recomendaste 4. compré 5. invitó
❷ 1. ha llamado
  2. empecé
  3. Hemos probado
  4. nació
❸ 1. volvieron 2. vendió 3. subió 4. discutieron
❹ 1. nació 2. se mudó 3. conoció 4. Acabó
  5. abrió
❺ 1. 작년에 우리는 스키를 타기 위해 스위스에 갔어요.
  2. 내 아버지를 위한 선물은 예쁜 시계였어요.
  3. 그들은 유일한 목격자들이었어요.
❻ 틀린 단어: escribio, ví, hizo, subi
  수정: escribió, vi, hizo, subí
❼ ②
❽ ④
❾ 1. trajo 2. pudieron 3. quiso

연습문제 해석

❶
친애하는 에리카에게:

안녕! 잘 지내? 너도 알다시피 나는 지금 바르셀로나에 있어. 여기 사람들은 매우 친절해. 어제, 나는 가우디의 건물들을 방문했어. 오전에는 아침 식사로 뜨거운 초콜릿을 먹었어. 너는 나에게 매우 좋은 장소를 추천해 줬어! 그리고나서, 나는 사그라다 파밀리아를 보기 위해 입장권을 하나 샀어. 호텔에서는 주인이 나를 저녁 식사에 초대했어. 나는 모든 게 마음에 들었어. 나는 다음 주에 한국에 돌아가. 너에게 내 여행에 대해 말해 주고 싶어.

안부를 물으며, 사라가.

❷
1. 오늘 아침에 선생님이 우리를 사무실로 불렀어요.
2. 2006년에 나는 스페인어를 공부하기 시작했어요.
3. 우리는 파에야를 한 번 먹어 봤어요. 정말 맛있어요!
4. 내 남자 형제는 여름에 태어났어요.

❸
1. 그의 부모님은 집에 매우 늦게 도착했어요.
2. 훌리오는 300유로로 오토바이를 팔았어요.
3. 고양이가 책장에 올라갔어요.
4. 알렉스와 루이사는 화나 있어요. 그들은 어제 말다툼을 했어요.

❹
1998: 태어나다
2004: 스페인으로 이사 가다
2005: 가장 친한 친구를 알게 되다 (첫 만남)
2020: 학업을 마치다
2022: 그녀의 식당을 열다
현재: 세 개의 식당을 가지고 있다

1. 아나는 1998년에 태어났어요.
2. 2004년에 아버지의 직장 때문에 스페인으로 이사 갔어요.
3. 그 다음 해에, 초등학교에서 그녀의 가장 친한 친구인 후안을 만났어요.
4. 15년 후에 학업을 마쳤어요. 대학에서 많은 것을 배웠어요.
5. 2년 후에 후안과 식당을 열었고 현재는 식당을 세 개 소유하고 있어요.

❼
① 알렉스는 나에게 아무것도 말하지 않았어요.
② Hubieron muchos accidentes.
  ➡ Hubo muchos accidentes. 많은 사고들이 있었어요.
③ 그들은 지갑을 식탁에 놓았어요.
④ 나는 어젯밤에 잠을 잘 수가 없었어요.

❽
H: 남자   M: 여자
H: 나 어제 너를 보러 네 집에 갔는데 네가 없었어.
M: 나는 하루 종일 밖에 있었어.
H: 뭐 했어?
M: 내 사촌들이 왔고 우리는 전시회를 보러 갔어.
H: 아, 그래? 나도 갔는데 너를 보지 못했어. 왜 나에게 말하지 않았어?
M: 나는 핸드폰을 잃어버렸고 너에게 메시지를 보내지 못했어. 미안해.

① 여자는 그녀의 사촌들과 있었어요.
② 여자는 전시회에 갔어요.
③ 여자는 핸드폰을 잃어버렸어요.
④ 여자는 친구를 보러 친구 집에 갔어요.

오늘의 Misión 모범답안

1. El fin de semana fui a una exposición con unos amigos. Quise verla porque la organizó mi pintor favorito. Hubo mucha gente, pero pudimos entrar sin problema. Me gustaron todas las obras de la exposición.

Día 43 Le pedí el trabajo.
나는 그에게 업무를 부탁했어요.

스페인어 진짜 써먹기 정답

❶ 1. se vistió   2. repitió   3. murió
❷ 1. primer trabajo
   2. superhéroe
   3. mintieron sus compañeros
   4. se rieron
   5. traje
❸ 1. en   2. por   3. desde

해석

❶
1. 아이는 빨간 색으로 옷을 입었어요. 왜냐하면 그가 가장 좋아하는 색이기 때문이에요.
2. 후안은 23살에 대학을 다니기 시작했어요. 왜냐하면 몇몇 학년을 재수강했기 때문이에요.
3. 내 친구는 매우 슬퍼요. 왜냐하면 지난주에 그녀의 강아지가 죽었기 때문이에요.

❷
Transcripción
Hola a todos. Quiero compartir con vosotros una anécdota de mi primer trabajo. Normalmente, no celebro el 31 de octubre. Pero el año pasado fui al trabajo con un disfraz de superhéroe porque todos me lo pidieron. En la oficina, todos me miraron y se rieron. Sí, mis compañeros me mintieron y fui la única persona con disfraz en el trabajo. Todos vinieron en traje como siempre. ¡Qué vergüenza!

스크립트 해석
모두들 안녕. 나는 너희들과 내 첫 직장의 일화를 하나 공유하고 싶어. 보통 나는 10월 31일을 기념하지 않아. 하지만 그 해에는 회사에 슈퍼 히어로 분장을 하고 갔어. 왜냐하면 모두가 나에게 그러라고 시켰거든. 사무실에서는 모두들 나를 바라보고 웃었어. 맞아, 동료들이 나에게 거짓말을 했고 내가 직장에서 분장을 하고 있는 유일한 사람이었어. 모두들 평소처럼 정장을 입고 왔어. 얼마나 부끄러운지!

1. 이 일과는 그의 (첫 직장/이전 직장/마지막 직장)에서 일어났어요.
2. 파블로는 (인어/왕자/슈퍼 히어로)로 분장했어요.
3. 파블로는 (동료들이 거짓말을 해서/분장하는 것을 선호해서) 분장을 했어요.
4. 사무실에서 모두가 (화가 났어요/웃었어요/지루해 했어요).
5. 그의 동료들은 (트레이닝복/수영복/정장)을 입고 왔어요.

❸
비서를 구합니다.
회사는 2000년에 세워졌어요.
오후에는 한 시간의 휴식 시간을 가져요.
우리는 아침 9시에 업무를 시작해요.

오늘의 Misión 모범답안

1. Anoche mi familia se durmió a las diez de la noche. Se acostó muy temprano.
2. Anoche mi familia se durmió a medianoche. Siempre duerme a

esa hora.

Día 44 ¿Leíste el contrato?
너는 계약서를 읽었니?

스페인어 진짜 써먹기 정답
❶ 1. leíste/leí
   2. produjeron/produjo
   3. destruisteis/destruyó
❷ 1. de/a   2. hasta   3. desde

해석
❶ 1. 너는 왜 내 메시지를 읽지 않았어?
   나는 이 책을 여러 번 읽었어요. 왜냐하면 내가 가장 좋아하는 작가의 것이기 때문이에요.
   2. 자동차들은 많은 가스를 만들어 냈어요.
   그의 회사는 좋은 와인을 생산했어요.
   3. 너희들이 인쇄기를 망가뜨렸어.
   지진은 많은 건물들을 파괴했어요.
❷ 1. 사라는 화요일 아침 9시부터 10시까지 회의가 있어요.
   2. 사라는 보고서를 수요일까지 마쳐야만 해요.
   3. 사라는 이번주 목요일부터 휴가가 있어요.

오늘의 Misión 모범답안
1. Sí, leí las noticias la semana pasada. Todos los días leo el periódico.
2. No, no leí las noticias la semana pasada. Nunca leo el periódico.

Día 45 Empecé este trabajo el lunes.
나는 이 업무를 월요일에 시작했어.

스페인어 진짜 써먹기 정답
❶ 1. gué 2. ga 3. cé 4. zó
   5. qué 6. ca 7. güe 8. gua
❷ 1. empecé 2. encargó 3. aparqué 4. busqué
   5. empecé 6. apagó 7. organizaron

해석
❷ 직장에서
나는 한 학원에서 일해요. 지난 달에 나는 새로운 프로젝트를 시작했어요. 왜냐하면 내 상사가 나에게 그것을 맡겼기 때문이에요. 금요일 아침에 나는 주차를 했고 바로 학원으로 올라갔어요. 책상에서 나는 회의를 위한 서류들을 찾았지만, 그것들을 발견하지 못했어요. 나는 긴장했어요. 땀을 많이 흘리기 시작했어요. 갑자기 한 동료가 불을 껐고 모든 선생님들이 케이크를 가지고 들어왔어요. 서프라이즈! 네, 그들이 나를 위해 서프라이즈를 기획했어요.

오늘의 Misión 모범답안
1. Empecé a estudiar español en 2018.
2. Empecé a estudiar español el año pasado.

Día 46 Estuvimos escribiendo un informe de doce a siete de la tarde.
우리는 낮 12시부터 저녁 7시까지 보고서를 쓰고 있었어.

스페인어 진짜 써먹기 정답
❶ 1. estuvo escribiendo
   2. estuvieron charlando
   3. estuvo arreglando
   4. estuvo limpiando
❷ 1. ② 2. ③ 3. ①

해석
❶ 1. 호세는 이메일을 쓰는 중이었어요.
   2. 마리아와 엘레나는 수다 떠는 중이었어요.
   3. 페드로는 책장을 고치는 중이었어요.
   4. 알바로는 사무실을 청소하는 중이었어요.
❷
① :
어떻게 지내? 어제 나에게는 이상한 일이 하나 있었어. 공원에서 산책을 하고 있는 중이었는데 갑자기 모르는 남자가 나와 말을 하고 싶어 했어. 너도 비슷한 경험이 있니? 너의 답장을 기다릴게.

②,
③

오늘의 Misión 모범답안
1. Estuve trabajando.
2. Estuve viendo la televisión con mi hermano.
3. Estuve jugando con mis hijos.

Día 47 ¡Ayer me ascendieron a gerente!
나는 어제 매니저로 승진했어요!

스페인어 진짜 써먹기 정답
❶ 1. Ayer
   2. la próxima semana
   3. Anoche
   4. En 2010
❷ ④
❸ 1. ha desayunado

2. viajaste
   3. empezó
   4. han visto
   5. fuimos
❹ 1. nos gustaría
   2. me gustaría
   3. os gustaría
   4. te gustaría

해석

❶ 1. 어제 우리는 가족 식사를 했어요. 내 조부모님과 사촌들이 왔어요.
   2. 우리는 다음 주에 중국을 여행할 거예요.
   3. 어젯밤에 너희들은 매우 늦게 돌아왔어. 너희들의 엄마는 매우 걱정했어.
   4. 2010년에 지진이 있었어요.

❷ **Transcripción**
   H: hombre   M: mujer
   M: ¡Cuánto tiempo! ¿Qué hiciste en las vacaciones?
   H: Hice muchas cosas. Fui a la playa con mi familia, hice un viaje con mis amigos y también celebré mi cumpleaños.
   M: ¿Tu cumpleaños? ¿Cuándo fue? ¿Fue el lunes?
   H: Lo celebré el martes pasado, pero mi cumpleaños fue el domingo.

   스크립트 해석
   H: 남자   M: 여자
   M: 오랜만이야! 너는 방학에 뭐 했어?
   H: 나는 많은 것들을 했어. 나는 내 가족과 해변에 갔고 친구들과 여행했어. 그리고 내 생일도 축하했어.
   M: 네 생일? 언제였는데? 월요일이었어?
   H: 나는 생일을 지난 화요일에 축하했어. 하지만 내 생일은 일요일이었어.

   ① 월요일
   ② 화요일
   ③ 목요일
   ④ 일요일

❸ 1. 오늘 아침에 후안은 그 새로운 카페에서 아침 식사를 했어요.
   2. 작년에 너는 아프리카에 여행 갔어.
   3. 한 달 전에 그녀는 새로운 프로젝트를 시작했어요.
   4. 오 분 전에 당신들은 로맨스 영화를 봤어요.
   5. 지난 토요일에, 내 조카들과 나는 음악 페스티벌에 갔어요.

❹ 1. 우리는 여행을 가고 싶어요.
   2. 나는 저녁 외식을 하고 싶어요.
   3. 너희들은 스페인어를 더 잘 하고 싶어.
   4. 너는 남자 친구를 갖고 싶어?

오늘의 Misión 모범답안

1. En verano del año pasado, viajé a España. Fue muy divertido. Me gustaría volver.

2. En 2022 empecé a estudiar español. Fue la mejor decisión de mi vida.
3. Hace un año, acabé los estudios.

Día 48 Práctica ⑧
연습문제

스페인어 진짜 써먹기 정답

❶ ①
❷ 1. condujisteis   2. tradujiste   3. produjo   4. redujo
❸ 1. murieron   2. dormimos   3. pediste   4. mintió
❹ 1. se cayó   2. oyó
❺ 1. practicar/educar/buscar
   2. empezar/comenzar/organizar
   3. apagar/pagar
   4. averiguar
❻ 1. a   2. en   3. desde/hasta   4. por/por
❼ 1. Hace
   2. la semana pasada
   3. Anteayer
   4. El martes
❽ 1. 나는 유럽 여행을 좋아해요.
   2. 나는 유럽 여행을 가고 싶어요.
❾ ② ➡ ① ➡ ⑤ ➡ ④ ➡ ③
❿ ①ⓑ   ②ⓒ   ③ⓐ   ④ⓓ

연습문제 해석

❶ **Transcripción**
   H: hombre   M: mujer
   M: ¿Por qué te llamó el jefe a su despacho ayer?
   H: Pues… se enfadó conmigo.
   M: ¿Otra vez aparcaste en su sitio?
   H: No. Aparqué en mi sitio.
   M: ¿Entonces?
   H: Es que anteayer no apagué la luz de la oficina antes de irme a casa.

   스크립트 해석
   H: 남자   M: 여자
   M: 어제 상사가 너를 왜 그의 사무실로 불렀어?
   H: 음… 나에게 화가 났어.
   M: 너 또 그의 자리에 주차했어?
   H: 아니 내 자리에 주차했어.
   M: 그러면?
   H: 왜냐하면 그저께 내가 집에 가기 전에 사무실 불을 끄지 않았거든.

   ① 왜냐하면 남자가 사무실 불을 끄지 않았기 때문이에요.
   ② 왜냐하면 남자가 상사의 자리에 주차를 했기 때문이에요.
   ③ 왜냐하면 남자가 상사에게 소리를 지르기 시작했기 때문이에요.

④ 왜냐하면 남자가 사무실에서 잠이 들었기 때문이에요.

② 1. 너희들은 해변에 가기 위해 운전했어.
2. 너는 칠판의 문장을 해석했어.
3. 공장은 많은 오염을 만들었어요.
4. 자전거는 언덕을 내려오기 위해 속도를 줄였어요.

③ 1. 공룡들은 운석 때문에 죽어요.
➡ 공룡들은 오래 전에 운석 때문에 죽었어요.
2. 내 친구들과 나는 늦게까지 자지 않아요.
➡ 내 친구들과 나는 지난 주말에 늦게까지 자지 않았어요.
3. 너는 급하게 너의 남자형제에게 돈을 요구해.
➡ 너는 월세를 내기 위해서 어젯밤에 급하게 너의 남자형제에게 돈을 요구했어.
4. 호르헤는 그의 성적에 대해 부모님께 거짓말을 해요.
➡ 호르헤는 그의 성적에 대해 그저께 부모님께 거짓말을 했어요.

④ 1. 우리 엄마는 넘어졌고 팔이 부러졌어요.
2. 그는 그의 방에서 모르는 목소리를 들었어요.

⑤ empezar = comenzar: 시작하다
practicar: 연습하다
organizar: 기획하다
apagar: 끄다
educar: 교육하다
pagar: 지불하다, 계산하다
buscar: 찾다
averiguar: 알아내다

⑨
Querida Sara:

Hola, ¿cómo estás? Hace mucho tiempo que no te veo. Ayer fue tu cumpleaños, ¿no? ¡Felicidades! ¿Lo celebraste? ¿Qué hiciste y qué te regalaron? ¡Me gustaría saberlo todo! Ya he terminado todos los exámenes y la semana que viene puedo visitarte. Tengo muchas ganas de verte.

Un beso,
Erica

친애하는 사라에게:

안녕, 잘 지내? 나는 너를 안 지 오래됐어. 어제 네 생일이었지, 맞지? 축하해!
너는 그것을 기념했어? 무엇을 했고 어떤 선물들을 받았어? 나는 전부 알고 싶어! 나는 이제 모든 시험들을 마쳤고 다음 주에 너를 방문할 수 있어. 나는 너를 정말 보고 싶어.

안부를 전하며,
에리카가

⑩ ① 사라는 우산을 가져갔어요. 왜냐하면 비가 오는 중이었기 때문이에요.
② 나는 어제 네 메시지에 대답할 수 없었어요. 왜냐하면 자고 있는 중이었거든.
③ 어제 그들은 잠을 많이 자지 못했어요. 왜냐하면 늦게까지 공부하는 중이었기 때문이에요.
④ 이웃들은 너를 찾으러 왔어. 왜냐하면 네가 어젯밤에 노래하는 중이었기 때문이야.

오늘의 Misión 모범답안

1. El fin de semana pasado fui a una cafetería de perros con mi familia. De tres a cinco de la tarde estuve charlando con mi familia y estuve jugando con mi perro. Me gustaría visitar ese sitio otra vez la semana que viene.

Día 49 Erica siempre hablaba de la salud.
에리카는 항상 건강에 대해 이야기했었어요.

스페인어 진짜 써먹기 정답

① 1. limpiabas 2. paseábamos
3. buscábamos 4. viajaban
5. encontraba 6. comprabas
7. estaban 8. estudiaba
9. andabais 10. enseñaba

② 1. viajábamos
2. estudiaba
3. compraba
4. se preocupaban
5. montaban

③ 1. tú 2. usted 3. Ø 4. Él

해석

① 1. 청소하다
2. 산책하다
3. 찾다
4. 여행하다
5. 발견하다
6. 사다
7. 있다
8. 공부하다
9. 걷다
10. 가르치다

② 1. 우리는 휴가에 해외 여행을 가곤 했어요.
2. 우리 아빠는 중국어를 공부했었어요.
3. 예전에, 내 여자 형제는 많은 옷을 사곤 했어요.
4. 그들은 건강을 걱정했어요.
5. 내 자녀들은 그들의 여가 시간에 자전거를 타곤 했어요.

③ 1. 너의 아빠와 너는 매우 많이 닮았어.
2. 나는 서울에 살았었고 당신은 뉴욕에 살았었어요.
3. 우리는 함께 공원에서 산책하곤 했어요.
4. 그는 스페인어를 매우 잘 했어요.

오늘의 Misión 모범답안
1. Yo siempre veraneaba en la playa. Nadaba en el mar todo el día.
2. Mi familia y yo veraneábamos en diferentes países.

Día 50 — Yo comía frutas y verduras todos los días.
나는 매일 과일과 야채를 먹곤 했어요.

스페인어 진짜 써먹기 정답
❶ 1. vivía 2. comía 3. pedía 4. consumía 5. salía
❷ 1. crudas 2. al horno 3. fritas 4. a la plancha

해석
❶
나의 식습관
내 부모님과 같이 살기 전에, 나는 혼자 살았고 잘 먹지 못했어요. 거의 매일 배달 음식을 시켰어요. 나는 튀긴 음식들을 많이 소비했어요. 게다가 집에서 나가지 않았어요. 하지만 지금은 야채, 고기, 생선, 기타 등등 모든 종류의 식품들을 먹어요. 나는 지금 꽤나 건강한 삶을 산다고 생각해요.

오늘의 Misión 모범답안
1. Antes, siempre cocinaba en casa y tenía buenos hábitos alimentarios.
2. Antes, comía demasiados dulces porque me encantaban.

Día 51 — Cuando era niño, yo era bajo.
어릴 때, 나는 키가 작았었어요.

스페인어 진짜 써먹기 정답
❶ 1. vían ➡ veían
   2. eramos ➡ éramos / ibamos ➡ íbamos
❷ 1. eran 2. iba 3. veíais 4. era 5. veíamos

해석

❷ 1. 건물들은 매우 높고 현대적이었어요.
2. 내 사촌은 오토바이를 타고 직장에 가곤 했어요.
3. 너희들은 웃긴 비디오들을 많이 봤어.
4. 마르타는 외향적이고 사교적인 아이였어요.
5. 우리들은 우리들의 조부모님들을 자주 보지 못했어요.

오늘의 Misión 모범답안
1. Cuando era niña, yo era muy extrovertida y tenía muchos amigos.
2. Cuando era pequeño, yo era delgado y bajito. Era el más bajo de la clase.

Día 52 — Sara tenía fiebre cuando la visité.
내가 사라를 방문했을 때, 사라는 열이 있었어요.

스페인어 진짜 써먹기 정답
❶ 1. comía/prefiere 2. hacía/lee
❷ 1. Cuando era pequeño
   2. siempre
   3. Antes
   4. Hoy en día
❸ 1. me sentía
   2. tenía
   3. dolía/estaban
   4. me encontraba

해석
❶
예전에는…	지금은…
야채와 과일을 먹다	패스트푸드를 선호하다
여가 시간에 운동하다	여가 시간에 책을 읽다

1. 예전에 사라는 야채와 과일들을 먹었지만 지금은 패스트푸드를 선호해요.
2. 예전에 사라는 여가 시간에 운동을 했지만 지금은 독서를 해요.
❷ 1. 내가 어렸을 때에는 잠을 많이 잤어요.
2. 그는 집에 돌아오고 나면 항상 물 한 컵을 마셨어요.
3. 예전에, 우리는 전화기가 없었어요.
4. 오늘날 많은 사람들이 핸드폰을 가지고 있어요.
❸ 1. 나는 자기 전에, 약간의 어지러움증을 느꼈어요.
2. 예전에 나는 봄에 꽃가루 알레르기가 있었어요.
3. 너는 스트레스 받아 있을 때마다 항상 배가 아팠어요.
4. 어렸을 때 내가 몸이 안 좋을 때마다 나의 엄마는 나를 병원에 데려갔어요.

오늘의 Misión 모범답안
1. Normalmente iba a las academias por la tarde, pero cuando me encontraba mal descansaba en casa.
2. Cuando me encontraba mal, bebía algo caliente como té. Mi madre lo preparaba para mí.

Día 53 — Hacíamos ejercicio juntos con frecuencia.
우리는 함께 자주 운동을 하곤 했어요.

스페인어 진짜 써먹기 정답
❶ 1. todos los meses
   2. nunca
   3. a menudo = con frecuencia = frecuentemente

4. en otoño
5. todas las mañanas

❷ ④

❸ 1. Antes, ella hacía yoga todas las mañanas.
2. Mis hijos iban a la piscina en verano.
3. Tú no limpiabas la habitación nunca.

해석

❷
Transcripción
H: hombre M: mujer
H: Buenos días. ¿Qué busca?
M: Hola, buenos días. Quería comprarme unos guantes de esquí.
H: Ahora solo quedan estos dos modelos.
M: ¿No tiene otro color? Buscaba un color más alegre.
H: Lo siento. Ahora mismo son los únicos guantes. Pero si quiere otra cosa tenemos varios productos como botas y abrigos.
M: ¿También hay gorros?
H: Sí, claro. Aquí los tiene.
M: Pues, me llevo uno.

스크립트 해석
H: 남자 M: 여자
H: 안녕하세요. 무엇을 찾으시나요?
M: 안녕하세요. 좋은 아침이에요. 저는 스키 장갑을 하나 사고 싶어요.
H: 지금은 이 두 모델밖에 남아 있지 않아요.
M: 다른 색은 없나요? 저는 조금 더 밝은 색을 찾아요.
H: 죄송해요. 지금은 이것들이 유일한 장갑들이에요. 하지만 다른 것들을 원하신다면 저희는 외투나 부츠 같은 다른 상품들도 가지고 있어요.
M: 모자도 있나요?
H: 네, 당연하죠. 여기에 있습니다.
M: 음. 그러면 (모자) 하나를 사갈게요.

① 장갑 ② 외투 ③ 부츠 ④ 모자

❸ 1. 예전에, 그녀는 매일 아침 요가를 하곤 했어요.
2. 내 자녀들은 여름에 수영장에 가곤 했어요.
3. 너는 절대 방을 치우지 않았어.

오늘의 Misión 모범답안

1. Cuando estaba en la universidad, jugaba al baloncesto los viernes y los domingos.
2. Antes, hacía senderismo todas las semanas con mi familia y con mi perro.

Día 54 Práctica ⑨
연습문제

연습문제 정답

❶ 1. cantaba 2. aprendían
3. cocinaba 4. querías 5. vivíamos

❷ ②

❸ ③

❹ 1. Mi amigo era profesor de español cuando estaba en España.
2. Cuando yo tenía quince años, era un poco tímido.
3. Cuando éramos pequeñas, íbamos al cine después de clase.

❺ 1. tenía 2. llevaba 3. era

❻ 1. a la plancha 2. al vapor 3. fritas

❼ 1. veíais 2. era 3. íbamos

❽ 1. tenía diez años
2. eras pequeño/eras pequeña = eras niño/eras niña
3. estaba en la universidad
4. éramos estudiantes

❾ 1. Antes / ahora
2. Cuando / a menudo
3. Siempre

❿ 1. 두 명을 위한 테이블 하나를 예약하고 싶어요.
2. 두통을 완화시키기 위한 약을 찾고 있어요.
3. 우리는 매일 아침 함께 뛰었어요.
4. 내가 중학교에 있었을 때, 나는 반에서 가장 키가 작았어요.

연습문제 해석

❶ 1. 호르헤는 어렸을 때부터 노래를 매우 잘했어요. 지금은 어떤 밴드의 가수예요.
2. 예전에 한국인들은 오늘날만큼 스페인어를 많이 배우지 않았어요.
3. 나는 새로운 일을 시작하기 전에는 매일 요리를 했어요.
4. 어렸을 때, 너는 축구 선수가 되고 싶어 했어.
5. 우리는 큰 도시에 살았지만 조용하게 살고 싶어서 시골로 이사했어요.

❷
Transcripción
J: Juan   C: Cristina
C: Hola, Juan. ¡Cuánto tiempo! ¿Qué tal todo?
J: Pues… ahora estoy saliendo con una compañera de la universidad.
C: Ah, ¿sí? ¿Y qué tal? Tener novia te cambia mucho la vida.
J: Hay algunos cambios. Por ejemplo, siempre jugaba al ordenador por la noche, pero ya me acuesto temprano.
C: ¡Eso está bien! ¿Algo más?
J: Sí, sí, Antes hacía ejercicio yo solo, pero ahora salimos a correr juntos.
C: Yo cuando tenía novio salía mucho a comer fuera.

스크립트 해석
J: 후안   C: 크리스티나
C: 안녕, 후안. 오랜만이야! 어떻게 지내?
J: 음… 나는 지금 대학교 친구와 사귀고 있는 중이야.
C: 아 그래? 어때? 여자 친구가 있는 것이 네 인생을 많이 바꿔?
J: 몇몇 변화들이 있어. 예를 들어 나는 항상 밤에 컴퓨터 게임을 했었는데 지금은 일찍 잠자리에 들어.
C: 그거 괜찮네! 다른 건?
J: 응, 응. 예전에는 나 혼자 운동을 했었는데 지금은 함께 달리러 나가.
C: 나는 남자 친구가 있었을 때 외식하러 밖에 많이 나갔어.

❸ **Transcripción**
¡Hola familia!
Esta mañana ha salido la nota del examen final. ¡He aprobado! Estoy muy contenta ahora. La verdad… en el periodo de exámenes estaba enferma. Por eso no podía estudiar mucho. Tenía que tomar muchas pastillas todos los días y no podía dormir por el dolor de cabeza. Pero ahora estoy bien. Voy a cenar con mis amigos esta noche. El mes que viene vuelvo a casa a veros.

Un beso,
Erica

스크립트 해석
가족들 안녕!
오늘 아침에 기말고사 점수가 나왔어요. 저는 통과했어요! 사실…시험기간에 저는 아팠어요. 그래서 공부를 많이 할 수가 없었어요. 매일 많은 약을 먹어야만 했고 두통 때문에 잠을 잘 수가 없었어요. 하지만 저는 지금 괜찮아요. 오늘 밤에는 친구들과 저녁을 먹을 거예요. 다음달에 모두들 보러 집으로 돌아갈게요.

안부를 물으며,
에리카

① 머리가 매우 아팠어요.
② 매일 약을 먹었어요.
③ 시험 결과에 기뻐했어요.
④ 시험 기간동안 잠을 자기가 어려웠어요.

❹ 1. 내 친구는 스페인에 있을 때 스페인어 선생님이었어요.
2. 내가 열 다섯 살이었을 때, 조금 소심했어요.
3. 우리가 어렸을 때, 수업이 끝나고 영화관에 가곤 했어요.

❺ 내가 가장 좋아하는 선생님은 초등학교를 다닐 때의 영어 선생님이었어요. 그녀는 매우 긴 생머리였어요. 항상 안경을 쓰고 다녔고 키도 매우 컸어요. 나는 그녀의 수업을 좋아했는데 항상 게임처럼 여러 활동을 했고, 절대 우리에게 소리 지르지 않았기 때문이에요.

❻ 1. 생선 구이
2. 야채 찜
3. 감자튀김

❼ 1. 너희들은 스페인어를 공부하기 위해 스페인 드라마들을 보곤 했

어.
2. 예전에 내 여동생은 키가 작았지만, 지금은 매우 커요.
3. 우리는 항상 학교에 함께 가곤 했어요.

오늘의 Misión 모범답안
1. Cuando era pequeño, practicaba Taekwondo todos los días. Me encantaba hacer ejercicio.
2. Cuando tenía catorce años, siempre jugaba al fútbol con mis compañeros de clase. También, tocaba el piano por la tarde.

Día 55 El examen era a las cinco.
시험은 5시였어요.

스페인어 진짜 써먹기 정답
❶ 1. eran las ocho y quince = eran las ocho y cuarto
2. era la una (en punto)
3. eran las seis y treinta = eran las seis y media
❷ ③
❸ 1. Qué tal
2. no
3. En mi opinión

해석
❶ 네가 집에서 나갔을 때 몇 시였어?
1. 내가 집에서 나갔을 때는 8시 15분이었어.
2. 내가 집에서 나갔을 때는 1시였어.
3. 내가 집에서 나갔을 때는 6시 30분이었어.

❷ **Transcripción**
H: hombre   M: mujer
H: ¿Qué tal el examen de español de ayer?
M: Fatal.
H: ¿Qué te pasó?
M: El examen era a la una y media de la tarde y llegué al sitio a las ocho de la mañana porque lo apunté mal en mi agenda.
H: Entonces no llegaste tarde, ¿no?
M: Llegué demasiado temprano y claro… estaba muy cansada. Salí de casa a las siete y media para no llegar tarde. Además, en mi opinión, el examen fue muy difícil.

스크립트 해석
H: 남자   M: 여자
H: 어제 스페인어 시험은 어땠어?
M: 망했어.
H: 무슨 일 있었어?
M: 시험은 오후 1시 30분이었는데 나는 장소에 아침 8시에 도착했어. 왜냐하면 내가 다이어리에 그것을 잘못 적어 뒀거든.
H: 그러면 늦게 도착하지는 않았네, 그렇지?
M: 나는 지나치게 일찍 도착했고 당연히… 너무 피곤했어. 늦게 도착하지 않기 위해서 집에서 일곱 시 반에 나왔거든. 게다가 내 생각에는 시험이 너무 어려웠어.

오늘의 Misión 모범답안

1. Cuando volví a casa, eran las cinco de la tarde.
2. Ayer volví muy tarde. Eran las once de la noche.

Día 56 Yo solía pasear por la noche.
나는 밤에 산책을 하곤 했어.

스페인어 진짜 써먹기 정답

❶ 1. solía escribir
   2. solíamos subir
   3. solías leer
   4. solían hablar
❷ ①
❸ 1. ① 2. ③ 3. ②

해석

❶ 1. 나의 아빠는 나의 엄마에게 많은 편지를 쓰곤 했어.
   2. 우리는 매주 주말마다 산에 올라가곤 했어.
   3. 너는 자기 전에 책을 읽곤 했어.
   4. 그들은 정치에 대해 이야기하곤 했어.
❷ ① Solí pasear el perro por la mañana.
   ➡ Solía pasear el perro por la mañana. 나는 강아지를 오전에 산책시키곤 했어요.
   ② 사라는 일찍 자려고 했지만 결국은 매우 늦게 잤어요.
   ③ 그들은 해안가에서 피자를 보내곤 했어요.
   ④ 우리는 숙제를 하려고 했지만 시간이 없었어요.
❸ 1. 그들은 스페인어를 공부하려고 했지만 결국 중국어 공부하는 것을 선택했어요.
   2. 나는 아이스크림을 먹으려고 했는데 냉장고에 하나도 남아 있지 않았어요.
   3. 우리는 홀리오랑 만나려고 했는데 그가 오지도 우리에게 전화하지도 않았어요.

오늘의 Misión 모범답안

1. Solía ir de excursión con mis padres. Siempre íbamos a sitios diferentes.
2. Solía levantarme tarde y estar en casa tranquilamente.

Día 57 Cuando llegué, nevaba.
내가 도착했을 때, 눈이 오고 있었어.

스페인어 진짜 써먹기 정답

❶ 1. Vi a Juan la semana pasada.
   2. Hemos hecho ejercicio esta mañana.
   3. Nunca hemos viajado a Estados Unidos.
      = No hemos viajado nunca a Estados Unidos.
   4. Hice los deberes hace unos días.
❷ 1. hizo 2. tenía/jugaba 3. dormimos 4. gustaba
❸ 1. hacía 2. hacía 3. nevó 4. ha nevado

해석

❶ 1. 너 후안 봤어?
      ➡ 나는 지난주에 후안을 봤어.
   2. 너희들 운동 했어?
      ➡ 우리들은 오늘 아침에 운동을 했어.
   3. 당신들은 미국에 여행 가 본 적이 있나요?
      ➡ 우리들은 미국에 여행 가 본 적이 없어요.
   4. 너 숙제했어?
      ➡ 나는 며칠 전에 숙제를 했어.
❷ 1. 지난달에 해가 쨍쨍했어요.
   2. 내가 열 두 살이었을 때 매일 친구들과 놀곤 했어요.
   3. 어젯밤에 우리는 이웃들의 소음 때문에 잠을 못 잤어요.
   4. 젊었을 때, 나는 기차 타고 여행하는 것을 좋아했어요.
❸

> **날씨 변화**
> 내가 어렸을 때, 나는 겨울 방학을 매우 즐기곤 했어요. 많이 춥지도 않았고 날씨가 좋았어요. 하지만 작년에는 매우 달랐어요. 한파가 왔고 눈이 매우 많이 내렸어요. 나는 매우 놀랐어요. 이번 겨울에는 아직 눈이 오지 않았어요. 나는 (이번 겨울이) 많이 추울지 모르겠어요.

오늘의 Misión 모범답안

1. Normalmente, antes nevaba mucho en invierno. El año pasado también nevó mucho. Pero estos últimos años no ha nevado.
2. Antes, no hacía tanto calor en Corea. Ayer hizo muchísimo calor. Menos mal que esta mañana ha llovido y ahora hace bastante fresco.

Día 58 ¿Qué estabais haciendo a esa hora?
너희는 그 시간에 뭐하는 중이었니?

스페인어 진짜 써먹기 정답

❶ ①
❷ 1. estaba llorando
   2. estaba trabajando

❸ 1. estuvisteis haciendo
2. estaba leyendo
3. estuve viendo

해석

❶ **Transcripción**
H: hombre   M: mujer
H: Ayer te llamé varias veces, pero no me contestaste.
M: Perdón, ayer estuve muy ocupada. Tuve que ir al trabajo.
H: ¿Cómo? Pero… ¿en un fin de semana?
M: Sí, ya sabes que estamos terminando este curso y la semana pasada hicimos el examen final.
H: Pobre… ¿Qué estabas haciendo cuando te llamé?
M: Estaba corrigiendo los exámenes.

스크립트 해석
H: 남자   M: 여자
H: 어제 내가 너에게 여러 번 전화했었는데 너는 전화를 받지 않았어.
M: 미안, 어제 내가 매우 바빴어. 직장에 가야만 했거든.
H: 뭐라고? 하지만… 주말에?
M: 응, 너도 알듯이 우리는 이번 학년을 마치고 있고 지난주에 기말고사를 치렀거든.
H: 불쌍해라… 내가 너한테 전화했을 때는 뭐 하고 있는 중이었어?
M: 나는 시험지들을 채점하는 중이어.

① 학생들의 시험지를 채점하는 중이었어요.
② 도서관에서 공부하는 중이었어요.
③ 집에서 자는 중이었어요.
④ 시험 문제를 만드는 중이었어요.

❷ 1. 아이는 기쁘지 않았어요. 그는 멈추지 않고 우는 중이었어요.
2. 젊었을 때, 나는 여행사에서 일하고 있었어요.

❸ 1. 너희들은 나를 연속 추가 근무를 하고 있는 중이었어.
2. 택배가 도착했을 때, 나는 책을 읽고 있는 중이었어.
3. 어젯밤에 나는 엄마와 드라마를 보고 있는 중이었어.

오늘의 Misión 모범답안

1. Cuando empezó a llover, yo estaba viendo la televisión en el salón.
2. Cuando empezó a llover estaba jugando al fútbol con mis amigos.

Día 59 Cuando visité tu casa, ya habías salido.
내가 너의 집을 방문했을 때, 너는 이미 나갔어.

스페인어 진짜 써먹기 정답

❶ 1. habías salido
2. había reservado
3. había dicho
4. habíamos bebido

❷ 1. ①② 2. ②① 3. ②① 4. ①②

❸ 1. había mentido
2. habíais subido
3. había llovido
4. se habían ido

해석

❶ 1. 그들이 너에게 전화했을 때, 너는 아직 집에서 나가지 않았어.
2. 나는 기다리지 않고 식당에 들어갈 수 있었어요. 왜냐하면 이미 그것을 예약해 두었기 때문이에요.
3. 그들은 호르헤의 결혼식에 대해 아무것도 알지 못했어요. 왜냐하면 아무도 그들에게 그것을 말하지 않았기 때문이에요.
4. 우리는 파티 다음날 숙취가 없었어요. 왜냐하면 술을 마시지 않았기 때문이에요.

❷ 1. 훌리오는 전화를 받고 급하게 집에서 나갔어요.
2. 내 부모님은 내가 집에 도착했을 때 이미 저녁 식사를 했어요.
3. 내가 내 남자 친구를 알게 되었을 때, 그는 이미 대학을 마쳤어요.
4. 너는 차를 주차했고 사무실로 올라갔어요.

❸ 1. 나는 부모님께 여러 번 거짓말을 했고 그들은 나에게 화가 났어요.
   ➡ 내 부모님은 내가 그들에게 여러 번 거짓말을 했기 때문에 나에게 화가 났어요.
2. 너희들은 잘못된 버스에 올라탔고 수업에 늦었어요.
   ➡ 너희들은 수업에 늦었어. 왜냐하면 잘못된 버스에 올라탔기 때문이야.
3. 비가 왔고 땅이 젖었어요.
   ➡ 비가 왔기 때문에 땅이 젖었어요.
4. 모두들 야구 경기를 보러 갔고 그리고 나서 내가 집에 도착했어요.
   ➡ 내가 집에 도착했을 때, 모두들 야구 경기를 보러 떠났어요.
   (= 보러 떠났고 집에 아무도 없었어요.)

오늘의 Misión 모범답안

1. Ayer, cuando llegué a casa ya había terminado la lavadora.
2. Ayer, cuando volví a casa mis perros habían mordido los zapatos.

Día 60 Práctica ⑩
연습문제

연습문제 정답

❶ ①

❷ 1. estabais estudiando
2. Estaba lloviendo
3. estaban viendo
4. estábamos escribiendo

❸ 1. Antes del evento, mis padres ya habían podido conocer a mi novio.

- **2.** ¿Tú habías probado antes esa salsa picante?
- **3.** Cuando llegamos ayer, vosotros ya habíais nadado en la playa.

❹
1. saqué al perro, eran las ocho
2. hice la compra, era la una
3. empecé a leer, eran las seis

❺
1. Qué tal / verdad=no
2. Para mí

❻
1. Iba a hacer los deberes.
2. De pequeñas solíamos probar varios caramelos.
3. Cuando tenía diez años, solía ir a la montaña con mifamilia.
4. Cuando llegaron al museo, había terminado la exposición.
5. Iban a hacer una fisesta sorpresa para ti.

❼ ②

❽
1. me desperté
2. se levantaba
3. Fui
4. tomabas
5. han visitado

❾
1. Ayer mis amigos me **llamaban** cinco veces por teléfono.
   ➡ Ayer mis amigos me **llamaron** cinco veces por teléfono.
2. Cuando mi hermano tenía tres años, él no **pudo** pronunciar mi nombre.
   ➡ Cuando mi hermano tenía tres años, él no **podía** pronunciar mi nombre.
3. Antes de casarnos, mi esposo me **regaló** flores cada día.
   ➡ Antes de casarnos, mi esposo me regalaba flores cada día.

❿
1. 우리가 19살 때, 우리는 음료수를 많이 마시곤 했어요.
2. 어젯밤 내 꿈에서 너는 많이 울고 있었어요.
3. 폭풍이 시작했을 때 그들은 집을 떠나고 있었어요.

연습문제 해석

❶
Transcripción
J: Juan　**M:** María
M: Hola, Juan. ¿Qué tal?
J: Muy bien. ¿Y tú? Oye, ¿qué tal tu examen? ¿Bien?
M: No, no era un examen. Era una entrevista para una empresa de Marketing Digital.
J: Ah, es verdad. Pero no era difícil, ¿no? Seguro que te va a ir bien.
M: Para mí, era un poco difícil. Además, empezamos muy temprano y tenía bastante sueño.
J: ¿Qué hora era? ¿Eran las nueve o las diez de la mañana?
M: ¡Eran las ocho de la mañana! Suelo dormir a esa hora. Así que...

스크립트 해석
J: 후안　**M:** 마리아
M: 안녕 후안, 잘 지내?
J: 잘 지내지. 너는? 맞아, 너 시험은 어땠어? 잘 봤어?
M: 아니, 시험이 아니었어. 디지털 마케팅 회사의 면접이었어.
J: 아, 그렇지. 근데 어렵지 않았지, 그렇지? 분명 잘될 거야.
M: 나에게는 조금 어려웠어. 게다가 너무 일찍 시작했고 꽤 졸렸어.
J: 몇 시였어? 아침 9시나 10시?
M: 아침 8시였어! 난 항상 그 시간에 자곤 해. 그래서...

❷
1. 클라우디아와 너는 빈 교실에서 공부하는 중이었어.
2. 일전에, 그 마을에 비가 오고 있었어요.
3. 내 조카들은 매우 집중한 채로 텔레비전을 보고 있었어요.
4. 우리는 너한테 많은 편지를 쓰는 중이었어!

❸
1. 내 부모님은 행사 전에 내 남자친구를 만나볼 수 있었어요. (=알게 될 수 있었어요.)
2. 너는 그 매운 소스를 이전에 먹어본 적 있어?
3. 우리가 어제 도착했을 때, 너희들은 이미 해변에서 수영을 했어.

❹
1. 내가 개를 산책시켰을 때는 여덟 시였어요.
2. 내가 장을 보러 갔을 때는 1시였어요.
3. 내가 책을 읽기 시작했을 때는 여섯 시였어요.

❻
1. 나는 숙제를 하려고 했어요.
2. 우리는 어렸을 때 많은 캐러멜을 먹어보곤 했어요.
3. 나는 열 살 때 가족들과 산에 가곤 했어요.
4. 그들이 박물관에 도착했을 때 전시회는 끝난 후였어요.
5. 그들은 너를 위한 깜짝 파티를 하려고 했어.

❼
우리가 정원을 산책하던 중에 예쁜 나비 한 마리를 만났어요. 나비는 꽃 주변을 맴돌며 춤을 추고 있었고 우리의 시선을 끌었어요. (나비는) 아름다웠고 그 특별한 순간을 기억하기 위해 사진을 찍기로 결정했어요. 하지만 갑자기 비가 내리기 시작했고 나비가 날아가버렸어요. 우리는 더 이상 아무것도 할 수가 없었어요.

❽
1. 어젯밤 나는 두 번 잠에서 깼어요.
2. 나의 할머니는 매일 아침 일곱 시에 일어나셨어요.
3. 나는 이 년 전에 영어 공부를 하러 미국에 갔어요.
4. 전에는 항상 점심을 먹은 후에 카페 라테를 마셨어요.
5. 나의 부모님은 이번 달에 이탈리아를 방문했어요.

❾
1. 어제 내 친구들은 나에게 다섯번 전화했어요.
2. 내 남동생이 세 살이었을 때, 그는 내 이름을 발음하지 못했어요.
3. 우리가 결혼하기 전에 내 남편은 매일 나에게 꽃을 선물하곤 했어요.

오늘의 Misión 모범답안

1. El año pasado fui a Barcelona con mis amigos. Cuando visitamos la Sagrada Familia, empezó a llover. Luego fuimos a un restaurante famoso, pero no pudimos entrar porque ya había cerrado.

Día 61 — Mañana comeré churros.
내일 추로스를 먹을 거예요.

스페인어 진짜 써먹기 정답

❶ 1. cerraré 2. abriremos
   3. limpiarán 4. escribirán
   5. vivirá 6. hablaréis
   7. comprenderás 8. verán

❷ 1. La semana que viene, **limpiarémos** la casa.
   ➡ La semana que viene, limpiaremos la casa.
   2. Mi hermano **trabajarán** en la empresa de mis padres después de terminar la universidad.
   ➡ Mi hermano trabajará en la empresa de mis padres después de terminar la universidad.
   3. El próximo mes, **lloverás** mucho.
   ➡ El próximo mes, lloverá mucho.
   4. Este autor **escribiré** más libros el próximo año.
   ➡ Este autor escribirá más libros el próximo año.

❸ 1. volverán
   2. ayudaré
   3. iremos

해석

❶ 1. 닫다
   2. 열다
   3. 청소하다
   4. 쓰다
   5. 살다
   6. 말하다
   7. 이해하다
   8. 보다

❷ 1. 다음 주에 우리는 집을 청소할 거예요.
   2. 내 남자 형제는 대학을 마친 후에 부모님의 회사에서 일을 할 거예요.
   3. 다음 달에는 비가 많이 올 거예요.
   4. 이 작가는 내년에 더 많은 책들을 쓸 거예요.

❸ 1. 나의 부모님은 크리스마스에 돌아올 거예요.
   2. 내일 나는 내 사촌들을 도와줄 거예요.
   3. 내 생일에 우리들은 놀이공원에 갈 거예요.

오늘의 Misión 모범답안

1. Mañana comeré fuera con mis amigos. Iremos a un restaurante chino.
2. Mañana mi hermano y yo comeremos hamburguesas caseras.

Día 62 — ¿Dónde pondrás esta salsa?
너는 이 소스를 어디에 둘 거니?

스페인어 진짜 써먹기 정답

❶ 1. ⓑ 2. ⓒ 3. ⓓ 4. ⓐ 5. ⓔ
❷ 1. vendrán 2. mantendremos 3. Saldré 4. detendrá
❸ 1. tendré 2. Vendrán 3. propondré 4. mantendrá
   5. saldré

해석

❷ 1. 나는 모두가 내 생일 파티에 올 것이라고 생각해요.
   2. 아마도 우리는 미래에도 연락을 유지할 거예요.
   3. 나는 내 강아지와 산책하러 나갈 거예요.
   4. 경찰은 도둑들을 체포할 거예요.

❸
중요한 방문
내일 나는 매우 중요한 방문객을 맞이할 거예요. 내 여자 친구의 부모님이 올 거예요. 저녁 식사에서 나는 내 여자 친구에게 청혼할 거예요. 나는 매우 긴장돼요. 내 여자 친구는 매우 차분한 사람이기 때문에 침착함을 유지할 거라고 생각해요. 나는 집에서 일찍 나서서 그녀를 위한 몇몇 선물들을 준비할 거예요.

오늘의 Misión 모범답안

1. Probablemente, estaré en España trabajando de profesor de coreano.
2. Seguramente, seguiré en Corea. Me gusta vivir aquí.

Día 63 — Habrá mucha gente en el museo.
박물관에는 사람이 많을 거예요.

스페인어 진짜 써먹기 정답

❶ 1. sabrás 2. querrá 3. podrán
❷ 1. ganarás 2. os casaréis 3. visitará

해석

❶
나의 비밀
나는 작은 비밀이 있어. 너는 무엇인지 모를 거야. 아무도 자신의 비밀을 밝히는 것을 원하지 않겠지만, 나는 내일 그것을 내 부모님에게 말할 거야. 나는 그들이 나를 이해해 줄 수 있을 거라고 생각해.

❷ 1. 너는 돈을 많이 벌게 될 거야.
   2. 너희들은 결혼을 할 거고 행복하게 살 거야.
   3. 당신은 많은 나라들을 방문할 거예요.

오늘의 Misión 모범답안

1. No sé… estudiará en casa para preparar los exámenes.
2. No estoy muy seguro, pero creo que estará ocupado.

¿Qué hará usted esta tarde?
당신은 오늘 오후에 무엇을 하실 건가요?

스페인어 진짜 써먹기 정답

① 1. diréis 2. haré 3. dirá 4. harás
② 1. Pasado mañana
   2. Dentro de diez minutos
   3. el próximo mes = el mes que viene
③ 1. dormirá en casa
   2. viajaré al extranjero

해석

① 1. 너희들은 언젠가 우리에게 진실을 말할 거야.
   2. 나는 여행에서 돌아온 후에 숙제를 할 거예요.
   3. 내일 내 친구는 그녀의 결혼식 날짜를 말해줄 거예요.
   4. 우리는 집을 치울 거고, 너는 장을 볼 거야.
③ 1. 오늘 페드로가 수업에 올까?
   ➡ 확실치는 않지만 아마도 집에서 잘 거야.
   2. 너는 방학 때 무엇을 할 거야?
   ➡ 외국에 여행 갈 거라고 확신해.

오늘의 Misión 모범답안

1. En mi cumpleaños, haré una fiesta en mi casa. Invitaré a todos mis amigos.
2. En mi cumpleaños, viajaré a otra ciudad con mi familia.

Mañana a estas horas estaré haciendo surf en la playa.
내일 이 시간에는 해변에서 서핑을 하고 있을거야.

스페인어 진짜 써먹기 정답

① 1. estaremos viajando
   2. se estarán bañando = estarán bañándose
   3. estaré escribiendo
   4. estará corriendo
② 1. estará tocando
   2. estará viendo
   3. estará durmiendo
   4. estará haciendo

해석

① 1. 이번 주말에 우리는 부산을 여행 중일 거야.
   2. 그들은 수영장에 몸을 담그고 있는 중일 거야.
   3. 나는 내일 이 시간에 보고서를 쓰고 있는 중일 거야.
   4. 루시아는 어디에 있어?
   ➡ 공원에서 달리는 중일 거야. 아침마다 운동을 해.
② 나는 내 친구들이 지금 무엇을 하고 있는 중인지 몰라요. 아마도…
   1. 사라는 피아노를 치는 중일 거예요.
   2. 루카스는 TV를 보는 중일 거예요.
   3. 에리카는 소파에서 자고 있는 중일 거예요.
   4. 마르코스는 장을 보고 있는 중일 거예요.

오늘의 Misión 모범답안

1. Mañana por la tarde estaré preparando una reunión importante.
2. Mañana por la tarde estaré tocando el violín en el concierto.

Práctica ⑪
연습문제

연습문제 정답

① 1. aprenderé 2. hablará 3. viajaremos
② 1. escribiré 2. tendrás 3. haremos 4. se dará
③ ① ⓒ ② ⓐ ③ ⓑ
④ 1. conocerás 2. te enamorarás
   3. se casará 4. viviréis
⑤ 1. 그들은 지금 함께 살고 있고 아마도 언젠가 아이를 가질 거예요.
   2. 변호사는 판사에게 모든 것을 말할 거예요.
   3. 우리는 조금 쉬었다가 나중에 재밌는 무언가를 할 거예요.
⑥ 1. saldremos 2. haremos 3. habrá
⑦ 1. estaremos viviendo
   2. estará mintiendo
   3. estaré llevando
⑧ ③
⑨ 1. Mañana
   2. la semana que viene/la próxima semana
   3. Pasado mañana
⑩ 1. estamos comiendo
   2. estarán haciendo
   3. estaré viviendo

연습문제 해석

② 1. 오늘 나는 외국 친구에게 편지를 쓸 거예요.
   2. 너는 이따 배고파질 거야.
   3. 내일부터 우리는 런닝머신에서 운동을 할 거예요.
   4. 오늘 밤 내 여자 형제는 거품 목욕을 할 거예요.
③ 1. 여가 시간에 난 공원으로 조깅을 하러 나갈 거예요.
   2. 파티에 사람이 많이 있을 거예요.
   3. 너가 불량 식품을 덜 먹을 때 더 많은 에너지를 얻을 수 있을 거야.
④ 앞으로 몇 년 안에 너는 아주 아름다운 여자를 만나게 될 거야. 너는 그녀와 사랑에 빠질 거고 그 여자는 너와 결혼할 거야. 너희 둘은 바다 근처의 아름다운 집에서 살게 될 거야.
⑥ 1. 우리는 어제 집에서 나가지 않았지만, 오늘 오후에는 나갈 거예요.
   2. 우리는 6월에 여행을 했고 7월에 또 여행을 할 거예요.
   3. 어제 지진이 있었고 앞으로도 더 지진이 있을 거예요.
⑦ 1. 1년 후에 우리는 아프리카에서 살고 있을 거예요.

2. 나는 이미 그것을 알아. 다음 주에 그녀는 또 나에게 거짓말을 하고 있겠지.
3. 일요일에 나는 고양이들을 수의사에게 (=동물 병원에) 데려가고 있을 거예요.

⑧ **누가 내 치즈케이크를 먹었을까?**
나는 지금 내 방에서 스페인어 공부를 하는 중이에요. 내 부모님은 밖에서 저녁식사를 하는 중이에요. 내 남자형제는 그의 사무실에서 일하는 중일 거예요. 내 친구들은 나와 저녁을 먹기 위해 우리 집에 도착하는 중일 거예요. 즉, 지금 나는 집에 혼자 있어요. 근데 내 치즈케이크가 어디 있을까요? 내가 화장실에서 나온 후에 더 이상 남아있지 않았어요. 아! 내 고양이가 집에 있지만 자고 있을 거예요. 그렇다면 … 그였을까요?

① 그녀의 남자형제
② 그녀의 친구들
③ 그녀의 부모님
④ 그녀의 고양이

오늘의 Misión 모범답안

1. El año que viene acabaré la carrera y trabajaré en una empresa. Probablemente, me enamoraré de un compañero y saldré con él. Mis padres querrán conocer a esa persona.

Día 67 ¿Cuándo os casaréis?
너희들은 언제 결혼할꺼야?

스페인어 진짜 써먹기 정답

❶ 1. nos casamos 2. Va a empezar 3. volveré
❷ ②
❸ 1. ⓑ 2. ⓐ 3. ⓒ

해석

❷ ① 내가 이번 학기를 마친 후에 너를 방문할게.
② 나는 매일 운동을 해요.
③ 내일 나는 시험이 있어요.
④ 그는 시험에 합격할 거예요. 왜냐하면 열심히 공부하기 때문이에요.
❸ 1. 그들은 내년에 결혼할 거예요.
2. 그들은 언젠가 결혼할 거예요. 아직은 매우 젊어요.
3. 그들은 다음 달에 결혼해요. 나를 그들의 결혼식에 초대했어요.

오늘의 Misión 모범답안

1. En las vacaciones, iré a Daegu a ver a mis abuelos.
2. En verano, mis amigos y yo vamos a viajar por Europa.
3. En las vacaciones de verano iré al concierto de mi cantante favorito. Ya he comprado las entradas.

Día 68 Marcos se habrá ido a México.
마르코스는 멕시코로 떠났을 거야.

스페인어 진짜 써먹기 정답

❶ 1. habrá corregido
2. habréis visitado
3. habrás gastado
4. habrán contado
5. habremos aprendido
❷ 1. todavía 2. ya
3. todavía 4. todavía 5. ya
❸ 1. Habrá ido / 장을 보러 갔을 거예요.
2. Habrán comido / 지나치게 많이 먹었을 거예요.

해석

❶ 1. 다음주에 선생님은 이미 시험을 채점했을 거예요.
2. 20년 후에, 너희들은 많은 나라들을 방문했을 거야.
3. 너는 여행이 끝나기 전에 모든 돈을 소비해 버렸을 거야.
4. 내 친구들은 이미 내 남자 친구에게 내 비밀들을 이야기했을 거예요.
5. 업무를 시작하기 전에, 우리는 규칙들을 배웠을 거예요.
❷ 1. 그들은 아직 이 영화를 보지 않았을 거예요.
2. 크리스마스에는 내 남자 형제가 이미 여행에서 돌아와 있을 거예요.
3. 훌리오는 아직 그의 부모님께 사실을 말하지 않았을 거예요.
4. 너희들은 내일 아직 보고서를 쓰는 것을 마치지 못했을 거야.
5. 나는 그 시간에 이미 식사를 했을 거예요.

오늘의 Misión 모범답안

1. La próxima semana, ya habré terminado de hacer la mudanza.
2. Dentro de una semana, habré perdido algo de peso.
3. La semana que viene, todavía no habré terminado todos los deberes.

Día 69 Bebe mucha agua.
너 물 많이 마셔라.

스페인어 진짜 써먹기 정답

❶ 1. Habla / come 2. Sé 3. Pide 4. Duerme
❷ ① ⓑ ② ⓐ ③ ⓔ ④ ⓒ ⑤ ⓓ
❸ 1. Deja de hacer ruido.
2. Haz la cama antes de salir de casa.
3. Sal ahora mismo.

해석

❶ 1. 너 말 적게 하고 더 많이 먹어.
2. 네 형제들에게 친절해라.

3. 나를 위해 햄버거 하나 시켜 줘.
4. 더 자. 너 졸려서 죽어 가고 있어.

❷ ① decir: 말하다
② poner: 놓다
③ tener: 가지다
④ ser: ~이다
⑤ salir: 나가다

❸ 1. 너 그만 시끄럽게 해.
2. 너 나가기 전에 침대 정돈을 해.
3. 너 당장 나가.

오늘의 Misión 모범답안

1. Corre. Come. Para. Descansa. Espera.

Día 70 ¡Hablad español sin miedo!
너희들 두려움 없이 스페인어를 말해봐!

스페인어 진짜 써먹기 정답

❶ 1. Hablad 2. Respetad 3. Sed 4. Comed 5. Decid
❷ 1. Comed más frutas y verduras.
2. Estudiad más para aprobar el examen.
3. Ahorrad dinero para el futuro.
4. Consumid menos comida rápida.

해석

❶ 학원 규칙들
1. 학원에서는 스페인어로 말해. 너희는 일상에서 그것을 연습할 필요가 있어.
2. 너희들의 선생님들과 학급 친구들을 존중해.
3. 수업 시간을 잘 엄수해야 해.
4. 교실 밖에서 먹어. 휴게 구역은 위층에 있어.
5. 너희들이 오지 못할 때에는 선생님께 이유를 얘기해.

❷ 1. 너희들은 더 많은 과일들과 야채들을 먹어야 해.
2. 너희들은 시험에 합격하기 위해 더 공부해야 해.
3. 너희들은 미래를 위해 돈을 저축해야 해.
4. 너희들은 패스트푸드를 덜 소비해야 해.

오늘의 Misión 모범답안

1. Dormid suficiente todos los días.
2. Cocinad en casa y comed sano.
3. Haced ejercicio regularmente.

Día 71 ¡Dámelo!
나에게 그것을 줘!

스페인어 진짜 써먹기 정답

❶ 1. Envíalo a Madrid.
2. Pregúntale a qué hora empieza el examen.
3. Regálaselos.
❷ 1. ¡Despertaos ya!
2. ¡Aféitate!
3. ¡Dúchate rápido!
4. ¡Callaos!

해석

❶ 1. 너 이 택배를 마드리드로 보내.
➡ 너 이것을 마드리드로 보내.
2. 네 친구에게 시험이 몇 시에 시작하는지 물어봐.
➡ 그에게 시험이 몇 시에 시작하는지 물어봐.
3. 네 사촌들에게 이 인형들을 선물해 줘.
➡ 그들에게 그것들을 선물해 줘.

❷ 1. 너 얼른 깨어나!
➡ 너희들 얼른 깨어나!
2. 너희들 면도해!
➡ 너 면도해!
3. 너희들 빨리 샤워해!
➡ 너 빨리 샤워해!
4. 너 입 다물어!
➡ 너희들 입 다물어!

오늘의 Misión 모범답안

1. Después de usar los platos, friégalos.
2. Siempre dejas las ventanas abiertas. Antes de salir, ciérralas.
3. Nunca haces la cama. Hazla.

Día 72 Práctica ⑫
연습문제

연습문제 정답

❶ ④
❷ 1. habrán entrado
2. habrán abierto
3. habrán encendido
❸ 1. mi perro las habrá mordido
2. se habrá quedado en la biblioteca
3. habrán ido al gimnasio por la mañana
4. no habrán desayunado
❹ ②
❺ 1. aprende, duerme, escribe, sube

2. hablad, sed, traed, vivid
❻ 1. Sal   2. Ven   3. Pon
❼ 1. calentad   2. limpiad   3. poned   4. Haced   5. dad
❽ 1. Dormid más.
  2. Ve al médico.
  3. Trabaja menos.
  4. Salid con tiempo para no llegar tarde.
❾ 1. Límpiala.
  2. Decídsela.
  3. Tráemelo.
  4. Escríbesela.
❿ 1. Duchaos   2. Prepárate   3. Siéntate

연습문제 해석

❶ ① 그가 나를 기억할까?
  ② 얘들아, 우리 공부하자!
  ③ 저 아주머니는 대략 40살쯤 되었을 거예요.
  ④ 우리는 내년에 결혼해요.

❷ 도둑들은…
  1. 창문으로 들어왔을 거예요.
  2. 서랍들을 열었을 거예요.
  3. 텔레비전을 켰을 거예요.

❸ 1. 네 신발들은 왜 망가져있어?
    - 내 강아지가 그것들을 물었어.
    ➡ 모르겠어. 내 강아지가 그것들을 물었을 거야.
  2. 너 후안 봤어?
    - 도서관에서 잠들었어.
    ➡ 아니, 하지만 도서관에서 잠들었을 거야.
  3. 그들은 피곤해보여.
    - 아침에 헬스장에 갔어.
    ➡ 음, 아침에 헬스장에 갔을 거야.
  4. 네 친구들은 왜 그렇게나 급하게 먹어?
    - 그들은 아침을 안 먹었어.
    ➡ 모르겠어. 아침을 안 먹었을 거야.

❹ **Transcripción**
  H: hombre   M: mujer
  H: Tú vives con una amiga, ¿no? ¿Os lleváis bien?
  M: Sí, más o menos. Hace un año que compartimos la habitación de la residencia universitaria.
  H: ¿Vosotras discutís mucho?
  M: A menudo. Porque somos muy diferentes. Por ejemplo, no puedo dormir con luz, pero ella siempre tiene encendida la lámpara.
  H: ¿Algo más?
  M: No abre las ventanas cuando se levanta. Así que tengo que abrirlas para ventilar. Además, nunca se acuerda de apagar el ordenador después de usarlo.

스크립트 해석
H: 남자   M: 여자
H: 너 친구와 같이 살지, 그렇지? 너희들 사이 좋아?
M: 응, 그냥 저냥. 우리가 대학 기숙사 방을 같이 쓴 지 일년 째야.
H: 너희들 많이 다퉈?
M: 종종. 왜냐하면 우리는 매우 다르거든. 예를 들어 나는 불을 켜고 잘 수가 없는데 그녀는 항상 스탠드를 켜 둬.
H: 다른 거 더 있어?
M: 일어나서 창문을 안 열어. 그래서 내가 환기시키기 위해 창문을 열어야만 해. 게다가 컴퓨터를 사용한 후에 끄는 걸 기억하는 법이 없다니까.

① 컴퓨터를 꺼.
② 세탁기를 밤에 돌려.
③ 아침에 창문을 열어.
④ 자기 위해 불을 꺼.

❺ aprender: 배우다
  dormir: 자다
  escribir: 쓰다
  subir: 올라가다
  hablar: 말하다
  ser: ~이다
  traer: 가져오다
  vivir: 살다

❻ 1. 너 당장 거기서 나와! 불이 났어.
  2. (자신의 강아지에게) 이리 와. 우리 산책 가자.
  3. 저녁식사가 준비됐어. 상 차려라.

❼ 얘들아, 너희 아빠와 나는 여행을 가고 우리는 다음주에 돌아올 거야. 밥을 먹기 위해서는 냉장고의 스프와 닭고기를 데워. 너희들의 방을 치우고 세탁기를 돌려. 너희들은 집을 깨끗이 유지해야만 한다. 너희들의 친구들과 놀러 나가기 전에 숙제를 해. 마지막으로 강아지에게 먹이를 주렴.

❽ 1. 너희들은 더 자야만 해.
  2. 너는 병원에 가야만 해.
  3. 너는 덜 일해야만 해.
  4. 너희들은 늦게 도착하지 않기 위해서 시간 여유를 갖고 나가야 해.

❾ 1. 너 방을 치워.
    ➡ 너 그것을 치워.
  2. 너희들 부모님께 진실을 말해.
    ➡ 너희들 그들에게 진실을 말해.
  3. 너 나에게 물 한 컵을 갖다 줘.
    ➡ 너 나에게 그것을 갖다 줘.
  4. 너 너의 엄마에게 편지를 하나 써.
    ➡ 너 그녀에게 그것을 써.

오늘의 Misión 모범답안

1. Estudia todos los días para hablar bien español. Lee libros y ve películas en español. Participa en intercambios de idiomas. ¡Es muy divertido! Memoriza muchas palabras.

진짜학습지

Día 01

Estudio en la universidad.
나는 대학교에서 공부해요.

오늘의 학습 목표

1. 부정 관사 vs 정관사
2. 무관사
3. 강세 규칙

STEP 1 | 스페인어 진짜 맛보기

¡Ojo!

다음 문장을 여러 번 듣고 따라 읽으세요.

Hay un hombre en el parque. El hombre es alto y guapo.
공원에 한 남자가 있어요. 그 남자는 키가 크고 잘생겼어요.

Tenemos un gato y una tortuga. El gato es blanco y la tortuga es verde.
우리는 고양이 한 마리와 거북이 한 마리가 있어요. 그 고양이는 하얀색이고 그 거북이는 초록색이에요.

Yo soy director de cine. Soy un director de cine famoso.
나는 영화감독이에요. 나는 유명한 영화감독이에요.

Picasso es español. Él es un español muy conocido en el mundo.
피카소는 스페인 사람이에요. 그는 세계에서 매우 잘 알려진 스페인 사람이에요.

반복 학습 체크체크

MP3 듣기 ✓ 1회 2회 3회
따라 읽기 1회 2회 3회

스페인 vs 중남미

🇪🇸 **스페인의 경우?**
'잘생긴, 예쁜'은 보통 guapo/a라는 단어를 사용해서 표현해요.
물건에 대해 '예쁘다'는 표현을 할 때는 bonito/a를 사용해요.

🇲🇽 **중남미의 경우?**
bonito/a를 사람 및 사물에 사용해요.

단어

parque 공원
tortuga 거북이
el/la director/a de cine 영화감독
conocido 알려진

스페인/중남미 진짜 여행 떠나기!

동물의 이름은 대부분 성이 고정되어 있어요. 우리가 알고 있는 gato/a, perro/a 등과 같이 남성형과 여성형을 가지는 경우도 있지만 대부분은 la tortuga와 같이 한 가지 성을 가져요. 이 경우 암수는 뒤에 macho(수컷)와 hembra(암컷)이라는 단어를 붙여 구분해요.

STEP 2 스페인어 진짜 알아가기

1. 부정 관사 vs 정관사

대부분의 명사 앞에는 관사가 붙어요. 관사는 정관사와 부정 관사로 구분되며 성, 수를 가져요.

1) 부정 관사

	남성	여성
단수	un	una
복수	unos	unas

2) 정관사

	남성	여성
단수	el	la
복수	los	las

부정 관사		정관사
• 처음 등장하는 대상 • 정해지지 않은 불특정한 대상	vs	• 이미 언급되었거나 상황상 서로 알고 있는 대상 • 유일한 대상

¡Ojo!

★ **un, una + 단수 명사**
'하나의'라는 뜻으로 수량을 나타내요.

★ **unos, unas + 복수 명사**
'몇몇'이라는 뜻으로 불특정한 수량을 나타내요.

★ **unos, unas + 숫자**
= aproximadamente
'대략'을 의미해요.

2. 무관사

다음과 같은 경우에는 명사 앞에 관사가 붙지 않아요.

ser 동사 + 직업, 국적, 종교, 정치적 사상

올바른 문장	틀린 문장
La madre de Lucas es profesora.	La madre de Lucas es una/la profesora.
Picasso es español.	Picasso es un/el español.
Somos budistas.	Somos unos/los budistas.
Mis amigos son socialistas.	Mis amigos son unos/los socialistas.

잠깐!
형용사가 명사를 뒤에서 꾸미는 경우에는 명사 앞에 부정 관사를 사용해요.
La madre de Lucas es una profesora estricta.   Lucas의 엄마는 엄격한 선생님이야.
Picasso es un español famoso.   Picasso는 유명한 스페인 사람이야.

단어
budista 불교 신자
socialista 사회주의자

3. 강세 규칙

스페인어에는 각 단어의 어떤 부분을 세게 읽어야 하는지가 규칙으로 정해져 있어요. 오늘은 이중 모음*에서의 강세를 살펴볼게요.

스페인어의 모음은 힘이 센 모음(강모음)과 힘이 약한 모음(약모음)으로 구분돼요.
· 강모음 : a, e, o   · 약모음 : i, u

1) 이중 모음이 있는 음절에 강세가 가는 경우 강모음이 강세를 가져요.
　　jueves: jue-ves   약모음 u + 강모음 e → 이중 모음
　　viernes: vier-nes 약모음 i + 강모음 e → 이중 모음

2) 이중 모음이 있는 음절에 강세가 가며 두 모음이 모두 약모음일 경우 뒤에 나오는 모음이 강세를 가져요.
　　huida: hui-da   약모음 u + 약모음 i → 이중 모음
　　viuda: viu-da   약모음 i + 약모음 u → 이중 모음

3) 강모음+강모음의 조합에서는 음절이 분리돼요.
　　Corea: Co-re-a   강모음 e + 강모음 a → 서로 다른 음절 (이중 모음 X)

¡Ojo!

★ 이중 모음: 모음 2개가 한 음절로 구분되는 경우
· 강모음+약모음
· 약모음+강모음

Mini Check

강세 규칙 기억하기

1) 모음 혹은 -n, -s로 끝나는 단어들
　: 뒤에서 2번째 음절에 강세

2) 그 이외의 단어들
　: 맨 마지막 음절에 강세

3) 예외인 경우
　: 띨데(강세 표시) 사용

STEP 3 스페인어 진짜 즐기기

아래 대화를 들으면서 오늘 배운 내용을 확인해 보세요.

Marcos: Hay un coche en el jardín. ¿Es tu coche?
정원에 자동차가 한 대 있어. 네 자동차야?

Erica: No, es el coche de mi hermano.
아니, 내 동생의 자동차야.

Marcos: No lo conozco. ¿En qué trabaja?
나는 그를 몰라. 무슨 일을 해?

Erica: Él es estudiante. Estudia en la universidad. Pero él no es un buen estudiante.
그는 학생이야. 대학에서 공부해. 하지만, 훌륭한 학생은 아니야.

Mini Check

직업을 묻는 표현 기억하기

1) 주어가 tú일 때
　¿A qué te dedicas?
　¿En qué trabajas?

2) 주어가 él, ella, usted 일 때
　¿A qué se dedica?
　¿En qué trabaja?

STEP 4 스페인어 진짜 써먹기

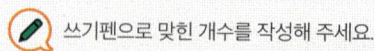

나의 점수 개 / 22개

1 괄호 안의 정관사 혹은 부정 관사 중 알맞은 것을 고르세요.

1. Hay (un / el) niño en la calle. (Un / El) niño está triste. No sabe dónde están sus padres.

2. Quiero (una / la) limonada. Tengo mucha sed.

3. (Unos / Los) hermanos de mi padre son mis tíos.

4. No debemos usar (un / el) móvil en el cine.

5. Tengo (una / la) buena noticia. Voy a ir a España este verano.

2 사라가 에리카를 소개하는 다음 글을 읽고 밑줄 친 부분에 알맞은 관사를 쓰세요.
(단, 관사가 들어가지 않는 경우가 있을 수 있어요!)

Mi amiga Erica tiene **1.** _____ loro y **2.** _____ gata.

3. _____ loro tiene muchos colores y su nombre es Bella.

4. _____ gata es muy pequeña y cariñosa.

5. _____ padres de Erica trabajan mucho. Pasamos mucho tiempo juntas.

Erica es **6.** _____ española. Ella también es **7.** _____ estudiante como yo.

Conozco muy bien a **8.** _____ padres de Erica. Ellos son **9.** _____ profesores.

Su padre es **10.** _____ profesor simpático, pero su madre es **11.** _____ profesora muy estricta.

3 다음 단어들에 강세를 넣어야 하는 부분에 표시하세요.

1. la zanahoria   2. el / la joven   3. el hotel

4. el español   5. el móvil   6. el / los jueves

▶ 강의보기 틀리거나 헷갈리는 문제는 문제 해설 강의로 복습하세요.

◎ 오늘의 Misión 다음 문장에서 강세 표시가 빠진 부분에 표시하고, 문장을 크게 소리 내어 읽어 보세요.
Esta chaqueta esta sucia.

Día 02
Hablo español bastante bien.
나는 스페인어를 꽤 잘해요.

20 . .

오늘의 학습 목표

1. -ar 규칙 동사 2. -er 규칙 동사 3. -ir 규칙 동사

STEP 1 스페인어 진짜 맛보기

🎬 강의보기   🔊 2-1   💬 말하기 연습

📝 **¡Ojo!**

✅ 반복 학습 체크체크

| MP3 듣기 | 1회 ✓ | 2회 | 3회 |
| 따라 읽기 | 1회 | 2회 | 3회 |

다음 문장을 여러 번 듣고 따라 읽으세요.

¿**Hablas**★ bien español?   -Sí, **hablo** español bastante bien.
너는 스페인어를 잘하니?   -응, 나는 스페인어를 꽤 잘해.

Los domingos comemos en casa de mi abuela.
우리는 일요일마다 할머니 집에서 점심을 먹어요.

Marcos vive en México con su familia.
마르코스는 그의 가족과 멕시코에 살아요.

Mi amigo estudia español. Él comprende muy bien el español. Hoy escribe su nombre en español.
내 친구는 스페인어를 공부해요. 그는 스페인어를 매우 잘 이해해요. 오늘 그는 그의 이름을 스페인어로 써요.

★ hablar, enseñar, estudiar, aprender, saber 등의 동사가 언어명과 같이 사용되는 경우, 해당 명사에는 관사가 붙지 않아요!

🧳 **스페인/중남미 진짜 여행 떠나기!**

스페인에서는 아빠 성, 엄마 성을 모두 물려받아요. 결혼을 해도 성씨는 변하지 않으며 이름은 두 개까지 가질 수 있어 '이름 (+ 이름 2)+ 아빠 성 + 엄마 성'의 구조를 가져요. 부모가 원하는 경우 엄마 성을 먼저 쓰는 것도 가능해요. 한국어와는 달리 이름이 성보다 앞에 위치해요.

STEP 2 — 스페인어 진짜 알아가기

스페인어의 동사는 크게 -ar 동사, -er 동사, -ir 동사 3가지로 분류돼요. 각 동사군의 규칙 동사 변화 형태를 복습해 봅시다.

1. -ar 규칙 동사

▶ 강의보기   🔊 2-2

-ar 규칙 동사는 어미 -ar 대신 다음의 형태로 사용돼요.

	단수	복수
1인칭	-o	-amos
2인칭	-as	-áis
3인칭	-a	-an

-ar 규칙 동사 중 주의해야 할 동사들을 살펴볼까요?

1) visitar + 장소 / visitar + a + 사람
- visitar 동사 다음에 장소가 나올 때 전치사 a를 사용하지 않아요.
- visitar 동사 다음에 사람이 나올 때는 전치사 a가 필요해요.

2) tocar + 정관사 + 악기 이름
- tocar (만지다) 동사를 악기와 함께 사용할 때에는 정관사가 필요해요.
- tocar el piano: 피아노를 연주하다
- tocar la guitarra: 기타를 연주하다

2. -er 규칙 동사

▶ 강의보기   🔊 2-3

-er 규칙 동사는 어미 -er 대신 다음의 형태로 사용돼요.

	단수	복수
1인칭	-o	-emos
2인칭	-es	-éis
3인칭	-e	-en

-er 규칙 동사 중 주의해야 할 동사들을 살펴볼까요?

1) creer que + 주어 + 동사: ~라고 생각하다
- creer 동사를 통해 의견을 나타낼 수 있어요!
- Creo que el español es muy interesante.
  나는 스페인어가 매우 흥미롭다고 생각해요.

2) deber + 동사 원형: ~을 해야만 한다
- deber 동사를 통해 의무를 나타낼 수 있어요!

¡Ojo!

 스페인 vs 중남미

일부 국가들 및 지역의 경우 tú 대신에 vos, vosotros 대신에 ustedes를 사용하며 vos의 경우 독자적인 동사 변화 어미를 가지고, ustedes의 경우 3인칭 복수 동사 변화를 사용해요.

★ vos의 경우 -ar, -er, -ir 동사에서 각각 어미가 -ás, és, -ís로 변해요.

- **Debemos estudiar** para el examen de mañana.
  우리는 내일 있을 시험을 위해 공부해야만 해요.

3. -ir 규칙 동사

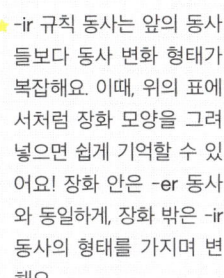

	단수	복수
1인칭	-o	-imos
2인칭	-es	-ís
3인칭	-e	-en

-ir 규칙 동사 중 주의해야 할 동사들을 살펴볼까요?

1) asistir a: ~에 참석하다
- asistir 동사는 주로 전치사 a와 함께 사용해요.
- Vosotros **asistís a** la reunión cada semana.
  너희들은 매주 회의에 참석해.

2) vivir en + 장소: ~에 살다
- vivir 동사는 장소를 나타낼 때 주로 전치사 en과 함께 사용해요.
- Los primos de Juan **viven en** Sevilla.
  후안의 사촌들은 세비야에 살아.

 **스페인어 진짜 즐기기**

아래 대화를 들으면서 오늘 배운 내용을 확인해 보세요.

 Sara
¡Hola, Marcos! Soy amiga de Erica. **Estudio** español.
안녕, 마르코스! 나는 에리카의 친구야. 나는 스페인어를 공부해.

 Marcos
Hablas muy bien español. ¿Dónde **aprendes** el idioma?
너 스페인어를 정말 잘하다. 어디에서 그 언어를 배워?

 Sara
Estudio en Siwonschool. Los profesores **enseñan** muy bien.
Tú también **hablas** bien coreano.
나는 시원스쿨에서 공부해. 선생님들이 매우 잘 가르치셔. 너도 한국어를 잘하는 걸.

 Marcos
Yo **estudio** coreano con mis amigos. Ellos **viven** en México.
나는 내 친구들과 한국어를 공부해. 그들은 멕시코에 살아.

¡Ojo!

★ -ir 규칙 동사는 앞의 동사들보다 동사 변화 형태가 복잡해요. 이때, 위의 표에서처럼 장화 모양을 그려 넣으면 쉽게 기억할 수 있어요! 장화 안은 -er 동사와 동일하게, 장화 밖은 -ir 동사의 형태를 가지며 변해요.

★ hablar 동사는 '말하다'라는 뜻이지만 여기에서는 '언어를 하다'로 의역할 수 있어요!

STEP 4 스페인어 진짜 써먹기

쓰기펜으로 맞힌 개수를 작성해 주세요.

나의 점수 개 / 10개

정답 보기

1 괄호 안의 동사를 문장에 알맞은 형태로 바꿔 쓰세요.

1. Vosotros _____ (viajar) a muchos países.

2. Ellos no _____ (abrir) la ventana. Ellos están resfriados.

3. Mi hermano _____ (leer) muchos libros. Él es muy inteligente.

4. Yo _____ (deber) estudiar más para hablar mejor español.

5. Tú _____ (tocar) el piano muy bien.

2 <보기>에서 알맞은 단어를 선택한 후, 문맥에 맞게 변화시켜 쓰세요.

보기	discutir	trabajar	comprar	comer	comprender
	vivir	escribir	necesitar	hablar	llamar

1. Sara _____ unos libros de español. _____ los libros para la clase de mañana.

2. Yo _____ una carta a mi novia. Ella _____ en otra ciudad.

3. El profesor _____ por teléfono a los padres de Juan. Juan siempre _____ con sus compañeros.

4. Mi primo y yo _____ muchos días fuera. Nosotros _____ hasta muy tarde.

5. Los españoles _____ muy rápido. Yo no _____ bien a mis amigos españoles.

▶ 강의보기 틀리거나 헷갈리는 문제는 문제 해설 강의로 복습하세요.

◉ 오늘의 Misión 규칙 동사들을 활용하여 어떤 언어를 공부하는지 다음 질문에 답해 보세요!
¿Qué idiomas hablas?

학습 종료

Día 03

Vamos al cine y a la cafetería.
우리는 영화관과 카페에 가요.

오늘의 학습 목표

1. o>ue, e>ie, e>i 변화 불규칙 동사
2. -g- 삽입 불규칙 동사

STEP 1 스페인어 진짜 맛보기

다음 문장을 여러 번 듣고 따라 읽으세요.

Mi madre vuelve del trabajo tarde. No puede descansar mucho.
우리 엄마는 직장에서 늦게 돌아오셔. 그녀는 많이 쉴 수 없어.

Estudio español porque quiero viajar a Latinoamérica.
나는 스페인어를 공부해. 왜냐하면 라틴아메리카에 여행가고 싶기 때문이야.

Seguimos a una cantante famosa en Instagram.
우리는 인스타그램에서 어떤 유명한 여자 가수를 팔로우 해요.

Ellos tienen clase de español los jueves. Tienen que llevar los libros.
그들은 목요일마다 스페인어 수업이 있어요. 그들은 책들을 가져가야만 해요.

Voy al cine con mis amigos los fines de semana. Siempre vemos películas de acción.
나는 주말마다 친구들과 함께 영화관에 가요. 우리는 항상 액션 영화를 봐요.

¡Ojo!

☑ 반복 학습 체크체크

MP3 듣기 ✓ 2회 3회

따라 읽기 1회 2회 3회

Mini Check

- poder + 동사 원형: ~할 수 있다
- querer + 동사 원형: ~하고 싶다
- tener que + 동사 원형: ~해야만 한다
  의무를 나타낼 수 있어요!

단어

descansar 쉬다
Latinoamérica
(= América Latina)
라틴아메리카
el fin de semana 주말
la película de acción
액션 영화

스페인/중남미 진짜 여행 떠나기!

Latinoamérica 혹은 América Latina는 라틴아메리카를 나타내는 표현이에요. 라틴아메리카는 아메리카 대륙의 국가들 중 스페인어, 포르투갈어 등 로망스어를 사용하는 국가들을 지칭하는 표현으로 대부분의 스페인어권 국가들이 라틴아메리카에 포함돼요.

STEP 2 스페인어 진짜 알아가기

불규칙 동사 변화는 표의 장화 모양을 이용하면 조금 더 쉽게 외울 수 있어요.

1. o>ue, e>ie, e>i의 형태로 변하는 불규칙 동사

불규칙 동사 변화를 할 때 가장 중요한 점은 -ar, -er, -ir 동사의 구분이에요. 불규칙은 장화 모양 안에만 적용되므로 규칙 동사처럼 변화시킨 후 장화를 씌워 주세요!

1) o>ue의 형태로 변하는 불규칙 동사
poder: ~할 수 있다

podo	podemos		puedo	podemos
podes	podéis	→	puedes	podéis
pode	poden		puede	pueden

2) e>ie의 형태로 변하는 불규칙 동사
querer: 원하다, ~하고 싶다

quero	queremos		quiero	queremos
queres	queréis	→	quieres	queréis
quere	queren		quiere	quieren

3) e>i의 형태로 변하는 불규칙 동사
repetir: 반복하다, 다시 ~하다

repeto	repetimos		repito	repetimos
repetes	repetís	→	repites	repetís
repete	repeten		repite	repiten

2. -g- 삽입 불규칙 동사

-g- 삽입 불규칙 동사는 yo에 해당하는 **1인칭 단수에만 적용**돼요. 동사 어미 바로 앞에 g를 삽입시켜야 해요.

1) salir: 나가다

salo	salimos		salgo	salimos
sales	salís	→	sales	salís
sale	salen		sale	salen

¡Ojo!

★ o>ue의 형태로 변하는 불규칙 동사

dormir	자다
encontrar	발견하다
poder	할 수 있다
recordar	기억하다
volver	돌아오다, 돌아가다

★ e>ie의 형태로 변하는 불규칙 동사

empezar	시작하다
entender	이해하다
pensar	생각하다
preferir	선호하다
querer	원하다

★ e>i의 형태로 변하는 불규칙 동사

repetir	반복하다
pedir	시키다, 주문하다
seguir	따르다, 쫓다, 팔로우하다

★ seguir 동사의 경우 e>i 불규칙이면서 yo가 sigo로 변하는 불규칙이에요.

sigo	seguimos
sigues	seguís
sigue	siguen

잠깐!
-g- 삽입 불규칙과 다른 형태의 불규칙 변화가 같은 동사에 함께 나타날 수 있지만 한 변화 형태 내에서는 중복 적용되지 않아요.
(tener 동사에서 yo에 -g- 삽입 변화가 적용되기 때문에 e>ie 불규칙은 yo에는 적용되지 않으나 나머지 장화 모양에 적용돼요.)

¡Ojo!

★ -g- 삽입 불규칙 동사

salir	나가다
poner	놓다
tener	가지다
venir	오다

2) tener: 가지다

teno	tenemos
tenes	tenéis
tene	tenen

➡

tengo	tenemos
tienes	tenéis
tiene	tienen

잠깐!
tener, venir 동사는 -g-가 삽입되며 e>ie 불규칙인 동사들이에요.

STEP 3 스페인어 진짜 즐기기   ▶강의보기   🔊 3-4   💬말하기 연습

아래 대화를 들으면서 오늘 배운 내용을 확인해 보세요.

 Sara:
Estoy muy cansada. Estos días no puedo dormir.
나는 매우 피곤해. 요즘 잠을 잘 수가 없어.

 Lucas:
Tienes que dormir bien. ¿Quieres descansar?
너는 잠을 잘 자야만 해. 쉬고 싶어?

 Sara:
Prefiero salir. ¿Vamos al cine?
나가는 편이 더 좋아. 우리 영화관에 갈까?

 Lucas:
Vale. Mis amigos también van al cine esta tarde. Podemos ir juntos.
그래. 내 친구들도 오늘 오후에 영화관에 가. 우리는 함께 가도 돼.

★ 지시사 (este, ese, aquel…)는 '물리적 거리'가 아닌 '시간적 거리'를 나타낼 때도 사용할 수 있어요.

단어
estos días 요즘
juntos/juntas 함께

STEP 4 스페인어 진짜 써먹기

쓰기펜으로 맞힌 개수를 작성해 주세요.

나의 점수   개 / 12개   정답 보기

1 각 표현들을 알맞은 뜻에 연결하세요.

1. poder + 동사 원형 • • ⓐ ~해야만 한다
2. ir a + 장소 • • ⓑ ~하고 싶다
3. querer + 동사 원형 • • ⓒ ~하기 시작하다
4. tener que + 동사 원형 • • ⓓ ~할 수 있다
5. empezar a + 동사 원형 • • ⓔ ~에 가다

2 다음 한국어 문장을 스페인어 문장으로 바꿔 쓰세요.

1. 나는 내 스페인어 선생님을 기억해요. * recordar 기억하다

   _____.

2. 너는 항상 집에 늦게 돌아와. 너의 부모님은 걱정하고 있어. * siempre 항상   * preocupado 걱정하는

   _____.

3. 그들은 버스보다 지하철을 선호해요. * preferir A a B B보다 A를 선호하다

   _____.

4. 우리는 내일 시험이 하나 있어요. 우리는 오늘 공부하기 위해 도서관에 가요. * el examen 시험   * la biblioteca 도서관

   _____.

3 한국어 해석을 보고 밑줄 친 부분에 들어갈 동사의 알맞은 형태를 쓰세요.

1. _____ ir al parque de atracciones este fin de semana. 우리는 이번 주말에 놀이공원에 가고 싶어요.

2. Ellos _____ los deberes con sus padres. 그들은 그들의 부모님과 함께 숙제를 해요.

3. ¿Cuál _____ Sara y Lucas? ¿Café o té? 사라와 루카스는 무엇을 선호해? 커피 아니면 차?

▶ 강의보기 틀리거나 헷갈리는 문제는 문제 해설 강의로 복습하세요.

◎ 오늘의 Misión Querer 동사를 이용해 스페인어를 공부하고 싶은 이유에 대해 이야기해 봐요!
¿Por qué quieres estudiar español?

Día 04
Erica nos da un regalo interesante.
에리카는 우리에게 흥미로운 선물을 줘요.

오늘의 학습 목표

1. 목적격 대명사의 형태
2. 목적격 대명사의 위치
3. 허용된 leísmo

 **STEP 1** 스페인어 진짜 맛보기 　▶강의보기　🔊 4-1　💬 말하기 연습

✏️ ¡Ojo!

다음 문장을 여러 번 듣고 따라 읽으세요.

Mis compañeros de clase me invitan a la fiesta.
반 친구들이 나를 파티에 초대해요.

Sara le hace muchas preguntas al profesor.
사라는 선생님께 질문을 많이 해요.

Quiero un vaso de agua*. ¿Me lo traes, por favor?
나는 물 한 잔을 원해. 나에게 그것을 가져다줄래?

Estas cajas pesan mucho. ¿Puedes ayudarme? Tengo que llevarlas a casa.
이 상자들은 매우 무거워. 너는 나를 도와줄 수 있니? 나는 이것들을 집으로 가져가야만 해.

☑ 반복 학습 체크체크

MP3 듣기　✓　2회　3회
따라 읽기　1회　2회　3회

★ agua와 같이 셀 수 없는 명사들은 앞에 부정 관사를 쓸 수 없어요. 하지만 다음과 같은 단위들을 통해 수를 셀 수 있어요.

- un vaso de: 한 컵
- una botella de: 한 병
- una lata de: 한 캔

단위에 대해서는 복수형을 만들 수 있어요!

- dos vasos de agua: 물 두 컵

 스페인/중남미 진짜 여행 떠나기!

누군가에게 부탁할 일이 있을 때에는 뒤에 por favor(부탁합니다)라는 표현을 붙이는 것이 좋아요. 여행지에 가서 por favor를 사용해서 정중하게 부탁해 보세요!

STEP 2 스페인어 진짜 알아가기

1. 목적격 대명사의 형태
▶ 강의보기 🔊 4-2

앞에서 언급된 대상을 받아줄 수 있는 목적격 대명사는 직접 목적격 대명사와 간접 목적격 대명사로 구분돼요.

1) 직접 목적격 대명사 (~을/를)

me (a mí)	nos (a nosotros/a nosotras)
te (a ti)	os (a vosotros/a vosotras)
lo (a él, a usted)	los (a ellos, a ustedes)
la (a ella, a usted)	las (a ellas, a ustedes)

2) 간접 목적격 대명사 (~에게)

me (a mí)	nos (a nosotros/a nosotras)
te (a ti)	os (a vosotros/a vosotras)
le (a él, a ella, a usted)	les (a ellos, a ellas, a ustedes)

잠깐!
괄호 안에 있는 'a + 인칭 대명사' 형태는 목적격 대명사의 도움 없이는 문장에 혼자 쓰일 수 없어요. 목적격 대명사와 함께 강조 혹은 대상을 구체화할 때에는 사용할 수 있어요.

¡Ojo!

✓ Mini Check

직접 목적어의 중복 형태인 'a + 인칭 대명사'에서 a yo, a tú 의 형태는 존재하지 않아요.

a yo, a tú (X)
a mí, a ti (O)

2. 목적격 대명사의 위치
▶ 강의보기 🔊 4-3

간접 목적어와 직접 목적어가 동시에 사용되는 경우, 목적격 대명사는 다음과 같은 두 가지 위치에서 쓰일 수 있어요. (간: 간접 목적격 대명사 / 직: 직접 목적격 대명사 / 동: 동사)

1. 간 직 동 (*동사 변화하는 동사)
2. 동간직 (*동사 원형이 등장할 경우 동사 원형 뒤 한 단어처럼 붙어서 사용)

> 동사 원형이 등장한다고 해서 2번만 사용하는 것이 아니라 1, 2번 모두 사용 가능해요.

Digo **la verdad** **a mis padres**. — 나는 **부모님께** **사실**을 말한다.
Se la digo. — 나는 **그들에게** **그것**을 말한다.

Tengo que decir **la verdad** **a mis padres**. — 나는 **부모님께** **사실**을 말해야만 해.
Se la tengo que decir. = Tengo que decír**sela**.★ — 나는 **그들에게** **그것**을 말해야만 해.

3인칭 간접 목적격 대명사인 le, les는 3인칭 직접 목적격 대명사인 lo, la, los, las를 만나면 형태가 se로 변해요.

★ '동간직'의 순서를 가질 수 있는 동사 형태는 다음과 같습니다.
1. 동사 원형
2. 현재 분사
3. 긍정 명령
이번 과에서는 동사 원형만 다룹니다.

⭐ 목적격 대명사 2개가 동사 원형 뒤에 한 단어처럼 붙는 경우 강세 규칙에 맞게 **띨데**를 표기해야 해요!

le/les + lo/la/los/las ➡ se + lo/la/los/las

잠깐!
이 경우 le/les 모두 se로 변하고 ses는 존재하지 않아요!

3. 허용된 leísmo

직접 목적격 대명사인 lo를 le로 바꾸는 것이 허용되는 경우가 있는데, 이것을 '허용된 leísmo'라고 불러요.

직접 목적격 대명사의 대상이 '3인칭, 단수, 남성, 사람'이 4가지 조건을 모두 만족하는 경우 lo를 le로 대체하는 것이 가능해요.

Quiero a mi padre. ➡ Lo quiero. = Le quiero. (둘 다 올바른 표현)
나는 내 아빠를 사랑해. ➡ 나는 그를 사랑해.

Quiero a mi madre ➡ La quiero. (O) Le quiero. (X)
나는 내 엄마를 사랑해. ➡ 나는 그녀를 사랑해.

¡Ojo!

★ lo를 le로 바꾸는 것은 의무가 아닌 선택 사항입니다. lo를 쓰는 것이 문법적으로 정확하지만 스페인에서 lo를 le로 바꿔 쓰기도 해서 함께 알아 두면 좋아요!

★ 특정 대상이 아닌 문장이나 행위 전체를 받을 때에는 항상 중성 대명사 lo를 사용해요.

 **STEP 3 스페인어 진짜 즐기기**

아래 대화를 들으면서 오늘 배운 내용을 확인해 보세요.

Lucas: Mañana es el cumpleaños de Sara. ¿Lo sabes?
내일은 사라의 생일이야. 너 그거 알아?

Erica: Sí, lo sé. Pienso regalarle una camiseta. ¿Qué opinas?
응, 그거 알아. 나는 그녀에게 티셔츠를 한 장 선물할 생각이야. 어떻게 생각해?

Lucas: ¡Buena idea! ¿Dónde la vas a comprar?
좋은 생각이야! 그것을 어디에서 살 거야?

Erica: Quiero comprarla en la tienda de un amigo. Se la doy mañana en la fiesta de cumpleaños.
나는 그것을 친구의 가게에서 사고 싶어. 나는 그녀에게 그것을 내일 생일 파티에서 줄 거야.

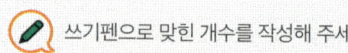

1 밑줄 친 단어들을 목적격 대명사로 바꿔 쓰세요.
(*표가 있는 부분은 문법적으로 틀린 문장이에요. 목적격 대명사를 이용해 올바른 문장으로 바꾸어야 합니다.)

1. Mi perro está enfermo. Llevo el perro a la clínica de animales.
   ➡ Mi perro está enfermo. _____ llevo a la clínica de animales.

2. Tus padres llevan *a nosotros al parque de atracciones. ¡Qué ilusión!
   ➡ Tus padres _____ llevan al parque de atracciones. ¡Qué ilusión!

3. Estos plátanos son muy baratos. Mi madre y yo compramos los plátanos.
   ➡ Estos plátanos son muy baratos. Mi madre y yo _____ compramos.

4. Nosotros escribimos muchas cartas. Enviamos las cartas a mis abuelos los sábados.
   ➡ Nosotros escribimos muchas cartas. _____ _____ enviamos a mis abuelos los sábados.

2 해석을 보고 단어들을 순서에 맞게 나열하여 문장을 만드세요.

1. 엄마가 나와 함께 저녁을 먹기 위해 나에게 전화해요.
   (llama / conmigo / mi / madre / cenar / me / para)
   _____.

2. 나는 너희들을 우리 집에 초대하고 싶어.
   (invitar / os / a / mi / casa / quiero)
   _____.

3. 그들은 우리에게 그것들을 줄 수 있어.
   (nos / pueden / ellos / dar / lo)
   _____.

4. 너는 그에게 그것을 돌려줘야만 해.
   (devolver / tienes / que / la / se)
   _____.

▶강의보기 틀리거나 헷갈리는 문제는 문제 해설 강의로 복습하세요.

◎오늘의 Misión la televisión라는 단어를 반복하지 않고 다음 질문에 답변해 보세요.
¿Ves mucho la televisión en casa?

Día 05
¿Dónde quedamos hoy?
우리 오늘 어디서 만날까?

오늘의 학습 목표

1. 성/수가 없는 의문사
2. 수가 있는 의문사
3. 성/수가 있는 의문사

STEP 1 스페인어 진짜 맛보기

🎬 강의보기 🔊 5-1 💬 말하기 연습

📝 ¡Ojo!

다음 문장을 여러 번 듣고 따라 읽으세요.

¿**Quién** es la chica del pelo largo? 긴 머리의 여자애는 **누구**예요?

¿**Cuál** es la moneda de México? 멕시코의 화폐는 **어떤 것**이에요?

¿**Dónde** está tu coche? 너의 차는 **어디**에 있어?

¿**Cuándo** es el cumpleaños de tu padre? 너의 아버지의 생신은 **언제**야?

¿**Por qué** estás enfadado? 너 **왜** 화나 있어?

¿**Cuánto** cuesta este bolso? 이 가방은 **얼마**예요?

¿**Cómo** es el clima en España? 스페인의 기후는 **어때요**?

¿**Qué** es la paella? 파에야 **뭐예요**?

반복 학습 체크체크

| MP3 듣기 | ✓1회 | 2회 | 3회 |
| 따라 읽기 | 1회 | 2회 | 3회 |

스페인 vs 중남미

🇪🇸 **스페인의 경우?**
'화난'이라는 단어로 enfadado/a를 사용해요.

🇲🇽 **중남미의 경우?**
'화난'이라는 단어로 enojado/a를 사용해요.

 스페인/중남미 진짜 여행 떠나기!

이유를 묻기 위한 표현으로 ¿Por qué? (왜?) 이외에도 다음과 같은 표현들을 사용할 수 있어요. ¿Por?, ¿Y eso? 회화체에서 많이 쓰이는 표현으로 스페인어를 자연스럽게 하고 싶다면 사용해 보세요!

STEP 2 스페인어 진짜 알아가기

✏️ ¡Ojo!

스페인어의 의문사는 성과 수가 없는 의문사, 수만 가지는 의문사, 성과 수를 모두 가지는 의문사로 구분할 수 있어요.

1. 성/수가 없는 의문사

▶ 강의보기　🔊 5-2

성/수가 없는 의문사들은 형태가 변하지 않아요.

qué	무엇, 어떤
cómo	어떻게
dónde	어디
cuándo	언제
por qué	왜

★ 모든 의문사는 띨데(강세 표시)를 가져요!

강세 표시 또한 맞춤법으로서, 시험에서 감점의 요인이 될 수 있으니 주의하세요!

잠깐!

por qué와 porque를 헷갈리면 안 돼요! 의미는 다르지만 뒤에 문장이 나와야 한다는 공통점이 있어요.

por qué	왜 (의문사)	¿Por qué quieres estudiar español? 너는 왜 스페인어를 공부하고 싶어?
porque	왜냐하면 (접속사)	Porque quiero viajar a América Latina. 왜냐하면 라틴아메리카에 여행을 가고 싶기 때문이야.

2. 수가 있는 의문사

▶ 강의보기　🔊 5-3

수가 있는 의문사들은 뒤에 나오는 대상의 수에 맞게 형태를 변화시켜야 해요.

cuál/cuáles	어느 것/어느 것들
quién/quiénes	누구

잠깐!

qué와 cuál/cuáles의 차이

qué	cuál/cuáles
정의를 물을 때	구체적인 답변을 물을 때
선택 범위가 제한되어 있지 않을 때	선택의 범위가 제한되어 있을 때

¿Qué es el flamenco? 플라멩코가 뭐야?
¿Cuál es la capital de Argentina? 아르헨티나의 수도는 어느 것이야?
(= 아르헨티나의 수도는 어디야?)
¿Qué libro quieres leer? 너는 어떤 책을 읽고 싶어?
¿Cuáles de estos libros quieres leer? 너는 이 책들 중 어떤 것을 읽고 싶어?

★ qué + 명사/동사
cuál/cuáles + 동사

cuál/cuáles 다음에는 명사가 바로 이어질 수 없어요! 전치사 de가 필요해요.

3. 성/수가 있는 의문사

성/수가 있는 의문사는 뒤에 나오는 명사에 성과 수를 일치시켜야 해요.

| cuánto/cuánta/cuántos/cuántas | 얼마나 많이, 얼마나 오래 |

cuánto/cuánta/cuántos/cuántas는 수량, 기간, 가격 등을 나타낼 수 있어요.

잠깐!
전치사와 의문사를 함께 사용하는 경우 문장의 순서는 다음과 같아요.
¿전치사 + 의문사 + 동사 (+ 주어)?

¿**De dónde** es Erica? 에리카는 어디에서 왔어요? (어느 나라 사람이에요?)
¿**A dónde** va Lucas a estas horas? 루카스는 이 시간에 어디에 가는 거예요?
¿**Con quién** viven los padres de Marcos? 마르코스의 부모님은 누구와 살아요?

¡Ojo!

Mini Check

가격을 묻는 방법
- ¿Cuánto cuesta/cuestan?
- ¿Cuánto vale/valen?
- ¿Cuánto es/son?

★ 의문사 **cuánto** 뒤에 명사가 아닌 동사가 오는 경우에는 **cuánto**의 형태만 존재해요.

STEP 3 스페인어 진짜 즐기기

아래 대화를 들으면서 오늘 배운 내용을 확인해 보세요.

 Sara: Marcos, quiero saber sobre tu país. ¿**Dónde** está México?
마르코스, 나는 너의 나라에 대해 알고 싶어. 멕시코는 어디에 있어?

 Marcos: México está en Centroamérica.
멕시코는 중미에 있어.

 Sara: ¿**Cómo** es el clima?
기후는 어때?

 Marcos: En verano hace mucho calor.
여름에는 날씨가 매우 더워.

 Sara: ¿**Cuál** es el plato típico allí? ¿**Qué** ciudades me recomiendas para visitar?
거기의 대표적인 음식은 뭐야? 어떤 도시들을 방문하는 것을 나에게 추천하니?

★ 의문사 **dónde**는 전치사 **a**와 만나 **adónde**의 형태를 가질 수 있어요.

a dónde와 **adónde** 모두 사용 가능해요.

STEP 4 스페인어 진짜 써먹기

  쓰기펜으로 맞힌 개수를 작성해 주세요.

나의 점수   개 / 15개   정답 보기

1 각 의문사를 알맞은 의미와 연결하세요.

1. cómo • • ⓐ 왜
2. por qué • • ⓑ 얼마나
3. cuál/cuáles • • ⓒ 어느 것
4. cuánto/cuánta/cuántos/cuántas • • ⓓ 어떻게
5. qué • • ⓔ 무엇

2 밑줄 친 부분에 들어갈 의문사를 쓰세요.

1. ¿ _____ está Lucas? No lo veo desde esta mañana.
2. ¿ _____ puedo llegar a la biblioteca? Soy nueva en esta ciudad.
3. ¿ _____ no comes? ¿Estás enfermo?
4. ¿ _____ es tu comida favorita?
5. ¿ _____ son los niños de la foto?

3 의문사를 활용하여 나라에 대한 정보를 물은 다음, <보기>의 단어를 활용하여 대답하세요.

| 보기 | Sudamérica | Madrid | el español, el catalán, el gallego y el vasco | millones | tropical |

1. ¿ _____ es la capital de España? - La capital de España es _____.
2. ¿ _____ habitantes tiene Chile? - Chile tiene 19,5 _____ de habitantes.
3. ¿ _____ está Argentina? - Argentina está en _____.
4. ¿ _____ es el clima en Costa Rica? - El clima de Costa Rica es _____.
5. ¿ _____ son las lenguas oficiales en España?
   - Las lenguas oficiales en España son _____.

▶강의보기 틀리거나 헷갈리는 문제는 문제 해설 강의로 복습하세요.

◎오늘의 Misión 여러 가지 의문사 표현을 사용하여 우리나라의 정보를 묻고 답해 보세요.
¿Cuál es la lengua oficial de Corea? ¿Dónde está Corea?

학습 종료

Día 06

Día 1~5 복습하기

Práctica ①

연습문제

20 . .

❶ 괄호 안의 정관사, 부정 관사, 무관사 중 알맞은 것을 고르세요.

1. (La / Una / Ø) madre de Pablo es (la / una / Ø) abogada. Es (la / una / Ø) abogada muy famosa.

2. Yo tengo (el / un / Ø) perro y (la / una / Ø) gata. (El / un / Ø) perro es pequeño y (la / una / Ø) gata es grande. Ellos son buenos amigos.

3. (El / Un / Ø) señor Kim es (el / un / Ø) budista. (Los / Unos / Ø) domingos siempre va al templo con su familia.

* **el/la abogado/a** 변호사   **el/la budista** 불교신자   **el templo** 사원, 절

❷ 각 문장에서 띨데(강세) 표시가 틀린 곳을 찾아 고쳐 쓰세요.

1. Mañana tenemos los examenes. Estámos muy nerviosos.

   틀린 부분 ➡ _____   수정 ➡ _____

2. Tengo unos amigos japonéses. Ellos son muy simpaticos.

   틀린 부분 ➡ _____   수정 ➡ _____

3. Los jovenes coreanos son muy trabajadorés.

   틀린 부분 ➡ _____   수정 ➡ _____

* **el/la joven** 젊은이   **trabajador** 성실한, 열심히 하는

❸ 그림에 해당하는 동사의 올바른 형태를 밑줄 친 부분에 쓰세요.

| 보기 | leer | estudiar | vender | escribir |

1. ➡ Mi madre _____ frutas en la plaza.

2. ➡ Yo _____ novelas en mi tiempo libre.

3. ➡ Nosotros _____ una carta para nuestros abuelos.

4. ➡ Ellas _____ hasta muy tarde.

* **la novela** 소설   **la carta** 편지   **hasta** ~까지

❹ 다음 문장의 틀린 부분을 찾아서 밑줄 친 뒤, 문장을 바르게 고쳐 쓰세요.

1. Mis abuelos quieren mucho a mí.
   _____.

2. ¿Necesitas este libro? Te podemos lo comprar.
   _____.

3. Pedro es un chico popular. Todo el mundo la invita a la fiesta.
   _____.

4. Voy a decirtelo más tarde. Ahora estoy ocupado.
   _____.

5. Compro una bufanda para mi madre. Le la doy mañana.
   _____.

5 다음 중 대명사의 형태가 **틀린** 것 두 가지를 고르세요.

직접 목적격 대명사

❶ me	nos
te	os
lo/la	❷ los/las

간접 목적격 대명사

me	❹ nos
te	os
❸ se	❺ ses

6 괄호 안의 동사를 이용하여 질문을 한 뒤, 그에 알맞은 답변을 쓰세요.

1. ¿Cuántos años _____ (tener) tus padres?

   - Mi padre _____ (tener) 48 años y mi madre _____ (tener) 45 años.

2. ¿Qué _____ (hacer) Pablo?

   - Pablo _____ (dormir) en su casa.

3. ¿A dónde _____ (querer) ir de vacaciones vosotros?

   - Nosotros _____ (querer) visitar España.

4. ¿Cuánto _____ (medir) tú?

   - Yo _____ (medir) 1,65 metros.

5. ¿De dónde _____ (venir) usted?

   - Yo _____ del aeropuerto.

7 밑줄 친 부분에 들어갈 의문사를 쓰세요.

1. ¿_____ está Corea?

2. ¿_____ es la moneda de Corea?

3. ¿_____ habitantes tiene Corea?

4. ¿_____ tiempo hace en Corea en verano?

5. ¿_____ es el presidente de Corea?

8 밑줄 친 부분에 들어갈 알맞은 의문사를 쓰세요.

1. ¿_____ años cumples?
   - Cumplo 20 años.

2. ¿_____ son tus zapatos?
   - Mis zapatos son los marrones.

3. ¿_____ es vuestro aniversario?
   - Nuestro aniversario es el 23 de febrero.

4. ¿_____ quieres comer?
   - Quiero comer comida coreana.

* **cumplir** 달성하다, 나이를 먹다   **los zapatos** 구두   **marrón** 갈색   **el aniversario** 기념일

▶ 강의보기 틀리거나 헷갈리는 문제는 문제 해설 강의로 복습하세요.

◎ 오늘의 Misión Día 01~05에서 배운 내용을 활용해서 주말을 어떻게 보내는지 자유롭게 이야기해보세요. (5문장 이상) ¿Cómo pasas los fines de semana?

Día 07
Vivo en una casa grande.
나는 큰 집에 살아요.

오늘의 학습 목표

1. 형용사의 기본 위치
2. 명사의 앞에 위치하는 형용사
3. 위치에 따라 의미가 달라지는 형용사

STEP 1 스페인어 진짜 맛보기

다음 문장을 여러 번 듣고 따라 읽으세요.

Ellos parecen cansados.
그들은 피곤해 보여요.

La Sagrada Familia es una maravillosa obra de Gaudí.
사그라다 파밀리아는 가우디의 경이로운 작품이에요.

La nueva película de Marvel es muy interesante.
마블의 새로운 영화는 매우 흥미로워.

Hoy es nuestro primer día de universidad.
오늘은 우리의 대학교 첫 날이에요.

¡Ojo!

✔ 반복 학습 체크체크

MP3 듣기 1회 2회 3회
따라 읽기 1회 2회 3회

단어
maravilloso 경이로운, 훌륭한
la obra 작품

스페인/중남미 진짜 여행 떠나기!

스페인의 사그라다 파밀리아(Sagrada Familia)는 가우디의 유명한 건축물이에요. 대부분의 성당에 입장하기 위해서는 옷차림에 제한이 있어요. 민소매나 매우 짧은 바지 등과 같이 어깨나 무릎이 드러나는 경우에는 입장이 제한될 수 있으니 가기 전 규정에 대해 잘 알아보고 방문하세요!

STEP 2 스페인어 진짜 알아가기

1. 형용사의 기본 위치

▶ 강의보기 🔊 7-2

1) 명사 + 형용사

대부분의 형용사들은 명사의 뒤에 위치하여 명사를 꾸며요. 이때 형용사는 명사의 성과 수에 일치시켜야 합니다.

Sara es una amig**a** simpátic**a**. 사라는 상냥한 친구예요.
(여성 단수)

Picasso y Dalí son pintor**es** español**es**. 피카소와 달리는 스페인 화가들이에요.
(남성 복수)

2) ser, estar, parecer 동사 + 형용사

ser, estar, parecer 등의 동사와 함께 사용되어 주어를 꾸미는 경우, 형용사는 동사 뒤에 위치해요. 이때에도 성과 수를 반드시 일치시켜야 해요.

Los niñ**os** están cansad**os**. 아이들은 피곤해요.
(남성/혼성 복수)

Pedro parece deprimid**o**. 페드로는 우울해 보여요.
(남성 단수)

3) 형용사 + 명사

특성을 나타내는 형용사들이 그 의미를 강조하는 경우, 명사 앞에 위치할 수 있어요.

En las montañas de Suiza*, podemos ver un maravilloso paisaje. 스위스의 산들에서, 우리는 경이로운 경치를 볼 수 있어요.

Mi hermano* tiene una fuerte discusión con mis padres en la habitación. 내 동생이 방에서 부모님과 심한 말다툼을 해요.

> 잠깐!
> 형용사가 명사를 꾸미는 경우 일반적으로 명사 앞에 부정 관사를 사용해요.

2. 명사의 앞에 위치하는 형용사

▶ 강의보기 🔊 7-3

다음의 형용사들은 명사의 앞에 위치하며 뒤에 뒤에 남성 단수 명사가 오는 경우 -o가 탈락해요.

primer**o**, tercer**o** ➡ primer, tercer + 남성 단수 명사
buen**o**, mal**o** ➡ buen, mal + 남성 단수 명사

¡Ojo!

★ 헷갈릴 수 있으니 주의하세요!
Suiza: 스위스
Suecia: 스웨덴

suizo/suiza: 스위스의, 스위스 사람
sueco/sueca: 스웨덴의, 스웨덴 사람

★ hermano는 '형제'라는 뜻으로 뒤에 mayor (나이가 많은) 혹은 menor (나이가 적은)을 붙여 다음과 같이 관계를 설명할 수 있어요.
hermano mayor: 오빠, 형
hermana mayor: 언니, 누나
hermano menor: 남동생
hermana menor: 여동생

단어

deprimido 우울한
el paisaje 경치
la discusión 말다툼

Mini Check

스페인어 서수
(서수는 성과 수를 가져요)

1º	primero/a
2º	segundo/a
3º	tercero/a
4º	cuarto/a
5º	quinto/a
6º	sexto/a
7º	séptimo/a
8º	octavo/a
9º	noveno/a
10º	décimo/a

3. 위치에 따라 의미가 달라지는 형용사

▶ 강의보기 🔊 7-4 ✏️ ¡Ojo!

다음의 형용사들은 위치에 따라서 의미 혹은 형태가 달라져요.

명사의 앞에 위치하는 경우		명사의 뒤에 위치하는 경우
위대한, 훌륭한, 대단한	**gran(de)**	(크기가) 큰
새로운 (주관적)	**nuevo**	새로운 (객관적)
불쌍한	**pobre**	가난한
오래된	**viejo**	늙은, 나이가 많은

잠깐!

grande는 명사 뒤에 올 때는 생략되는 부분이 없지만 단수 명사 앞에 올 때에는 de가 생략되어 gran의 형태로 쓰여요.

gran~~de~~ ➡ gran + 단수 명사

STEP 3 스페인어 진짜 즐기기

▶ 강의보기 🔊 7-5 💬 말하기 연습

아래 대화를 들으면서 오늘 배운 내용을 확인해 보세요.

Marcos: Erica, pareces cansada.
에리카, 너 피곤해 보여.

Erica: ¿Ves a ese niño alto? Es mi hermano pequeño. Esta semana tengo que cuidarlo.
너 저 키 큰 남자아이 보여? 그는 내 어린 남동생이야. 이번 주에 나는 그를 돌봐야만 해.

Marcos: ¿Hoy es tu primer día con él? Te puedo ayudar.
오늘이 그와 함께하는 너의 첫 날이야? 내가 너를 도울 수 있어.

Erica: Gracias. Hoy hace muy buen tiempo. Hay un parque bonito cerca de mi nueva casa. ¡Vamos todos ahí!
고마워. 오늘은 날씨가 매우 좋아. 내 새로운 집 (= 새로 이사한 집) 근처에 예쁜 공원이 있어. 우리 모두 거기에 가자!

★ este, ese, aquel 세 가지를 비교했을 때는 '이', '그', '저'로 해석할 수 있지만 일반적으로 ese와 aquel 모두 '저'를 나타내는 의미로도 사용 가능해요.

★ pequeño에는 '작은'이라는 뜻 이외에도 '어린'이라는 뜻이 있어요.

STEP 4 스페인어 진짜 써먹기

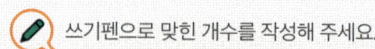 쓰기펜으로 맞힌 개수를 작성해 주세요.

나의 점수   개 / 10개

1 괄호 안의 형용사를 성과 수에 알맞게 바꿔 쓰세요.

1. En Seúl hay edificios _____ (alto) y _____ (moderno).

2. Mis amigas están _____ (aburrido), porque la película no es _____ (interesante).

3. Él es un _____ (bueno) amigo, pero no es un _____ (bueno) novio.

4. Mi _____ (nuevo) casa está en el centro de la ciudad. Es una casa muy _____ (grande).

2 형용사의 형태 및 위치가 올바른 것을 고르세요.

1. Los (primer / primero / primeros) cien clientes van a recibir un regalo.

2. Google es una (grande empresa / empresa grande). Esta empresa cuida el medio ambiente.

3. Nosotros somos una (feliz familia / familia feliz). Quiero mucho a mis padres.

4. Hace (mal día / malo día / día malo). Llueve todo el día.

3 밑줄 친 형용사의 의미로 적절한 것을 고르세요.

1. Yoon Dongju es un <u>gran</u> poeta.

   ❶ 몸집이 큰   ❷ 생각이 깊은   ❸ 위대한

2. Mis abuelos viven en una casa <u>nueva</u>. La casa solo tiene un año.

   ❶ 새로 지어진   ❷ 이색적인   ❸ 독특한

▶강의보기   틀리거나 헷갈리는 문제는 문제 해설 강의로 복습하세요.

◎오늘의 Misión   형용사를 활용하여 나의 성격 혹은 외모가 어떠한지 다음 질문에 답변해 보세요.
¿Cómo eres?

Día 08

Tengo muchos amigos.
나는 많은 친구들이 있어요.

오늘의 학습 목표

1. varios   2. mucho   3. poco

STEP 1 — 스페인어 진짜 맛보기

다음 문장을 여러 번 듣고 따라 읽으세요.

Varios países usan el español como lengua materna.
여러 국가가 스페인어를 자신의 모국어로 사용해요.

Yo tengo muchos amigos. Pero tengo poco tiempo para estar con ellos.
나는 많은 친구가 있어요. 하지만 나는 그들과 함께 있기 위한 적은 시간을 가지고 있어요. (= 시간이 거의 없어요.)

Lucas toma mucho café.
루카스는 많은 커피를 마셔요.

En España, hace poco frío en invierno.
스페인은 겨울에 별로 춥지 않아요.

¡Ojo!

☑ 반복 학습 체크체크

MP3 듣기	✓	2회	3회
따라 읽기	1회	2회	3회

Mini Check

pero는 '하지만'이라는 뜻의 접속사예요. 문장의 중간에 오는 경우 pero 앞에는 , (coma) 표시가 필요해요.

단어

el país 국가, 나라
la lengua materna 모국어

스페인/중남미 진짜 여행 떠나기!

세계에는 스페인어를 모국어로 사용하는 국가들이 매우 많아요. 스페인뿐만 아니라 중남미의 많은 국가가 스페인어를 사용해요. 대표적으로는 멕시코, 콜롬비아, 페루, 아르헨티나 등이 있어요. 이렇게 스페인어를 사용하는 국가들을 묶어 mundo hispano 혹은 países de habla hispana라고 부르기도 해요.

STEP 2 스페인어 진짜 알아가기

1. varios

varios는 사람이나 물건의 정해지지 않은 수량을 나타내요. 단수를 나타내는 것이 아니라 불특정 수량을 나타내므로 varios, varias의 복수 형태로 써요. 형용사로 사용되는 경우, 순서는 다음과 같아요.

> **varios, varias +** 복수 명사 : 여러, 다양한 (불특정 수량)

Escucho **varias** canciones de Shakira. 나는 샤키라의 **여러** 노래들을 들어요.

> **varios, varias + de +** 정관사, 소유 형용사, 지시 형용사 **+** 복수 명사
> : ~ 중 여러 개, ~ 중 여러 명

Varios de mis amigos juegan muy bien al fútbol.
내 친구들 **중 여러 명**은 축구를 매우 잘해요.

2. mucho

mucho가 형용사로 사용되는 경우 mucho, mucha, muchos, muchas로 명사에 맞춰 성수의 형태가 변해요. 이 경우 명사의 앞에 위치하여 명사를 꾸며요.

> **mucho, mucha, muchos, muchas +** 명사 : 많은, 많은 양의

잠깐!
'많은'이라는 뜻의 mucho 뒤에는 보통 복수 명사를 사용하나, 셀 수 없는 명사(불가산 명사)와 쓰일 때에는 단수 형태로 사용합니다.

| Los médicos recomiendan beber **mucha** agua al día. | 의사들은 하루에 **많은 양의** 물을 마시는 것을 추천해요. |

mucho가 부사로 사용되는 경우 성수는 변하지 않고, 항상 mucho의 형태로 써요. 이 경우 동사의 뒤에 위치하여 동사를 꾸며요.

> 동사 **+ mucho** : 많이

Sara estudia **mucho**. Ella siempre está en la biblioteca.
사라는 공부를 **많이** 해요. 그녀는 항상 도서관에 있어요.

¡Ojo!

★ Shakira는 콜롬비아 출신의 유명한 가수예요. 라틴 팝의 여왕이라는 별명이 있을 정도로 유명한 곡들을 많이 만들었어요.

★ 불가산 명사란 셀 수 없는 명사를 의미해요. 셀 수 없는 명사는 대부분의 경우 복수형을 사용하지 않아요.

3. poco

강의보기 | 8-4

poco가 형용사로 사용되는 경우 poco, poca, pocos, pocas로 명사에 맞춰 성수가 변해요. 이 경우 명사 앞에 위치하여 명사를 꾸며요.

poco, poca, pocos, pocas + 명사 : 적은, 적은 양의, 거의 없는

Hoy no podemos comer fuera.
Tenemos **poco** dinero.

오늘 우리는 외식할 수가 없어요. 우리는 돈이 거의 없어요.

poco가 부사로 사용되는 경우 성수 변화를 하지 않으며 항상 poco의 형태로 사용해요. 이 경우 동사의 뒤에 위치하여 동사를 꾸며요.

동사 **+ poco** : ~ 적게, 거의 ~하지 않다

Nosotros estudiamos **poco**, pero sacamos buenas notas.

우리는 거의 공부하지 않지만 좋은 성적을 받아요.

> **잠깐!**
> mucho와 poco는 어떤 명사에 대해 이야기하는지가 문맥상 명백한 경우 명사 없이 대명사로 사용이 가능해요.

¡Ojo!

★ poco/poca/pocos/pocas는 부정의 의미로 '거의 ~ 없는'의 뜻이지만 un poco는 긍정의 의미로 '약간의'라는 뜻이에요. 형태는 비슷하나 뜻은 정반대예요.

STEP 3 스페인어 진짜 즐기기

강의보기 | 8-5 | 말하기 연습

아래 대화를 들으면서 오늘 배운 내용을 확인해 보세요.

Marcos: Muchas tiendas de mi barrio están cerradas en verano. No puedo hacer la compra.
우리 동네의 많은 가게는 여름에 닫혀 있어. 나는 장을 볼 수가 없어.

Erica: En mi barrio también hay varias tiendas cerradas. No lo entiendo.
우리 동네에도 닫힌 가게들이 여러 곳 있어. 나는 그것을 이해할 수가 없어.

Marcos: Creo que hay pocos clientes en verano.
나는 여름에 손님이 거의 없다고 생각해.

Erica: Los dueños prefieren trabajar poco y ganar poco dinero.
주인들은 일을 적게 하고 돈을 적게 버는 것을 선호해.

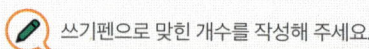

STEP 4 스페인어 진짜 써먹기

쓰기펜으로 맞힌 개수를 작성해 주세요.

나의 점수   개 / 8개

정답 보기

1 다음 문장들의 **틀린** 부분들을 찾아 올바르게 고쳐 쓰세요.

1. Vario libro de esta librería son clásicos.
   _____

2. Tengo amigos muchos, pero poco me llaman por teléfono para quedar conmigo.
   _____

3. Mucho veces hago la compra en el supermercado del barrio.
   _____

4. Hoy hace calor poco. Podemos ir a sitios varios.
   _____

2 우리말 해석을 보고 밑줄 친 부분에 들어갈 수량 표현을 쓰세요.

1. Mi madre echa _____ sal en la comida.
   ➡ 우리 엄마는 음식에 많은 소금을 넣어요.

2. Compramos _____ helados porque este fin de semana vienen _____ amigos a nuestra casa.
   ➡ 우리는 많은 아이스크림을 사요. 왜냐하면 이번 주말에 여러 친구들이 우리 집에 오기 때문이에요.

3. Escucho _____ canciones, pero mis padres escuchan _____ .
   ➡ 나는 많은 노래를 들어요. 하지만 우리 부모님은 적은 노래를 들어요.

4. Esta casa tiene _____ habitaciones. _____ de ellas son modernas.
   ➡ 이 집은 많은 방을 가지고 있어요. 그것들 중 여러 개는 현대적이에요.

▶ 강의보기 틀리거나 헷갈리는 문제는 문제 해설 강의로 복습하세요.

◎ 오늘의 Misión 오늘 배운 수량 표현들을 이용해 다음 질문에 답해 보세요!
¿Tienes muchos amigos?

Día 09
Erica es bastante inteligente.
에리카는 상당히 똑똑해요.

오늘의 학습 목표

1. bastante
2. demasiado
3. suficiente

STEP 1 스페인어 진짜 맛보기

다음 문장을 여러 번 듣고 따라 읽으세요.

Nosotros bailamos bastante bien.
우리는 춤을 꽤 잘 춰요.

Comer* demasiado no es bueno para la salud.
지나치게 많이 먹는 것은 건강에 좋지 않아요.

Ellos no tienen suficientes huevos para hacer la tortilla de patatas.
그들은 토르티야를 만들기 위한 충분한 계란이 없어요.

Mi prima tiene bastantes libros de español.
내 사촌은 스페인어 책을 꽤 가지고 있어요.

Vuestros padres os dan suficiente dinero. Pero vosotros gastáis demasiado.
너희들의 부모님은 너희에게 충분한 돈을 줘. 하지만 너희들은 지나치게 많이 소비해.

¡Ojo!

☑ 반복 학습 체크체크

MP3 듣기 ✓ 2회 3회

따라 읽기 1회 2회 3회

* 동사 원형이 동명사의 역할을 하면 '~하는 것'으로 해석하며 주어로도 사용할 수 있어요.

스페인/중남미 진짜 여행 떠나기!

Tortilla라는 음식은 스페인에도 멕시코에도 있지만 전혀 다른 음식이에요. 우리가 일반적으로 알고 있는 옥수수 반죽의 토르티야 (한국에서는 또띠야로 알려져 있음)는 멕시코 음식이에요. 스페인의 토르티야는 감자 오믈렛으로 감자와 계란을 이용해 만들어요. 만들기 어렵지 않은 음식이니 레시피를 찾아 만들어 보세요.

STEP 2  스페인어 진짜 알아가기

1. bastante

▶ 강의보기 🔊 9-2

'꽤'라는 뜻으로, 어느 정도 되지만 많지는 않은 양을 나타내요.

> **bastante + 불가산 명사, 집합 명사 (단수형)**
> **bastantes + 복수 명사**
> : 꽤, 꽤 많은

Hay bastante gente* en la exposición.　전시회에 사람이 꽤 있어요.

Tengo bastantes problemas en la escuela.
저는 학교에서 꽤 많은 문제들을 가지고 있어요.

부사로 사용되는 경우에는 성수 변화가 없어요.

> **동사 + bastante**
> **bastante + 형용사/부사**
> : 꽤

Sara habla español bastante bien.　사라는 스페인어를 꽤 잘해요.

2. demasiado

▶ 강의보기 🔊 9-3

'지나친'이라는 뜻으로 부정적인 내용을 말할 때 사용해요.

> **demasiado, demasiada + 불가산 명사, 집합 명사 (단수형)**
> **demasiados, demasiadas + 복수 명사**
> : 지나친, 지나치게 많은

Esa compañía tiene demasiados empleados innecesarios.
그 회사는 지나치게 많은 (불필요한) 직원들을 가지고 있어요.

부사로 사용되는 경우에는 성수 변화가 없어요.

> **동사 + demasiado**
> **demasiado + 형용사/부사**
> : 지나치게, 지나치게 많이

Mi perro come demasiado estos días.　요즘 내 강아지는 지나치게 많이 먹어요.

📝 **¡Ojo!**

★ gente (사람들)이라는 단어는 집합 명사로 그 구성원이 여러 명이더라도 3인칭 단수로 취급해요.

★ 문맥에 따라 bastante는 '충분한'으로 해석하기도 해요. 이때에는 뒤에서 살펴볼 suficiente와 교차 사용이 가능해요.

3. suficiente

'충분한'이라는 뜻으로, 필요한 만큼의 알맞은 양을 나타낼 때 사용해요.

> **suficiente** + 불가산 명사, 집합 명사 (단수형)
> **suficientes** + 복수 명사
> : 충분한

Tenemos tiempo suficiente. ★
= Tenemos suficiente tiempo.

우리는 충분한 시간이 있어요.

잠깐!

bastante, demasiado, suficiente 모두 문맥상 가리키는 명사의 대상이 분명한 경우 명사 없이 문장에 혼자 쓰일 수 있어요.

¿Lees muchos libros?
너는 많은 책들을 읽니?

- Sí, leo bastantes.
- 응, 꽤 (많은 책들을) 읽어.

¡Ojo!

★ 반대의 의미를 나타내는 접두사인 in-이 앞에 붙어 insuficiente가 되면 '충분하지 않은'이라는 의미를 가져요.

★ suficiente는 명사의 앞뒤 어느 곳이든 위치할 수 있으며 의미의 변화가 없어요.

STEP 3 스페인어 진짜 즐기기

아래 대화를 들으면서 오늘 배운 내용을 확인해 보세요.

Mini Check

첫걸음에서 배웠던 축하의 표현을 다시 살펴볼까요?
- ¡Enhorabuena!
- ¡Felicidades!

Lucas: Erica, ¿tienes muchas clases hoy?
에리카, 너 오늘 수업이 많이 있어?

Erica: Tengo bastantes, pero no demasiadas. ¿Por qué?
꽤 (많은 수업이) 있지만 지나치게 (많은 수업이) 있는 건 아니야. 왜?

Lucas: Hoy hago mi primera exposición. Quiero invitarte.
오늘 내 첫 전시회를 해. 나는 너를 초대하고 싶어.

Erica: ¡Enhorabuena! Quiero ir, pero no tengo suficiente tiempo. Después de las clases, quedo con mis amigos.
축하해! 나는 가고 싶지만 충분한 시간이 없어. 수업 후에는 친구들과 만나.

 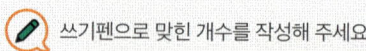

STEP 4 스페인어 진짜 써먹기

쓰기펜으로 맞힌 개수를 작성해 주세요.

나의 점수   개 / 8개   정답 보기

1 다음 중 문장에 대한 해석이 <u>틀린</u> 것을 고르세요.

① Invitamos demasiada gente a la boda. ➡ 우리는 많은 사람을 결혼식에 초대해요.

② Este restaurante mexicano es bastante famoso. ➡ 이 멕시코 식당은 꽤 유명해요.

③ Hoy hay demasiado tráfico. Voy a llegar tarde al trabajo.
   ➡ 오늘은 교통체증이 지나치게 심해요. 나는 직장에 늦게 도착할 거예요.

④ ¿Tienes suficiente dinero para pagar la entrada? ➡ 너는 입장료를 낼 충분한 돈이 있어?

2 밑줄 친 부분에 suficiente와 demasiado 중 어울리는 수량 표현을 쓰세요.

1. Mis primos juegan 12 horas al ordenador. ➡ Mis primos juegan _____ horas.

2. Bebo dos litros de agua al día. ➡ Bebo _____ agua al día.

3. Mi abuela duerme 3 horas todos los días. ➡ Mi abuela no duerme _____ horas.

4. Julio bebe cinco botellas de vino. ➡ Julio bebe _____ vino.

3 다음 단어들을 올바른 순서로 나열하여 문장을 만드세요.

1. 우리 부모님은 건강에 대해 지나치게 걱정하세요.
   (preocupados / Mis padres / demasiado / están / por la salud)
   _____.

2. 냉장고에 충분한 우유가 있어요. (en / suficiente / la nevera / Hay / leche)
   _____.

3. 나는 주말에 꽤 많은 자유 시간을 가져요. (bastante / los fines de semana / tiempo libre / Tengo)
   _____.

▶ 강의보기   틀리거나 헷갈리는 문제는 문제 해설 강의로 복습하세요.

◎ 오늘의 Misión   오늘 배운 수량 표현들을 이용해 다음 질문에 대답해 보세요!
¿Haces suficiente ejercicio?

Día 10
Marcos cocina toda la comida.
마르코스는 모든 음식을 요리해요.

오늘의 학습 목표

1. todo 2. alguno 3. ninguno

STEP 1 스페인어 진짜 맛보기

🎬 강의보기 🔊 10-1 💬 말하기 연습

¡Ojo!

다음 문장을 여러 번 듣고 따라 읽으세요.

Todas las zapatillas de esta tienda son bonitas.
이 가게의 모든 운동화는 예뻐요.

Alguno de nosotros miente.
우리들 중 누군가가 거짓말을 해요.

No conozco a **ninguna** de tus tías.
나는 너의 이모들 중 아무도 몰라.

Algún día, quiero ser profesora.
언젠가 나는 선생님이 되고 싶어요.

¿Tenéis **alguna** pregunta?   - No, no tenemos **ninguna**.
너희들 무슨 질문 있니?   아니요, 우리는 아무 질문도 없어요.

☑ 반복 학습 체크체크

MP3 듣기 1회 ✓ 2회 3회

따라 읽기 1회 2회 3회

★ zapatillas(운동화)는 주로 복수형으로 사용해요. 하의와 관련된 단어는 대부분 복수형을 써요.

📖 단어

algún día (미래의) 언젠가

🧳 스페인/중남미 진짜 여행 떠나기!

스페인에서는 tío, tía를 친척 관계에서뿐만 아니라 일상 회화에서 친구를 부를 때 사용하기도 해요. 비슷한 방식으로 멕시코에서는 güey 혹은 wey, 아르헨티나에서는 che를 사용해요. 스페인 친구가 갑자기 나를 tío라고 부른다고 해도 놀라지 마세요!

STEP 2 스페인어 진짜 알아가기

1. todo

todo는 '모두'라는 뜻으로 일정 범위의 전체를 표현해요.

		정관사	
todo, toda, todos, todas	+	소유 형용사	+ 명사
		지시 형용사	

Todos mis amigos son simpáticos e* inteligentes.
내 **모든** 친구들은 친절하고 똑똑해요.

Estoy cansada. Estudio **todo** el día sin salir.
나는 피곤해요. 나는 하루 **종일** 나가지 않고 공부해요.

잠깐!

todo, toda, todos, todas는 항상 정관사, 소유 형용사, 지시 형용사를 동반해요. 하지만 주격 인칭 대명사 중 복수형과 함께 쓰이는 경우에는 다음과 같이 todos, todas 뒤에 인칭 대명사가 바로 등장할 수 있어요.

todos	nosotros/vosotros/ellos/ustedes
todas	nosotras/vosotras/ellas/ustedes

Todos vosotros habláis muchos idiomas.
너희들 모두는 많은 언어를 할 줄 알아.

2. alguno

alguno는 '어느, 어떤'이라는 뜻으로 일정 범위의 일부를 표현해요.

algún, alguna	+ 단수 명사 : 어느, 어떤
algunos, algunas	+ 복수 명사 : 몇몇

그룹을 표현하는 경우에는 전치사 de를 동반해요.

			정관사	
alguno, alguna, algunos, algunas	+	**de**	소유 형용사	+ 복수 명사
			지시 형용사	

¡Ojo!

★ y는 hi-, i- 등과 같이 [이]로 시작하는 단어가 뒤에 올 때 발음 충돌을 막기 위해 형태가 e로 변해요.

y + hi-, i 인 경우:
y → e

★ algún, alguno, alguna는 주로 질문에 자주 등장해요.

¿Tienes **algún** problema?
너 **무슨** 문제 있어?

3. ninguno

ninguno는 '아무것도'라는 뜻으로 부정을 표현해요.

ningún, ninguna + 단수 명사

ninguno, ninguna + de + 정관사 / 소유 형용사 / 지시 형용사 + 복수 명사

alguno, alguna, algunos, algunas / ninguno, ninguna + de + nosotros/nosotras / vosotros/vosotras / ellos/ellas / ustedes

잠깐! ninguno는 '어떤 것도 ~가 아니다'를 나타내기 때문에 복수의 형태가 존재하지 않아요.

¡Ojo!

★ ninguno도 alguno와 같이 뒤에 남성 단수 명사가 오는 경우 -o가 탈락해요.

★ ningún + 남성 단수 명사

★ ninguno와 같이 부정의 의미를 가지는 단어가 동사 뒤에 위치할 경우 그 동사를 부정할 것이라는 것을 미리 알리기 위해 동사 앞에 no를 사용해요.
Ninguno de mis amigos trabaja.
= No trabaja ninguno de mis amigos.
내 친구들 중 누구도 일을 하지 않아요.

STEP 3 스페인어 진짜 즐기기

아래 대화를 들으면서 오늘 배운 내용을 확인해 보세요.

Marcos: Todos mis amigos están ocupados. Estoy muy aburrido.
모든 내 친구들은 바빠. 나는 매우 지루해.

Sara: Pues… yo tengo algunos trabajos de la universidad. Pero esta tarde no tengo ningún plan. ¿Conoces algún sitio para tomar café?
음… 나는 몇몇 대학 과제가 있어. 하지만 오늘 오후에는 어떠한 계획도 없어. 너 커피 마실 어떤 장소를 알아?

Marcos: Conozco algunos. Todos están cerca de aquí.
나는 몇몇 장소를 알아. 모두 여기서 가까이에 있어.

 **STEP 4 스페인어 진짜 써먹기**

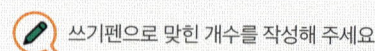 쓰기펜으로 맞힌 개수를 작성해 주세요.

나의 점수   개 / 10개   정답 보기

① 괄호 안의 표현 중 올바른 표현을 고르세요.

1. No tengo (toda / alguna / ninguna) moneda. ¿Puedes prestarme 100 wones?
2. Conozco a (todo / toda / todos) su familia. Somos viejos amigos.
3. (Todos / Algunos / Ninguno) vosotros sois de ciudades grandes.
4. ¿Necesitas (algún / alguno / ninguno) libro?

② 내용과 관련된 수량 표현을 고르세요.

1. 사탕 10개 중 7개
   ① todos los caramelos   ② algunos caramelos   ③ ningún caramelo

2. 자동차 3대 중 0대
   ① todos los coches   ② algunos coches   ③ ningún coche

3. 사과 5개 중 5개
   ① todas las manzanas   ② algunas manzanas   ③ ninguna manzana

③ ningún, ninguno, ninguna의 위치를 동사의 앞 혹은 뒤로 바꿔 같은 뜻의 문장을 만드세요.

1. Ninguno de mis compañeros viene a mi fiesta de cumpleaños.
   _____

2. No quiere responder ningún estudiante a la pregunta del profesor.
   _____

3. Ninguna de nosotras trabaja este fin de semana.
   _____

▶ 강의보기 틀리거나 헷갈리는 문제는 문제 해설 강의로 복습하세요.

◎ 오늘의 Misión   수량 표현을 이용하여 전체와 일부에 대해 답변해 보세요!
¿Todos tus amigos hablan español?

 학습 종료

Día 11
Normalmente, Sara estudia en la biblioteca.
보통, 사라는 도서관에서 공부해요.

오늘의 학습 목표

1. 부사의 위치
2. 빈도를 나타내는 부사 표현
3. 형용사와 명사의 부사화

STEP 1 스페인어 진짜 맛보기

🎬 강의보기 　🔊 11-1 　💬 말하기 연습

¡Ojo!

☑ 반복 학습 체크체크

| MP3 듣기 | ✓1회 | 2회 | 3회 |
| 따라 읽기 | 1회 | 2회 | 3회 |

다음 문장을 여러 번 듣고 따라 읽으세요.

Erica aprende todos los idiomas fácilmente.
에리카는 모든 언어를 쉽게 배워요.

Voy a ir al banco mañana por la mañana.★
나는 내일 아침에 은행에 갈 거예요.

Afortunadamente, no tengo ninguna enfermedad.
다행히도, 나는 아무런 질병이 없어요.

★ Mañana는 부사로 사용하면 '내일', 명사로 사용하면 '오전, 아침'이라는 뜻으로 사용돼요.

Ellos juegan al ordenador de vez en cuando.
그들은 가끔 컴퓨터 게임을 해요.

Mis padres van al teatro frecuentemente.
우리 부모님은 극장에 자주 가요.

 스페인/중남미 진짜 여행 떠나기!

스페인과 중남미의 대표적인 관광지에는 연극, 오페라, 뮤지컬 등을 관람할 수 있는 극장들이 있어요. 그중 스페인 바르셀로나의 리세우 극장(Gran Teatro del Liceo)과 아르헨티나 부에노스 아이레스의 콜론 극장(Teatro Colón)이 유명해요.

STEP 2 스페인어 진짜 알아가기

1. 부사의 위치

 강의보기 11-2

부사는 동사를 꾸미는 부사, 형용사와 부사를 꾸미는 부사 혹은 문장에 추가적인 정보(장소, 빈도, 시간 등)를 나타내는 부사로 나눌 수 있어요.

1) 동사를 꾸미는 부사의 위치
부사가 동사를 꾸미는 경우 동사의 뒤에 위치합니다.

동사 + 부사

Mi primo come mucho, pero es delgado.   내 사촌은 많이 먹지만 날씬해요.

2) 형용사나 부사를 꾸미는 부사의 위치
부사가 형용사나 부사를 꾸미는 경우 형용사나 부사 앞에 위치합니다.

부사 + 형용사/부사

Mi padre toca muy bien la batería.   우리 아빠는 드럼을 매우 잘 연주해요.

2) 장소, 시간 등을 나타내는 부사의 위치
장소, 시간 등을 나타내는 부사는 위치가 비교적 자유로워 문장의 시작, 중간, 끝에 모두 위치할 수 있는데, 문장의 맨 앞 혹은 맨 뒤에 사용하는 것이 가장 자연스러워요.

Mañana quedo con Juan.
= Quedo mañana con Juan.   나는 내일 후안을 만나요.
= Quedo con Juan mañana.

2. 빈도를 나타내는 부사 표현

강의보기 11-3

siempre	normalmente	a menudo frecuentemente con frecuencia	a veces de vez en cuando	nunca
항상	보통	종종, 자주	가끔	절대

100 ──────────────────────────────→ 0

Normalmente no meriendo, pero a veces salgo con mis amigos a tomar chocolate con churros*.
나는 보통 간식을 먹지 않아요. 하지만 가끔 친구들과 '초꼴라떼 꼰 츄로스'를 먹으러 나가요.

¡Ojo!

✓ Mini Check

mucho는 명사를 꾸미는 역할인 형용사로도 사용될 수 있어요. 이때는 명사의 성과 수에 따라 mucho, mucha, muchos, muchas로 성수변화를 해줘요.

★ 우리가 자주 먹는 '츄로스'가 스페인 음식이라는 걸 알고 계셨나요? 스페인에서는 보통 '츄로스'를 따뜻한 초콜릿에 찍어 먹어요!

3. 형용사와 명사의 부사화

부사 표현들은 형용사나 명사에서 파생된 것들이 많아서 형용사와 명사를 부사로 만들 수 있어요.

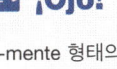

¡Ojo!

-mente 형태의 부사를 두 개 이상 사용하는 경우에는 맨 마지막 형용사에만 -mente가 붙어요.

1) mente로 끝나는 부사 (형용사의 부사화)

형용사에 mente를 붙여 부사를 만들 수 있어요. 이때, 형용사는 여성 단수여야 해요!

형용사의 여성 단수형 + mente

rápido	➡ rápida + mente	rápida**mente**	빠르게
económico	➡ económica + mente	económica**mente**	경제적으로
frecuente	➡ frecuente + mente	frecuente**mente**	자주

El dependiente de esta tienda siempre me atiende simpática y educadamente.
이 가게의 종업원은 항상 나를 상냥하고 예의 바르게 응대해요.

2) 전치사 con이 포함되는 부사 (명사의 부사화)

명사 앞에 con을 붙여 부사의 역할을 대신할 수 있어요. 이때 명사 앞에는 관사를 사용하지 않아요.

regularidad	➡ **con regularidad**	= regularmente	규칙적으로
alegría	➡ **con alegría**	= alegremente	기쁘게
cuidado	➡ **con cuidado**	= cuidadosamente	조심히

STEP 3 스페인어 진짜 즐기기

아래 대화를 들으면서 오늘 배운 내용을 확인해 보세요.

Sara: **Últimamente**, no tengo energía. Tengo sueño todo el día.
최근에 나는 기운이 없어. 하루 종일 졸려.

Marcos: ¿Comes y duermes **bien**? También necesitas hacer deporte.
너 잘 먹고 잘 자? 너는 운동도 해야 해.

Sara: **A veces** salgo a pasear, pero **nunca** hago ejercicio.
나는 가끔 산책하러 나가. 하지만 운동은 절대 하지 않아.

Marcos: Tienes que hacerlo **con regularidad**.
너는 그것을 규칙적으로 해야만 해.

STEP 4 스페인어 진짜 써먹기

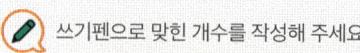

나의 점수   개 / 12개

① 다음 부사가 들어갈 위치를 고르세요.

1. mucho: En Corea ❶ llueve ❷ en verano ❸.

2. muy: Hay ❶ unas playas ❷ bonitas ❸ en México.

3. tranquilamente: No puedo ❶ comer ❷ por el ruido ❸.

4. muy: Luisa es ❶ lista. Ella ❷ lee ❸ mucho.

② 해석을 보고 밑줄 친 부분에 들어갈 빈도 부사를 쓰세요.

1. 페드로는 절대 고기를 먹지 않아요. 그는 채식주의자예요.
   Pedro _____ come carne. Él es vegetariano.

2. 우리는 저녁 식사 후에 항상 도서관에 가요.
   Nosotros _____ vamos a la biblioteca después de cenar.

3. 우리 부모님은 가끔 나를 놀이공원에 데리고 가요.
   Mis padres me llevan al parque de atracciones _____.

4. 보통 나는 주말에 친구들과 밖에서 점심을 먹어요.
   _____, los fines de semana como fuera con mis amigos.

5. 너희들은 종종 도시 중심가로 쇼핑을 하러 가는구나.
   Vais de compras _____ al centro de la ciudad.

③ 명사의 부사화 형태를 형용사의 부사화 형태로 바꿔 쓰세요.

1. con rapidez: 빠르게 ➡ _____

2. con regularidad: 규칙적으로 ➡ _____

3. con facilidad: 쉽게 ➡ _____

▶ 강의보기 틀리거나 헷갈리는 문제는 문제 해설 강의로 복습하세요.

◎ 오늘의 Misión 빈도 부사를 사용해 친구들에게 다음과 같은 질문을 하고 대답해 보세요!
¿Con qué frecuencia haces ejercicio?

Día 12

Día 7~11 복습하기

Práctica ②

연습문제

나의 점수   개 / 30개

❶ 해석을 보고 <보기>에서 알맞은 형용사를 골라 밑줄 친 부분에 알맞은 형태로 쓰세요.

| 보기 | maravilloso | cansado | grande | nervioso | nuevo | malo | primero |

1. 오늘 너희들은 피곤해 보여. 너희들은 안 좋은 얼굴을 가졌어. (= 너희들 얼굴이 안 좋아.)
   ➡ Hoy parecéis muy_____ . Tenéis_____ cara.

2. 나는 스페인에 방문해서 피카소의 경이로운 작품인 '게르니카'를 보고 싶어요.
   ➡ Quiero visitar España y ver la_____ obra de Picasso, el Guernica.

3. 이번이 그녀들의 첫 스페인 여행이에요. 그녀들은 매우 긴장돼요.
   ➡ Esta vez es su_____ viaje a España. Ellas están muy_____ .

4. 우리의 새로 이사한 집은 매우 커요.
   ➡ Nuestra_____ casa es muy_____ .

❷ 다음 중 위치에 따라 단어의 일부가 생략되지 않는 형용사를 고르세요.

① grande   ② bonito   ③ bueno

④ primero   ⑤ malo

3 poco를 사용하여 <보기>와 같이 주어진 문장의 의미와 반대되는 의미의 문장을 쓰세요.

> **보기**   Hay mucha contaminación en la ciudad. ➡ Hay poca contaminación en la ciudad.

1. Muchos estudiantes llevan portátil a clase.
➡ _____

2. Mi hermana tiene muchas faldas y yo tengo muchos pantalones.
➡ _____

3. Hay muchas playas bonitas en mi país.
➡ _____

4. Vosotros tomáis mucho café al día.
➡ _____

5. Hoy en día, los jóvenes tienen mucho tiempo libre y duermen mucho.
➡ _____

* **el portátil** 노트북   **la falda** 치마   **el tiempo libre** 여가 시간

4 해석을 보고 다음 단어들을 알맞은 순서로 나열해 문장을 완성하세요.

1. 이 프로젝트를 위한 여러 명의 후보자들이 있어요.

   varios / este / candidatos / proyecto / para / Hay
➡ _____

2. 내 친구들 중 여러 명은 해외에서 공부를 해요.

   mis / estudian / amigos / en / el / Varios / extranjero / de
➡ _____

3. 우리는 이번 여름을 위한 여러 계획들을 가지고 있어요.

   para / este / Tenemos / planes / varios / verano
➡ _____

* **el/la candidato/a** 후보자, 지원자   **el extranjero** 외국, 해외

5 다음 중 밑줄 친 부분을 suficiente로 대체할 수 있는 경우를 고르세요.

① ¡Más rápido! Tenemos <u>poco</u> tiempo para llegar.

② ¿Hay <u>bastante</u> comida en la nevera?

③ La tienda de Luisa es famosa. Vienen <u>algunos</u> famosos los fines de semana.

④ Ellos ganan <u>mucho</u> dinero.

6 다음 표를 보고 todo, alguno, ninguno 중 알맞은 수량 표현을 활용하여 문장을 완성하세요.

	Sara	Lucas	Erica	Marcos
profesión	estudiante	estudiante	estudiante	cocinero
edad	24	20	25	28
personalidad	simpática y tímida	simpático y extrovertido	simpática y amable	simpático y extrovertido
nacionalidad	coreana	coreano	española	mexicano

1. _____ de ellos es antipático.

2. _____ son simpáticos.

3. _____ de ellos son estudiantes.

4. _____ persona es de Chile.

5. _____ los hombres son extrovertidos.

6. _____ de ellos trabaja.

7 다음 형용사의 -mente 부사 형태를 쓰세요.

1. rápido ➡ _____

2. amable ➡ _____

3. económico ➡ _____

8 demasiado를 사용하여 문장에 부정적인 느낌을 추가해 보세요.

> 보기 Ellos comen **mucho**. ➡ Ellos comen **demasiado**.

1. Vosotros tenéis mucha ropa. Ya no cabe más ropa en el armario.
   _____

2. Mis padres trabajan mucho. Siempre vuelven a casa tarde.
   _____

3. Tengo muchas horas libres. Estoy aburrido.
   _____

4. Juan conduce muy rápido. Algún día va a tener un accidente.
   _____

9 다음 문장의 'con + 명사' 형태를 -mente 부사로 바꾸어 같은 의미의 문장을 완성하세요.

1. Tenemos que hacer ejercicio con regularidad para llevar una vida sana.
   ➡ _____

2. Ellos hablan con alegría porque están muy contentos.
   ➡ _____

3. Los niños cruzan el puente con cuidado.
   ➡ _____

* **hacer ejercicio** 운동하다   **llevar una vida sana** 건강한 삶을 살다   **cruzar** 건너다   **el puente** 다리

▶ 강의보기 틀리거나 헷갈리는 문제는 문제 해설 강의로 복습하세요.

◎ 오늘의 Misión Día 07~11에서 배운 내용을 활용해서 평소에 스페인어 공부를 얼마나 많이, 얼마나 자주 하는지 표현해 보세요.

Día 13
Me llamo Sara.
내 이름은 사라예요.

오늘의 학습 목표

1. 재귀 대명사 2. 재귀 동사의 형태 3. 목적격 대명사와 재귀 대명사의 구분

STEP 1 스페인어 진짜 맛보기

▶ 강의보기 🔊 13-1 💬 말하기 연습

✏️ ¡Ojo!

다음 문장을 여러 번 듣고 따라 읽으세요.

¿Cómo se llama tu perro?
너의 강아지 이름은 뭐야?

- Mi perro se llama Latte.
내 강아지의 이름은 라테야.

El hermano de Sara se llama Lucas.
사라의 남자 형제의 이름은 루카스예요.

¿Cómo te llaman tus amigos?
너의 친구들은 너를 어떻게 불러?

- Me llamo Guillermo, pero mis amigos me llaman Guille.
- 내 이름은 기예르모야. 하지만 내 친구들은 나를 기예라고 불러.

Voy a llamar a mi madre porque no sé dónde están mis calcetines.
나는 내 엄마를 부를 거예요. 왜냐하면 내 양말들이 어디에 있는지 모르기 때문이에요.

반복 학습 체크체크

MP3 듣기 ✓ 2회 3회

따라 읽기 1회 2회 3회

★ Llamarse 동사는 직역하면 '스스로를 ~라고 부르다' 이지만 의역하면 '이름이 ~다'가 돼요.

🧳 스페인/중남미 진짜 여행 떠나기!

스페인이나 중남미권 친구들이 있으신가요? 이름이 똑같은 친구들도 있죠? 스페인어권 국가들에서는 María, Jesús 등과 같은 종교적인 이름을 많이 사용하고 부모의 이름을 그대로 자식들에게 붙이는 경우도 흔하게 볼 수 있어요.

STEP 2 스페인어 진짜 알아가기

1. 재귀 대명사

▶ 강의보기 🔊 13-2

재귀 대명사는 동사와 함께 사용하는데 동사의 행위가 자기 스스로에게 영향을 끼치도록 만들어요.

	단수	복수
1인칭	me	nos
2인칭	te	os
3인칭	se	se

잠깐!

직접 목적격 대명사, 간접 목적격 대명사, 재귀 대명사의 형태는 3인칭을 빼고 모두 같아요.

직접 목적격 대명사

me	nos
te	os
lo/la	los/las

간접 목적격 대명사

me	nos
te	os
le	les

2. 재귀 동사의 형태

▶ 강의보기 🔊 13-3

재귀 동사는 재귀 대명사와 동사 변화 형태를 사용해서 만들어요.

llamarse: 자기 자신을 ~라고 부르다 (직역) / 이름이 ~다 (의역)

	단수	복수
1인칭	me llamo	nos llamamos
2인칭	te llamas	os llamáis
3인칭	se llama	se llaman

Me llamo Sara y ella **se llama** Erica. 내 이름은 사라이고 그녀의 이름은 에리카예요.

¡Ojo!

3. 목적격 대명사와 재귀 대명사의 구분

목적격 대명사와 재귀 대명사는 형태가 매우 비슷하지만 무엇을 사용하느냐에 따라 문장에서 의미가 달라져서 잘 구분해야 해요.

목적격 대명사: 대명사가 가리키는 대상과 동사의 주어가 불일치

Mis amigos me llaman Pepe.   내 친구들은 나를 뻬뻬라고 불러요.

대명사 me가 가리키는 대상 ➡ yo, 동사 llaman의 주어 ➡ mis amigos

이 문장에서는 대명사가 가리키는 대상과 동사의 주어가 일치하지 않으므로 me가 목적격 대명사예요.

재귀 대명사: 대명사가 가리키는 대상과 주어가 일치

Realmente, me llamo José.   실제로 나는 나를 호세라고 불러요.
(= 실제로 내 이름은 호세예요.)

대명사 me가 가리키는 대상 ➡ yo, 동사 llaman의 주어 ➡ yo

이 문장에서는 대명사가 가리키는 대상과 주어가 일치하므로 me가 재귀 대명사예요.

¡Ojo!

STEP 3. 스페인어 진짜 즐기기

아래 대화를 들으면서 오늘 배운 내용을 확인해 보세요.

Sara

Hola, me llamo Sara. ¿Y tú? ¿Cómo te llamas?
안녕, 내 이름은 사라야. 너는? 네 이름은 뭐야?

Me llamo Marcos. Pero mi familia me llama Marquitos. Puedes llamarme así.
내 이름은 마르코스야. 하지만 우리 가족은 나를 마르끼또스라고 불러. 너도 나를 그렇게 불러도 돼.
Marcos

Sara

Mis amigos me llaman Sarita a veces. Tú también me puedes llamar Sarita.
내 친구들은 가끔 나를 사리따라고 불러. 너도 나를 사리따라고 불러도 돼.

Mini Check

목적격 대명사의 문장에서의 순서
: 문장에 동사원형이 있는 경우에는 두 가지 순서를 가질 수 있었어요.
1) 간 직 동
(띄어쓰기 필요)
2) 동간직
(한 단어처럼 붙여쓰기)

 **STEP 4 스페인어 진짜 써먹기**

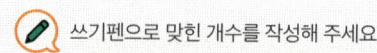 쓰기펜으로 맞힌 개수를 작성해 주세요.

나의 점수　　개 / 13개 정답 보기

1 밑줄 친 부분에 들어갈 재귀 대명사를 쓰세요.

llamarse: 이름이 ~다			
yo	1. _____ llamo	nosotros/nosotras	4. _____ llamamos
tú	2. _____ llamas	vosotros/vosotras	5. _____ llamáis
él/ella/usted	3. _____ llama	ellos/ellas/ustedes	6. _____ llaman

2 해석을 보고 밑줄 친 부분에 들어갈 동사 및 대명사를 쓰세요.

1. 내 남자 형제의 이름은 훌리오예요. 하지만 우리 조부모님은 그를 훌리또라고 불러요.

   Mi hermano _____ _____ Julio. Pero mis abuelos _____ _____ Julito.

2. 내 남자 친구는 하루 종일 나에게 전화를 해요.

   Mi novio _____ _____ por teléfono todo el día.

3. 초대 손님 중 누군가가 나를 불러요. 나는 그의 이름이 무엇인지 몰라요.

   Alguno de los invitados _____ _____ . Yo no sé cómo _____ _____ él.

4. 네 이름은 뭐야? / 내 이름은 사라야.

   ¿Cómo _____ _____ ? / _____ _____ Sara.

3 밑줄 친 대명사가 목적격 대명사인지 재귀 대명사인지 고르세요.

1. Mi padre nunca me llama por teléfono. Él prefiere enviar mensajes. (목적격 대명사 / 재귀 대명사)

2. Mis cantantes favoritos se llaman Elton John y Shakira. (목적격 대명사 / 재귀 대명사)

3. ¿Cómo se llaman tus padres? (목적격 대명사 / 재귀 대명사)

▶ 강의보기　틀리거나 헷갈리는 문제는 문제 해설 강의로 복습하세요.

◎ 오늘의 Misión　llamarse 동사를 활용하여 나의 가족과 친구들의 이름을 소개해 봅시다.
¿Cómo te llamas? ¿Cómo se llaman tus padres? ¿Cómo se llama tu mejor amigo/a?

 학습 종료

Día 14
Me levanto a las siete de la mañana.
나는 아침 7시에 일어나요.

오늘의 학습 목표

1. 규칙 동사의 재귀형
2. bañarse, ducharse, lavarse 동사의 비교
3. 일과를 나타내는 시간 표현

STEP 1 스페인어 진짜 맛보기

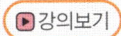 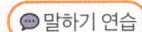 

¡Ojo!

다음 문장을 여러 번 듣고 따라 읽으세요.

¿A qué hora te levantas?
너는 몇 시에 일어나니?

Siempre me levanto a las siete de la mañana. Pero los fines de semana me levanto más tarde.
나는 항상 아침 일곱 시에 일어나요. 하지만 주말에는 더 늦게 일어나요.

Ellos comen a las dos de la tarde y se lavan los dientes.
그들은 오후 두 시에 점심을 먹고 이를 닦아요.

Nos duchamos por la noche.
우리는 밤에 샤워해요.

Mi madre se maquilla para ir al trabajo.
우리 엄마는 출근하기 위해 화장을 해요.

☑ 반복 학습 체크체크

MP3 듣기 ✓ 1회 2회 3회

따라 읽기 1회 2회 3회

스페인 vs 중남미

🇪🇸 **스페인의 경우?**
대략적인 시간을 나타낼 때 전치사 **por**를 사용해요.
- por la mañana
- por la tarde
- por la noche

🏴 **중남미의 경우?**
대략적인 시간을 나타낼 때 전치사 **en**을 사용해요.
- en la mañana
- en la tarde
- en la noche

스페인/중남미 진짜 여행 떠나기!

스페인의 식사 시간은 한국의 식사 시간과 매우 달라요. 일반적으로 아침은 오전 7시~9시, 점심은 오후 2시~3시, 저녁은 밤 9시~10시에 먹어요. 아침과 점심 사이에는 간단한 음식인 메디아 마냐나(media mañana)를, 점심과 저녁 사이에는 메리엔다(merienda)를 간단하게 먹기도 해요.

STEP 2 스페인어 진짜 알아가기

1. 규칙 동사의 재귀형

▶강의보기 🔊 14-2

규칙 동사의 재귀형은 -ar, -er, -ir 규칙 동사 변화형과 재귀 대명사를 활용해 만들어요.

재귀 대명사 + 규칙 동사 변화

levantar: 들어올리다, 일으키다

levanto	levantamos
levantas	levantáis
levanta	levantan

➡

levantarse: 일어나다

me levanto	nos levantamos
te levantas	os levantáis
se levanta	se levantan

2. bañarse, ducharse, lavarse 동사의 비교

▶강의보기 🔊 14-3

씻는 것과 관련된 표현에는 **bañarse, ducharse, lavarse** 세 가지가 있어요.

bañarse: 목욕하다, 몸을 물에 담그다
수영장이나 바다 등 물에 몸을 담그는 행위를 나타내기도 해요.

A veces, me baño porque me ayuda a estar relajado.
가끔 나는 목욕을 해요. 왜냐하면 내가 긴장을 풀도록 도와주기 때문이에요.

ducharse: 샤워하다

Mis padres se duchan por la mañana, pero yo me ducho por la noche.
우리 부모님은 아침에 샤워하지만 나는 밤에 샤워를 해요.

lavarse + 정관사 + 신체 부위: (신체 부위를) 씻다
몸 전체가 아닌 일부를 씻을 때를 나타내요.

lavarse la cara: 세수를 하다
lavarse el pelo: 머리를 감다
lavarse las manos: 손을 씻다
lavarse los dientes = cepillarse los dientes: 양치를 하다

> **잠깐!**
> lavarse 등과 같이 재귀 동사를 사용할 때 신체 부위 앞에는 소유격 형용사가 아닌 정관사를 사용해요!

📝 ¡Ojo!

★ afeitarse la barba: 턱수염을 면도하다
maquillarse la cara: 얼굴 화장을 하다

3. 일과를 나타내는 시간 표현

¿A qué hora 동사 + 주어?   몇 시에 ~?

¿A qué hora te levantas?   너는 몇 시에 일어나?

잠깐!
원래 시간을 묻는 표현에는 전치사 a가 들어가지 않지만 '몇 시에'라는 표현에는 전치사 a가 필요해요. 전치사는 의문사와 함께 사용될 경우 **전치사 + 의문사 + 동사 + 주어**의 순서로 써요.

주어 + 동사 + a + la/las + 시간

Me levanto a las diez de la mañana.
Pero a veces me levanto a la una de la tarde.
나는 아침 열 시에 일어나요. 하지만 가끔 나는 오후 한 시에 일어나요.

¡Ojo!

Mini Check
시간을 묻고 답하는 표현을 복습해 봅시다.

시간 묻기
• ¿Qué hora es? = ¿Tienes/Tiene hora?
몇 시야?/몇 시예요?

시간 답하기
• ser + 여성 정관사 + 시간

Es la una. 한 시야.
Son las dos. 두 시야.

STEP 3 스페인어 진짜 즐기기

아래 대화를 들으면서 오늘 배운 내용을 확인해 보세요.

Lucas: Erica, tú siempre vienes muy temprano a clase. ¿A qué hora te levantas?
에리카, 너는 항상 수업에 매우 일찍 오네. 너는 몇 시에 일어나?

Erica: Casi siempre me levanto a las seis de la mañana.
나는 거의 항상 아침 여섯 시에 일어나.

Lucas: Te levantas muy temprano. ¿Qué haces por la mañana?
너 정말 일찍 일어나는구나. 아침에는 무엇을 해?

Erica: Me levanto y desayuno. Luego me lavo el pelo porque me ducho por la noche.
나는 일어나고 아침 식사를 해. 그리고 나서 머리를 감아. 왜냐하면 나는 밤에 샤워하거든.

STEP 4 스페인어 진짜 써먹기

쓰기펜으로 맞힌 개수를 작성해 주세요.

나의 점수   개 / 9개

정답 보기

1 루카스의 오전 일과표를 보고 몇 시에 어떠한 활동을 하는지 쓰세요.

8:00 levantarse
8:30 ducharse y afeitarse
9:00 peinarse
9:15 desayunar

Lucas **1.** _____ a las ocho de la mañana.

Media hora después, **2.** _____ y **3.** _____.

A las nueve en punto **4.** _____ y prepara una ensalada.

Desayuna solo en casa. Pero a veces desayuna con sus padres.

2 그림을 보고 밑줄 친 부분에 해당하는 재귀 동사를 쓰세요.

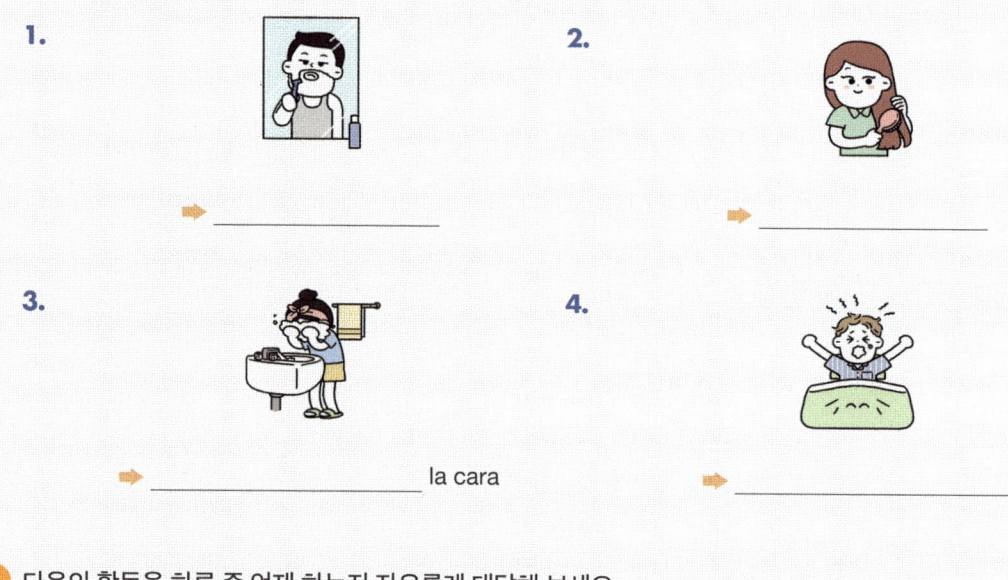

1. ➡ _____

2. ➡ _____

3. ➡ _____ la cara

4. ➡ _____

3 다음의 활동을 하루 중 언제 하는지 자유롭게 대답해 보세요.

1. ¿A qué hora te levantas?

_____.

▶ 강의보기   틀리거나 헷갈리는 문제는 문제 해설 강의로 복습하세요.

◎ 오늘의 Misión   재귀 동사들을 사용하여 나의 하루 일과를 작성해 볼까요?
¿Cómo es un día normal para ti?

학습 종료

Día 15
Nos despertamos por el ruido.
우리는 소음 때문에 잠에서 깨요.

20 . .

오늘의 학습 목표
1. 불규칙 동사의 재귀형
2. despertarse와 levantarse, acostarse와 dormirse 동사의 비교
3. 전후를 나타내는 시간 표현

STEP 1 스페인어 진짜 맛보기

강의보기 15-1 말하기 연습

¡Ojo!

☑ 반복 학습 체크체크

MP3 듣기 ✓ 2회 3회
따라 읽기 1회 2회 3회

다음 문장을 여러 번 듣고 따라 읽으세요.

Me visto después de desayunar.
나는 아침 식사를 하고 옷을 입어요.

Mi hermana se despierta a las 6, pero no se levanta hasta las 8 de la mañana.
우리 언니는 여섯 시에 깨어나요. 하지만 아침 여덟 시까지 일어나지 않아요.

Hoy en día, los niños se acuestan tarde.
요즘 어린이들은 늦게 잠자리에 들어요.

Estáis muy cansados por eso os dormís* en clase.
너희들은 매우 피곤해서 수업 시간에 잠이 드는구나.

V 단어

hoy en día 요즘

★ dormirse: 잠이 들다
 dormir: 자다

🧳 스페인/중남미 진짜 여행 떠나기!

밤 12시가 넘은 시간은 오전, 밤, 새벽으로 표현하는 것이 모두 가능해요. 예를 들어, 새벽 한 시는 una de la mañana, una de la noche, una de la madrugada 세 가지 표현이 모두 가능해요!

STEP 2 스페인어 진짜 알아가기

1. 불규칙 동사의 재귀형

▶ 강의보기 🔊 15-2

불규칙 동사의 변화형 앞에 해당하는 재귀 대명사를 붙이면 재귀 동사가 완성돼요.

1) o>ue 불규칙 동사

dormir: 자다

duermo	dormimos
duermes	dormís
duerme	duermen

➡

dormirse: 잠들다

me duermo	nos dormimos
te duermes	os dormís
se duerme	se duermen

2) e>ie 불규칙 동사

despertar: 깨우다

despierto	despertamos
despiertas	despertáis
despierta	despiertan

➡

despertarse: 깨다, 깨어나다

me despierto	nos despertamos
te despiertas	os despertáis
se despierta	se despiertan

3) e>i 불규칙 동사

vestir: 옷을 입히다

visto	vestimos
vistes	vestís
viste	visten

➡

vestirse: 옷을 입다

me visto	nos vestimos
te vistes	os vestís
se viste	se visten

2. despertarse와 levantarse, acostarse와 dormirse 동사의 비교

▶ 강의보기 🔊 15-3

1) despertarse vs levantarse

despertarse: 일어나다, 깨어나다 (잠에서 깨어나는 행위)
levantarse: 일어나다 (자리에서 일어나는 행위)

Me despierto temprano, pero me levanto por la tarde.
나는 일찍 깨지만 오후에 일어나요.

2) acostarse vs dormirse

acostarse: 잠자리에 들다, 자러 가다
(눕는 행위, 자거나 쉬려는 의도가 있고 특히 침대에 가서 눕는 행위)
dormirse: 잠들다 (내 의지와 상관없이 잠에 드는 행위)

Lucas se acuesta, pero no se duerme porque no tiene sueño.
루카스는 잠자리에 눕지만 잠들지 않아요. 왜냐하면 졸리지 않기 때문이에요.

¡Ojo!

★ 불규칙 동사 변화형에서는 장화 모양을 기억해 주세요! 장화 안에 있는 동사들만 불규칙이 적용돼요.

★ levantar는 일으키다 말고도 '신체 부위를 들다'라는 의미도 가지고 있어요.
- levantar la mano: 손을 들다

3. 전후를 나타내는 시간 표현

두 가지 이상의 동작이 순차적으로 일어날 때 쓰는 표현

| antes de / después de | + | 명사/동사원형 | : | ~전에, ~하기 전에 / ~후에, ~하고 나서 |

Antes de comer, siempre me lavo las manos.
밥을 먹기 전에, 나는 항상 손을 씻어요.

Después de la clase, voy al gimnasio.
수업 후에, 나는 헬스장에 가요.

잠깐!

시간 표현의 부사구는 문장 속에서 위치가 자유로워요.

Sara se arregla **antes de** ver a sus amigos.
= **Antes de** ver a sus amigos, Sara se arregla.
사라는 친구들과 보기 전에, 치장을 해요.

단어
arreglarse 단장하다, 치장하다

STEP 3 스페인어 진짜 즐기기

아래 대화를 들으면서 오늘 배운 내용을 확인해 보세요.

 Erica:
Marcos y yo vamos a salir esta noche. ¿Quieres venir?
마르코스와 나는 오늘 밤에 놀러 나갈 거야. 너도 오고 싶어?

 Lucas:
Quiero ir, pero no puedo. Normalmente, **me acuesto** muy temprano, **después de** cenar.
나는 가고 싶지만 갈 수가 없어.
보통 나는 매우 일찍 잠자리에 들어. 저녁 식사를 하고 난 후에 (잠자리에 들어).

 Erica:
Entonces, ¿a qué hora te levantas por la mañana?
그러면, 아침에 몇 시에 일어나?

 Lucas:
Me levanto a las 10 de la mañana, pero realmente **me despierto antes de** las 7.
나는 아침 열 시에 일어나. 하지만 실제로는 일곱 시 전에 잠에서 깨.

 **STEP 4 스페인어 진짜 써먹기**

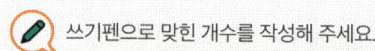 쓰기펜으로 맞힌 개수를 작성해 주세요.

나의 점수 개 / 8개   정답 보기

1 해석에 따라 알맞은 단어를 despertarse, levantarse, acostarse, dormirse 중에서 골라 올바른 형태로 쓰세요.

1. 그들은 매일 아침에 소음 때문에 잠에서 깨요.

➡ Ellos _____ por el ruido todas las mañanas.

2. 너희들은 보통 일찍 잠자리에 드는데, 오늘은 늦게 잠자리에 드는구나.

➡ Normalmente, vosotros _____ temprano, pero hoy _____ muy tarde.

3. 내 고양이는 밥을 먹기 위해 일어나요.

➡ Mi gato _____ para comer.

4. 나는 종종 버스에서 잠이 들어요.

➡ _____ a menudo en el autobús.

2 에리카의 일정표를 보고 antes de와 después de 중 알맞은 표현을 사용해 문장을 완성하세요.

6 de abril de 2023
- levantarse
- ducharse y arreglarse para salir
- ir a la universidad
- volver a casa
- ver la televisión
- acostarse

Erica se levanta **1.** _____ ducharse.

2. _____ ducharse, se arregla para salir.

Vuelve a casa **3.** _____ las clases de la universidad.

4. _____ acostarse, siempre ve la televisión.

▶ 강의보기 틀리거나 헷갈리는 문제는 문제 해설 강의로 복습하세요.

◎ 오늘의 Misión despertarse와 acostarse 동사를 활용하여 친구와 생활 습관에 대해 묻고 답해 볼까요?
¿A qué hora te despiertas? ¿A qué hora te acuestas?

Día 16
Nos aburrimos de esta película.
우리는 이 영화에 싫증이 나요.

오늘의 학습 목표

1. 감정을 나타내는 재귀 동사
2. 행동과 상태의 비교
3. 순서를 나타내는 시간 표현

STEP 1 스페인어 진짜 맛보기

다음 문장을 여러 번 듣고 따라 읽으세요.

El jefe de Lucas se enfada fácilmente. Ahora también está enfadado con Lucas.
루카스의 상사는 쉽게 화를 내요. 지금도 루카스에게 화가 나 있어요.

Me alegro de hablar contigo.
너와 이야기해서 기뻐.

El protagonista de la película se enamora a primera vista.
영화의 남자 주인공이 첫눈에 사랑에 빠져요.

Por la mañana, primero me ducho, después plancho* la ropa y luego me visto.
오전에 나는 먼저 샤워를 하고 그 다음에 옷을 다리고 그리고 나서 옷을 입어요.

¡Ojo!

✓ 반복 학습 체크체크

MP3 듣기 ✓ 1회 2회 3회
따라 읽기 1회 2회 3회

★ 중남미의 경우 콜롬비아와 몇몇 국가에서는 planchar 대신 aplanchar를 사용하기도 해요

단어
- **el/la protagonista** 주인공
- **a primera vista** 첫눈에
- **planchar** 다림질하다

스페인/중남미 진짜 여행 떠나기!

스페인에는 각 영화관마다 el Día del espectador (관객의 날) 이라는 것이 있어요. 이 날에는 영화표를 거의 반값에 살 수 있어요. 각 영화관마다 요일은 다르지만 대부분의 영화관에서 관객의 날은 수요일이에요.

STEP 2 스페인어 진짜 알아가기

1. 감정을 나타내는 재귀 동사

▶ 강의보기 🔊 16-2

1) sentirse

sentirse + 형용사/부사: ~한 감정을 느끼다

Me siento frustrado porque no entiendo muy bien español.
나는 스페인어를 잘 이해하지 못해서 실망감을 느껴요.

잠깐!

sentirse 동사는 e>ie 불규칙이에요.

me siento	nos sentimos
te sientes	os sentís
se siente	se sienten

전치사와 자주 사용되는 감정의 재귀 동사

aburrirse (de)	(~에) 싫증을 느끼다
alegrarse (de)	(~에) 기뻐하다
enfadarse (con)	(~에게) 화가 나다
enamorarse (de)	(~에게) 사랑에 빠지다
preocuparse (por)	(~을) 걱정하다

Nos preocupamos por Erica porque no viene a clase.
우리는 에리카를 걱정해요. 왜냐하면 그녀가 수업에 오지 않기 때문이에요.

2. 행동과 상태의 비교

▶ 강의보기 🔊 16-3

감정을 나타내는 재귀 동사는 행동에만 초점이 맞춰져 있어요. 따라서 감정의 상태를 표현할 때는 'estar+형용사' 형태로 나타내요.

estar + 형용사: ~한 상태이다

aburrirse	→	estar aburrido/a
alegrarse		estar alegre
enfadarse		estar enfadado/a
enamorarse		estar enamorado/a
preocuparse		estar preocupado/a

✏️ ¡Ojo!

★ sentirse와 함께 쓸 수 있는 감정 형용사를 살펴볼까요?

aburrido/a	지루한
bien	좋게
nervioso/a	긴장한
mal	나쁘게
relajado/a	긴장이 풀린
tranquilo/a	차분한, 침착한
triste	슬픈
frustrado/a	실망한

★ 형용사는 항상 꾸며 주는 대상에 성수를 일치시켜야 해요.

3. 행동의 순서를 나타내는 시간 표현

▶ 강의보기　🔊 16-4　✏️ ¡Ojo!

행동이나 사건을 나열할 때에는 다음과 같은 표현을 사용할 수 있어요.

Primero, …	**Después, …**	**Luego, …**
우선, / 먼저,	다음에, / 그리고 나서,	

잠깐!

depués와 luego는 순서를 바꾸어 써도 괜찮아요.

¿Qué haces por la noche después de volver a casa?
너는 밤에 집에 돌아간 후에 무엇을 해?

Yo, primero me ducho y después me pongo el pijama. Luego, voy al salón y veo la televisión.
나는 우선 샤워를 하고 그리고 나서 잠옷을 입어. 그다음에 거실에 가서 TV를 봐.

STEP 3 스페인어 진짜 즐기기

▶ 강의보기　🔊 16-5　💬 말하기 연습

아래 대화를 들으면서 오늘 배운 내용을 확인해 보세요.

Lucas
¿Qué tal tu clase de español?
네 스페인어 수업은 어때?

Sara
No sé… me siento frustrada en clase porque no entiendo perfectamente al profesor. Él habla muy rápido. Me preocupo por los exámenes de la semana que viene.
모르겠어… 나는 선생님 말씀을 완벽하게 알아듣지 못해서 수업에서 실망감을 느껴. 그는 매우 빠르게 말해. 나는 다음 주의 시험 때문에 걱정돼.

Lucas
Ay, por eso estás preocupada. ¿Y qué hacéis en clase?
아이고, 그래서 네가 걱정하고 있구나. 너희들은 수업 시간에 뭐해?

Sara
Primero, repasamos la clase anterior y luego leemos los textos. Después, hablamos en español libremente.
먼저, 우리는 지난 수업을 복습하고 그 후에 지문들을 읽어. 그리고 나서 스페인어로 자유롭게 이야기를 해.

STEP 4 스페인어 진짜 써먹기

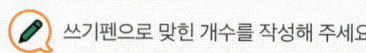

나의 점수 ___ 개 / 11개

 정답 보기

1 다음 형용사/부사들을 성수에 맞게 변화시켜 각 상황에 맞는 감정을 밑줄 친 부분에 쓰세요.

> bien – nervioso – triste – frustrado

1. Hoy tengo el examen oral por la tarde. Me siento muy _____.
2. Alejandro se siente muy _____ en su trabajo. Todos sus compañeros son simpáticos.
3. Nosotros nos sentimos _____ porque nuestro profesor vuelve a su país.
4. Vosotros estudiáis mucho, pero no sacáis buenas notas. Os sentís _____.

2 각각의 동사와 함께 사용하는 전치사를 알맞은 것끼리 연결하세요.

1. preocuparse •
2. enamorarse •   • ⓐ con
3. alegrarse •   • ⓑ de
4. enfadarse •   • ⓒ por

3 행동을 나타내는 재귀 동사들을 estar 동사와 형용사를 이용해 상태 표현으로 바꾸어 쓰세요.

1. Julio se enamora de María.
➡ Julio _____ _____ de María.

2. Ellos se aburren del libro.
➡ Ellos _____ _____ del libro.

3. Nos enfadamos con nuestros amigos.
➡ Nosotros _____ _____ con nuestros amigos.

▶ 강의보기 틀리거나 헷갈리는 문제는 문제 해설 강의로 복습하세요.

◎ 오늘의 Misión 순서를 나타내는 표현들을 활용하여 나의 하루 일과의 일부를 시간 순서대로 표현해 봐요!

Día 17

Quiero ponerme esta ropa.
나는 이 옷을 입고 싶어요.

오늘의 학습 목표

1. 재귀 대명사의 위치
2. 직접 목적격 대명사를 동반하는 경우의 재귀 대명사의 위치
3. 동사 원형과 재귀 대명사의 위치

STEP 1 스페인어 진짜 맛보기

다음 문장을 여러 번 듣고 따라 읽으세요.

Hoy hace mucho frío. Voy a ponerme el abrigo.
오늘은 날씨가 매우 추워요. 나는 외투를 입을 거예요.

Esta camiseta es muy bonita y barata*. Me la llevo.
이 티셔츠는 매우 예쁘고 저렴해요. 나는 이것을 가져갈 거예요. (= 사 갈 거예요.)

Tus manos están sucias. Debes lavártelas antes de cenar.
너의 손들은 지저분해. 너는 저녁 먹기 전에 그것들을 씻어야만 해.

En Corea, nos tenemos que quitar los zapatos antes de entrar a casa.
한국에서 우리는 집에 들어가기 전에 신발을 벗어야만 해요.

¡Ojo!

☑ 반복 학습 체크체크

MP3 듣기 ✓1회 2회 3회
따라 읽기 1회 2회 3회

*las 3B 혹은 las BBB

Bueno (좋은)
Bonito (예쁜)
Barato (저렴한)

위의 세 단어는 나타내는데, 좋은 제품을 표현하고 싶을 때 사용해요.

단어

el abrigo 외투, 코트
los zapatos 신발, 구두

🧳 **스페인/중남미 진짜 여행 떠나기!**

한국과 달리 스페인에서는 집에 들어갈 때 신발을 벗지 않아도 돼요. 집마다 다르지만 실내용 슬리퍼를 신는 집도 있고, 밖에서 신는 신발을 그대로 신고 생활하는 집도 있어요.

STEP 2 스페인어 진짜 알아가기

1. 재귀 대명사의 위치

재귀 대명사는 동사 앞에 위치해요.

> 재귀 대명사 + 동사

Me pongo un vestido elegante porque hoy es la boda de mi hermana mayor.
나는 우아한 드레스를 입어요. 왜냐하면 오늘이 내 언니/누나의 결혼식이기 때문이에요.

2. 직접 목적격 대명사를 동반하는 경우의 재귀 대명사의 위치

재귀 대명사가 직접 목적격 대명사와 함께 쓰이는 경우, 순서는 다음과 같아요.

> 재귀 대명사 + 직접 목적격 대명사 + 동사

(벽에 걸린 바지를 가리키며)
¿Vas a comprar esos pantalones?
-Sí, **me los** llevo.★
너 그 바지들 살 거야?
-응, 나는 그것들을 가져갈 거야. (= 사 갈 거야.)

이때 직접 목적격 대명사는 앞에서 언급된 대상을 대체해요. 즉 예문에서의 los는 위의 esos pantalones를 대체해요.

Mi madre mira unas zapatillas. **Se las prueba**★ antes de comprar.
우리 엄마는 몇몇 운동화들을 구경해요. 그녀는 사기 전에 그것들을 신어 봐요.

3. 동사 원형과 재귀 대명사의 위치

문장에 동사 원형이 등장하는 경우, 대명사와 동사의 순서에는 다음 두 가지가 있어요.

① 변화형 동사 앞에 위치하는 경우

> 재귀 대명사 + 동사

② 동사 원형의 뒤에 위치하는 경우

> 동사 원형 + 재귀 대명사

1. **Me quiero poner** esta ropa.
2. **Quiero ponerme** esta ropa.

나는 이 옷을 입고 싶어요.

★ llevarse 동사는 '어떠한 물건을 가져가다 (=사가다)'라는 뜻으로 사용될 수 있어요.

옆 예문에서 Me los llevo 대신에 Me llevo esos pantalones라는 표현도 가능해요!

★ probarse + 옷
: 옷을 착용해 보다

★ 여기에서 '동사'란 주어에 따라 동사 변화하는 동사를, '동사 원형'이란 -ar, -er, -ir로 끝나는 원형 형태를 말해요.

잠깐!

재귀 대명사가 동사 앞에 위치하는 것이 아니라 동사 원형 뒤에 위치하는 경우, 재귀 대명사는 동사 원형 바로 뒤에 한 단어처럼 붙어서 쓰여요. 순서는 두 가지 모두 자주 사용돼요!

재귀 대명사가 직접 목적격 대명사와 함께 쓰이는 경우 아래의 두 가지 순서가 모두 가능해요.

재귀 대명사 + 직접 목적격 대명사 + 동사

동사원형 + 재귀 대명사 + 직접 목적격 대명사

¡Ojo!

★ 2개의 대명사가 동사 원형 뒤에 한 단어처럼 붙어 나오는 경우에는 목적격 대명사의 규칙과 동일하게 띨데 표시가 붙어요.

-ar, -er, -ir 자리의 모음에 띨데가 붙으니 주의하세요!

Esta falda es muy bonita.　　　　이 치마는 정말 예뻐요.

① Me la voy a llevar.　　　　　　나는 그것을 사갈 거예요.
② Voy a llevármela.

STEP 3 스페인어 진짜 즐기기

아래 대화를 들으면서 오늘 배운 내용을 확인해 보세요.

Mini Check

tener que + 동사 원형
: ~해야만 한다
no tener que + 동사 원형
: ~할 필요가 없다

(En una tienda de ropa) (옷 가게에서)

 Erica

> Me quiero poner esta falda para la fiesta.
> 나는 파티에서 이 치마를 입고 싶어.

> ¿Sí? Te la puedes probar. Hay probadores. No tienes que quitarte los zapatos.
> 그래? 너는 그것을 착용해 볼 수 있어. 탈의실이 있어.
> 너는 신발들을 벗을 필요가 없어.

Lucas

 Erica

> La falda es perfecta. Me la voy a llevar.
> 치마는 완벽해. 나는 그것을 사갈 거야.

STEP 4 스페인어 진짜 써먹기

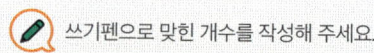 쓰기펜으로 맞힌 개수를 작성해 주세요.

나의 점수   개 / 5개   정답 보기

1 다음 중 재귀 대명사의 순서가 틀린 것을 고르세요.

① 동사 원형 + 재귀 대명사 (예시: ponerme)

② 간접 목적격 대명사 + 재귀 대명사 + 동사 (예시: le me pongo)

③ 재귀 대명사 + 동사 (예시: me pongo)

④ 동사 원형 + 직접 목적격 대명사 + 재귀 대명사 (예시: ponérmelo)

2 다음 단어들을 알맞은 순서로 배열하여 문장을 만드세요.

1. 나는 옷을 벗고 잠옷을 입어요.

   el pijama / y / la ropa / Me quito / me pongo

   _____

2. 나는 머리를 오전에 감아요. 하지만 오늘은 (그것을) 밤에 감을 거예요.

   voy a / por la noche / el pelo / pero / lavármelo / hoy / Me lavo / por la mañana,

   _____

3. 이 운동화들은 매우 예뻐요. 우리는 그것들을 사 가요.

   muy / las / bonitas / Nos llevamos / son / Estas zapatillas

   _____

3 다음 대화를 읽고 사라가 사는 물건이 무엇인지 고르세요.

> **Sara:** Necesito ropa de invierno. No tengo ninguna en casa. ¿Puedes ayudarme a elegir?
> **Erica:** Sí, claro. En esta tienda hay mucha ropa. Pantalones, faldas, abrigos…
> **Sara:** ¿Qué tal estos pantalones marrones? Son bonitos.
> **Erica:** Son bonitos, pero son muy caros. Creo que para ti es mejor este abrigo. Es muy bonito y barato.
> **Sara:** Sí, creo que es muy buena idea. Me lo llevo.

① pantalones   ② falda   ③ abrigo   ④ camisa   ⑤ bufanda

▶ 강의보기   틀리거나 헷갈리는 문제는 문제 해설 강의로 복습하세요.

◎ 오늘의 Misión   재귀 동사를 사용하여 옷 가게에 가서 어떤 옷을 입고 싶은지, 입어 볼지, 사 갈지에 대해 친구와 이야기해 봐요!

Día 13~17 복습하기

Práctica ③

연습문제

나의 점수 　개 / 30개

1 다음 중 llamarse 동사의 형태가 <u>틀린</u> 것을 고르세요.

① tú te llamas
② nosotros nos llamamos
③ ellos se llaman
④ usted le llama
⑤ yo me llamo

2 다음 그림을 보고 밑줄 친 부분에 알맞은 재귀 동사 형태를 쓰세요.

| 보기 | llamarse | peinarse | cepillarse | ponerse | maquillarse |

1. Ellas _____ el cabello.

2. El niño _____ los dientes.

3. Mi jefe _____ Alberto.

4. Mi madre _____ para ir al trabajo.

5. Nosotros _____ el abrigo porque hace frío.

3 밑줄 친 부분에 들어갈 대명사를 쓰세요.

1. _____ llamo Carolina, pero mi familia y mis amigos _____ llaman Carol.

2. Mi hermano no sabe afeitar _____ solo. Por eso mi padre _____ afeita.

3. En verano, normalmente vamos a la piscina y _____ bañamos.

4. _____ apunto a un club de lectura. El club _____ llama "Los amantes de los libros".

5. Vuestro perro tiene la cara sucia. Tenéis que lavar _____ la cara.

* **la piscina** 수영장   **apuntarse a** ~에 등록하다   **el club** 동아리, 동호회   **la lectura** 독서   **el/la amante** 애호가

4 다음은 시간순으로 정리된 친구들의 일정표입니다. 일정표를 보고 밑줄 친 부분에 <u>antes de</u>와 <u>después de</u> 중 알맞은 표현을 쓰세요.

Sara	Lucas	Erica	Marcos
ir a la clase de español	jugar al fútbol	pasear en el parque	hacer la compra
estudiar con Erica	practicar tocar el piano	estudiar con Sara	cocinar
ver la televisión	ir a una exposición	ir al cine con Marcos	ir al cine con Erica
cenar con la familia	descansar en casa	escribir un diario	limpiar la casa

1. Sara ve la televisión en casa _____ estudiar con Erica.

2. Lucas juega al fútbol con sus amigos _____ practicar el piano.

3. Erica va al cine con Marcos _____ escribir un diario.

4. Marcos cocina _____ hacer la compra.

5 다음 내용을 듣고 사라가 다음 주에 학교에 가는 시간을 고르세요.   🔊 18-1

① 9:00   ② 9:30   ③ 10:00   ④ 10:30   ⑤ 11:00

6 답변을 보고 어울리는 질문을 적어보세요.

1. ¿_____?
➡ Me levanto a las ocho de la mañana.

2. ¿_____?
➡ Nosotros nos vestimos a las ocho y media de la mañana.

3. ¿_____?
➡ Mis padres se acuestan a las diez de la noche.

7 각 상황에 따라 despertarse, levantarse, acostarse, dormirse 중 가장 어울리는 동사를 밑줄 친 부분에 쓰세요.

1. Mi hermano tiene problemas en su clase.

En casa duerme suficientemente, pero _____ siempre en clase.

2. Los fines de semana, nosotros vamos al cine por la noche después de salir del trabajo.

Por eso _____ tarde.

3. Últimamente, hay mucho ruido en la calle por la mañana.

Yo _____ a las siete de la mañana incluso los fines de semana. ¡Estoy harta!

4. Para mí, es muy difícil empezar el día temprano.

Por la mañana abro los ojos, pero no _____ hasta las once.

8 다음 중 감정의 재귀 동사와 함께 쓰인 전치사가 **틀린** 것을 고르세요.

① alegrarse de: ~에 기뻐하다   ② aburrirse de: ~에 싫증을 느끼다

③ preocuparse por: ~을 걱정하다   ④ enfadarse con: ~에게 화가 나다

⑤ enamorarse con: ~에게 사랑에 빠지다

3

9 괄호 안의 정관사와 소유격 형용사 중 알맞은 것을 고르세요.

1. Vosotros no os laváis (vuestras / las) manos antes de comer.
2. Ellas se maquillan (su / la) cara.
3. Muchos hombres se afeitan (su / la) barba.

10 주어진 표현을 사용해 각 문장의 의미에 맞게 변화시켜 보세요. 단, 대명사의 위치에 따라 답이 두 개가 될 수 있어요.

> **예시**
> Nos quitamos las zapatillas para entrar a casa. 우리는 집에 들어가기 위해 운동화를 벗어요.
> (tener que)
>
> 우리는 집에 들어가기 위해 운동화를 벗어야만 해요.
> ➡ Nos tenemos que quitar las zapatillas para entrar a casa.
> = Tenemos que quitarnos las zapatillas para entrar a casa.

1. 이 자켓은 매우 예뻐요. 나는 그것을 사 가요. ➡ Esta chaqueta es muy bonita. Me la llevo.

   이 자켓은 매우 예뻐요. 나는 그것을 사 가고 싶어요. (querer)

   ➡ _____

2. 나는 빠르게 샤워를 해요. ➡ Me ducho rápidamente.

   나는 빠르게 샤워할 수 있어요. (poder)

   ➡ _____

3. 나는 내일 머리를 잘라요. ➡ Me corto el pelo mañana.

   나는 내일 머리를 자를 거예요. (ir a 동사원형)

   ➡ _____

강의보기 틀리거나 헷갈리는 문제는 문제 해설 강의로 복습하세요.

오늘의 Misión Día 13~17에서 배운 내용을 활용해서 나의 일상에 대해 이야기해 보세요.
¿Cómo es un día normal para ti? (3~5문장)

Día 19
Me gusta esta película.
나는 이 영화를 좋아해요.

오늘의 학습 목표

1. 역구조 동사
2. gustar 동사의 변화형

STEP 1 스페인어 진짜 맛보기

¡Ojo!

다음 문장을 여러 번 듣고 따라 읽으세요.

Nos gustan los animales.
우리는 동물을 좋아해요.

A mi padre le gusta jugar al fútbol con sus amigos.
우리 아빠는 친구들과 축구하는 것을 좋아해요.

Me gustan los idiomas. Me gusta estudiar idiomas.
나는 언어를 좋아해요. 나는 언어 공부하는 것을 좋아해요.

¿Te gusta este libro?
너는 이 책을 좋아해?

A mucha gente le gusta el chocolate.
많은 사람들은 초콜릿을 좋아해요.

스페인/중남미 진짜 여행 떠나기!

우리말에도 지방 사투리가 있듯이, 스페인에도 4개의 지역 언어가 존재해요. 우리가 스페인어라고 알고 있는 '카스티야어(castellano 혹은 español)', 카탈루냐 지방에서 사용하는 '카탈루냐어(catalán)', 갈리시아 지방에서 사용하는 '갈리시아어(gallego)', 바스크 지방에서 사용하는 '바스크어(vasco 혹은 euskera)'가 바로 그것입니다. 지역어가 있지만 우리가 배우는 스페인어는 전국에서 사용 가능하니 안심하세요.

STEP 2 스페인어 진짜 알아가기

1. 역구조 동사

gustar 동사는 의미상 주어와 문법적 주어가 일치하지 않기 때문에 주어와 목적어의 위치가 반대되는 구조를 갖는데, 이러한 성질을 가진 동사들을 '역구조 동사'라고 해요.

| 간접 목적격 대명사 + gustar 동사 + 주어 |

Me gusta esta película.

이 영화는 나에게 마음에 들어요.
(나는 이 영화를 좋아해요.)

여기서 의미상 주어인 '나는'은 문법적으로 간접 목적격 대명사이고, 의미상 목적어인 '이 영화를'이 문법적으로 주어예요.

gustar 동사의 의미를 '~에게 마음에 들다'로 해석하면 조금 더 쉽게 이해할 수 있어요.

	Me	gusta	esta película
	간접 목적격 대명사 (의미상 주어)	동사	주어 (의미상 목적어)
직역	나에게	마음에 들다	이 영화가
의역	나는	좋아하다	이 영화를

간접 목적어의 대상을 강조하거나, 구체적으로 드러내고자 할 때, 대상 앞에 전치사 a를 동반해요.

	A mí	me	gusta	esta película
간접 목적어 대상의 강조		간접 목적격 대명사 (의미상 주어)	동사	주어 (의미상 목적어)
	A mi padre	le	gusta	el fútbol
간접 목적어의 구체적 대상		간접 목적격 대명사 (의미상 주어)	동사	주어 (의미상 목적어)

¡Ojo!

간접 목적격 대명사

me	nos
te	os
le	les

2. gustar 동사의 변화형

gustar 동사도 다른 동사들과 같이 모든 인칭에 대해 변화 (gusto, gustas, gusta…)가 가능해요. 단, 3인칭 동사 변화가 일반적으로 많이 사용돼요.

간접 목적격 대명사	동사	주어
me te le nos os les	gusta	+ 단수 명사 + 동사원형
	gustan	+ 복수 명사

¿Te gusta la música clásica? 너는 클래식 음악을 좋아하니?
A ellos les gustan los idiomas. 그들은 언어를 좋아해요.

Me gustan la carne y el pescado. 나는 고기와 생선을 좋아해요.
Nos gusta jugar al tenis y ver la televisión. 우리는 테니스 치는 것과 TV 보는 것을 좋아해요.

여러 개의 명사가 나열되는 경우 복수 명사로 gustan을 쓰지만 동사 원형은 여러 개가 나열되어도 gusta의 형태를 사용해요.

STEP 3 스페인어 진짜 즐기기

아래 대화를 들으면서 오늘 배운 내용을 확인해 보세요.

 Erica
Lucas, ¿te gustan las películas?
루카스, 너는 영화들을 좋아해?

 Lucas
Sí, me gusta ver películas. A menudo voy al cine con mi hermana porque a ella también le gusta.
응, 나는 영화 보는 것을 좋아해. 종종 내 누나와 영화관에 가. 왜냐하면 그녀도 좋아하기 때문이야.

 Erica
¿Ah sí? A mí me gusta más leer libros o pasear.
아 그래? 나는 책을 읽거나 산책하는 것이 더 좋아.

STEP 4 스페인어 진짜 써먹기

쓰기펜으로 맞힌 개수를 작성해 주세요.

나의 점수 개 / 14개

정답 보기

1 그림을 보고 각각의 인물이 무엇을 좋아하는지 연결하세요.

Sara   Erica   Lucas   Marcos

1. A Sara le gustan •   • ⓐ el pescado
2. A Erica le gusta •   • ⓑ las verduras
3. A Lucas le gusta •   • ⓒ ver la televisión
4. A Marcos le gusta •   • ⓓ nadar en el mar

2 밑줄 친 부분에 들어갈 목적격 대명사를 쓰세요.

1. A mí _____ gusta quedar con mis amigos en mi tiempo libre.
2. A vosotros _____ gustan las películas de superhéroes.
3. A muchos coreanos _____ gusta el kimchi.
4. A tus padres y a ti _____ gustan los animales.
5. A mis primos _____ gustan los videojuegos.

3 밑줄 친 부분에 알맞은 gustar 동사의 변화 형태를 쓰세요.

1. A los gatos les _____ la leche.
2. Me _____ estudiar español. Es muy divertido.
3. A mi hermano y yo nos _____ todos los deportes.
4. ¿A ti te _____ viajar?
5. Tenemos muchas aficiones. Nos _____ el cine y la música.

▶ 강의보기 틀리거나 헷갈리는 문제는 문제 해설 강의로 복습하세요.

◎ 오늘의 Misión gustar 동사를 활용하여 내가 좋아하는 것들에 대해 이야기해 봐요!

Día 20
Me encantan las canciones latinoamericanas.
나는 라틴아메리카 음악을 정말 좋아해요.

오늘의 학습 목표

1. encantar 동사
2. 역구조 동사의 특징
3. 좋고 싫음의 강도 표현 (1)

STEP 1 스페인어 진짜 맛보기

 강의보기   20-1   말하기 연습

¡Ojo!

다음 문장을 여러 번 듣고 따라 읽으세요.

¿Te gustan los libros?
너는 책을 좋아하니?

- **Sí, me gustan. Sobre todo, me encantan las novelas de amor.**
- 응, 나는 좋아해. 특히 나는 연애 소설을 매우 좋아해.

Nos gusta comer fuera los fines de semana. Pero a nuestros padres no les gusta. Prefieren comer en casa.
우리는 주말에 외식하는 것을 좋아해. 하지만 우리 부모님은 좋아하지 않으셔. 그들은 집에서 식사하는 것을 선호해.

A los niños no les gustan las verduras. No les gusta comer verduras.
아이들은 야채를 좋아하지 않아요. 그들은 야채 먹는 것을 좋아하지 않아요.

반복 학습 체크체크

MP3 듣기 ✓ 1회 2회 3회

따라 읽기 1회 2회 3회

단어
sobre todo 특히
fuera 밖, 밖에서

🧳 스페인/중남미 진짜 여행 떠나기!

스페인에서 외식을 할 경우 팁을 내는 것이 필수는 아니에요! 하지만 서비스가 매우 만족스러울 경우 감사의 표시로 팁을 줄 수 있고, 정해진 금액은 따로 존재하지 않아요. 중남미의 경우에는 나라마다 다르지만 상품이나 서비스 가격의 10% 정도 팁을 주기도 합니다.

STEP 2 스페인어 진짜 알아가기

1. encantar 동사

▶ 강의보기   🔊 20-2

'매우 좋아하다'라는 뜻의 역구조 동사 encantar에 대해 알아봐요.

간접 목적격 대명사	동사	주어
me te le	encanta	+ 단수 명사 + 동사 원형
nos os les	encantan	+ 복수 명사

Me gustan todos los deportes. Sobre todo, me encantan los deportes de equipo.
나는 모든 스포츠들을 좋아해요. 특히, 나는 팀 스포츠들을 매우 좋아해요.

> **잠깐!**
>
> encantar 동사는 그 자체로 최상급의 의미이므로, mucho를 통해 강조하는 것이 불가능해요!
> Me encantan mucho los deportes de equipo. (X)
>
> 단어 자체로 최상급의 의미인 경우, 그 이상 강조하는 것이 불가능해요. 대표적인 예시로는 maravilloso나 magnífico가 있어요.
>
> muy maravilloso (X)
> muy magnífico (X)

2. 역구조 동사의 특징

▶ 강의보기   🔊 20-3

1) 명사가 주어인 경우, 관사를 동반해요. (주로 정관사를 사용)

Nos gusta el español. 우리는 스페인어를 좋아해요.

Me gustan los idiomas. 나는 언어를 좋아해요.

2) 동사와 명사가 함께 주어인 경우에는 명사 앞 관사가 사라져요.

Nos gusta aprender español. 우리는 스페인어 배우는 것을 좋아해요.

Me gusta estudiar idiomas. 나는 언어를 공부하는 것을 좋아해요.

📝 ¡Ojo!

3. 좋고 싫음의 강도 표현 (1)

gustar 동사와 encantar 동사를 이용하면 내가 무엇을 얼마나 좋아하는지 강도를 나타낼 수 있어요.

Me encantan los platos españoles.
나는 스페인 요리들을 매우 좋아해요.

Me gustan los platos españoles.
나는 스페인 요리들을 좋아해요.

No me gustan los platos españoles.
나는 스페인 요리들을 좋아하지 않아요. (= 싫어해요)

¡Ojo!

★ 부가 의문문 만들기

스페인어에서 부가 의문문을 만드는 방법은 문장 뒤에 다음과 같은 표현을 추가하기만 하면 돼요.

1. , ¿no?
2. , ¿verdad?

STEP 3 스페인어 진짜 즐기기

아래 대화를 들으면서 오늘 배운 내용을 확인해 보세요.

 Marcos
Te gusta ir a conciertos, ¿no?
너 콘서트에 가는 거 좋아하지, 안 그래?

Erica
Sí, me gusta. Sobre todo, me **encantan** los conciertos de rock.
응, 나는 그것을 좋아해. 특히, 나는 락 콘서트들을 매우 좋아해.

 Marcos
A mí me gusta **la música clásica**. Me gusta **escuchar música clásica** antes de dormir. Pero **no me gusta** el rock, la verdad. Tengo dos entradas para la actuación de una orquesta famosa. ¿Quieres venir?
나는 클래식 음악을 좋아해. 나는 자기 전에 클래식 음악을 듣는 것을 좋아해. 하지만 사실 락은 좋아하지 않아. 내가 유명한 오케스트라 공연의 입장권 두 장을 가지고 있어. 오고 싶어?

Erica
¡Claro!
당연하지!

단어

entrada 입장권, 표
actuación 공연
orquesta 오케스트라
claro = **por supuesto** = **desde luego** 당연하지, 물론이지

 **STEP 4 스페인어 진짜 써먹기**

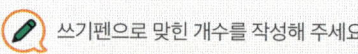

1 아래의 정보들을 조합해서 각각 무엇을 좋아하고 싫어하는지 쓰세요.

1. no gustar — trabajar los fines de semana
   ➡ A Lucas _____

2. encantar — ir de compras
   * ir de compras: 쇼핑 가다
   ➡ A Erica _____

3. gustar — la fotografía y la arquitectura
   ➡ A Sara _____

2 다음 중 문법적으로 틀린 문장을 고르세요.

① A mis padres no les gusta llegar tarde.
② Nos encanta esta película.
③ ¿Os gustan las películas coreanas?
④ No te encantan los animales salvajes.
⑤ Me gusta hacer ejercicio por la mañana.

3 다음 문장들을 괄호 안 동사가 들어가는 문장으로 바꿔 쓰세요.

1. Me gustan las películas. (ver: 보다)
   ➡ _____

2. Me gusta la música. (escuchar: 듣다)
   ➡ _____

▶ 강의보기 — 틀리거나 헷갈리는 문제는 문제 해설 강의로 복습하세요.

◎ 오늘의 Misión — gustar 동사와 encantar 동사를 사용하여 좋아하는 강도를 나타내 보세요!

Día 21
Me interesa el fútbol.
나는 축구에 관심이 있어요.

오늘의 학습 목표

      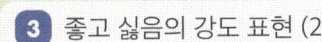

   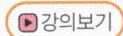 21-1

¡Ojo!

다음 문장을 여러 번 듣고 따라 읽으세요.

Nos interesa el arte contemporáneo.
우리는 현대 미술에 관심이 있어요.

Me duele mucho la cabeza. Necesito ir al médico. ★
나는 머리가 매우 아파. 나는 병원에 갈 필요가 있어.

No me gusta nada levantarme temprano.
나는 일찍 일어나는 것을 전혀 좋아하지 않아요.

A muchos hombres les interesa el fútbol.
많은 남자들은 축구에 관심이 있어요.

☑ 반복 학습 체크체크

MP3 듣기 | 1회 ✓ | 2회 | 3회
따라 읽기 | 1회 | 2회 | 3회

★ '병원에 가다'라는 표현으로 ir al hospital보다는 ir al médico를 많이 사용해요.

Ⓥ 단어

contemporáneo 현대의
ir al médico 의사에게 가다, 병원에 가다

 스페인/중남미 진짜 여행 떠나기!

스페인에는 Seguridad Social이라는 사회 보장 제도가 있어요. 이 제도에는 의료 보험이 포함되는데 미용을 목적으로 하는 치료 및 치과 등 몇몇을 제외하고는 스페인 거주권자 (일반적인 영주권에 해당)는 진료, 수술, 입원이 무료입니다.

STEP 2 스페인어 진짜 알아가기

¡Ojo!

1. interesar 동사

▶ 강의보기   🔊 21-2

역구조 동사인 interesar는 '~에 관심이 있다'라는 뜻으로 관심사와 흥미를 나타낼 수 있어요.

간접 목적격 대명사	동사	주어
me te le nos os les	interesa	+ 단수 명사 + 동사 원형
	interesan	+ 복수 명사

Me interesa estudiar Derecho★ en la universidad.
나는 대학에서 법학을 공부하는 것에 관심이 있어.

¿Qué cosas te interesan?
너는 어떤 것들에 관심이 있어?

★ estudiar 다음에 전공명이나 과목명이 오는 경우 관사를 사용하지 않아요. 또한, 전공명이나 과목명은 대문자로 써요!

2. doler 동사

▶ 강의보기   🔊 21-3

doler 동사는 '아프다'라는 뜻이에요. o>ue 로 변하는 동사이기 때문에 다음과 같이 변화해요.

간접 목적격 대명사	동사	주어
me te le nos os les	duele	+ 단수 명사 + 동사 원형
	duelen	+ 복수 명사

Estoy sentada todo el día para estudiar. Me duele la espalda.
나는 공부하기 위해 하루 종일 앉아 있어요. 나는 등이 아파요.

잠깐!
doler 동사와 함께 아픈 부위를 이야기할 때 소유격 형용사는 사용할 수 없어요. 재귀 동사와 마찬가지로 이미 문장에 소유격의 의미가 포함되어 있기 때문이에요.
Me duele mi cabeza. (X) ➡ Me duele la cabeza.

★ doler 동사와 같은 뜻으로 'tener dolor de + 명사'를 사용할 수 있어요. 이때, 명사 앞에는 관사를 쓰지 않아요!

Me duele la cabeza. = Tengo dolor de cabeza.

3. 좋고 싫음의 강도 표현 (2)

지난번 배웠던 표현들에 더해 좋고 싫음의 강도를 조금 더 자세히 나타내 볼까요?

Me encanta estudiar español. = Me gusta mucho estudiar español.
나는 스페인어 공부하는 것을 매우 좋아해요.

Me gusta bastante estudiar español.
나는 스페인어 공부하는 것을 꽤 좋아해요.

Me gusta estudiar español.
나는 스페인어 공부하는 것을 좋아해요.

No me gusta mucho★ estudiar español.
나는 스페인어 공부하는 것을 별로 좋아하지 않아요.

No me gusta estudiar español.
나는 스페인어 공부하는 것을 좋아하지 않아요.

No me gusta nada estudiar español.
나는 스페인어 공부하는 것을 전혀 좋아하지 않아요.

★ no ~ gustar mucho는 '많이 좋아하지 않아요'가 아니라 '별로 좋아하지 않아요'로 해석해요.

 **STEP 3 스페인어 진짜 즐기기**

아래 대화를 들으면서 오늘 배운 내용을 확인해 보세요.

 Sara: Lucas, ¿te interesa el pilates? Hay un curso gratuito en mi universidad. Te duele la espalda y el pilates es muy bueno para eso.
루카스, 너 필라테스에 관심 있어? 내 대학에 무료 강습이 있어.
너 등이 아프잖아. 필라테스는 거기에 매우 좋아.

Lucas: Pues… no me interesa. No me gustan mucho las actividades de interior.
음… 나는 관심이 없어. 나는 실내 활동들을 별로 좋아하지 않아.

 Sara: ¿Entonces, qué cosas te interesan?
그러면 너는 어떤 것들에 관심이 있어?

Lucas: A mí me interesan más los deportes como el fútbol o el baloncesto.
나는 축구나 농구같은 스포츠에 더 관심이 있어.

STEP 4 스페인어 진짜 써먹기

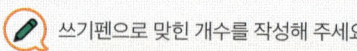
쓰기펜으로 맞힌 개수를 작성해 주세요.

나의 점수   개 / 6개

정답 보기

1 사라와 에리카가 학교에서 하는 여름 활동들을 신청하려고 합니다.
다음 대화를 듣고 사라와 에리카가 각각 어떤 활동에 관심 있어 하는지 쓰세요.

🔊 21-6

Cursos y actividades de verano
- curso de cocina española
- curso de baile
- curso de pronunciación

- ir a ver una actuación de flamenco
- aprender canciones latinoamericanas
- ir a la exposición sobre la arquitectura española

1. A Sara _____.

2. A Erica _____.

2 그림을 보고 doler 동사와 다음의 신체 부위 단어를 활용해 어디가 아픈지 대답해 보세요.

| 보기 | piernas | cabeza | estómago | espalda |

1. A mis padres _____.
2. A nosotros _____.
3. A mí _____.
4. A ella _____.

▶ 강의보기   틀리거나 헷갈리는 문제는 문제 해설 강의로 복습하세요.

◎ 오늘의 Misión   interesar 동사를 활용하여 스페인 혹은 라틴아메리카 문화 중 내가 관심있어 하는 것이 무엇인지 친구와 대화를 나누어봐요.

학습 종료

4

Día 22

¿Qué te parece esta novela?
이 소설 어때?

20 . .

오늘의 학습 목표

1. parecer 동사를 이용해 의견 묻기
2. 일반 동사 vs 역구조 동사 되묻기
3. 역구조 동사에 대해 동의 여부를 나타내는 표현

STEP 1 스페인어 진짜 맛보기

강의보기 22-1 말하기 연습

¡Ojo!

다음 문장을 여러 번 듣고 따라 읽으세요.

¿Qué os parece mi casa?
너희에게 내 집이 어때 보여?

- Nos parece una casa bonita.
- 우리에게는 예쁜 집으로 보여.

A mí me parece demasiado caro este libro. ¿Y a ti?
나에게는 이 책이 지나치게 비싸 보여. 너에게는?

- A mí también.
- 나에게도 (비싸 보여).

Me gustan mucho los cuadros de Picasso. Son originales.
나는 피카소의 그림들을 매우 좋아해요. 그것들은 독창적이에요.

- A mí no.
- 나는 좋아하지 않아요.

A mí no me parecen interesantes las novelas clásicas.
나에게는 고전 소설들이 흥미로워 보이지 않아요.

- A nosotros tampoco.
- 우리들에게도요.

✓ 반복 학습 체크체크

MP3 듣기 ✓ 2회 3회

따라 읽기 1회 2회 3회

⊙ Mini Check

demasiado는 '지나친, 지나치게'라는 뜻으로 부정적인 상황에 대해서만 사용이 가능해요.

스페인/중남미 진짜 여행 떠나기!

'세계 책의 날'인 4월 23일은 el Día de San Jorge 혹은 카탈루냐어로 el Día de Sant Jordi라고 불리는 기념일이에요. 이 날에 남자는 여자에게 장미를, 여자는 남자에게 책을 선물해요.

STEP 2 스페인어 진짜 알아가기

1. parecer 동사를 이용해 의견 묻기

▶ 강의보기 🔊 22-2

parecer 동사는 '~해 보이다'라는 뜻의 역구조 동사로 다른 사람의 의견을 물을 때 사용해요.

의문사	간접 목적격 대명사	동사	주어
¿Qué	te / le / os / les	parece	+ 단수 명사 + 동사 원형
		parecen	+ 복수 명사

¿Qué te parece esta camiseta?   너에게는 이 티셔츠가 어때 보여?

Me parece muy bonita.   나에게는 매우 예뻐 보여.

잠깐!

❶ me와 nos도 문법적으로는 사용할 수 있으나 일반적으로 자기 자신에게 의견을 묻지는 않기 때문에 잘 사용하지 않아요.

❷ parecer 동사는 '~해 보이다'라는 뜻이지만 ¿Qué te parece~?로 물어보는 경우 '~가 어때 보여?' 혹은 '~에 대해 어떻게 생각해?'로 해석할 수 있어요.

2. 일반 동사 vs 역구조 동사 되묻기

▶ 강의보기 🔊 22-3

일반적인 구조의 문장에서는 상대방의 질문에 대해 되묻기 위해 ¿Y tú?를 사용하지만 역구조 동사의 질문에는 사용할 수 없어요.

역구조 동사에서는 질문을 받는 대상이 주어가 아니라 문법적으로 목적어이기 때문이에요.

일반 동사	역구조 동사
Yo me llamo Sara. ¿Y tú?	Me gusta bailar. ¿Y a ti?
- (Yo) me llamo Erica.	- (A mí) no me gusta mucho.

★ 일반적으로는 también/tampoco를 주어 뒤에 사용해서 동의를 표현해요.

Tengo hambre.
- Yo también. / Yo no.

No tengo sueño.
- Yo tampoco. / Yo sí.

3. 역구조 동사에 대해 동의 여부를 나타내는 표현

▶ 강의보기 🔊 22-4

스페인어에서는 '도'의 동의 표현이 두 가지 있어요.

1) 동의를 나타내는 표현 (~도)

	긍정에 대해 동의하는 표현	
también	Me gusta esta película. - A mí también.	나는 이 영화를 좋아해. - 나도.

 **¡Ojo!**

tampoco	부정에 대해 동의하는 표현	
	No me gustan las verduras. - A mí tampoco.	나는 야채들을 좋아하지 않아. - 나도.

 잠깐!

동의 여부를 나타낼 때는 동의하는 대상을 생략할 수 없어요! 즉, 일반 동사를 사용하는 문장의 경우 주어를 생략할 수 없고, 역구조 동사를 사용하는 경우 también, tampoco 앞에 목적어를 생략할 수 없어요.

Yo quiero ir al cine.　　　　　- También. (X) ➡ Yo también.
Me gusta esta película.　　　　- También. (X) ➡ A mí también.

2) 동의하지 않음을 나타내는 표현 (나는 그래/나는 아니야)

sí	부정에 대해 동의하지 않는 표현	
	No me gustan las verduras. - A mí sí.	나는 야채들을 좋아하지 않아. - 나는 좋아해.
no	긍정에 대해 동의하지 않는 표현	
	Me gusta esta película. - A mí no.	나는 이 영화를 좋아해. - 나는 안 좋아해.

 **STEP 3 스페인어 진짜 즐기기**　　　▶강의보기　🔊 22-5　💬 말하기 연습

아래 대화를 들으면서 오늘 배운 내용을 확인해 보세요.

 Sara
¿Qué te parece esta novela?
이 소설 어때?

Lucas
Me parece un poco larga.
A mí me interesa el nuevo libro de mi escritor favorito.
Me gusta el título. ¿Y a ti?
나에게는 조금 길어 보여.
나는 내가 가장 좋아하는 작가의 신작에 관심이 있어.
나는 제목이 마음에 들어. 너는?

Sara
A mí también. Es muy original.
나도. 그것은 매우 독창적이야.

STEP 4 스페인어 진짜 써먹기

쓰기펜으로 맞힌 개수를 작성해 주세요.

나의 점수   개 / 13개   정답 보기

❶ 밑줄 친 부분에 parecer 동사의 알맞은 형태를 쓰세요.

1. ¿Qué te _____ ir al cine todos juntos?
   - A mí me _____ buena idea.

2. Me _____ simpáticos los nuevos profesores de español.

3. ¿Qué os _____ esta blusa?
   - Nos _____ muy elegante.

4. ¿Qué les _____ a ustedes mis informes?
   - Nos _____ organizados.

❷ 밑줄 친 부분에 들어갈 질문으로 ¿Y tú? 와 ¿Y a ti? 중에서 알맞은 것을 쓰세요.

1. No me gusta mucho ver la televisión. _____

2. Me duele el estómago. _____

3. No tengo ningún plan para este sábado. _____

4. A mí no me parece mal ir a la playa esta tarde. _____

❸ 질문을 듣고 각 문장에 대해 동의하는지 혹은 동의하지 않는지 자유롭게 답변해 보세요   🔊 22-6

1. _____
2. _____
3. _____
4. _____
5. _____

▶ 강의보기   틀리거나 헷갈리는 문제는 문제 해설 강의로 복습하세요.

◎ 오늘의 Misión   parecer 동사를 활용하여 친구의 의견을 묻고 답해보세요.
¿Qué idiomas os parecen interesantes?

학습 종료

Día 23
¿Qué te parece si vamos de compras?
우리 쇼핑하러 가는 게 어때요?

오늘의 학습 목표

1. ¿Qué te parece si?   2. 제안하는 표현   3. importar 동사

STEP 1 스페인어 진짜 맛보기

다음 문장을 여러 번 듣고 따라 읽으세요.

¿Qué te parece si nos vemos en el centro comercial?
우리 쇼핑몰에서 만나는 건 어때요?

¿Por qué no vamos de compras★ juntos?
우리 함께 쇼핑 가는 게 어때요?

¿Te importa abrirme la puerta?
나에게 문을 열어 주는 것이 너에게 상관있니? (= 나에게 문을 열어 줄 수 있니?)

- No, no me importa.
– 아니, 상관없어. (= 응, 열어줄게.)

¿Os importa si voy al baño?
내가 화장실 가는 것이 너희에게 상관있니? (= 내가 화장실에 가도 될까?)

¡Ojo!

☑ 반복 학습 체크체크

MP3 듣기 1회 ✓ 2회 3회
따라 읽기 1회 2회 3회

★ ir de compras: 쇼핑 가다 (옷, 가방, 신발 등으로 식료품을 제외한 쇼핑 품목)
hacer la compra: 장 보다 (식료품 및 생필품)

 스페인/중남미 진짜 여행 떠나기!

스페인에는 한국과 같은 백화점(grandes almacenes)이 많지 않아요. '엘 꼬르떼 잉글레스(El Corte Inglés)'라는 백화점 체인 이외에는 거의 찾아볼 수 없고, 쇼핑몰은 보통 el centro comercial 이라고 불러요.

STEP 2 스페인어 진짜 알아가기

1. ¿Qué te parece si~?

'~하는 게 어때?'의 제안하는 표현을 만들 수 있어요.

¿Qué	te le os les	+ si + 주어 + 동사?

¿Qué os parece si jugamos al béisbol?
우리 야구하는 게 어때?

¿Qué le parece si lo visito a usted la semana que viene?
제가 다음 주에 당신을 방문하는 게 어떨까요? (=제가 다음 주에 당신에게 방문하는 게 어떨까요?)

잠깐!
'주어 + 동사'에서의 동사 부분은 항상 인칭에 따라 변화가 필요해요!

¡Ojo!
★ ¿Qué te parece~? 를 통해 의견을 물을때와 마찬가지로 자기 자신 혹은 우리에게 제안하는 일은 없으므로 te/le/os/les의 대명사를 자주 사용해요.

2. 제안하는 표현

¿Qué te parece si~? 이외에도 다음과 같은 표현을 통해 제안할 수 있어요.

1) ¿Por qué no + 주어 + 동사?

¿Por qué no quedamos a las seis de la tarde en el parque?
우리 오후 여섯 시에 공원에서 만나는 게 어때?

잠깐!
여기서 ¿Por qué no~?는 '왜 ~ 하지 않아?'가 아니라 '~하는 게 어때?'라고 해석해야 해요.

2) ¿Qué tal si + 주어 + 동사?

¿Qué tal si viajamos a Francia este verano?
우리 이번 여름에 프랑스에 여행 가는 게 어때?

3. importar 동사

역구조 동사인 importar는 다음의 두 가지 의미를 가져요.

1) 중요하다

Me importan mucho los exámenes porque necesito la beca.
나에게는 시험들이 매우 중요해요. 왜냐하면 내가 장학금을 필요로 하기 때문이에요.

2) 상관이 있다

이 의미로 사용하는 경우 부탁을 하거나 허락을 구하는 문장을 만들 수 있어요.

> 부탁하기: ¿Te/Le/Os/Les importa + 동사 원형?
> 허락 구하기: ¿Te/Le/Os/Les importa + si + 주어 + 동사?

¿Te importa ayudarme?
나를 도와주는 것이 너에게 상관이 있니?
(= 나를 도와줄 수 있니?)

¿Le importa si abro la ventana?
제가 창문을 여는 것이 당신께 상관이 있나요? (= 제가 창문을 열어도 될까요?)

잠깐!
importar 동사가 들어가는 질문에 대답할 때에는 한국어와 반대라서 주의해야 해요.
Sí ➡ Sí, sí me importa.　　　응, 나에게는 상관있어. (부탁/허락 거절)
No ➡ No, no me importa.　　아니, 나에게는 상관없어. (부탁/허락 수락)

¡Ojo!

★ 부탁하기에서 동사 원형이 오는 경우 그 행동을 할 사람은 주절의 목적어 (의미상 주어)인 질문을 받는 사람이에요.

★ 허락 구하기의 경우 si ~ 종속절의 주어는 주절의 목적어 (의미상 주어)와 다른 인칭/수를 사용하는 것이 일반적이에요.

STEP 3 스페인어 진짜 즐기기

아래 대화를 들으면서 오늘 배운 내용을 확인해 보세요.

Sara

La próxima semana tengo el examen de español y necesito ayuda. ¿Te importa ayudarme?
나는 다음 주에 스페인어 시험이 있고 도움이 필요해.
나를 도와주는 것이 너에게 상관있어? (= 나를 도와줄 수 있어?)

No, no me importa. ¿Cuándo quieres quedar?
아니, 상관없어. (= 도와줄게.) 언제 만나고 싶어?

Marcos

Sara

¿Qué te parece si quedamos en mi casa mañana?
우리 내일 내 집에서 만나는 건 어때?

Lo siento. Mañana no puedo. Tengo que visitar a mi abuela. ¿Por qué no nos vemos el domingo?
미안해. 내일은 안 돼. 할머니를 방문해야만 해.
우리 일요일에 만나는 건 어때?

Marcos

STEP 4 스페인어 진짜 써먹기

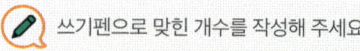

1 해석을 보고 qué te parece si를 이용하여 문장을 완성하세요.

1. 우리 햄버거 가게에 가는 게 어때?
   ➡ _____

2. 우리 농구하는 게 어때?
   ➡ _____

3. 우리 함께 숙제하는 게 어때?
   ➡ _____

* la hamburguesería 햄버거 가게

2 각각의 상황이 ❶ 제안하기, ❷ 부탁하기, ❸ 허락 구하기 중 무엇에 해당하는지 번호를 쓰세요.

1. ¿Qué tal si celebramos una fiesta de bienvenida para Erica? ➡ _____
2. ¿Por qué no nos apuntamos en el club de lectura? ➡ _____
3. ¿Le importa vigilar mi mochila? ➡ _____
4. ¿Os importa si cierro la puerta? ➡ _____

3 이어지는 내용을 보고 sí와 no 중 알맞은 답변을 골라 쓰세요.

1. ¿Te importa si pongo el aire acondicionado? Hace mucho calor.
   - _____. Estoy resfriado y tengo un poco de frío.

2. ¿Os importa cuidar a mis hermanos? Tengo que ir al médico urgentemente.
   - _____. Puedes ir tranquilamente.

3. ¿Te importa si vienen mis amigos? Ellos también quieren ver esta película.
   - _____. No me gusta estar con mucha gente.

▶ 강의보기 틀리거나 헷갈리는 문제는 문제 해설 강의로 복습하세요.

◎ 오늘의 Misión 제안하는 표현을 활용하여 친구에게 멋진 주말 계획을 제안해 봐요!

Día 24

Día 19~23 복습하기

Práctica ④

연습문제

20 . .

나의 점수　　개 / 30개　

❶ 듣기 지문을 듣고 루카스가 병원에 가는 이유를 고르세요.　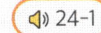 24-1

　① piernas　② espalda　③ dientes　④ cabeza　⑤ cuello

　* **encontrarse bien** 건강하다, 몸 상태가 좋다　　**los dulces** 단것

❷ 다음 문장들의 주어와 목적어를 찾은 후, 문장의 해석을 쓰세요.

　1. Nos gustan todos los deportes acuáticos.

　　주어 ➡ _____

　　목적어 ➡ _____

　　해석 ➡ _____

　2. A mis padres les gusta pasear, leer e ir al cine.

　　주어 ➡ _____

　　목적어 ➡ _____

　　해석 ➡ _____

　3. ¿Os interesa estudiar español?

　　주어 ➡ _____

　　목적어 ➡ _____

　　해석 ➡ _____

❸ 다음은 펜팔 사이트에 올라온 자기소개입니다. 글을 읽고 밑줄 친 부분에 괄호 안 동사의 알맞은 형태를 쓰세요.

> ¡Hola a todos! Me llamo Elena y soy de España. Busco amigos para practicar coreano.
> Me **1.** _____ (gustar) mucho los idiomas extranjeros.
> Sobre todo, me **2.** _____ (interesar) la cultura asiática. Algún día quiero visitar Corea. Hablo español, inglés, chino, coreano y un poco de francés.
> En mi tiempo libre me **3.** _____ (gustar) leer, nadar y ver películas. Podemos ir al cine juntos. Me **4.** _____ (encantar) las películas de acción.

* **asiático** 아시아의　**la película de acción** 액션 영화

❹ 글을 읽고 마르코스가 좋아하는 것들과 좋아하지 않는 것들을 좋아하는 강도에 따라 순서대로 나열하세요.

> Mi estación favorita es el otoño porque hace buen tiempo. Me gustan las hojas coloridas y el cielo azul de otoño. Me encanta ir al parque con mis primos. No me gusta mucho hacer ejercicio, pero me gusta bastante montar en bicicleta. Pero no me gusta el verano porque no me gusta nada el calor.

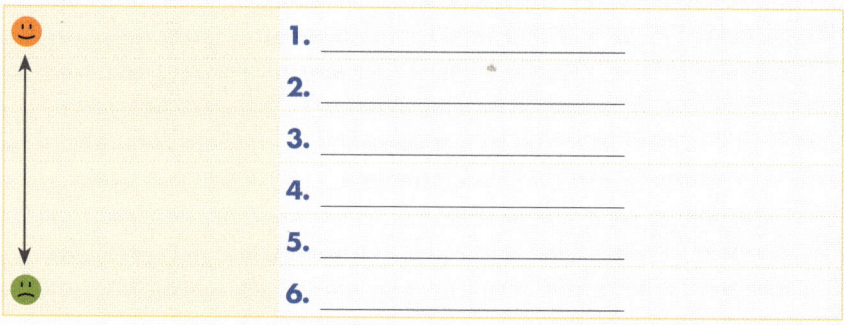

1. _____
2. _____
3. _____
4. _____
5. _____
6. _____

* **la estación** 계절, (지하철, 기차 등의) 역　**el otoño** 가을　**la hoja** 나뭇잎
　colorido 색색의, 색이 있는　**montar en bicicleta** 자전거를 타다　**el calor** 더위

5 괄호 안의 동사를 활용하여 <보기>와 같은 형태로 변화시켜 쓰세요.

> 보기 Me gusta la música.　(escuchar)
> ➡ Me gusta escuchar música.

1. Os gustan las películas.　(ver)
➡ _____.

2. A mucha gente le interesa el español.　(aprender)
➡ _____.

3. Nos gustan mucho las montañas.　(subir)
➡ _____.

4. A ellos les gustan las frutas.　(comer)
➡ _____.

6 다음 질문을 보고 '너는?'이라는 뜻으로 알맞은 것을 고르세요.

1. Me gusta mucho ir de compras.
   ① ¿Y tú?　　　　② ¿Y a ti?

2. Tenemos muchos planes para estas vacaciones de verano.
   ① ¿Y tú?　　　　② ¿Y a ti?

3. No me gustan nada las verduras.
   ① ¿Y tú?　　　　② ¿Y a ti?

7 괄호 안의 표현 중 알맞은 것을 고르세요.

1. ¿Qué te (parece / parecen / parece si) organizamos una fiesta para Juan?

2. ¿Qué les (parece / parecen / parece si) esta película?

3. ¿Qué os (parece / parecen / parece si) estos cuadros?

8 <보기>와 같이 동의/비동의 표현을 쓰며 대화를 완성하세요.

> 보기
> Me gusta la música clásica.
> A (비동의) ➡ A mí no.
> B (동의) ➡ A mí sí.
> C (동의) ➡ A mí también.

1. Me gusta la comida italiana.

   A (동의) ➡ _____

   B (비동의) ➡ _____

   C (비동의) ➡ _____

2. No me gusta invitar a los amigos a casa.

   A (동의) ➡ _____

   B (비동의) ➡ _____

   C (비동의) ➡ _____

9 다음 문장이 ❶ 제안하기, ❷ 부탁하기, ❸ 허락 구하기 중 어떤 기능을 하는지 고르세요.

1. ¿Os importa si me siento aquí? (❶ 제안 /❷ 부탁 /❸ 허락)

2. ¿Por qué no vamos al cine juntos este fin de semana? (❶ 제안 /❷ 부탁 /❸ 허락)

3. ¿Te importa si abro la ventana? (❶ 제안 /❷ 부탁 /❸ 허락)

4. ¿Qué tal si nos alojamos en un hotel? (❶ 제안 /❷ 부탁 /❸ 허락)

▶ 강의보기 틀리거나 헷갈리는 문제는 문제 해설 강의로 복습하세요.

오늘의 Misión Día 19~23에서 배운 내용을 활용해서 내가 관심있거나 좋아하는 활동을 말하고 친구에게 같이 그 활동을 진행할 것을 제안해보세요.

Día 25
Hay muchas personas estudiando en la biblioteca.
도서관에서 공부하고 있는 사람들이 많이 있어요.

오늘의 학습 목표

1. -ar 동사의 현재 분사
2. -er/-ir 동사의 현재 분사
3. hay 동사와 현재 분사

STEP 1 스페인어 진짜 맛보기

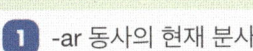  

¡Ojo!

다음 문장을 여러 번 듣고 따라 읽으세요.

En el banco, hay mucha gente esperando.
은행에는 기다리고 있는 사람들이 많아요.

Hay una persona escuchando música debajo del árbol.
나무 아래에 음악을 듣고 있는 사람이 한 명 있어요.

Hay un niño llorando en la calle.
길에 울고 있는 남자아이가 한 명 있어요.

En el parque, hay varios perros jugando.
공원에 놀고 있는 강아지가 여럿 있어요.

□ 반복 학습 체크체크

MP3 듣기 ✓ / 2회 / 3회
따라 읽기 1회 / 2회 / 3회

 스페인/중남미 진짜 여행 떠나기!

저축을 하면 이자를 주는 한국의 은행들과는 달리 스페인 은행에서는 이자를 주지 않아요. 오히려 계좌를 사용하는 경우 매년 일정 금액의 유지비를 지불해야 해요. 청년 계좌(cuenta joven)인 경우에는 유지비가 들지 않지만 은행별로 지정한 나이가 되면 유지비가 발생하니 스페인에서 계좌를 만드셨다면 한국에 돌아올 때는 꼭 계좌를 해지하세요!

STEP 2 스페인어 진짜 알아가기

1. -ar 동사의 현재 분사

▶강의보기 🔊 25-2

-ar로 끝나는 동사들은 현재 분사일 때 어미가 다음과 같이 변해요.

-ar	-ando

bail**ar**	춤추다	bail**ando**
estudi**ar**	공부하다	estudi**ando**
llor**ar**	울다	llor**ando**
trabaj**ar**	일하다	trabaj**ando**
viaj**ar**	여행하다	viaj**ando**
est**ar**	~한 상태이다, ~에 있다	est**ando**

> **잠깐!**
> 앞에서 배운 직설법 현재 시제에서 불규칙이었던 동사들이 현재 분사에서는 불규칙이 아닐 수도 있어요. 동사들은 각 시제별로 규칙 동사와 불규칙 동사가 다르다는 점 기억하세요!

encontr**ar**	발견하다	encontr**ando**
pens**ar**	생각하다	pens**ando**

위 동사들은 각각 직설법 현재 시제에서 완전 불규칙, o>ue 변화 불규칙, e>ie 변화 불규칙에 해당하는 동사들이지만 현재 분사에서는 규칙 동사예요!

2. -er/-ir 동사의 현재 분사

▶강의보기 🔊 25-3

-er/-ir로 끝나는 동사들은 현재 분사일 때 어미가 다음과 같이 변해요.

-er/-ir	-iendo

com**er**	먹다	com**iendo**
beb**er**	마시다	beb**iendo**
escrib**ir**	쓰다	escrib**iendo**
viv**ir**	살다	viv**iendo**

> **잠깐!**
> 직설법 현재 시제와 달리 현재 분사에서는 -er 동사와 -ir 동사가 같은 어미 변화 형태를 공유해요.

¡Ojo!

★ 직설법 현재 시제에서는 동사가 주어에 따라 모두 다르게 변했지만 현재 분사에서는 동사별로 한 가지 형태로만 변해요.

3. hay 동사와 현재 분사

현재 분사는 hay 동사와 함께 사용하여 형용사처럼 앞에 나오는 대상의 행동을 표현할 수 있어요.

> **hay** + 대상(사람, 사물, 동물) + 현재 분사: ~하고 있는/~하는 대상이 있다

Hay unos hombres **cantando** en la plaza.
광장에는 노래하고 있는 남자들이 몇몇 있어요.

Hay muchos gatos **maullando**★ cerca de mi casa.
우리 집 근처에는 야옹거리는 고양이들이 많이 있어요.

잠깐!
존재를 나타내는 hay 동사 다음에는 무관사, 부정 관사, 수량사 등이 명사와 함께 동반될 수 있지만 정관사, 소유 형용사, 지시 형용사와는 같이 쓰일 수 없어요.

Hay los/tus/estos hombres cantando en la plaza. (X)

Hay unos/muchos/tres/algunos hombres cantando en la plaza. (O)

¡Ojo!

★ 동물마다 울음소리를 나타내는 방법이 조금씩 달라요.
- maullar 야옹거리다
- ladrar 짖다
- rugir 포효하다

단어
maullar 야옹거리다

★ salir, ir, venir, volver 등과 같이 움직이는 방향을 가지는 동사 다음에는 전치사 a로 목적을 나타낼 수도 있어요.

STEP 3 스페인어 진짜 즐기기

아래 대화를 들으면서 오늘 배운 내용을 확인해 보세요.

 Erica:
Hay algunos vecinos **cantando** y **tocando** la guitarra. ¿Hoy es un día especial?
노래하고 기타 치는 몇몇 이웃들이 있어.
오늘 특별한 날이야?

 Lucas:
Hoy es el festival de música de este barrio. También **hay** unos camiones **vendiendo** helados en esta calle.
오늘은 이 동네 음악 페스티벌이야. 이 거리에는 아이스크림을 팔고 있는 트럭들도 몇몇 있어.

 Erica:
Sí. También **hay** niños **corriendo**. Parece muy divertido.
맞아. 뛰어다니는 아이들도 있어. 매우 재밌어 보인다.

STEP 4 스페인어 진짜 써먹기

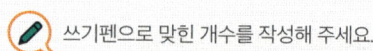 쓰기펜으로 맞힌 개수를 작성해 주세요.

나의 점수   개 / 11개   정답 보기

1 다음 동사들의 현재 분사 형태를 쓰세요.

1. estudiar ➡ _____
2. encontrar ➡ _____
3. abrir ➡ _____
4. ser ➡ _____

2 동사의 현재 분사 형태로 알맞은 것을 고르세요.

1. Hay una señora (cerrando / cierrando) las ventanas.
2. Hay pocos alumnos (estudiando / estudiendo) en la biblioteca.
3. Hay una chica (escribendo / escribiendo) cartas de amor.

3 그림을 보고 문장에 들어갈 동사를 <보기>에서 찾아 올바른 형태로 쓰세요.

| 보기 | jugar | subir | pasear | preguntar |

1. ➡ Hay un señor _____ al perro.

2. ➡ En el parque infantil, hay muchos niños _____.

3. ➡ Hay una estudiante _____ al profesor.

4. ➡ Hay una pareja _____ a la montaña.

▶ 강의보기 틀리거나 헷갈리는 문제는 문제 해설 강의로 복습하세요.

◎ 오늘의 Misión hay와 현재 분사를 이용하여 내 주변 대상들이 무엇을 하고 있는지에 대해 묘사해 봐요.

 학습 종료

Día 26
Puedes llegar a la sala de profesores entrando en el edificio.
너는 건물에 들어가면서 교무실을 발견할 수 있어.

오늘의 학습 목표
1. o>u 불규칙 동사
2. e>i 불규칙 동사
3. -iendo가 -yendo로 변하는 동사
4. 방법을 나타내는 현재 분사

STEP 1 스페인어 진짜 맛보기

다음 문장을 여러 번 듣고 따라 읽으세요.

Subimos las escaleras corriendo porque vamos tarde al examen de español.
우리는 스페인어 시험에 늦어서 뛰어서 계단을 올라가요.

¿Cómo puedo ir a la reunión?
회의실에 어떻게 가나요?
- **Girando a la derecha al final del pasillo.**
- 복도 끝에서 오른쪽으로 돌면 있어요.

¿Sabes cómo llegar a la biblioteca?
너는 도서관에 어떻게 도착하는지 알아?
- **Sí, puedes llegar siguiendo este pasillo. Está al fondo.**
- 응, 너는 이 복도를 따라서 도착할 수 있어. 끝에 있어.

Hay muchos alumnos leyendo libros en el descanso.
쉬는 시간에 독서를 하는 학생들이 많이 있어요.

스페인/중남미 진짜 여행 떠나기!
한국의 교육 과정은 초등학교 6년, 중학교 3년, 고등학교 3년이지만 스페인의 교육 과정은 초등학교 6년, 중학교 4년, 고등학교 2년으로 구성되어 있어요. 학년이 끝나면 무조건 다음 과정으로 올라가는 한국과 달리 스페인에는 낙제 제도가 있어요.

¡Ojo!
✓ 반복 학습 체크체크
MP3 듣기 1회 ✓ 2회 3회
따라 읽기 1회 2회 3회

STEP 2 스페인어 진짜 알아가기

1. o>u 불규칙 동사

🎬 강의보기 🔊 26-2

직설법 현재 시제의 o>ue 불규칙 동사 중 -ir 변화형 동사들은 현재 분사에서 o가 u로 변해요. 현재 분사의 o>u 불규칙은 아래 세 가지 동사들만 해당해요.

dormir	자다	durmiendo
morir	죽다	muriendo
poder	~할 수 있다	pudiendo

잠깐! poder 동사는 -er의 어미로 끝나지만 현재 분사의 o>u 변화 불규칙 동사에 해당해요.

¡Ojo!

★ o>u 불규칙은 poder, dormir, morir 세 가지만 존재하지만 나머지 불규칙인 현재 분사는 예시로 제공된 동사들 외에도 더 많이 있어요.

2. e>i 불규칙 동사

🎬 강의보기 🔊 26-3

직설법 현재 시제의 e>ie 혹은 e>i 불규칙 동사 중 -ir 변화형 동사들은 현재 분사에서 e가 i로 변해요.

mentir	거짓말하다	mintiendo
preferir	선호하다	prefiriendo
pedir	시키다, 주문하다	pidiendo
repetir	반복하다	repitiendo
seguir	따르다	siguiendo
sentir	느끼다	sintiendo
venir	오다	viniendo
vestir	옷을 입히다	vistiendo

3. -iendo가 -yendo로 변하는 동사

🎬 강의보기 🔊 26-4

-er, -ir 변화형 동사들 중 어간이 모음으로 끝나는 동사들은 -iendo가 아니라 -yendo로 변해요.

huir	도망가다	huyendo
ir	가다	yendo
leer	읽다	leyendo
oír	듣다	oyendo

4. 방법을 나타내는 현재 분사

현재 분사는 행위를 어떻게 하는지, 특히 특정 장소에 어떻게 도착하는지를 표현할 수 있어요.

Hoy en día, muchos niños no aprenden leyendo. Ellos aprenden viendo videos.

오늘날 많은 아이들은 독서하며 배우지 않아요. 그들은 비디오를 보며 배워요.

¿Cómo puedo llegar a la biblioteca?
- Bajando esta calle. Está a la derecha del banco.

내가 어떻게 도서관에 도착할 수 있어요? (= 도서관에 어떻게 가야 해요?)
- 이 길을 내려가서요. 은행 오른쪽에 있어요.

★ 비디오는 video와 vídeo 두 형태 모두 사용 가능해요!

¡Ojo!

STEP 3 스페인어 진짜 줄기기

아래 대화를 들으면서 오늘 배운 내용을 확인해 보세요.

Lucas: No entiendo esta parte. Este poema es muy difícil.
나는 이 부분이 이해가 안 가. 이 시는 매우 어려워.

Sara: ¿Qué te parece si lo lees en voz alta? Para mí funciona. Entiendo más leyendo en voz alta.
그것을 소리 내어 읽어 보는 건 어때? 나한테는 효과가 있어.
나는 소리 내어 읽으면 더 이해가 잘 되더라.

Lucas: Gracias, pero no tengo mucho tiempo. Mañana es el examen. Hay muchos compañeros estudiando, pero nadie entiende este texto. Prefiero preguntar al profesor. ¿Cómo puedo ir a la sala de profesores?
고마워, 하지만 나는 시간이 많이 없어. 내일이 시험이야. 공부하는 친구들은 많은데 아무도 이 지문을 이해하지 못해. 선생님께 물어보는게 낫겠어. 교무실은 어떻게 가?

Sara: Está enfrente de la biblioteca, bajando las escaleras.
계단을 내려가면 도서관 맞은편에 있어.

Mini Check

amigo: 친구
compañero: 동료

amigo는 우정을 쌓는 관계이고 compañero는 학교, 직장, 집 등 특정 그룹에 함께 소속되어 있는 사람을 뜻해요.

STEP 4 스페인어 진짜 써먹기

1 다음 동사들의 현재 분사 형태를 쓰세요.

1. ir ➡ _____   2. dormir ➡ _____
3. poder ➡ _____   4. seguir ➡ _____
5. preferir ➡ _____   6. leer ➡ _____

2 해석을 보고 밑줄 친 부분에 들어갈 동사를 올바른 형태로 쓰세요.

1. 정원에 자고 있는 고양이가 두 마리 있어요.
➡ Hay dos gatos _____ en el jardín.

2. 우리들 중에 거짓말하고 있는 사람이 한 명 있어요.
➡ Entre nosotros hay una persona _____ .

3. 은행에서 도망치고 있는 도둑들이 있어요.
➡ Hay ladrones _____ del banco.

3 지도를 보고 해당 장소에 어떻게 도착해야 하는지 <보기> 동사의 현재 분사를 사용하여 문장을 완성하세요.

| 보기 | seguir | girar | entrar |

1. ¿Cómo puedo ir al banco?
➡ Puedes ir al banco _____ a la izquierda.

2. ¿Sabes dónde está la panadería?
➡ La panadería está en la plaza. _____ esta calle.

3. No encontramos la heladería. ¿Cómo podemos llegar ahí?
➡ No es difícil. Vais a encontrarla _____ en el parque.

* **la panadería** 빵집, 빵 가게   **la heladería** 아이스크림 가게

▶ 강의보기) 틀리거나 헷갈리는 문제는 문제 해설 강의로 복습하세요.

◎ 오늘의 Misión) 현재 분사를 이용하여 특정 장소에 도착하는 방법에 대해 이야기해 봐요.

Día 27
Estudio escuchando música.
나는 음악을 들으면서 공부해요.

오늘의 학습 목표

1. 동시 동작
2. 현재 분사와 대명사의 위치
3. 현재 분사의 형용사적 쓰임

 **STEP 1** 스페인어 진짜 맛보기

다음 문장을 여러 번 듣고 따라 읽으세요.

Hago los deberes viendo la televisión.
나는 텔레비전을 보면서 숙제를 해요.

El profesor pasa lista* hablando en voz alta*.
선생님이 큰 목소리로 말하면서 출석을 불러요.

(Pie de foto)
Lucas preparando el último examen del curso.
(사진 하단의 메모)
학년의 마지막 시험을 준비하는 루카스.

Nos gustan las novelas clásicas. Pasamos los fines de semana leyéndolas.
우리는 고전 소설들을 좋아해요. 우리는 매주 주말을 그것들을 읽으면서 보내요.

¡Ojo!

반복 학습 체크체크

MP3 듣기 | 1회 | 2회 | 3회
따라 읽기 | 1회 | 2회 | 3회

★ pasar lista나 en voz alta는 관사를 사용하지 않는 표현입니다.
  pasar la lista (X)
  en la voz alta (X)

★ alto, bajo는 '키가 큰', '키가 작은'이라는 뜻도 있지만 '소리가 높은 (= 큰)' '소리가 낮은 (= 작은)'이라는 뜻으로도 사용할 수 있어요.

단어
pasar lista 출석을 부르다
en voz alta 큰 목소리로

 스페인/중남미 진짜 여행 떠나기!

한국의 수능과 같이 스페인에서도 대학 입학을 위한 시험이 있어요. EBAU, EvAU 혹은 Selectividad 이라고 불리는데, 일반적으로 매년 6월에 시행돼요. 더 좋은 성적을 받고 싶은 학생들은 7월에 있는 재시험에 응시할 기회가 있고 자치주마다 시험 날짜는 조금씩 차이가 있을 수 있어요.

STEP 2 스페인어 진짜 알아가기

✏️ ¡Ojo!

1. 동시 동작

▶ 강의보기 🔊 27-2

1) 현재 분사를 사용해서 동시에 일어나는 동작들을 표현할 수 있어요.

Estudio escuchando música.　　나는 음악을 들으면서 공부해요.

잠깐!

동시 동작을 나타낼 때 '동사 + 현재 분사' 형태를 사용해요. 한 동사는 주어에 따라 변화시키고 나머지 한 동사만 현재 분사의 형태로 써요.

Mi padre desayuna leyendo el periódico.　우리 아빠는 신문을 읽으면서 아침 식사를 해요.
Ellos salen cerrando la puerta.　　그들은 문을 닫으면서 나가요.

2) 동시 동작은 연결사 mientras(~하는 동안)*를 통해서도 나타낼 수 있어요!
Estudio escuchando música. = Estudio mientras escucho música.
Ellos salen cerrando la puerta. = Ellos salen mientras cierran la puerta.

잠깐!

연결사 mientras 다음에는 현재 분사형이 아닌 주어의 인칭과 수에 맞추어 동사 변화가 일어나요.

2. 현재 분사와 대명사의 위치

▶ 강의보기 🔊 27-3

목적격 대명사나 재귀 대명사 등의 대명사는 현재 분사의 바로 뒤에 한 단어처럼 붙여 쓸 수 있어요.

Escucho música duchándome. (재귀 대명사)

나는 샤워하면서 음악을 들어요.

Mi familia siempre pone las noticias por la mañana. Desayuno viéndolas.
(직접 목적격 대명사)
우리 가족은 아침에 항상 뉴스를 틀어요. 나는 그것을 보면서 아침을 먹어요.

잠깐!

동사 원형이 등장하는 문장과 똑같은 규칙이 적용돼요!

1) (간) (직) 동
　재 (직) 동
: 각 단어 사이 띄어쓰기가 필요해요.

2) 동(간)(직)
　동재(직)
: 띄어쓰기를 하지 않고 한 단어처럼 붙여서 사용해요.

3. 현재 분사의 형용사적 쓰임

현재 분사는 형용사의 의미를 가지고 그 기능을 일부 수행할 수 있어요.
현재 분사가 형용사로 사용되는 경우 '~하는, ~하고 있는'의 의미이며 주로 사진을 묘사하는 설명글에서 많이 사용해요.

Sara jugando al tenis con sus amigos.	친구들과 테니스를 치는 사라.
Lucas preguntando al profesor.	선생님께 질문하는 루카스.
Erica viajando por el mundo.	세계 여행을 하는 에리카.
Marcos cocinando para su familia.	그의 가족을 위해 요리하는 마르코스.

잠깐!

현재 분사가 형용사로 사용될 때는 문장에 조동사가 사용되지 않기 때문에 대명사는 현재 분사 뒤에 붙어 들어가야해요.

Sara bañándose en la piscina.
수영장에 몸을 담그는 사라.

STEP 3 스페인어 진짜 즐기기

아래 대화를 들으면서 오늘 배운 내용을 확인해 보세요.

Marcos: ¿Qué son esas fotos? ¿Te importa enseñármelas?
그 사진들은 뭐야? 나에게 그것들을 보여 주는 것이 너에게 상관있어?
(= 나에게 그것들을 보여 줄 수 있어?)

Sara: No, no me importa. Son mis fotos de pequeña.
아니, 상관없어. (= 보여 줄 수 있어.) 내가 어렸을 때 사진들이야.

Marcos: Sara bailando en el salón… ¡Me gusta mucho esta foto!
거실에서 춤추는 사라… 나는 이 사진이 매우 마음에 들어!

Sara: Gracias. Me gusta mucho bailar y todavía bailo en el salón escuchando música.
고마워. 나는 춤추는 것을 매우 좋아하고 아직도 거실에서 음악을 들으면서 춤을 춰.

Mini Check

¿Te importa~?
영어의 Do you mind~? 와 같은 표현으로 상대방에게 부탁할 때 사용할 수 있어요.

STEP 4 스페인어 진짜 써먹기

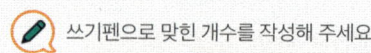

나의 점수   개 / 8개

 정답 보기

1 해석을 보고 밑줄 친 부분에 알맞은 현재 분사를 사용하여 동시 동작을 나타내는 문장을 만드세요.

보기 | conducir | estar | hablar | trabajar

1. 우리는 일을 하면서 라디오를 듣지 않아요.
➡ Nosotros no escuchamos la radio _____.

2. 나는 친구들과 있으면서 핸드폰을 보는 것을 좋아하지 않아요.
➡ No me gusta mirar el móvil _____ con mis amigos.

3. 우리 아빠는 운전하면서 이야기할 수 있어요.
➡ Mi padre puede hablar _____.

4. 그는 친구와 전화를 하면서 그림을 그려요.
➡ Él dibuja _____ por teléfono con su amigo.

2 현재 분사를 이용해 같은 의미를 가진 동시 동작의 문장을 쓰세요.

1. Erica ve la película mientras cuida a sus primos pequeños.
➡ _____.

2. Ella me pide un favor mientras se arrodilla.
➡ _____.

3. Vosotros hacéis mucho ruido mientras os laváis la cara.
➡ _____.

4. Me miro en el espejo mientras me peino.
➡ _____.

* arrodillarse: 무릎 꿇다

▶ 강의보기   틀리거나 헷갈리는 문제는 문제 해설 강의로 복습하세요.

◎ 오늘의 Misión   현재 분사를 사용하여 친구들에게 사진 속 인물이 무엇을 하고 있는지 소개해보세요.

Día 28
¿Qué estás haciendo?
너 뭐하는 중이야?

오늘의 학습 목표

① 현재 진행형의 형태 ② 현재 진행형의 쓰임 ③ 현재 시제와 현재 진행형

STEP 1 스페인어 진짜 맛보기

[강의보기] [28-1] [말하기 연습]

¡Ojo!

다음 문장을 여러 번 듣고 따라 읽으세요.

Estamos preparando el examen de español.
우리는 스페인어 시험을 준비하는 중이에요.

¿Qué **estás haciendo**?
너는 뭐하고 있는 중이야?

- **Estoy repasando** la clase de hoy.
- 나는 오늘 수업을 복습하는 중이야.

¿Podéis hablar más bajo, por favor? Porque el bebé **está durmiendo**.
너희는 조금 더 작게 말해 줄 수 있니? 아기가 자는 중이야.

Últimamente, mi hermano menor **está estudiando** español.
최근에, 내 남동생은 스페인어를 공부하고 있어요.

반복 학습 체크체크

MP3 듣기 1회 ✓ 2회 3회

따라 읽기 1회 2회 3회

 스페인/중남미 진짜 여행 떠나기!

últimamente(최근에)와 actualmente(현재) 이 두 단어는 영어의 ultimately, actually와 형태는 비슷하지만 전혀 다른 뜻으로 쓰여요. 이렇게 서로 다른 언어에서 형태가 같거나 비슷하지만 의미가 다른 경우 falso amigo(거짓짝) 라고 불러요. 다른 언어를 아는 것이 스페인어 학습에 도움이 될 때도 있지만 형태가 비슷하다고 해서 항상 비슷한 뜻으로 쓰이는 것은 아니니 주의하세요!

STEP 2 스페인어 진짜 알아가기

1. 현재 진행형의 형태

▶ 강의보기   🔊 28-2

현재 분사를 사용하여 '~하는 중이다'라는 의미의 현재 진행형을 만들 수 있어요.

> **estar + 현재 분사 ➡ ~하는 중이다**

Mis padres están preguntándome sobre las notas del examen final.
내 부모님이 나에게 기말고사 성적에 대해 물어보는 중이에요.
= Mis padres me están preguntando sobre las notas del examen final.

위 경우에는 현재 분사가 조동사와 함께 사용되므로 대명사가 조동사 앞에 오는 것도 가능해요.

2. 현재 진행형의 쓰임

▶ 강의보기   🔊 28-3

1) 말하고 있는 순간에 일어나는 일들에 대해 이야기할 때

¿Dónde estás? Te estamos esperando.   너 어디야? 우리는 너를 기다리는 중이야.

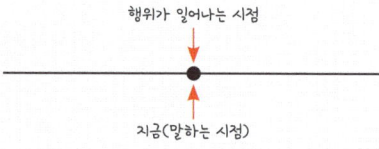

2) 최근에 일어나고 있는 일시적인 일에 대해 이야기할 때

¡Cuánto tiempo!★ ¿Cómo andas?★
- Últimamente, estoy trabajando en una hamburguesería.

얼마 만이야! 뭐하고 지내?
- 최근에 나는 햄버거 가게에서 일하는 중이야.

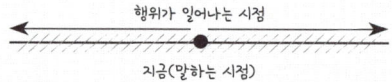

★ ¡Cuánto tiempo!
: 오랜만이야! 얼마 만이야!
→ 오랜만에 보거나 만난 친구에게 사용하는 인사법이에요.

★ ¿Cómo andas?는 어떻게 지내는지 안부를 묻는 표현이에요.

3. 현재 시제와 현재 진행형의 차이

▶ 강의보기   🔊 28-4

현재 시제	현재 진행
습관적으로 일어나는 행위 혹은 반복적인 일상에 대해 이야기할 때	1) 말하고 있는 순간에 일어나는 일들을 이야기할 때 2) 최근에 일어나고 있는 일시적인 일에 대해 이야기할 때

✏ ¡Ojo!

Sara estudia mucho. Nunca duerme antes de las dos de la noche.
: 사라는 공부를 열심히 해요. 절대 새벽 2시 전에 자지 않아요.
(사라가 항상 공부를 열심히 함)

Estos días, Sara está estudiando mucho para el examen final.
: 요즘, 사라는 기말고사를 위해 열심히 공부하는 중이에요.
(사라가 '요즘'이라는 일시적인 기간 동안 공부를 열심히 함)

Ahora Sara está estudiando mucho con Erica en la biblioteca.
: 지금 사라는 도서관에서 에리카와 함께 열심히 공부하는 중이에요.
(말하고 있는 순간인 '지금' 사라가 열심히 공부하고 있음)

¡Ojo!

STEP 3 스페인어 진짜 즐기기

 강의보기   28-5  말하기 연습

아래 대화를 들으면서 오늘 배운 내용을 확인해 보세요.

Marcos: ¡Hola, Sara! ¡Cuánto tiempo! ¿Qué haces estos días?
안녕, 사라! 얼마 만이야! 요즘 뭐해?

Sara: Estoy estudiando inglés para buscar trabajo. Como no me gusta estudiar… me cuesta aprender. ¿Y tú? ¿Por qué estás aquí?
나는 일자리를 구하기 위해 영어를 공부하는 중이야. 내가 공부하는 것을 안 좋아해서… 배우는 데 어려움을 겪어. 너는? 너는 왜 여기에 있어?

Marcos: Estoy esperando a mi novia. Sale del trabajo a las 6 de la tarde.
나는 내 여자 친구를 기다리는 중이야. 오후 6시에 퇴근해.

Sara: ¿Tienes novia?
너 여자 친구가 있어?

Marcos: Sí. Estoy saliendo con una compañera de trabajo.
응. 나는 내 직장 동료와 사귀고 있는 중이야.

Sara: ¡Enhorabuena!
축하해!

★ costar 동사는 역구조 동사로 사용하면 '어렵다', '힘들다'라는 뜻이에요.

★ 축하할 때 쓰는 표현
¡Enhorabuena!
¡Felicidades!

단어
salir con: ~와 사귀다, 교제하다

3

STEP 4 스페인어 진짜 써먹기

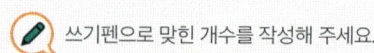

나의 점수 　개 / 7개

1 <보기> 동사를 이용하여 밑줄 친 부분에 들어갈 말을 쓰세요.

보기: discutir | leer | pasear

1. 너희들은 공원에서 산책하고 있는 중이야. 왜냐하면 날씨가 좋기 때문이야.
➡ _____ _____ en el parque porque hace buen tiempo.

2. 나는 신문을 읽는 중이에요. 나는 그것을 매일 아침 읽어요.
➡ _____ _____ el periódico. Yo lo leo cada mañana.

3. 그들은 말다툼하고 있는 중이에요. 나는 매우 걱정돼요.
➡ Ellos _____ _____. Estoy muy preocupado.

2 밑줄 친 부분의 동사가 어떠한 의미인지 고르세요.

1. **Estamos cocinando** una paella. Nos gusta cocinar.

① 습관적인 일　　② 말하는 순간에 일어나는 일　　③ 일시적으로 일어나는 일

2. Esta semana **está cocinando** mi padre porque mi madre vuelve tarde del trabajo.

① 습관적인 일　　② 말하는 순간에 일어나는 일　　③ 일시적으로 일어나는 일

3 다음 문장에서 대명사의 위치가 <u>틀린</u> 것을 고르세요.

1. **se**

Mis amigos ① están ② bañando ③ en la piscina.

2. **nos**

Nosotros ① estamos lavando ② los ③ dientes.

▶ 강의보기　틀리거나 헷갈리는 문제는 문제 해설 강의로 복습하세요.

◎ 오늘의 Misión　현재 진행형을 사용하여 친구와 서로의 근황을 묻고 답해 보세요!
¿Qué haces estos días?

Día 29
Llevamos seis meses estudiando español.
우리는 스페인어를 공부한 지 6개월 되었어요.

오늘의 학습 목표

1. llevar + 현재 분사
2. seguir + 현재 분사
3. ir + 현재 분사

STEP 1 스페인어 진짜 맛보기

▶ 강의보기 🔊 29-1 💬 말하기 연습

¡Ojo!

☑ 반복 학습 체크체크

MP3 듣기	1회 ✓	2회	3회
따라 읽기	1회	2회	3회

다음 문장을 여러 번 듣고 따라 읽으세요.

Llevo aprendiendo español dos años.
나는 스페인어를 배운 지 2년 되었어요.

Sara y Lucas siguen viviendo en Seúl.
사라와 루카스는 계속해서 서울에서 살고 있어요.

¡Enhorabuena! Tu español★ **va mejorando**.
축하해! 네 스페인어 실력이 좋아지고 있어.

Voy haciendo los trabajos para tener tiempo libre este fin de semana.
나는 이번 주말에 여가 시간을 갖기 위해 업무들을 해 나가고 있어요.

¿Cuánto tiempo **llevas viviendo** en España?
너는 스페인에 산 지 얼마나 됐어?

★ 언어명 앞에 소유 형용사가 붙는 경우 '~실력'으로 라고 해석할 수 있어요.
- mi español
  : 내 스페인어 실력
- tu coreano
  : 네 한국어 실력

🔘 단어
el tiempo libre 여가 시간

🧳 스페인/중남미 진짜 여행 떠나기!

'서울'은 스페인어로 Seúl로 표기해요. 잘 알려진 도시들은 스페인어 명칭이 있으니 기억해 두세요! 대표적으로는 Seúl(서울), Nueva York(뉴욕), Tokio(도쿄), Pekín(베이징), Moscú(모스크바), Múnich(뮌헨) 등의 도시들이 있어요.

STEP 2 스페인어 진짜 알아가기

 ¡Ojo!

1. llevar + 현재 분사

▶ 강의보기 🔊 29-2

'가져가다, 데리고 가다'의 뜻인 llevar 동사가 현재 분사와 함께 쓰이면 다음과 같은 의미예요.

| llevar + 기간 + 현재 분사 | : ~해 온 지 기간만큼 되다 |
| llevar + 현재 분사 + 기간 | |

Erica es una persona sana. Ella lleva corriendo tres años por la mañana.
에리카는 건강한 사람이에요. 그녀는 아침에 뛴 지 3년 되었어요.

hacer 동사를 이용해서도 어떠한 행위를 지속해 온 기간을 나타낼 수 있어요.

| hace + 기간 + que + 주어 + 동사 : 해 온 지 기간만큼 되다 |

Erica es una persona sana. Hace tres años que ella corre por la mañana.
에리카는 건강한 사람이에요. 그녀는 아침에 뛴 지 3년 되었어요.

어떠한 행위를 지속해 온 기간을 물을 때에는 다음과 같이 질문해요.
¿Cuánto tiempo hace que + 주어 + 동사?
= ¿Cuánto tiempo + llevar 동사의 변화형 + 현재 분사?

2. seguir + 현재 분사

▶ 강의보기 🔊 29-3

'따르다, 쫓다, 계속하다'의 뜻을 가진 seguir 동사는 현재 분사와 함께 계속해서 ~하다의 의미로 쓰여요.

| seguir + 현재 분사 : 계속해서 ~하다 |

Nosotros seguimos manteniendo el contacto.
우리는 계속해서 연락을 유지하고 있어요.

¿Sigues estudiando español?
- Sí, sigo estudiándolo.
= Sí, lo sigo estudiando.
너는 계속해서 스페인어를 공부하니?
- 응, 나는 그것을 계속해서 공부하고 있어.

★ '~안 한 지 ~만큼 되다'라는 표현은 지속성을 나타내는 표현과 조금 달라요.

• llevar + 기간 + sin + 동사 원형
= hace + 기간 + que + no + 주어 + 동사

• Llevo un mes sin ir al cine.
= Hace un mes que no voy al cine.
나는 영화관에 안 간지 한 달이 되었어요.

3. ir + 현재 분사

ir 동사와 현재 분사가 만나면 어떠한 행위의 점진적인 진행을 나타낼 수 있어요. 행위의 끝보다는 시작을 강조하며 구어적 표현들에서 종종 찾아볼 수 있어요.

ir + 현재 분사 : (점점) ~해 나가다

El nivel de los alumnos va mejorando poco a poco.
학생들의 실력이 조금씩 향상해 가요.

El precio va subiendo cada año.
물가가 매년 상승해 가요.

잠깐!
현재 분사 구문을 만들 수 있도록 도와주는 llevar, seguir, ir와 같은 동사들은 조동사에요. 이때 대명사는 조동사의 앞에 위치할 수도, 혹은 현재 분사 뒤에 한 단어처럼 붙어 등장할 수도 있어요.

¡Ojo!

STEP 3 스페인어 진짜 즐기기

아래 대화를 들으면서 오늘 배운 내용을 확인해 보세요.

Erica: ¿Cuánto tiempo hace que estudias español?
너는 스페인어 공부한 지 얼마나 됐어?

Lucas: Pues... llevo cuatro años estudiándolo. ¿Y tú sigues estudiando coreano?
음… 나는 그것을 공부한 지 4년이 되었어. 너는 계속해서 한국어를 공부하고 있어?

Erica: Sí. Sigo estudiando coreano, pero es muy difícil. Por eso voy repasando mis apuntes poco a poco.
응. 나는 계속해서 한국어를 공부하지만 그것은 매우 어려워. 그래서 나는 조금씩 내 필기들을 복습해 나가.

★ pues는 '음…', '뭐…', '에…'라는 뜻으로 별다른 의미를 가지지는 않지만 대화에서 자연스럽게 등장할 수 있는 표현이에요. 비슷한 표현으로는 bueno가 있어요.

 **STEP 4 스페인어 진짜 써먹기**

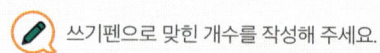 쓰기펜으로 맞힌 개수를 작성해 주세요.

나의 점수 　　개 / 8개 정답 보기

1 다음 문장을 'llevar + 현재 분사'를 활용하여 같은 뜻의 문장으로 쓰세요.

1. Hace una semana que practico deporte.
   ➡ _____ .

2. Hace diez años que somos amigos.
   ➡ _____ .

2 과거와 현재의 상황을 보고 '(no) seguir + 현재 분사'를 활용하여 행동의 지속 여부를 나타내는 문장을 완성하세요.

	pasado	presente
Sara	estudiar español	estudiar español
Erica	vivir con sus padres	vivir sola
Lucas	salir con Elena	salir con Elena
Marcos	aprender francés	aprender alemán

1. Sara _____ español.
2. Erica _____ con sus padres.
3. Lucas _____ con Elena.
4. Marcos _____ francés.

3 'ir + 현재 분사'를 활용하여 밑줄 친 부분에 알맞은 단어를 쓰세요.

1. 우리는 조금씩 점점 배워 나가고 있어요.
   ➡ Nosotros _____ _____ poco a poco.

2. 내 친구들의 팀이 경기를 점점 이겨 가고 있어요.
   ➡ El equipo de mis amigos _____ _____ el partido.

▶ 강의보기　틀리거나 헷갈리는 문제는 문제 해설 강의로 복습하세요.

◎ 오늘의 Misión　현재 분사 구문을 이용하여 친구들에게 스페인어를 얼마나 오랫동안 공부했는지 물어보세요! 학습 종료

Día 30

Día 25~29 복습하기

Práctica ⑤

연습문제

20 . .

나의 점수   개 / 30개

❶ 다음 동사를 현재분사 형태로 쓰세요.

동사 원형	⇒	현재 분사
1. trabajar	⇒	_____
2. escribir	⇒	_____
3. tener	⇒	_____
4. venir	⇒	_____
5. sentir	⇒	_____

❷ 다음 그림을 보고 그림과 다른 것을 고르세요.

① Hay dos niños jugando.

② Hay un hombre vendiendo helados.

③ Hay un señor leyendo el periódico.

④ Hay unos pájaros comiendo.

⑤ Hay una mujer haciendo yoga.

3 다음 동사들을 불규칙 형태로 분류한 뒤, 해당하는 빈칸에 쓰세요

| huir | repetir | morir | leer | preferir | poder |
| mentir | oír | pedir | ir | seguir | dormir |

1. o>u 불규칙	2. e>i 불규칙	3. -iendo>-yendo 불규칙

4 오디오를 듣고 도서관에 가기 위해 가야 하는 방향을 고르세요.

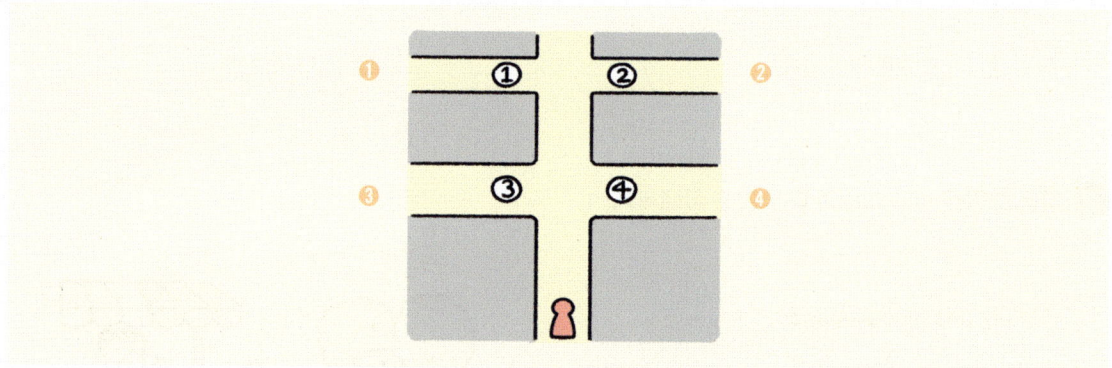

5 괄호 안의 두 가지 표현을 활용하여 해석에 맞는 동시 동작 문장을 쓰세요.

1. 많은 스페인 사람들은 이야기를 하며 식사를 해요. (comer / hablar)

➡ _____

2. 그들은 음악을 들으며 공부해요. (estudiar / escuchar música)

➡ _____

3. 나는 텔레비전을 보면서 양치를 해요. (cepillarse los dientes / ver la televisión)

➡ _____

4. 그녀는 전화를 하며 공책을 찾아요. (buscar el cuaderno / hablar por teléfono)

➡ _____

6 그림을 보고 각 그림 하단에 들어갈 메모에 알맞은 동사를 <보기>에서 골라 쓰세요.

| Sara **1.**_____ en invierno. | Lucas **2.**_____ en la fiesta de cumpleaños. | Erica **3.**_____ en la piscina. | Marcos **4.**_____ al fútbol con sus amigos |

보기   nadar | cantar | jugar | esquiar

* **esquiar** 스키 타다

7 대명사의 위치에 유의하여 다음 단어들을 올바른 순서로 나열해 해석에 맞는 문장을 쓰세요.

1. 나는 거울을 보며 손을 씻어요.

las manos / mirando / Me lavo / en el espejo / me

➡ _____.

2. 너는 선생님에게 무엇을 물어보는 중이야?

estás preguntando / Qué / al profesor / le

➡ _____.

3. 내 부모님은 항상 나에게 미소 지으며 모든 것을 설명해 줘요.

Mis padres / me / sonriendo / explican / siempre / todo

➡ _____.

❽ 괄호 안의 현재 시제와 현재 진행형 중 알맞은 시제를 고르세요.

1. Lucas, ¿dónde estás? Te (esperamos / estamos esperando).

2. (Vivimos / Estamos viviendo) en Busan de momento. Vamos a volver a Seúl a finales de este mes.

3. Mi prima es profesora de español. Ella (enseña / está enseñando) español en la universidad.

4. Estos días Sara (estudia / está estudiando) mucho. Necesita descansar.

5. Mi perro es un poco gordo. Siempre (come / está comiendo) mucho.

❾ llevar, seguir, ir 동사 중 밑줄 친 부분에 알맞은 것을 골라 쓰세요.

1. Ellos _____ cinco años estudiando español. Tienen muy buen nivel de español.

2. Mi tío tiene cuarenta y cinco años, pero _____ viviendo con sus padres.

3. Yo _____ esperándote media hora. ¿Por dónde vienes?

4. El profesor está contento porque sus alumnos _____ aprendiendo poco a poco.

 틀리거나 헷갈리는 문제는 문제 해설 강의로 복습하세요.

🎯 오늘의 Misión   Día 24~29에서 배운 내용을 활용해서 내가 지금 이 순간에 무엇을 하고 있고 요즘 무엇을 하고 있는지 얘기해보세요. (3문장 이상)

Día 31
Estoy preparado para conocer a alguien.
나는 누군가를 만날 준비가 되어 있어요.

오늘의 학습 목표

1. -ar 동사의 과거 분사
2. -er/-ir 동사의 과거 분사
3. 과거 분사의 형용사적 쓰임

STEP 1 스페인어 진짜 맛보기

(강의보기) (31-1) (말하기 연습)

¡Ojo!

☑ 반복 학습 체크체크

MP3 듣기 ✓ 2회 3회

따라 읽기 1회 2회 3회

다음 문장을 여러 번 듣고 따라 읽으세요.

Sara está muy enamorada de su novio.
사라는 그녀의 남자 친구에게 매우 사랑에 빠져 있어요.

Nosotros volvemos a casa muy cansados después de la cita a ciegas.
우리는 소개팅 후에 매우 피곤한 상태로 집에 돌아와요.

Las chicas emocionadas son las amigas de la novia.★
들떠 있는 여자들은 신부의 친구들이에요.

¿Vas a declararte a José?
너는 호세한테 고백할 거야?

- No sé... estoy muy preocupada. ¿Crees que le gusto?
- 모르겠어… 나는 매우 걱정돼. 너는 그가 나를 좋아한다고 생각해?

★ novio / novia는 '남자 친구, 여자 친구'라는 뜻 이외에도 결혼식에서 '신랑, 신부'를 가리키기도 해요.

스페인/중남미 진짜 여행 떠나기!

'사귀자'는 표현이 스페인어에도 있어요. ¿Quieres salir conmigo?는 '너 나랑 외출할래?'라는 뜻이 아니라 '나랑 사귈래?'라는 뜻이에요. 또한, '(~와) 사귀고 있다'라는 표현은 지난 시간에 배운 현재 분사를 활용하여 estar saliendo (con)이라고 표현할 수 있어요. Sara está saliendo con Juan(사라는 후안과 사귀고 있어요.)

1

STEP 2 스페인어 진짜 알아가기

¡Ojo!

1. -ar 동사의 과거 분사

▶ 강의보기 🔊 31-2

어미가 -ar로 끝나는 동사들은 과거 분사일 때 어미가 다음과 같이 변해요.

-ar	-ado

춤추다	bailar	bail**ado**
요리하다	cocinar	cocin**ado**
공부하다	estudiar	estudi**ado**
울다	llorar	llor**ado**
청소하다	limpiar	limpi**ado**

2. -er/-ir 동사의 과거 분사

▶ 강의보기 🔊 31-3

어미가 -er/-ir로 끝나는 동사들은 과거 분사일 때 어미가 다음과 같이 변해요.

-er/-ir	-ido

마시다	beber	beb**ido**
먹다	comer	com**ido**
허락하다	permitir	permit**ido**
살다	vivir	viv**ido**

> **잠깐!**
> 현재 분사와 마찬가지로 직설법 현재 시제 혹은 현재 분사에서 규칙인 동사와 불규칙 동사가 다르니 구분해서 외워야 해요. 아래와 같이 다른 시제에서는 불규칙이지만 과거 분사에서는 규칙이거나 그 반대의 경우가 있을 수 있어요.

	현재 시제	현재 분사	과거 분사
dorm**ir**	o>ue 불규칙	o>u 불규칙	dorm**ido**
prefer**ir**	e>ie 불규칙	e>i 불규칙	prefer**ido**
ir	완전 불규칙	i>y 불규칙	**ido**

3. 과거 분사의 형용사적 쓰임

강의보기 31-4    ¡Ojo!

과거 분사는 상태를 나타내는 형용사의 역할을 할 수 있어요. 우리가 알고 있는 많은 형용사들이 동사의 과거 분사 형태예요. '~한, ~해진, ~된'의 뜻이며 과거 분사가 형용사로 사용되는 경우에는 한 가지 형태가 아니라 성과 수를 가져요.

동사 원형	형용사 (과거 분사)
cansar: 피곤하게 하다	cansado/a: 피곤한
enfadar: 화나게 하다	enfadado/a: 화난
preocupar: 걱정시키다	preocupado/a: 걱정하는

★ 현재 분사가 형용사처럼 사용되는 경우에는 한 가지의 형태만 존재하지만 과거 분사는 성과 수를 가져요.

- queriendo
  사랑하고 있는
- querido/a/os/as
  사랑받는

문장에서의 위치는 일반적인 형용사와 같아요.

동사 + 형용사 (과거 분사)	Nosotros estamos cansados. 우리는 피곤한 상태예요.
명사 + 형용사 (과거 분사)	Hay una televisión encendida. 켜진 텔레비전이 하나 있어요.

현재 분사의 형용사적 쓰임	과거 분사의 형용사적 쓰임
Hay un niño preparando la comida. 식사를 준비하고 있는 아이가 한 명 있어요.	Hay muchos platos preparados en la mesa. 식탁에는 준비된 많은 음식이 있어요.

잠깐!
현재 분사가 형용사로 쓰일 때는 '행위'를 나타내는 반면, 과거 분사가 형용사로 쓰일 때는 '상태'를 나타내요.

 **STEP 3 스페인어 진짜 즐기기**   강의보기 31-5 말하기 연습

아래 대화를 들으면서 오늘 배운 내용을 확인해 보세요.

 Sara: Lucas, ¿te interesa tener una cita a ciegas? Hay una chica interesada en ti.
루카스, 너 소개팅 하는 것에 관심 있어? 너한테 관심 있는 여자애가 하나 있어.

 Lucas: Gracias, pero no estoy preparado para conocer a alguien. Todavía estoy dolido por mi exnovia. Necesito tiempo.
고마워. 하지만 나는 누군가를 만날 준비가 되어 있지 않아. 나는 아직 전 여자 친구 때문에 상처받은 상태야. 나는 시간이 필요해.

 **STEP 4 스페인어 진짜 써먹기**

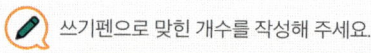 쓰기펜으로 맞힌 개수를 작성해 주세요.

나의 점수 　　 개 / 12개 정답 보기

1 다음 동사들의 과거 분사 형태를 쓰세요.

1. encontrar ➡ _____
2. comprar ➡ _____
3. comer ➡ _____
4. preferir ➡ _____
5. dormir ➡ _____
6. ser ➡ _____

2 해석을 보고 밑줄 친 부분에 들어갈 동사의 과거 분사를 알맞은 형태로 쓰세요.

| 보기 | casar | cerrar | enfadar |

1. 내 친구들은 나에게 매우 화가 나 있는 상태예요.
 ➡ Mis amigos están muy _____ conmigo.

2. 토요일에 은행들은 닫혀 있어요.
 ➡ Los bancos están _____ los sábados.

3. 이 회사에서는 결혼한 여성들이 계속 일을 하고 있어요.
 ➡ En esta empresa, las mujeres _____ siguen trabajando.

3 해석을 보고 괄호 안의 현재 분사와 과거 분사 중 알맞은 것을 고르세요.

1. Ella es una niña muy (queriendo / querida).
 ➡ 그녀는 매우 사랑받는 여자아이예요.

2. Hay una señora (cerrando / cerrada) la tienda.
 ➡ 가게를 닫고 있는 아주머니 한 분이 계세요.

3. El bebé está muy (asustando / asustado) por el ruido.
 ➡ 아기는 소음 때문에 매우 놀라 있어요.

▶강의보기 틀리거나 헷갈리는 문제는 문제 해설 강의로 복습하세요.

◎오늘의 Misión 과거 분사를 활용하여 여러 가지 동사에서 파생된 형용사를 활용하여 나의 상태를 나타내보세요. 학습 종료

Día 32
Hay una carta de amor escrita en la mesa.
식탁 위에 쓰여진 연애편지가 있어요.

오늘의 학습 목표

1. -to 불규칙 동사
2. -cho 불규칙 동사
3. -ído 불규칙 동사
4. 불규칙 동사의 파생형
5. 과거 분사의 명사적 쓰임

STEP 1 스페인어 진짜 맛보기

[강의보기] [32-1] [말하기 연습]

다음 문장을 여러 번 듣고 따라 읽으세요.

Queremos celebrar el aniversario, pero no hay ningún restaurante abierto.
우리는 기념일을 축하하고 싶지만 열린 식당이 하나도 없어요.

Los enamorados pasan todo el día juntos y no quieren estar separados.
사랑에 빠진 사람들은 하루종일 시간을 함께 보내며 떨어져 있고 싶어 하지 않아요.

La embarazada de la entrada es mi mujer.
출입구에 있는 임산부는 내 아내예요.

¡Ojo!

☑ 반복 학습 체크체크

MP3 듣기 ✓1회 2회 3회

따라 읽기 1회 2회 3회

★ '남편'과 '아내'
: marido / mujer
: esposo / esposa
위 두 표현이 모두 가능해요!

스페인/중남미 진짜 여행 떠나기!

출산을 나타내기 위한 표현에는 parir(출산하다) 이외에도 dar a luz 가 있어요. 모두 같은 뜻이나 parir는 주로 동물에게 사용하며 dar a luz는 사람에게만 사용할 수 있어요. dar(주다)와 luz(빛)이 합해진 이 표현은 아이가 어두웠던 엄마 뱃속에서 빛이 있는 세상으로 나오는 것을 의미해요.

STEP 2 스페인어 진짜 알아가기

1. -to 불규칙 동사

열다	abrir	abier**to**
덮다	cubrir	cubier**to**
쓰다	escribir	escri**to**
죽다	morir	muer**to**
놓다	poner	pues**to**
부수다	romper	ro**to**
보다	ver	vis**to**
돌아가다	volver	vuel**to**

> ★ 동사의 과거분사형은 '~된', '~한'이라는 뜻을 가져요. 몇 가지 예시를 살펴보아요!
>
> · abierto : 열린
> · cubierto : 덮힌
> · escrito : 쓰인
> · muerto : 죽은

2. -cho 불규칙 동사

말하다	decir	di**cho**
하다	hacer	he**cho**
만족시키다	satisfacer	satisfe**cho**

3. -ído 불규칙 동사

-er, -ír로 끝나는 동사들 중 어간이 모음으로 끝나는 동사들은 -ido가 아닌 -ído로 강세 표시를 동반해요.

떨어지다	caer	ca**ído**
믿다	creer	cre**ído**
읽다	leer	le**ído**
듣다	oír	o**ído**
웃다	reír	re**ído**

> ★ -ir로 끝나는 동사들 중 i에 강세 표시가 없는 동사들은 해당하지 않아요. 과거 분사형이 -ído가 되려면 동사 원형이 -ír로 강세 표시가 어미에 포함되어 있어야 한다는 것에 주의하세요.
>
> · construir ➡ construido (O) construído (X)
> · destruir ➡ destruido (O) destruido (X)

4. 불규칙 동사의 파생형

불규칙 형태의 과거 분사를 가지는 동사를 어미로 포함하는 파생형은 같은 불규칙 형태를 가져요.

volver ➡ vuelto

| 돌려주다 | **de**volver | **de**vuelto |

poner ➡ puesto

| 제안하다 | **pro**poner | **pro**puesto |
| 작곡하다 | **com**poner | **com**puesto |

hacer ➡ hecho

| 되돌리다 | **des**hacer | **des**hecho |

> **¡Ojo!**
>
> ★ 과거 분사가 명사로 사용될 때 일반적으로 '~한 사람'을 나타내는 경우가 많지만, 항상 사람만 나타내지는 것은 아니에요.
> - el dicho: 격언

5. 과거 분사의 명사적 쓰임

▶ 강의보기   🔊 32-6

과거 분사는 명사로 사용될 수도 있어요. 과거 분사가 명사로 사용되는 경우에는 가리키는 대상에 맞추어 성과 수가 변합니다.

desaparecer	**el** desaparecido	실종자
fallecer	**el** fallecido	사망자
herir	**el** herido	부상자
morir	**el** muerto	사망자
enamorar	**el** enamorado	사랑에 빠진 사람

STEP 3 스페인어 진짜 즐기기   ▶ 강의보기   🔊 32-7   💬 말하기 연습

아래 대화를 들으면서 오늘 배운 내용을 확인해 보세요.

 Marcos
¡Hay una carta **escrita** en tu mesa! Parece una carta de amor. Pero no está **puesto** el nombre.
네 책상에 쓰여진 편지가 하나 있어! 연애편지 같아 보여. 하지만 이름이 쓰여 있지 않아.

 Erica
¿En serio? Pero… pasado mañana vuelvo a España. Ya está **hecha** la maleta.
정말로? 하지만… 내일 모레 나는 스페인에 돌아가. 이미 짐을 다 썼어.

 Marcos
Pobre **el enamorado**… Va a tener el corazón **roto**★.
사랑에 빠진 불쌍한 사람… 그는 부서진 심장을 가질 거야. (= 상심할 거야.)

★ corazón roto는 직역하면 '부서진 심장'이에요. 부서진 심장을 가진다는 것은 '상심하다', '가슴이 찢어지다'라는 뜻으로 특히 연애 혹은 사랑과 관련하여 상처를 입었을 때 사용할 수 있는 표현이에요.

📘 단어

hacer la maleta 짐을 싸다

STEP 4 스페인어 진짜 써먹기

쓰기펜으로 맞힌 개수를 작성해 주세요.

나의 점수 개 / 11개

1 밑줄 친 부분에 다음 동사들의 과거 분사 형태를 쓰세요.

1. leer ➡ _____
2. abrir ➡ _____
3. hacer ➡ _____
4. romper ➡ _____

2 괄호 안의 과거 분사 중 알맞은 것을 고르세요.

1. Todos los zapatos están (roto / rotos / rotas). Necesito unos nuevos.
2. La cama de mi hija nunca está (hecho / hecha / hechos). Está muy desordenada.
3. Mi prima está muy (satisfecho / satisfecha / satisfechas) con el resultado del concurso.
4. El horno está (abierto / abierta / abiertos). Suena la alarma.

* **desordenado** 어질러진   **el buzón** 우편함   **el concurso** 콩쿨, 경연대회   **el horno** 오븐

3 <보기>에서 동사를 골라 밑줄 친 부분에 알맞은 형태로 쓰세요. 단 관사가 필요한 경우 성수에 유의하세요.

| 보기 | fallecer | herir | enamorar |

1. 열차 사고로 인한 부상자가 200명 있어요.
➡ Hay doscientos _____ por el accidente de tren.

2. 돌아가신 분은 우리 아빠의 삼촌이에요.
➡ _____ es el tío de mi padre.

3. 사랑에 빠진 이 사람들은 내년에 결혼을 해요.
➡ Estos _____ se casan el año que viene.

▶ 강의보기   틀리거나 헷갈리는 문제는 문제 해설 강의로 복습하세요.

◎ 오늘의 Misión   satisfacer의 과거 분사형을 이용하여 내 연애관계에 만족하는지를 이야기해보세요.

Día 33
Mis padres llevan 20 años casados.
우리 부모님은 결혼한 지 20년째예요.

오늘의 학습 목표

1. llevar + 과거 분사
2. seguir + 과거 분사
3. tener + 과거 분사

STEP 1 스페인어 진짜 맛보기

¡Ojo!

다음 문장을 여러 번 듣고 따라 읽으세요.

Tengo una mesa **reservada** en un restaurante famoso para pasar el aniversario con mi novio.
나는 남자 친구와 기념일을 보내기 위해 유명한 식당의 테이블을 하나 예약해 두었어요.

Mi padre sigue enamorado de mi madre.
우리 아빠는 계속해서 우리 엄마에게 사랑에 빠져 있어요.

Ana y Juan **llevan enfadados** una semana. No sé cómo siguen saliendo.
아나와 후안은 일주일째 화나 있어요. 둘이 어떻게 계속해서 사귀는지 모르겠어요.

✓ 반복 학습 체크체크

MP3 듣기 ✓ 2회 3회

따라 읽기 1회 2회 3회

단어
el aniversario 기념일

스페인/중남미 진짜 여행 떠나기!

스페인에는 대부분의 영화, 드라마, 만화 등이 더빙되어 들어와요. 원어로 된 영화를 보고 싶을 때에는 V.O.S.E(versión original subtitulada en español)라고 적힌 '스페인어 자막이 달린 오리지널 버전' 영화표를 구매해야 해요!

STEP 2 스페인어 진짜 알아가기

1. llevar + 과거 분사

▶ 강의보기   🔊 33-2

llevar 동사가 과거 분사와 함께 쓰이면 다음의 의미가 돼요.

llevar + [기간] + [과거 분사]
llevar + [과거 분사] + [기간]   ➡   ~한 지 기간만큼 되다

Aquella silla lleva abandonada dos semanas.
저 의자는 버려진 지 2주 되었어요.

잠깐!
29과에서 학습한 'llevar + 기간 + 현재 분사'도 '~한 지 기간만큼 되다'의 뜻이에요. 현재 분사를 사용할 때와 과거 분사를 사용할 때 어떤 차이가 있는지 함께 알아볼까요?

llevar + 기간 + 현재 분사	llevar + 기간 + 과거 분사
행동을 기간만큼 지속하고 있다는 것	행동이 아닌 그러한 상태를 지속하고 있는 것
Llevamos dos años estudiando español. 우리는 스페인어를 공부한 지 2년 되었어요. (2년째 그 행위를 하고 있는 모습)	**Ellos llevan dos años casados.** 그들은 결혼한 지 2년 되었어요. (결혼을 한 상태를 2년 동안 지속하고 있는 모습)

2. seguir + 과거 분사

▶ 강의보기   🔊 33-3

seguir + [과거 분사]   ➡   계속해서 …하다 (…한 상태이다)
                              여전히 …하다

Ya es muy tarde, pero ese restaurante sigue abierto.
이미 매우 늦은 시간이지만, 그 식당은 계속해서 열려 있어요.

잠깐!
29과에서 학습한 'seguir + 현재 분사'도 '계속해서 ~하다'라는 뜻이에요. llevar 동사와 마찬가지로 행동과 상태의 차이에 따라 사용하는 분사가 달라집니다.

¿Sigues estudiando español?
너는 계속해서 스페인어를 공부하니?
(현재 분사 : 공부하는 것은 상태가 아닌 행동)

Echo la siesta por la tarde, pero sigo cansada.
나는 오후에 낮잠을 자지만 계속해서 피곤해요 (계속해서 피곤한 상태예요).
(과거 분사 : 피곤한 것은 행동이 아닌 상태)

📝 ¡Ojo!

3. tener + 과거 분사　　　▶강의보기　🔊 33-4　　📝 ¡Ojo!

'가지다'라는 의미의 tener 동사는 과거 분사와 함께 사용될 때 다음과 같은 뜻을 가져요.

tener + 과거 분사 + 목적어
tener + 목적어 + 과거 분사
➡ 목적어를 ~한 상태로 가지다
(= 목적어를 ~해 두다)

Mi marido y yo ya tenemos el hotel pagado para estas vacaciones.
내 남편과 나는 이번 휴가를 위해 이미 호텔을 결제해 두었어요.

Tengo las flores compradas para mi novia.
나는 내 여자 친구를 위해 꽃을 사 두었어요.

 STEP 3 스페인어 진짜 즐기기　　▶강의보기　🔊 33-5　💬 말하기 연습

아래 대화를 들으면서 오늘 배운 내용을 확인해 보세요.

 Sara
Marcos, tengo una mesa reservada en tu restaurante para pasar el aniversario con mi novio.
마르코스, 나 남자 친구랑 기념일을 보내기 위해서 네 식당에 테이블을 하나 예약해 두었어.

 Marcos
¿Sí? ¿A qué hora? ¿Tienes pensado algún plan?
그래? 몇 시에? 생각해 둔 계획 있어?

 Sara
A las siete de la tarde. Luego vamos al cine. Tengo compradas las entradas para la nueva película de su director favorito.
오후 7시에. 그리고 나서 우리는 영화관에 가. 나는 그가 가장 좋아하는 감독의 새로운 영화표들을 사 두었어.

 Marcos
¿A qué cine vais? El cine del centro lleva cerrado dos semanas y todavía sigue cerrado.
너희 어떤 영화관에 가? 시내 영화관은 2주째 문이 닫혀 있고 아직도 계속해서 닫혀 있어.

STEP 4 스페인어 진짜 써먹기

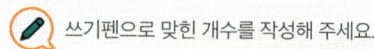

나의 점수   개 / 9개

1 괄호 안의 현재 분사와 과거 분사 중 상황에 맞는 것을 고르세요.

1. Llevamos (esperando / esperado) dos horas a nuestros abuelos, pero no vienen.

2. ¿Sigues (enfadando / enfadado) conmigo?

3. La televisión lleva (rompiendo / rota) mucho tiempo.

4. Sigo (aprendiendo / aprendido) a jugar al tenis. Es muy divertido.

5. Llevo (saliendo / salido) cinco años con mi novia.

2 해석을 보고 llevar, seguir, tener 중 알맞은 동사를 선택해서 밑줄 친 부분에 쓰세요.

1. 나 어떻게 해? 나는 과제를 해 두지 않았는데 제출이 내일까지야.
➡ ¿Qué hago? No _____ el trabajo hecho y la entrega es para mañana.

2. 너는 에너지를 절약해야만 해. 네 방 불이 하루 종일 켜져 있어.
➡ Tienes que ahorrar la energía. La luz de tu habitación _____ encendida todo el día.

3. 그들은 그들의 상사 때문에 계속해서 스트레스 받는 상태야. 그는 월요일부터 요구가 매우 많아.
➡ Ellos _____ estresados por su jefe. Él es muy exigente desde el lunes.

4. 내 부모님은 결혼한 지 십 년이 되었지만 아직 신혼부부 같아 보여요.
➡ Mis padres _____ casados diez años, pero todavía parecen recién casados.

* **la entrega** 제출

▶ 강의보기   틀리거나 헷갈리는 문제는 문제 해설 강의로 복습하세요.

◎ 오늘의 Misión   tener와 과거 분사를 활용해 식당이나 호텔에 예약을 해 두었다고 말해 보세요!

Día 34
¿Qué has hecho con tu novio esta semana?
너는 이번 주에 남자 친구랑 무엇을 했어?

오늘의 학습 목표
1. 현재 완료의 형태
2. 현재 완료의 쓰임 (1) 현재와 가까운 과거
3. 현재 완료와 자주 쓰이는 부사 (1)

STEP 1 스페인어 진짜 맛보기

다음 문장을 여러 번 듣고 따라 읽으세요.

¿Qué has desayunado esta mañana?
너 오늘 아침에 무엇을 먹었어?

Este año he conocido a un chico muy guapo. Esta semana hemos quedado y ahora estamos saliendo.★
올해 나는 매우 잘생긴 남자애를 알게 됐어요. 이번 주에 우리는 만났고 지금 우리는 사귀는 중이에요.

Te he enviado un mensaje por Instagram hace una hora.
내가 너에게 한 시간 전에 인스타로 DM을 보냈어.

¡Ojo!

☑ 반복 학습 체크체크

MP3 듣기 1회 ✓ 2회 3회
따라 읽기 1회 2회 3회

★ salir 동사는 '나가다'라는 뜻 이외에도 '사귀다', '교제하다'의 의미를 가지고 있어요.

단어
desayunar 아침 식사 하다

스페인/중남미 진짜 여행 떠나기!

comer 동사가 일반적인 '먹다'라는 뜻으로 사용되지만 각 시간대별로 다음과 같이 동사를 분류해서 사용하는 것이 일반적이에요. desayunar(아침 먹다), comer/almorzar(점심 먹다), cenar (저녁 먹다)이며 comer desayuno, comer cena 등과 같이 표현하지 않고 동사만을 사용해 표현해요.

STEP 2 스페인어 진짜 알아가기

1. 현재 완료의 형태

현재 완료는 haber 동사와 과거 분사를 이용해서 만들어요. 이때의 과거 분사는 형용사로 쓰이는 것이 아니기 때문에 성수 변화를 하지 않아요.

주어	Haber		과거 분사
yo	he		
tú	has		
él, ella, usted	ha	+	-ado
nosotros/as	hemos		-ido
vosotros/as	habéis		
ellos, ellas, ustedes	han		

estudiar	단수	복수
1인칭	he estudiado	hemos estudiado
2인칭	has estudiado	habéis estudiado
3인칭	ha estudiado	han estudiado

> **잠깐!**
> haber 동사가 존재를 나타내는 hay로 사용될 때에는 동사의 형태가 변하지 않았지만, 완료 시제를 만들기 위해 조동사로 사용되는 경우에는 주어에 따라 동사가 변함에 주의하세요!

2. 현재 완료의 쓰임 (1) 현재와 가까운 과거

현재 완료는 다음과 같이 현재와 가깝거나 관련이 있는 과거의 시점을 나타낼 때 사용돼요.

Hoy he visto a Juan con una chica.
오늘 나는 후안이 어떤 여자애 한 명과 있는 걸 봤어.

Este mes he escrito más de cien correos electrónicos a los clientes.
이번 달에 나는 고객들에게 백 개 이상의 이메일을 썼어요.

> **잠깐!**
> 현재와 가까운 과거란 이미 일어난 일이지만 우리가 현재로 인식하는 시간 범주 내에 있거나 그와 가까운 경우를 이야기해요.

¡Ojo!

★ 현재 완료는 시제 이름에 '현재'라는 단어가 사용되지만 문법적으로 현재 시제가 아닌 과거 시제예요.

단어

el correo
(electrónico) 이메일

3. 현재 완료와 함께 자주 쓰이는 부사 (1)

현재 완료는 현재와 가까운 지난 일들을 나타내기 때문에, 함께 쓰이는 부사들이 있어요.

1) 오늘과 관련이 있는 표현
: hoy(오늘), esta mañana(오늘 아침), esta tarde(오늘 오후), esta noche(오늘 밤)

2) este/esta/estos/estas의 표현이 들어간 경우 (지시 형용사의 '이')
: esta semana(이번 주), este mes(이번 달), este año(올해), estos días(요즈음), estas semanas(요 몇 주), …

3) hace + 가까운 과거 (hace는 '~전에'라는 의미를 가지고 있어요.)
: hace poco(얼마 전에), hace tres horas(세 시간 전에), hace unos minutos(몇 분 전에)

이외에도 지난 일을 표현하기 위해 últimamente(최근에) 등과 같은 표현과 쓰일 수 있어요.

¡Ojo!
Mini Check

지시 형용사는 물리적 거리 외에 시간적 거리를 표현할 수 있어요. este/esta/estos/estas는 현재, 가까운 과거, 가까운 미래를 표현할 수 있어요.

STEP 3 스페인어 진짜 줄기기

아래 대화를 들으면서 오늘 배운 내용을 확인해 보세요.

Sara: ¿Qué has hecho esta semana?
너 이번 주에 뭐 했어?

Lucas: Esta semana he preparado una cena romántica para mi novia. Le ha gustado mucho y también le he regalado una caja de bombones. ¿Y tú?
이번 주에 나는 내 여자 친구를 위해 로맨틱한 저녁 식사를 준비했어. 그녀는 매우 좋아했고 나는 그녀에게 초콜릿 한 상자도 선물했어. 너는?

Sara: Yo he ido a una cita a ciegas. He conocido a un chico muy cariñoso. Esta mañana le he escrito un mensaje para invitarlo a cenar. Estoy esperando la respuesta.
나는 소개팅에 갔어. 나는 매우 다정한 남자를 알게 되었어. 오늘 아침에 그를 저녁 식사에 초대하기 위해서 메시지를 하나 보냈어. 나는 답장을 기다리는 중이야.

Lucas: ¡Mucha suerte!
행운을 빌어!

단어
el bombón 초콜릿(안에 다른 단것 혹은 리큐르가 들어간 한 입 거리의 초콜릿)
la caja 상자
la cita a ciegas 소개팅
cariñoso/a 다정한, 애정 어린

STEP 4 스페인어 진짜 써먹기

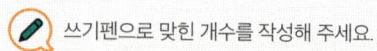

나의 점수 개 / 12개

1 괄호 안의 동사를 현재 완료 형태로 변화하여 루카스가 친구에게 보내는 편지를 완성하세요.

Querido Juan:

¿Cómo estás? Como ves, ahora estoy de vacaciones en España. **1.** _____ _____ (llegar) aquí esta semana. Esta mañana **2.** _____ _____ (desayunar) unos churros con chocolate. ¡Están muy ricos! Por la tarde, **3.** _____ _____ (visitar) el famoso parque del Retiro. Después, mi hermana Sara y yo **4.** _____ _____ (ir) al mercado de San Miguel. Nosotros **5.** _____ _____ (probar) dulces, frutas y marisco. A mi hermana le **6.** _____ _____ mucho el bocadillo de calamares, pero a mí no. Hoy nosotros **7.** _____ _____ (comer) mucho y muy bien. Tengo ganas de verte antes de irme. Voy a estar aquí hasta la próxima semana. Espero tu respuesta.

Un beso,
Lucas

2 현재 시제와 현재 완료 시제 중 올바른 것을 고르세요.

1. Esta semana (me caigo / me he caído) en las escaleras y (me hago / me he hecho) daño.

2. Julio siempre (llega / ha llegado) tarde a clase. Esta mañana también (llega / ha llegado) tarde.

3. Mañana (vamos / hemos ido) al gimnasio para apuntarnos. Necesitamos hacer ejercicio.

4. Este año mi madre me (escribe / ha escrito) muchas cartas, pero no me (llega / ha llegado) ninguna hasta ahora.

5. ¿Qué vais a (cenar / habéis cenado)?
   - Hoy vamos a cenar en un restaurante coreano porque (comemos / hemos comido) una pizza y no queremos repetir.

▶ 강의보기 틀리거나 헷갈리는 문제는 문제 해설 강의로 복습하세요.

◎ 오늘의 Misión 현재 완료를 이용하여 친구와 이번 주에 무엇을 했는지에 대해 이야기해 봐요

Día 35

Hemos viajado juntos a Busan.

우리는 함께 부산에 여행을 갔어요.

오늘의 학습 목표

1. 현재 완료의 쓰임 (2) 경험 말하기
2. 현재 완료와 함께 자주 쓰이는 부사 (2)
3. ya와 todavía no

STEP 1 스페인어 진짜 맛보기

다음 문장을 여러 번 듣고 따라 읽으세요.

¿Te has enamorado alguna vez a primera vista?
너는 첫눈에 사랑에 빠져 본 적 있니?

He viajado a América Latina una vez. Ha sido una experiencia inolvidable.
나는 라틴아메리카를 한 번 여행했어요. 잊을 수 없는 경험이었어요.

¿Habéis visto la nueva serie de Netflix?
너희들 넷플릭스의 새 드라마 봤어?
- **No, todavía no. Estamos ocupados estos días.**
- 아니, 아직 안 봤어. 우리는 요즘 바빠.

¿Has acabado los deberes?
너 숙제 끝냈어?
- **Sí, ya los he acabado. También he limpiado la habitación.**
- 응, 이미 그것들을 끝냈어. 그리고 방도 청소했어.

¡Ojo!

반복 학습 체크체크

MP3 듣기 1회 2회 3회
따라 읽기 1회 2회 3회

단어
inolvidable 잊을 수 없는
la serie 드라마
los deberes 숙제

스페인/중남미 진짜 여행 떠나기!

사랑과 관련된 스페인어 표현을 함께 알아볼까요? a primera vista는 '첫눈에'라는 뜻인데, enamorarse a primera vista(첫눈에 반하다, 첫눈에 사랑에 빠지다)라는 표현이 있어요. 또한 amor no correspondido(상응 하지 못한 사랑)은 '짝사랑'이라는 의미로 사용돼요.

STEP 2 스페인어 진짜 알아가기

📝 ¡Ojo!

1. 현재 완료의 쓰임 (2) 경험 말하기
▶강의보기 🔊 35-2

현재 완료는 경험 여부에 대해 말할 때 사용할 수 있어요.

¿Has estado en España? 너 스페인에 있어 봤어?
Sí, he visitado España con mis amigos. 응, 나 친구들과 스페인을 방문해 봤어.
➡ Sí, he visitado España el año pasado. (X)

위와 같이 과거의 정확한 시점을 함께 쓰는 것은 불가능해요. 현재와 가까운 과거를 나타내는 표현들은 함께 사용할 수 있어요.
➡ Sí he visitado España este año. (O)

★ 이때, '언제' 했는지 시점은 드러내지 않고 오직 경험 여부만 말해야 해요!

2. 현재 완료와 함께 자주 쓰이는 부사 (2)
▶강의보기 🔊 35-3

경험을 묻고 답하기 위해 다음과 같은 부사가 현재 완료와 자주 함께 사용돼요.

1) alguna vez: 언젠가

¿Has comido alguna vez paella? 너 파에야 먹어본 적 있어?

2) muchas veces = varias veces(여러 번), un par de veces(한두 번, 몇 번), tres veces(세 번)… : 경험의 횟수

He viajado a México varias veces. 나는 멕시코에 여러 번 여행갔어요.

3) nunca: 절대

Nunca he recibido una carta de amor.
= No he recibido nunca una carta de amor.
나는 한 번도 연애 편지를 받아 본 적이 없어요.

3. ya와 todavía no
▶강의보기 🔊 35-4

이미 완료된 행동인지 아닌지를 나타내기 위해 ya와 todavía no도 현재 완료와 함께 사용돼요.

1) ya: 이미, 벌써
① 이미 어떠한 행위를 했다고 대답하는 경우

Ya he fregado los platos. 나는 이미 설거지를 마쳤어요.

② 어떠한 행위가 이미 이루어졌기를 기대하거나 혹은 이루어지는 것이 가능하다고 생각하여 질문하는 경우

¿Has visitado el Palacio Real?
너 레알 궁전을 방문해 봤어?
(단순히 레알 궁전을 방문했는지 묻는 질문)

¿Ya has visitado el Palacio Real?
너 벌써 레알 궁전을 방문했어?
(상대방이 레알 궁전을 방문했을 거라고 생각하며 묻는 질문)

 ¡Ojo!

★ Palacio Real은 스페인 마드리드에 있는 궁전이에요. 이와 같은 유적지 혹은 기념물 앞에는 정관사를 사용해요.

2) todavía no: 아직 ~하지 않았다 (아직 하지 않았으나 미래에 할 것이라는 의도가 있을 때)

¿Has leído el correo del profesor? 너 선생님의 이메일 읽었어?

- No, no lo he leído.
아니, 나는 그것을 읽지 않았어.
(그것을 읽지 않았다는 사실만을 전달)

- No, todavía no lo he leído.
아니, 나는 그것을 아직 읽지 않았어.
(그것을 '아직' 읽지 않았으나 읽을 생각이라는 것을 전달)

 **STEP 3 스페인어 진짜 즐기기**

아래 대화를 들으면서 오늘 배운 내용을 확인해 보세요.

 Sara
¿Has mentido alguna vez a tu novio?
너는 남자 친구에게 거짓말을 해 본 적 있어?

Erica
No, nunca le he mentido. No hay ningún secreto entre nosotros. ¿Y tú?
아니, 나는 그에게 거짓말을 한 적이 한 번도 없어. 우리 사이에는 어떤 비밀도 없어. 너는?

 Sara
Sí, esta mañana le he mentido y se ha enfadado conmigo. No sé qué hacer…
응. 오늘 아침에 나는 그에게 거짓말을 했고 그는 나에게 화가 났어. 어떻게 해야 할지 모르겠어…

 Erica
¿Has hablado con él?
너 그와 얘기해 봤어?

 Sara
No, todavía no.
아니, 아직 안 했어.

STEP 4 스페인어 진짜 써먹기

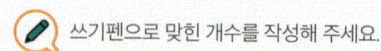

쓰기펜으로 맞힌 개수를 작성해 주세요.

나의 점수   개 / 6개

정답 보기

1 다음은 현재까지 친구들이 경험한 일을 나타내는 표입니다. 표를 보고 부사 표현을 이용해 질문에 답하세요.

Sara	Erica	Lucas	Marcos
escribir cartas de amor	hacer surf	comer paella	ir a España
dos veces	nunca	varias veces	un par de veces

1. ¿Sara ha escrito cartas de amor alguna vez?
➡ _____

2. ¿Erica ha hecho surf alguna vez?
➡ _____.

3. ¿Lucas ha comido paella alguna vez?
➡ _____.

4. ¿Marcos ha ido a España alguna vez?
➡ _____.

2 No와 Todavía no 중 괄호 안에 알맞은 대답을 고르세요.

1. ¿Has ido a la exposición de Frida Kahlo?

   - (No / Todavía no). Pero este fin de semana voy a ir con una amiga. Tengo muchas ganas de ir.

2. ¿Has leído Don Quijote?

   - (No / Todavía no). No me interesan mucho las obras clásicas.

▶ 강의보기 틀리거나 헷갈리는 문제는 문제 해설 강의로 복습하세요.

◉ 오늘의 Misión 현재 완료를 이용하여 친구의 연애 경험에 대해 물어보세요.

학습 종료

Día 36

Día 31~35 복습하기

Práctica ⑥

연습문제

나의 점수   개 / 30개

1 밑줄 친 부분에 괄호 안 동사의 과거 분사 형태를 쓰세요.

> **En el parque**
>
> Julio y Elena van al parque juntos para pasear. Pueden ir sin preocuparse porque todas las tareas domésticas están **1.** _____ (terminar). En el parque encuentran a un niño llorando al lado del lago. El niño está **2.** _____ (perder) y no sabe dónde están sus padres. Ellos deciden ayudarlo y ven que la mochila del niño está **3.** _____ (abrir). En la mochila encuentran el contacto de los padres **4.** _____ (escribir) en un cuaderno. Diez minutos después, vienen dos chicos jóvenes **5.** _____ (llamar) Pedro y Pablo. Son los hermanos del niño y parecen muy **6.** _____ (preocupar). Ahora, después de ver a sus hermanos y con un helado en la mano el niño está muy **7.** _____ (satisfacer).

* **preocuparse** 걱정하다   **las tareas domésticas** 집안일   **al lado de** ~의 옆에   **el lago** 호수

2 괄호 안의 표현을 사용하여 다음 질문에 대답해 보세요.

1. ¿Has salido en la radio alguna vez? (nunca)
 ➡ _____

2. ¿Has comprado los billetes para ir a Corea? (todavía no)
 ➡ _____

3. ¿Has viajado al extranjero alguna vez? (un par de veces)
 ➡ _____

3 다음 중 문법적으로 틀린 부분을 찾아 표시하고 바르게 고치세요.

1. Hay muchas cosas perdido en la oficina.
   ➡ _____

2. Mi sobrina está enamorando de un cantante.
   ➡ _____

3. Luis no está durmiendo. La luz de su habitación está encendiendo.
   ➡ _____

4. Muchos estudiantes están interesado en estudiar lenguas extranjeras.
   ➡ _____

5. Nosotros estamos muy cansando porque tenemos un proyecto muy importante este año.
   ➡ _____

* **la lengua extranejra** 외국어

4 밑줄 친 부분에 llevar, seguir, tener 중 알맞은 동사를 골라 쓰세요.

1. Camarero: Hola, buenos días. ¿Tiene reserva?

   Sara: Sí, _____ una mesa reservada para cinco personas a nombre de Sara.

   Camarero: Por aquí, por favor.

2. Erica, Marcos: ¿Qué le pasa a tu hermano? Está muy callado y no quiere hablar con nosotros.

   Sara: Pues… no estoy segura, pero creo que está enfadado con vosotros. Habéis discutido, ¿no?

   Erica, Marcos: ¿ _____ enfadado con nosotros? Pero han pasado muchas horas…

3. Marcos: El ordenador está muy caliente. ¿Te queda mucho trabajo?

   Lucas: El ordenador _____ encendido mucho tiempo. Mañana tengo que entregar una redacción, pero es muy difícil.

* **callado** 조용한, 입을 다물고 있는   **discutir** 말다툼하다   **quedar** 남아 있다   **la redacción** 글쓰기

5 다음은 루카스의 일기입니다. 밑줄 친 부분에 괄호 안 동사의 현재 완료 형태를 쓰세요.

---

23 de junio de 2023

Hoy **1.** _____ (ser) un buen día.

No **2.** _____ (poner) la alarma porque los lunes no tengo clase.

3. _____ (levantarse) a las once de la mañana para quedar con Juan.

Juan y yo **4.** _____ (ir) a una cafetería para desayunar.

Después, él me **5.** _____ (decir) que quiere ver la nueva película de su actriz favorita.

Pero ya la **6.** _____ (ver) con mi novia esta semana.

Por eso yo **7.** _____ (volver) a casa para descansar un poco más.

---

6 그림을 보고 틀린 내용을 고르세요.

❶ Hay varios carteles puestos en el tablón de anuncios.

❷ La luz está encendida.

❸ Hay una carta escrita encima de la mesa.

❹ Dos alumnas están sentadas al lado de la ventana.

* **el cartel** 포스터   **el tablón de anuncios** 게시판   **la luz** 불   **encima de** ~의 위에   **al lado de** ~의 옆에

7 다음 중 해석이 틀린 것을 고르세요.

① Hay muchos heridos por el terremoto.
➡ 지진으로 인한 부상자가 많이 있어요.

② El dicho está mal escrito en el libro.
➡ 책에 말하는 사람이 잘못 쓰여져 있어요.

③ La fallecida tiene una familia numerosa.
➡ 돌아가신 분은 대가족이 있어요.

④ Los muertos no dicen nada.
➡ 죽은 자들은 아무 말도 하지 않아요.

* el terremoto 지진　la familia numerosa 대가족

8 다음 중 문장과 일치하는 상황을 고르세요.

1. Todavía no he escuchado las canciones de Rosalía.

① No las he escuchado y no pienso escucharlas.

② No las he escuchado, pero pienso escucharlas.

2. (En una llamada telefónica) Jorge, soy Ana. ¿Ya has terminado los deberes?

① Jorge le ha dicho a Ana que va a hacer los deberes y ella quiere saber si los ha terminado.

② Ana quiere preguntar si ha terminado los deberes.

3. No he esquiado nunca en mi vida.

① No tengo experiencia de esquiar.

② Nunca he esquiado, pero pienso hacerlo en el futuro.

▶강의보기　틀리거나 헷갈리는 문제는 문제 해설 강의로 복습하세요.

◎오늘의 Misión　Día 31~35에서 배운 내용을 활용해서 내가 올 해 한 일들과 지금까지 경험한 적이 없는 일들에 대해 이야기해 보세요. (3~5문장)

Día 37
Tomé el autobús con Lucas.
나는 루카스와 버스를 탔어요.

20 . .

오늘의 학습 목표
1. 단순 과거 -ar 규칙 변화 동사
2. 스페인어 과거 시제의 종류
3. 단순 과거의 쓰임 (1) 과거의 일 말하기

STEP 1 스페인어 진짜 맛보기

▶강의보기　🔊 37-1　💬 말하기 연습

¡Ojo!

☑ 반복 학습 체크체크

MP3 듣기	1회 ✓	2회	3회
따라 읽기	1회	2회	3회

다음 문장을 여러 번 듣고 따라 읽으세요.

Ellos tomaron el avión para ir de vacaciones.
그들은 휴가를 가기 위해 비행기를 탔어요.

Disfruté del viaje en tren.
나는 기차 여행을 즐겼어요.

Los profesores les enseñaron a los niños a tomar el metro.
선생님들은 아이들에게 지하철 타는 법을 가르쳐 주었어요.

Nosotros preguntamos el número del andén en la terminal.
우리는 터미널에서 승강장 번호를 물어봤어요.

스페인 vs 중남미

🇪🇸 **스페인의 경우?**
'교통수단을 타다'의 의미로 coger와 tomar 둘 다 사용 가능한데, 주로 coger 동사를 사용해요.

🇲🇽 **중남미의 경우?**
'교통수단을 타다'의 의미로 coger를 사용하지 않고 tomar를 사용해요. 중남미에서 coger는 성적인 의미가 있으므로 사용에 주의하세요!

☑ **단어**

ir de vacaciones
휴가를 가다, 휴가를 떠나다
disfrutar de
~을 즐기다
el andén 승강장
el/la terminal 터미널

🧳 스페인/중남미 진짜 여행 떠나기!

스페인에서 여행할 때 사용할 수 있는 교통수단에는 autobús(버스), metro(지하철) 이외에도 근교 도시들로 이동할 수 있는 Renfe Cercanías와 고속 열차에 해당하는 Renfe AVE(Alta Velocidad Española)가 있어요. Cercanía와 AVE를 이용해 스페인 구석구석을 여행해 보세요!

STEP 2. 스페인어 진짜 알아가기

1. 단순 과거 -ar 규칙 변화 동사

▶ 강의보기　🔊 37-2

-ar 동사의 어미를 다음과 같이 바꾸면 됩니다.

	단수	복수
1인칭	-é	-amos
2인칭	-aste	-asteis
3인칭	-ó	-aron

hablar (말하다)	단수	복수
1인칭	hablé	hablamos
2인칭	hablaste	hablasteis
3인칭	habló	hablaron

¡Ojo!

★ 현재 분사, 과거 분사와 마찬가지로 스페인어의 규칙, 불규칙 동사는 각 시제에 따라 달라질 수 있으니 주의하세요!

잠깐!

nosotros/as에서의 단순 과거 동사 변화 형태는 현재 시제의 동사 변화 시제와 동일해요. 1인칭과 3인칭 단수 변화에서는 띨데 표시의 유무에 따라 시제를 착각하게 될 수 있으니 꼭 신경써서 표시하세요!

Yo hablo ➡ 현재 시제 1인칭 단수 동사 변화 형태
Él/Ella/Usted habló ➡ 단순 과거 3인칭 단수 동사 변화 형태

2. 스페인어 과거 시제의 종류

▶ 강의보기　🔊 37-3

스페인어는 한국어의 과거 시제보다 종류가 많아요.

현재 완료	1) 현재와 가까운 과거 혹은 정확한 과거 시점 없이 경험 여부를 말할 때 사용
	2) 이름은 '현재' 완료이지만 과거 시제로 분류
	3) haber + 과거 분사 (34~35강 참고)
단순 과거 (부정 과거)	정확한 과거 시점과 함께 사용하거나 과거의 일을 나열할 때 사용 (37~48강 참고)
불완료 과거	과거의 상황 묘사를 위해 사용 (49~58강 참고)
과거 완료	과거보다 더 이전 과거 시점을 드러내기 위해 사용 (59강 참고)

3. 단순 과거의 쓰임 (1) 과거의 일 말하기

 ¡Ojo!

단순 과거 혹은 부정 과거는 이미 지난 일을 이야기할 때 사용돼요. 이때 '과거'란 현재와 가까운 과거가 아니라 명백한 과거 시점을 나타내요.

Anoche te **llamé** por teléfono, pero no **contestaste**.
어젯밤에 내가 너에게 전화했는데, 너는 전화를 안 받았어.

Viajé por América Latina **hace 10 años**.
나는 **10년 전에** 라틴아메리카를 여행했어요.

Nuestros abuelos **pasaron** las guerras.
우리 조부모님들은 전쟁을 겪으셨어요.

> 잠깐!
> 단순 과거를 사용하기 위해 항상 과거 시점이 드러나야만 하는 건 아니에요. 마지막 예문과 같이 과거라는 것이 확실하다면 '어젯밤' '10년전'과 같은 별도의 부사구 없이 과거 시제를 쓰는 것이 가능해요.

 **STEP 3 스페인어 진짜 줄기기**

아래 대화를 들으면서 오늘 배운 내용을 확인해 보세요.

 Sara
Me han dicho★ que el mes pasado **viajaste** a Valencia. ¿Qué tal? ¿Te **gustó** el viaje?
너 지난달에 발렌시아 여행갔다면서. 어땠어? 여행이 마음에 들었어?

 Marcos
Sí, me **encantó**. **Visité** muchos monumentos famosos.
응, 매우 마음에 들었어. 나는 유명한 유적지를 많이 방문했어.

 Sara
¿**Probaste** la comida?
음식 먹어 봤어?

 Marcos
Por supuesto. Además, me **enseñaron** a cocinar paella.
당연하지. 게다가 나에게 파에야 요리하는 법도 알려줬어.

★ 주어가 특정 대상이 아닌 일반적인 대상을 가리키는 경우 주어 없이 동사를 3인칭 복수형으로 바꿔야 해요.

 단어

el monumento 기념물, 유적지

STEP 4 스페인어 진짜 써먹기

쓰기펜으로 맞힌 개수를 작성해 주세요.

나의 점수 ___ 개 / 13개

정답 보기

① 다음 동사들의 단순 과거 형태를 쓰세요.

1. (usted) cerrar ➡ _____
2. (vosotros) limpiar ➡ _____
3. (María y yo) encontrar ➡ _____
4. (ellos) bañarse ➡ _____
5. (yo) estudiar ➡ _____
6. (ellas) ducharse ➡ _____
7. (mi novio) hablar ➡ _____
8. (el niño) despertarse ➡ _____

② 다음 문장 중 동사 변화가 틀린 것을 고르세요.

❶ Mis padres me enseñaron a reciclar.
❷ Por fin, Juan encontró trabajo.
❸ Estudiamos juntos en la universidad.
❹ Yo trabajó hasta muy tarde la semana pasada.
❺ Ayer peleé con mi hermano menor y ahora no hablamos.

* **reciclar** 재활용하다   **por fin** 마침내   **pelear** 싸우다

③ 각 그림을 보고 각각 어떠한 교통수단을 이용해 여행했는지 밑줄 친 부분에 쓰세요.

1.
➡ Yo viajé en _____.

2.
➡ Mis amigos viajaron en _____.

3.
➡ Vosotros viajasteis en _____.

4.
➡ Tú viajaste en _____.

▶ 강의보기   틀리거나 헷갈리는 문제는 문제 해설 강의로 복습하세요.

⊙ 오늘의 Misión   ¿A dónde viajaste en las últimas vacaciones? 라는 질문에 가장 최근 휴가로 어디로 여행을 다녀왔는지 답변해 보세요!

학습 종료

Día 38
Ellos corrieron mucho en el partido de fútbol.
그들은 축구 경기에서 많이 달렸어요.

오늘의 학습 목표

1. 단순 과거 -er/-ir 규칙 변화 동사
2. 단순 과거의 쓰임 (2) 과거의 사건 나열하기
3. 과거의 사건을 연결하는 표현들

STEP 1 스페인어 진짜 맛보기

다음 문장을 여러 번 듣고 따라 읽으세요.

¿Ganasteis en el partido de ayer?
너희들 어제 경기에서 이겼어?

- ¡Qué va!* **Perdimos** por culpa de un compañero.
- 그럴 리가! 우리는 한 동료의 잘못으로 졌어.

El jugador discutió con el árbitro.
선수가 심판과 말다툼을 했어요.

Ellos comieron pollo frito en el estadio viendo el partido de béisbol.
그들은 경기장에서 야구 경기를 보며 치킨을 먹었어요.

Muchos aficionados de fútbol acudieron al estadio para ver el último partido de la liga.
많은 축구 팬들이 리그의 마지막 경기를 보기 위해 경기장에 갔어요.

¡Ojo!

✓ 반복 학습 체크체크

MP3 듣기 ✓1회 2회 3회
따라 읽기 1회 2회 3회

★ ¡Qué va!는 '설마', '그럴 리가' 라는 뜻으로 회화에서 no 대신 쓸 수 있는 표현이에요.

단어
la culpa 잘못
el/la jugador/a (운동)선수
el/la árbitro/a 심판
el estadio 경기장
acudir a ~에 가다, 참석하다

스페인/중남미 진짜 여행 떠나기!

모두가 알고 있는 것처럼 스페인의 국민 스포츠는 축구예요. 대표적인 팀에는 마드리드의 Real Madrid(레알 마드리드)와 바르셀로나의 FC Barcelona(FC 바르셀로나 혹은 바르사)가 있어요. 경기장 투어 및 기념품 구매 등이 가능하니 축구 팬이라면 꼭 방문해 보세요!

STEP 2 스페인어 진짜 알아가기

1. 단순 과거 -er/-ir 규칙 변화 동사

▶ 강의보기　🔊 38-2

-er/-ir 동사의 어미를 다음과 같이 바꿀 수 있어요.

	단수	복수
1인칭	-í	-imos
2인칭	-iste	-isteis
3인칭	-ió	-ieron

comer 동사와 vivir 동사를 이용해 동사 변화를 살펴봅시다.

comer (먹다)	단수	복수
1인칭	com**í**	com**imos**
2인칭	com**iste**	com**isteis**
3인칭	com**ió**	com**ieron**

vivir (살다)	단수	복수
1인칭	viv**í**	viv**imos**
2인칭	viv**iste**	viv**isteis**
3인칭	viv**ió**	viv**ieron**

Me dolió el estómago porque comí demasiados helados.
나는 아이스크림을 지나치게 많이 먹어서 배가 아팠어요.

Viví en Estados Unidos entre 2002 y 2005.
나는 2002년에서 2005년 사이에 미국에서 살았어요.

2. 단순 과거의 쓰임 (2) 과거의 사건 나열하기

▶ 강의보기　🔊 38-3

과거의 연속적으로 일어난 사건을 나열하는 경우 단순 과거를 사용해요. 이때 사건은 시간 순으로 나열해요.

Me levanté por la mañana muy temprano. Bajé al salón a desayunar y me preparé para ir al trabajo.
나는 아침에 매우 일찍 일어났어요. 아침을 먹기 위해 거실로 내려갔고 직장에 가기 위해 준비했어요.

✏ ¡Ojo!

Mini Check

doler 동사는 역구조 동사로 뒤에 나오는 대상이 문장의 문법적 주어예요.

3. 과거의 사건을 연결하는 표현들

¡Ojo!

과거의 일을 이야기할 때 시간의 흐름을 나타내는 표현들을 살펴봅시다.

Mini Check

a + el → al
de + el → del

1) ~después = ~más tarde: ~후에

Conocí a mi marido en la universidad y 10 años después nos casamos.
나는 내 남편을 대학교에서 알게 되었고 10년 후 결혼했어요.

2) a + 정관사 + día/semana/mes/año + siguiente: 그 다음 날/주/달/해

이 표현은 현재가 아닌 과거나 미래의 시점을 기준으로 '그 다음날', '그 다음 주', '그 다음 달', '그 다음 해'를 이야기할 때 사용해요.

Dejé un mensaje a mi madre y al día siguiente me llamó por teléfono.
엄마에게 메시지를 남겼어요. 그리고 그 다음 날 엄마가 나에게 전화했어요.

Visito Japón a finales de este mes y a la semana siguiente voy a China.
나는 이번 달 말에 일본을 방문해요. 그리고 그 다음 주에 중국에 가요.

 **STEP 3 스페인어 진짜 즐기기**

아래 대화를 들으면서 오늘 배운 내용을 확인해 보세요.

 Erica
¿Qué tal★ tu fin de semana?
너 주말 어떻게 보냈어?

 Marcos
Estupendo. El sábado acudí al estadio para ver un partido de fútbol. Al día siguiente, comí con mis amigos. ¿Y tú?
너무 좋았어. 토요일에는 축구 경기를 하나 보기 위해 경기장에 갔어. 그 다음 날, 친구들과 점심을 먹었어. 너는?

 Erica
Ayer, pasé un día normal. Por la mañana corrí en el parque y unas horas más tarde llamé a Sara y subimos una montaña.
어제 나는 평범한 하루를 보냈어. 아침에는 공원에서 뛰었고 몇 시간 후에 사라에게 전화를 했고 우리는 산에 올랐어.

★ ¿Qué tal?은 안부를 물을 때뿐만 아니라 뒤에 묻고 싶은 내용을 붙여 '~는 어때?', '~는 어땠어?'를 물어 볼 수 있어요.

 **STEP 4 스페인어 진짜 써먹기**

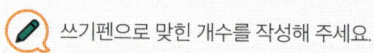 쓰기펜으로 맞힌 개수를 작성해 주세요.

나의 점수   개 / 8개   정답 보기

① 다음은 마르코스가 어제 아침에 한 일들을 나열한 글입니다. 괄호 안의 동사를 이용하여 밑줄 친 부분에 알맞은 말을 쓰세요.

> Ayer, Marcos **1.** _____ (salir) de casa temprano para comprar el periódico. En la calle encontró un quiosco y compró un periódico y una revista. Inmediatamente, llegó el autobús y **2.** _____ (subir). Después de bajar del autobús, **3.** _____ (correr) mucho para no llegar tarde a su trabajo. Por suerte, no llegó tarde y **4.** _____ (abrir) el restaurante a tiempo.

② 다음 기록을 보고 밑줄 친 부분에 들어갈 시간 흐름 표현을 쓰세요.

02 de marzo de 2019: entrar a la universidad 09 de marzo de 2019: conocer a su mejor amigo 29 de diciembre 2019: viajar juntos por Europa 05 de abril de 2020: ir a España a estudiar 07 de julio de 2023: acabar los estudios	Al año siguiente – Tres años más tarde – Una semana después - Ese invierno

El 2 de marzo de 2019, entré a la universidad.

1. _____, conocí a mi mejor amigo Juan en la clase de Historia.

2. _____ viajamos juntos por Europa y nos divertimos mucho.

3. _____ decidí ir a España para mejorar mi español y conocer la cultura hispana.

4. _____ acabé los estudios y encontré trabajo.

▶ 강의보기   틀리거나 헷갈리는 문제는 문제 해설 강의로 복습하세요.

◎ 오늘의 Misión   시간의 흐름 표현을 이용하여 ¿Cómo conociste a tu mejor amigo?에 대해 대답해 보세요!

Día 39
Vi este buen restaurante en Instagram.
나는 이 맛집을 인스타그램에서 봤어요.

 20 . .

오늘의 학습 목표

1 ser/ir 동사의 변화형   2 ver 동사의 변화형   3 dar 동사의 변화형

4 단순 과거 불규칙 동사의 특징

STEP 1 스페인어 진짜 맛보기

▶ 강의보기   🔊 39-1   💬 말하기 연습

¡Ojo!

✅ 반복 학습 체크체크

MP3 듣기	✓	2회	3회
따라 읽기	1회	2회	3회

다음 문장을 여러 번 듣고 따라 읽으세요.

Nosotros fuimos a una cafetería muy chula.
우리는 매우 근사한 카페에 갔어요.

Anoche mi actor favorito subió varias fotos en sus redes sociales y les di me gusta ★ a todas.
어젯밤 내가 가장 좋아하는 배우가 SNS에 여러 장의 사진들을 올렸고 나는 모든 사진에 '좋아요'를 눌렀어요.

Vi un buen restaurante en Instagram. Todos dejaron muy buena reseña.
나는 인스타그램에서 맛집을 봤어요. 모두가 매우 좋은 리뷰를 남겼어요.

La exposición del año pasado fue un gran éxito. Mucha gente fue a verla y les gustó.
작년 전시회는 대성공이었어요. 많은 사람들이 전시회를 보러 갔고 전시회를 매우 마음에 들어 했어요.

★ SNS의 '좋아요'를 스페인어로는 Me gusta라고 해요. dar 동사와 함께 사용하여 dar me gusta (좋아요를 누르다) 라고 표현할 수 있어요.

단어
chulo/a 근사한, 멋진
anoche 어젯밤
las redes sociales SNS
el éxito 성공

스페인/중남미 진짜 여행 떠나기!

'예쁜, 멋진, 근사한'이라는 의미를 나타내기 위해 bonito(스페인에서 주로 사용), lindo(라틴아메리카에서 주로 사용) 이외에도 chulo, guay 등의 표현이 있어요. 첫걸음에서도 배웠듯이 '멋지다'라고 얘기할 때 스페인에서는 ¡Qué guay! ¡Qué chulo!, 멕시코에서는 ¡Qué padre!, 아르헨티나에서는 ¡Qué chévere! 등을 사용할 수 있어요.

STEP 2 스페인어 진짜 알아가기

1. ser/ir 동사의 변화형

▶강의보기 🔊 39-2

단순 과거에서 ser와 ir 동사는 같은 동사 변화 형태를 사용해요. 두 동사가 같은 형태를 사용하기 때문에 문맥에 따라 구분해요.

	단수	복수
1인칭	fui	fuimos
2인칭	fuiste	fuisteis
3인칭	fue	fueron

Este hotel fue bastante famoso entre los turistas.
이 호텔은 관광객들 사이에서 꽤 유명했어요.

Ellos fueron a★ un restaurante famoso sin reservar y esperaron dos horas.
그들은 유명한 식당에 예약을 하지 않고 갔고 두 시간을 기다렸어요.

2. ver 동사의 변화형

▶강의보기 🔊 39-3

	단수	복수
1인칭	vi	vimos
2인칭	viste	visteis
3인칭	vio	vieron

La semana pasada vi la nueva película de Disney con mi novio.
나는 지난주에 내 남자 친구랑 디즈니의 새 영화를 봤어요.

3. dar 동사의 변화형

▶강의보기 🔊 39-4

	단수	복수
1인칭	di	dimos
2인칭	diste	disteis
3인칭	dio	dieron

Después de la cita a ciegas, dimos un paseo y nos despedimos★.
소개팅 후에, 우리는 산책을 했고 헤어졌어요.

¡Ojo!

★ ir 동사는 '가다'라는 의미 때문에 보통 전치사 a와 함께 사용해요.

a + 목적지/도착지
de + 출발지

단어

dar un paseo = pasear 산책하다
despedirse 작별 인사하다, 헤어지다

★ despedir 동사는 '해고하다'라는 뜻을 가지지만 se가 붙은 despedirse는 '작별인사하다, 헤어지다'로 완전히 다른 뜻이에요.

4. 단순 과거 불규칙 동사의 특징

규칙 동사의 1, 3인칭 단수형은 항상 띨데를 가지지만 불규칙 동사는 띨데를 가지지 않아요.

-ar 규칙 동사	단수	복수
1인칭	-é	-amos
2인칭	-aste	-asteis
3인칭	-ó	-aron

dar: d**i**, diste, di**o**, dimos disteis, dieron

-er/-ir 규칙 동사	단수	복수
1인칭	-í	-imos
2인칭	-iste	-isteis
3인칭	-i**ó**	-ieron

ser/ir: fu**i**, fuiste, fu**e**, fuimos, fuisteis, fueron
ver: v**i**, viste, vi**o**, vimos, visteis, vieron

STEP 3 스페인어 진짜 즐기기

아래 대화를 들으면서 오늘 배운 내용을 확인해 보세요.

Sara: Ayer te vi cerca de la estación de metro. ¿A dónde fuiste?
나 어제 지하철역 근처에서 너를 봤어. 너 어디 갔었어?

Lucas: Fui a un restaurante famoso en Seúl con mi novia. Lo vimos en las redes sociales y nos gustó mucho. Fue una cena inolvidable. Además, el restaurante nos invitó dos bebidas. Subí las fotos de la comida y etiqueté la cuenta de Instagram del sitio. Luego, ellos me dieron me gusta y dejaron un comentario.
나는 여자 친구와 함께 서울에 있는 유명한 식당에 갔었어. 우리는 식당을 SNS에서 봤고 우리 모두에게 마음에 들었어. 잊을 수 없는 저녁 식사였어. 게다가 식당에서 우리에게 음료 두 잔을 서비스로 줬어. 내가 음식 사진을 올리고 그 장소의 인스타그램 계정을 태그했거든. 나중에 그들이 나한테 좋아요 눌러 주고 댓글도 달아 줬어.

★ invitar는 '초대하다'라는 뜻 이외에도 '한턱내다', '쏘다', '서비스로 주다' 등의 뜻으로 사용되기도 해요.

STEP 4 스페인어 진짜 써먹기

쓰기펜으로 맞힌 개수를 작성해 주세요.

나의 점수   개 / 6개

정답 보기

1 해석을 보고 ser, ir, ver, dar 중 어울리는 동사의 단순 과거 시제를 사용하여 문장을 완성하세요.

1. En el cumpleaños de mi hermano mayor, le _____ un regalo y le gustó mucho.
➡ 나는 형의 생일에 선물을 하나 주었고 그는 매우 마음에 들어 했어요.

2. Nosotros _____ esa película hace mucho tiempo. Ahora no recordamos el argumento.
➡ 우리는 그 영화를 매우 오래전에 봤어요. 지금은 줄거리를 기억하지 못해요.

3. El terremoto de Japón _____ terrible.
➡ 일본의 지진은 끔찍했어요.

4. Tú no _____ a Sara la semana pasada.
➡ 너는 지난주에 사라를 보지 못했어.

5. ¿Vosotros _____ de viaje a Tailandia el año pasado?
➡ 너희들 작년에 태국으로 여행 갔어?

2 내용을 듣고 남자가 주말에 어디에 갔는지 고르세요. 🔊 39-7

① exposición   ② cafetería   ③ cine   ④ restaurante   ⑤ parque

* **como siempre** 항상 그렇듯이, 늘 그렇듯이   **quedarse** 머무르다

▶강의보기   틀리거나 헷갈리는 문제는 문제 해설 강의로 복습하세요.

◎오늘의 Misión   ir 동사의 과거형을 사용해서 ¿A dónde fuiste el fin de semana? 질문에 자유롭게 답해 보세요!

학습 종료

Día 40
Ayer hubo una actuación de flamenco en la plaza.
어제 광장에서 플라멩코 공연이 있었어요.

20 . .

오늘의 학습 목표
1. estar 동사의 변화형
2. hacer 동사의 변화형
3. haber 동사의 변화형
4. querer 동사의 변화형
5. poner 동사의 변화형

STEP 1 스페인어 진짜 맛보기

▶ 강의보기   🔊 40-1   💬 말하기 연습

✏️ ¡Ojo!

✅ 반복 학습 체크체크

MP3 듣기 ✓ 2회 3회
따라 읽기 1회 2회 3회

다음 문장을 여러 번 듣고 따라 읽으세요.

Anoche hubo un accidente de tren.
어젯밤에 기차 사고가 있었어요.

El niño se cayó y se puso a llorar. ⭐
아이가 넘어졌고 울기 시작했어요.

⭐ ponerse a + 동사원형
: ~하기 시작하다
주로 예측하지 못한 일을 갑자기 하기 시작할 때 사용해요.

Mis amigos se enteraron de mis mentiras y no quisieron hablar conmigo.
내 친구들이 내 거짓말들에 대해 알아차렸고 나와 말하고 싶지 않아 했어요.

Estuvimos en la entrada del cine esperándote.
우리는 영화관 입구에서 너를 기다리며 있었어.

En mi cumpleaños, mi madre me hizo una tarta muy grande.
내 생일에, 엄마는 나에게 매우 큰 케이크를 만들어 주셨어요.

✓ 단어
el accidente 사고
caerse 넘어지다
enterarse de ~을 알아차리다
la mentira 거짓말
la entrada 입구
esperar 기다리다, 기대하다

 스페인/중남미 진짜 여행 떠나기!

스페인에서는 생일날 생일자의 귀를 잡아당기는 풍습이 있어요! tirar de las orejas라고 불리는 이 행위는 노인들의 귓볼이 해가 가면서 처지는 것을 보고 나이가 많고 현명한 사람들을 귀가 긴 것과 연관시키면서 시작되었어요. 생일자의 나이만큼 귀를 잡아당기고 이는 생일자의 장수와 현명함을 비는 행동이에요.

1

STEP 2 스페인어 진짜 알아가기

1. estar 동사의 변화형

estar 동사의 불규칙 어근: estuv-

	단수	복수
1인칭	estuve	estuvimos
2인칭	estuviste	estuvisteis
3인칭	estuvo	estuvieron

En el examen estuve muy nerviosa y no respondí a todas las preguntas.
시험에서 나는 매우 긴장한 상태였어요. 그래서 모든 질문에 답변하지 못했어요.

2. hacer 동사의 변화형

hacer 동사의 불규칙 어근: hic-

	단수	복수
1인칭	hice	hicimos
2인칭	hiciste	hicisteis
3인칭	hizo	hicieron

Por la tarde, hicieron un desfile para celebrar la fiesta.
오후에는, 축제를 기념하기 위해 행진을 했어요.

> **잠깐!**
> 3인칭 단수에서는 소리를 유지하기 위해 hico가 아닌 hizo로 동사 변화해요. c는 a, o, u 와 만나면 [까], [꼬], [꾸] 로 소리 나고 e, i 와 만나면 [쎄], [씨]로 소리 나요. 3인칭이 hico가 되면 다른 동사들처럼 'ㅆ' 소리가 나지 않고 'ㄲ' 소리가 나므로 발음을 통일시키기 위해 철자를 변화시켜요.

3. haber 동사의 변화형

haber 동사의 불규칙 어근: hab-

	단수	복수
1인칭	hube	hubimos
2인칭	hubiste	hubisteis
3인칭	hubo	hubieron

Hubo★ mucho tráfico en la carretera.
도로에 교통 체증이 많이 있었어요.

¡Ojo!

★ 단순 과거의 완전 불규칙 동사들은 다음과 같은 어미 변화를 가져요.

-e	-imos
-iste	-isteis
-o	-ieron

단순 과거의 완전 불규칙 동사들은 동사의 어미가 -ar, -er, -ir인지에 관계없이 변화형 어근에 해당하는 어미를 붙여요.

★ haber 동사가 완료 시제를 만들기 위해 조동사로 사용되는 것이 아니라 존재를 나타낼 때, 현재형의 hay처럼 haber 동사는 한 가지 형태로만 변화해요. '~이 있다'라는 의미로는 단순 과거에서 hubo 한 가지 형태만 기억하세요!

4. querer 동사의 변화형

querer 동사의 불규칙 어근: quis-

	단수	복수
1인칭	quise	quisimos
2인칭	quisiste	quisisteis
3인칭	quiso	quisieron

Elena no quiso ir de excursión porque discutió con sus padres.
엘레나는 부모님과 말다툼했기 때문에 소풍을 가고 싶지 않았어요.

5. poner 동사의 변화형

poner 동사의 불규칙 어근: pus-

	단수	복수
1인칭	puse	pusimos
2인칭	pusiste	pusisteis
3인칭	puso	pusieron

Antes de salir, me puse la bufanda para no tener frío.
나가기 전에 나는 춥지 않기 위해 목도리를 했어요.

¡Ojo!

★ 단순 과거는 이미 확실히 완료된 일을 이야기한다는 특징이 있어요. 따라서 querer 동사와 함께 사용했을 때 '하고 싶지 않았고 그래서 하지 않았다'라는 뉘앙스를 줄 수 있어요.
예) Elena no quiso ir de excursión porque discutió con sus padres. 엘레나는 소풍을 가고 싶지 않았어요. (그래서 안 갔어요.)

STEP 3 스페인어 진짜 즐기기

아래 대화를 들으면서 오늘 배운 내용을 확인해 보세요.

Sara: Ayer hubo una actuación de flamenco en la plaza.
어제 광장에서 플라멩코 공연이 있었어.

Lucas: ¿Ah, sí? ¿Fuiste a verla?
아, 그래? 너는 그것을 보러 갔어?

Sara: Sí, estuve ahí con mis amigos porque Erica quiso ir. Ella se puso a llorar viéndola. Después de la actuación, nos hicimos fotos con los bailarines.
응, 나는 친구들과 함께 거기에 있었어. 왜냐하면 에리카가 가고 싶어했거든. 에리카는 그것을 보면서 울기 시작했어. 공연 후에, 우리는 무용수들과 사진을 찍었어.

STEP 4 스페인어 진짜 써먹기

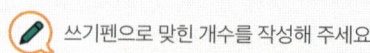

나의 점수 　개 / 10개　정답 보기

1 다음 중 문법적으로 <u>틀린</u> 문장을 고르세요.

① En el museo, hubieron mucha gente.

② La semana pasada estuvimos muy ocupados por los exámenes.

③ ¿Anoche hicisteis los deberes?

④ Puse el móvil en la mesa.

⑤ Nadie quiso escucharme.

2 괄호의 동사를 단순 과거 형태로 쓰세요.

1. Nosotros _____ (querer) viajar en avión.

2. _____ (haber) un incendio en el edificio.

3. Los niños _____ (estar) cansados por el calor.

4. Vosotros no _____ (hacer) la cama la semana pasada.

3 내용이 이어지도록 올바른 문장끼리 연결하세요.

1. Hubo una pelea en el parque　·　　·　ⓐ por eso fui al centro comercial.

2. Ayer no fui a clase　·　　·　ⓑ por eso llamé a la policía.

3. Quise hacer un regalo a mis padres　·　　·　ⓒ porque puso música sin auriculares.

4. Echaron a Marcos de la biblioteca　·　　·　ⓓ porque estuve enfermo.

5. Me hice amigo de ellos　·　　·　ⓔ porque fueron muy simpáticos.

* **la pelea** 싸움　**el regalo** 선물　**echar** 쫓아내다　**hacerse amigo de** ~의 친구가 되다
　el centro comercial 쇼핑몰　**los auriculares** 이어폰

▶강의보기　틀리거나 헷갈리는 문제는 문제 해설 강의로 복습하세요.

◎오늘의 Misión　여러 가지 과거 동사를 사용하여 ¿Qué hiciste ayer?의 질문에 답변해 보세요.

4

Día 41

Lo siento. No pude ir a tu boda.

미안해. 나는 네 결혼식에 못 갔어.

오늘의 학습 목표

1. poder 동사의 변화형
2. venir 동사의 변화형
3. traer 동사의 변화형
4. decir 동사의 변화형
5. tener 동사의 변화형

STEP 1 스페인어 진짜 맛보기

다음 문장을 여러 번 듣고 따라 읽으세요.

¿Por qué no viniste ayer a verme? Me lo prometiste.
너 어제 왜 나를 보러 오지 않았어? 나에게 그것을 (= 오겠다고) 약속했잖아.
- **Lo siento, no pude ir. Es que tuve una reunión muy importante y salí del trabajo muy tarde.**
- 미안해, 나는 갈 수 없었어. 왜냐하면 매우 중요한 회의가 있었고 매우 늦게 퇴근했거든.

Juan me trajo una botella de vino para felicitarme por mi cumpleaños.
후안은 내 생일을 축하하기 위해서 나에게 와인 한 병을 가져왔어요.

Mi mejor amigo me contó un secreto y no se lo dije a nadie.
내 가장 친한 친구는 나에게 비밀을 하나 말해 줬고 나는 그것을 아무에게도 말하지 않았어요.

¡Ojo!

반복 학습 체크체크

MP3 듣기 — 2회 3회
따라 읽기 — 1회 2회 3회

단어
la reunión 회의
prometer 약속하다
felicitar 축하하다
el/la mejor amigo/a 가장 친한 친구
contar 이야기하다

스페인/중남미 진짜 여행 떠나기!

cumpleaños(생일)는 cumplir(이루다, 달성하다)와 año(해, 년)라는 단어가 결합된 합성어예요. 생일이 내가 태어난 지 일 년이 되는 날이기 때문에 위와 같이 표현해요. 친구에게 생일 축하한다고 이야기할 때는 ¡Feliz cumpleaños! 또는 ¡Felicidades! 등의 표현을 사용할 수 있어요.

STEP 2 스페인어 진짜 알아가기

1. poder 동사의 변화형

poder 동사의 불규칙 어근: pud-

	단수	복수
1인칭	pude	pudimos
2인칭	pudiste	pudisteis
3인칭	pudo	pudieron

Lo siento. Anoche no pude escribirte*. Es que* estuve muy cansado.
미안해. 어젯밤에 내가 너에게 메시지를 보내지 못했어. 왜냐하면 나는 매우 피곤했어.

잠깐!
Es que~ 는 porque와 같이 '왜냐하면 ~ 때문이야'라는 이유를 나타내는 표현이에요. 주로 상대에게 부정적인 대답을 해야 하는 경우에 사용하며, 구체적인 상황은 다음과 같아요.
1) 상대방의 제안을 거절하는 이유를 댈 때 2) 변명을 할 때

위와 같은 상황에 다음과 같은 사과 표현이 주로 동반되어요.
Lo siento. 미안해. / Perdón. 미안해요, 실례합니다.

2. venir 동사의 변화형

venir 동사의 불규칙 어근: vin-

	단수	복수
1인칭	vine	vinimos
2인칭	viniste	vinisteis
3인칭	vino	vinieron

Ayer vinieron unos chicos a buscarte. 어제 몇몇 아이들이 너를 찾으러 왔어.

3. traer 동사의 변화형

traer 동사의 불규칙 어근: traj-

	단수	복수
1인칭	traje	trajimos
2인칭	trajiste	trajisteis
3인칭	trajo	trajeron

Ellos trajeron* un regalo sorpresa para mí. 그들은 나를 위해 깜짝 선물을 가져왔어요.

¡Ojo!

★ escribir는 '쓰다'라는 의미이지만 '메시지를 보내다'라고 의역도 가능해요.

★ Es que는 항상 문장의 맨 앞에 등장해요.
Siempre llegas tarde.
너는 항상 늦게 도착해.
- Lo siento. Es que he perdido el autobús.
미안해. 왜냐하면 내가 버스를 놓쳤어.
Lo siento, es que (X)

★ llevar(가져가다) 동사의 반대말은 traer (가져오다)예요. 관점에 따라 같은 상황을 묘사하더라도 사용하는 동사가 달라질 수 있어요.

단어
el regalo sorpresa 깜짝 선물 (la fiesta sorpresa 깜짝 파티)

4. decir 동사의 변화형

decir 동사의 불규칙 어근: dij-

	단수	복수
1인칭	dije	dijimos
2인칭	dijiste	dijisteis
3인칭	dijo	dijeron

¿Qué le dijiste a María? Desde ayer, está enfadada contigo.
너 마리아한테 뭐라고 말했어? 어제부터 너에게 화나 있어.

¡Ojo!

단어

desde ~부터

5. tener 동사의 변화형

tener 동사의 불규칙 어근: tuv-

	단수	복수
1인칭	tuve	tuvimos
2인칭	tuviste	tuvisteis
3인칭	tuvo	tuvieron

De repente, empezó a llover y tuvimos que volver a casa inesperadamente.
갑자기 비가 내리기 시작했고 우리는 예상치 못하게 집에 돌아가야만 했어요.

Mini Check

- empezar a 동사 원형: ~하기 시작하다
- tener que 동사 원형: ~해야만 한다 (의무)

STEP 3 스페인어 진짜 줄기기

아래 대화를 들으면서 오늘 배운 내용을 확인해 보세요.

★ oye는 '야', '저기'의 의미로 tú에 대한 oír 동사의 명령형이에요.

 Erica: Oye★, ¿discutiste con Ana? Parece un poco triste.
야, 너 아나랑 다퉜어? 조금 슬퍼보여.

 Lucas: Ayer fue su cumpleaños, pero no pude pasar el día con ella. Es que vinieron mis primos y tuve que cuidarlos.
어제가 그녀의 생일이었는데 나는 그녀와 함께 시간을 보내지 못했어. 왜냐하면 내 사촌들이 왔고 그들을 돌봐줘야만 했거든.

단어

discutir 다투다, 말다툼하다

STEP 4 스페인어 진짜 써먹기

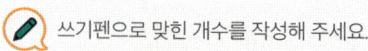

나의 점수 개 / 9개

❶ 밑줄 친 부분에 <보기>의 Es que를 사용한 답변 중 질문에 어울리는 것을 찾아 기호로 쓰세요.

> **보기**
>
> ⓐ No, lo siento. Es que tengo que salir ahora.
>
> ⓑ Perdón. Es que perdí el último autobús.
>
> ⓒ No puedo. Es que este fin de semana tengo que visitar a mis abuelos.
>
> ⓓ Lo siento. Es que anoche tuve que hacer la maleta para el viaje.

1. ¿Qué tal si vamos al cine este sábado?   - _____
2. ¿Por qué no volviste a casa anoche?   - _____
3. No pude dormir ayer. Hiciste mucho ruido.   - _____
4. ¿Puedes ayudarme a limpiar la casa?   - _____

❷ 지문을 듣고 파티에 참석하지 않은 사람을 고르세요. 🔊 41-8

① Sara   ② Lucas   ③ Erica   ④ Marcos

❸ 괄호 안의 동사를 활용하여 밑줄 친 부분에 들어갈 말을 쓰세요.

1. Mis padres visitaron España y me _____ (traer) algunos recuerdos.
2. Yo le _____ (decir) la verdad a mi novio, pero se enfadó conmigo.
3. Nosotros _____ (poder) llegar a tiempo.
4. Nadie _____ (venir) a clase ayer porque fue festivo.

* **el recuerdo** 추억, 기념품   **la verdad** 진실   **a tiempo** 제시간에   **el festivo** 공휴일

▶ 강의보기 틀리거나 헷갈리는 문제는 문제 해설 강의로 복습하세요.

◎ 오늘의 Misión Es que~와 동사의 단순 과거를 사용하여 다음 질문에 어울리는 이유를 자유롭게 답해 보세요!
¿Por qué no viniste a la fiesta de cumpleaños?

Día 42

Día 37~41 복습하기

Práctica ⑦

연습문제

나의 점수　　　개 / 30개　

❶ 다음은 사라가 에리카에게 보내는 편지입니다. 괄호 안 동사의 단순 과거 형태를 밑줄 친 부분에 쓰세요.

Querida Erica:

¡Hola! ¿Cómo estás? Como ves, ahora estoy en Barcelona. Aquí la gente es muy amable.

Ayer, **1.** _____ (visitar, yo) los edificios de Gaudí.

Por la mañana, **2.** _____ (tomar, yo) chocolate caliente para desayunar.

¡Me **3.** _____ (recomendar, tú) muy buen sitio!

Después, **4.** _____ (comprar, yo) una entrada para ver la Sagrada Familia.

En el hotel, la dueña me **5.** _____ (invitar) la cena. Me gustó todo.

Vuelvo a Corea la semana que viene. Tengo ganas de contarte más sobre mi viaje.

Un abrazo,

Sara.

---

* **la entrada** 입장권, 티켓　**el/la dueño/a** 주인　**invitar** 초대하다　**tener ganas de** ~하고 싶다
　contar 이야기하다, 말하다　**un abrazo** 안부를 물으며 (편지를 끝맺을 때 쓰는 표현)

❷ 각 문장에 어울리는 시제를 고르세요.

1. Esta mañana el profesor nos (ha llamado / llamó) al despacho.

2. En 2006, (he empezado / empecé) a estudiar español.

3. (Hemos probado / Probamos) paella una vez. ¡Qué rica!

4. Mi hermano (ha nacido / nació) en verano.

3 그림에 해당하는 동사를 <보기>에서 골라 단순 과거 시제를 쓰세요.

| 보기 | volver | discutir | vender | subir |

1. Sus padres _____ a casa muy tarde.

2. Julio _____ su moto por 300 euros.

3. El gato _____ a la estantería.

4. Álex y Luisa están enfadados. Ellos _____ anoche.

* **la moto** 오토바이 (= la motocicleta)   **la estantería** 책장   **anoche** 어젯밤

4 다음 정보를 보고 아나의 삶에 어떠한 일들이 있었는지 밑줄 친 부분에 쓰세요.

1998	nacer
2004	mudarse a España
2005	conocer a su mejor amigo
2020	acabar los estudios
2022	abrir su restaurante

1. Ana _____ en 1998.

2. En 2004, _____ a España por el trabajo de su padre.

3. Al año siguiente, _____ a su mejor amigo Juan en el colegio.

4. _____ los estudios quince años después. Aprendió mucho en la universidad.

5. Dos años más tarde, _____ un restaurante con Juan y actualmente tiene tres restaurantes.

* **mudarse a** ~로 이사 가다   **el colegio** 초등학교   **actualmente** 현재

5 밑줄 친 동사에 유의하여 다음 문장들의 해석을 쓰세요.

1. El año pasado fuimos a Suiza para esquiar.

➡ _____

2. El regalo para mi padre fue un reloj precioso.

➡ _____

3. Ellos fueron los únicos testigos.

➡ _____

* **esquiar** 스키 타다   **el testigo** 목격자, 증인

6 <보기>의 동사들은 모두 단순 과거의 변화 형태입니다. 띨데 표시가 잘못된 단어를 찾아서 고쳐 쓰세요.

| 보기 | fue | escribio | ví | hizó | puso | vine | subi |

틀린 단어: 1. _____   2. _____   3. _____   4. _____

⬇   ⬇   ⬇   ⬇

수정: _____   _____   _____   _____

7 다음 중 문법적으로 올바르지 못한 문장을 고르세요.

❶ Álex no me dijo nada.

❷ Hubieron muchos accidentes.

❸ Ellos pusieron la cartera en la mesa.

❹ No pude dormir anoche.

8 다음 남녀의 대화를 읽고 여자가 하지 않은 행동을 고르세요.

> Hombre: Ayer fui a tu casa a verte, pero no estuviste.
>
> Mujer: Estuve fuera todo el día.
>
> Hombre: ¿Qué hiciste?
>
> Mujer: Vinieron mis primos y fuimos a una exposición.
>
> Hombre: Ah, ¿sí? Yo también fui, pero no te vi. ¿Por qué no me lo dijiste?
>
> Mujer: Perdí el móvil y no pude escribirte. Lo siento.

① La mujer estuvo con sus primos.

② La mujer fue a una exposición.

③ La mujer perdió el móvil.

④ La mujer fue a casa de su amigo a verlo.

9 해석을 보고 밑줄 친 부분에 들어갈 동사를 <보기>에서 골라, 단순 과거형으로 쓰세요.

| 보기 | poder | querer | traer |

1. 호세는 스페인어 책을 가져오지 않았어요.
➡ José no _____ el libro de español.

2. 그들은 공항에 제시간에 도착할 수 있었어요.
➡ Ellos _____ llegar a tiempo al aeropuerto.

3. 아이는 진실을 말하기를 원하지 않았어요.
➡ El niño no _____ decir la verdad.

▶ 강의보기) 틀리거나 헷갈리는 문제는 문제 해설 강의로 복습하세요.

🎯 오늘의 Misión Día 37~41에서 배운 내용을 활용해서 내가 최근 즐긴 여가 활동에 대해 이야기해 보세요.
(3~5문장)

Día 43
Le pedí el trabajo.
나는 그에게 업무를 부탁했어요.

오늘의 학습 목표

1. o>u 불규칙 변화 동사
2. e>i 불규칙 변화 동사
3. 시간을 나타내는 전치사 (1)

STEP 1 스페인어 진짜 맛보기

다음 문장을 여러 번 듣고 따라 읽으세요.

Ellos tienen ojeras porque no durmieron anoche.
그들은 어젯밤에 잠을 자지 않았기 때문에 다크서클이 있어요.

Mi perro se divirtió mucho en la cafetería de perros.
내 강아지는 애견 카페에서 많이 즐겼어요.

Todos los compañeros eligieron a Ana como delegada de clase.
모든 학급 친구들은 아나를 반장으로 선택했어요.

En verano, muchos trabajadores se fueron de vacaciones.
여름에, 많은 직원들이 휴가를 떠났어요.

¡Ojo!

☑ 반복 학습 체크체크

MP3 듣기 ✓ 2회 3회

따라 읽기 1회 2회 3회

단어
las ojeras 다크서클
el/la delegado/a de clase 반장
ir de vacaciones 휴가를 떠나다

 스페인/중남미 진짜 여행 떠나기!

Trabajo는 '직장'이라는 뜻 이외에도 '업무', '과제', '일' 등의 여러 가지 뜻이 있어요. 과제라는 뜻으로 사용할 때, '조별 과제'는 trabajo en grupo 혹은 trabajo grupal, '개별 과제'는 trabajo individual 로 표현할 수 있어요.

STEP 2 스페인어 진짜 알아가기

1. o>u 불규칙 변화 동사

▶ 강의보기   🔊 43-2

현재 시제와 마찬가지로 불규칙 동사 변화에서 가장 중요한 점은 -ar, -er, -ir 동사의 구분이에요. 불규칙은 **3인칭 단수, 복수형에만 적용**시키면 돼요.

1) dormir: 자다

dormí	dormimos
dormiste	dormisteis
dormió	dormieron

➡

dormí	dormimos
dormiste	dormisteis
durmió	durmieron

2) o>u 변화 불규칙 동사 예시

dormir: 자다 / morir: 죽다

Mi jefe no pudo venir al trabajo la semana pasada porque murió su abuelo.
내 상사는 지난주에 회사에 오지 못했어요. 왜냐하면 그의 할아버지께서 돌아가셨기 때문이에요.

2. e>i 불규칙 변화 동사

▶ 강의보기   🔊 43-3

e>i 불규칙 변화 동사도 앞에서 살펴본 o>u 불규칙 변화 동사와 똑같이 어미 변화 후 3인칭 단수, 복수형에만 불규칙을 적용시키면 돼요.

1) elegir: 선택하다

elegí	elegimos
elegiste	elegisteis
elegió	elegieron

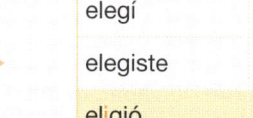

elegí	elegimos
elegiste	elegisteis
eligió	eligieron

2) e>i 변화 불규칙 동사 예시

elegir: 선택하다 / mentir: 거짓말하다 / pedir: 주문하다, 시키다 / vestirse: 옷을 입다 / preferir: 선호하다 / seguir: 따르다 / repetir: 반복하다

El director se enfadó con los empleados porque nadie siguió las normas.
사장님은 직원들에게 화가 났어요. 왜냐하면 아무도 규칙을 따르지 않았기 때문이에요.

 ¡Ojo!

✓ Mini Check

- 단순 과거 -ar 규칙동사 어미 변화 형태

-é	-amos
-aste	-asteis
-ó	-aron

- 단순 과거 -er/-ir 규칙 동사 어미 변화 형태

-í	-imos
-iste	-isteis
-ió	-ieron

3. 시간을 나타내는 전치사 (1)

1) a + 시간: ~ 시에
a la una: 1시에 / a las dos: 2시에

> **잠깐!**
> 오전, 오후, 밤 등을 정확한 시간과 함께 나타내고 싶을 때, 뒤에 전치사 de를 사용해요.
> a las 7 de la mañana: 오전 7시에
> a las 10 de la noche: 밤 10시에

2) por + la mañana / la tarde / la noche: 오전에 / 오후에 / 밤에
: 하루 중 대략적인 시간대를 나타낼 때 사용해요.

3) de día / de noche: 주간에 / 야간에

4) en + 월 / 계절 / 연도 / 명절
→ 이때 월/계절/연도/명절 앞에는 관사를 쓰지 않아요.

> **잠깐!**
> 요일, 날짜 등을 나타낼 때에는 전치사 en이 아닌 정관사 el을 사용해요!
> en lunes (X) → el lunes (O)

STEP 3 스페인어 진짜 즐기기

아래 대화를 들으면서 오늘 배운 내용을 확인해 보세요.

 Erica
¡Enhorabuena! Ya trabajas, ¿no?
축하해! 너 이제 일하지?

Lucas
Sí, ayer fue mi primer día.
Estuve muy nervioso y no dormí nada.
응, 어제가 내 첫날이었어. 나는 매우 긴장해서 한숨도 자지 못했어.

 Erica
¿Y qué tal el trabajo?
직장은 어때?

 Lucas
¡Todo bien! Tenemos dos horas libres, de 11 a 13h.
Pero… los jefes me pidieron muchas cosas.
모든 것이 좋아! 우리는 11시부터 1시까지 두 시간의 자유 시간이 있어.
하지만… 상사들은 나에게 많은 것을 요구했어.

 **Mini Check**

누군가를 축하할 때에는 다음과 같은 표현을 사용할 수 있었어요.

- ¡Enhorabuena!
- ¡Felicidades!

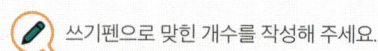

① 밑줄 친 부분에 각 문장에 어울리는 동사를 <보기>에서 골라 단순 과거 형태로 쓰세요.

보기   vestirse | repetir | morir

1. El niño _____ de rojo porque es su color favorito.
2. Juan empezó la universidad con 23 años porque _____ algunos cursos.
3. Mi amiga está triste porque la semana pasada _____ su perro.

② 내용을 듣고 파블로에게 일어난 일을 괄호 안에서 골라 문장을 완성하세요. 🔊 43-6

1. Esta anécdota ocurrió en su (primer trabajo / trabajo anterior / último trabajo).
2. Pablo se disfrazó de (sirena / príncipe / superhéroe).
3. Pablo llevó disfraz porque (mintieron sus compañeros / prefirió disfrazarse).
4. En la oficina, todos (se enfadaron / se rieron / se aburrieron).
5. Sus compañeros vinieron en (chándal / bañador / traje).

* **la anécdota** 일화, 에피소드   **ocurrir** 발생하다, 일어나다   **disfrazarse** 분장하다   **el disfraz** 코스튬
  la sirena 인어   **el superhéroe** 슈퍼히어로   **el chándal** 트레이닝복   **el traje** 정장

③ 다음 회사의 광고를 보고 밑줄 친 부분에 들어갈 전치사를 쓰세요.

Buscamos secretario

La empresa se creó 1. _____ 2014.

Tienen una hora de descanso 2. _____ la tarde.

Empezamos el trabajo 3. _____ las 9 de la mañana.

▶ 강의보기   틀리거나 헷갈리는 문제는 문제 해설 강의로 복습하세요.

◎ 오늘의 Misión   dormir 불규칙 동사를 사용하여 다음 질문에 답해 보세요!
¿A qué hora se durmió tu familia anoche?

Día 44
¿Leíste el contrato?
너는 계약서를 읽었니?

20 . .
학습 시작

오늘의 학습 목표

전체강의 | 질문 게시판 | MP3

1. i>y 불규칙 변화 동사
2. -ducir 동사의 불규칙 변화
3. 시간을 나타내는 전치사 (2)

 **STEP 1** 스페인어 진짜 맛보기   강의보기 🔊 44-1 💬 말하기 연습

📝 **¡Ojo!**

다음 문장을 여러 번 듣고 따라 읽으세요.

Mi primo trabajó★ de traductor mucho tiempo. Tradujo muchos documentos importantes.
내 사촌은 오랜 기간 동안 번역가로 일했어요. 그는 많은 중요한 문서들을 번역했어요.

Ellos oyeron un grito en el despacho.
그들은 사무실에서 고함을 들었어요.

El año pasado, la empresa produjo muchos videojuegos.
작년에 회사는 많은 비디오 게임을 생산했어요.

Leímos el contrato detalladamente para no tener problemas en el futuro.
우리는 미래에 문제를 겪지 않기 위해서 계약서를 꼼꼼히 읽었어요.

☑ 반복 학습 체크체크

MP3 듣기	1회 ✓	2회	3회
따라 읽기	1회	2회	3회

★ 직업을 나타낼 때 ser 동사 말고도 다음과 같은 표현을 사용할 수 있어요.
- **trabajar de** + 직업
- **trabajar en** + 직장

전치사에 따라 뒤에 나오는 내용이 달라져요!

✅ **Mini Check**

부사를 만들기 위해 형용사의 여성형에 **-mente**를 더하거나 **con** + 명사를 사용할 수 있어요.
detalladamente
= con detalle

🔤 **단어**

el documento 문서
el grito 고함, 큰소리
el videojuego 비디오 게임

🧳 **스페인/중남미 진짜 여행 떠나기!**

스페인은 야근을 많이 하는 분위기는 아니지만 야근과 관련된 표현이 있어요. horas extras 혹은 horas extraordinarias라고 하는데, 야근의 시간은 연간 80시간을 넘어서는 안돼요!

1

STEP 2 스페인어 진짜 알아가기

1. i>y 불규칙 변화 동사   ▶강의보기 🔊 44-2

다음 동사들은 3인칭 동사 변화에서 -ió/-ieron이 아닌 -yó/yeron으로 변해요.

1) leer: 읽다

leí	leimos
leiste	leisteis
leió	leieron

leí	leímos
leíste	leísteis
le**yó**	le**y**eron

¡Ojo!

★ leió를 세 번 연속해서 빠르게 읽어 보세요. leió가 아닌 leyó로 들리죠? 발음 나는 그대로 표기하기 위해 철자가 변해요.

잠깐!

3인칭에서 i → y 변화가 일어나는 것 이외에도 기존 규칙 변화에는 없던 띨데 표시가 나타날 수 있어요. 이중 모음이 등장하면서 강세의 위치가 바뀔까 봐 띨데를 사용해 표시해 줘요.

2) i>y 변화 불규칙 동사 예시

leer: 읽다 / oír: 듣다 / construir: 건설하다 / huir: 도망가다 / destruir: 파괴하다 / creer: 믿다

La empresa **construyó** una piscina privada para sus empleados.

회사가 사원들을 위해 사립 수영장을 건설했어요.

2. -ducir 동사의 불규칙 변화   ▶강의보기 🔊 44-3

-ducir 동사는 단순 과거형에서 -ducir 부분이 다음과 같이 변해요.

	단수	복수
1인칭	-duje	-dujimos
2인칭	-dujiste	-dujisteis
3인칭	-dujo	-dujeron

con**ducir** (운전하다)	단수	복수
1인칭	con**duje**	con**dujimos**
2인칭	con**dujiste**	con**dujisteis**
3인칭	con**dujo**	con**dujeron**

Mini Check

-ducir로 끝나는 동사들은 현재 시제에서 z가 삽입되는 불규칙 동사에 해당했어요.

-ducir 동사 예시

conducir: 운전하다 / traducir: 번역하다 / reducir: 줄이다 / producir: 생산하다, 만들다

La policía siguió a Juan porque **condujo** demasiado rápido.

경찰이 후안을 쫓아갔어요. 왜냐하면 지나치게 빠르게 운전했기 때문이에요.

3. 시간을 나타내는 전치사 (2)

다음은 '~부터 ~까지'를 나타낼 수 있는 시간 표현들이에요.

1) **desde** 시작 시점: ~부터
2) **hasta** 끝 시점: ~까지
3) **de** 시작 시점 **a** 끝 시점: ~부터 ~까지

위의 세 가지 표현에 어떤 차이가 있는지 비교해 볼까요?

de ~ a ~	desde ~ hasta ~
일반적으로 뒤에 관사를 사용하지 않아요. ➡ de 2 a 5	정관사가 필요해요. ➡ desde las 2 hasta las 5
홀로 쓰이지 않고 함께 사용해요. ➡ Trabajo de lunes. (X) 　나는 월요일부터 일해요.	desde, hasta는 홀로 쓰이는 것도 가능해요. ➡ Trabajo desde el lunes. (O) 　나는 월요일부터 일해요.

¡Ojo!

★ 이 전치사들은 시간을 나타낼 때 외에 장소를 나타낼 때에도 사용 가능해요.

 **STEP 3 스페인어 진짜 즐기기**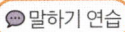

아래 대화를 들으면서 오늘 배운 내용을 확인해 보세요.

 Erica
Ayer, hubo un aviso para todos los empleados. ¿Lo leíste?
어제 모든 직원들에게 공지가 있었어. 너 그것을 읽었어?

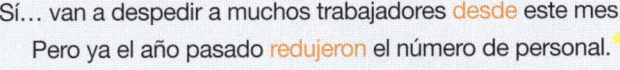 **Compañero de trabajo**
Sí… van a despedir a muchos trabajadores desde este mes. Pero ya el año pasado redujeron el número de personal.
응… 이번 달부터 많은 직원들을 해고할 거야. 하지만 작년에 이미 직원 수를 줄였는걸.

 Erica
Todos creímos en el director y al final huyó sin decirnos nada….
우리는 모두 사장님을 믿었는데 결국에는 우리에게 아무 말도 하지 않고 도망갔잖아….

★ 직원을 나타내는 표현에는 여러 가지가 있어요.
- el/la trabajador/a
- el/la empleado/a
- el/la personal

단어
el aviso 공지, 공지사항
despedir 해고하다
al final 결국, 마침내

STEP 4 스페인어 진짜 써먹기

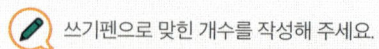
쓰기펜으로 맞힌 개수를 작성해 주세요.

나의 점수 개 / 6개   정답 보기

1 밑줄 친 부분에 공통으로 들어갈 동사를 <보기>에서 골라 단순 과거 시제로 쓰세요.

보기   producir | leer | destruir

1. ¿Por qué tú no _____ mi mensaje?

   Yo _____ muchas veces este libro porque es de mi escritor favorito.

2. Los coches _____ muchos gases.

   Su empresa _____ un buen vino.

3. Vosotros _____ la impresora.

   El terremoto _____ muchos edificios.

* el terremoto 지진   la impresora 인쇄기

2 사라의 스케줄을 보고 밑줄 친 부분에 알맞은 전치사를 쓰세요.

Lunes	Martes	Miércoles	Jueves	Viernes	Sábado	Domingo
	Reunión 9h – 10h	★ Terminar el informe	←	vacaciones		→

1. Sara tiene reunión el martes _____ nueve _____ diez de la mañana.

2. Sara tiene que terminar el informe _____ el miércoles.

3. Sara tiene las vacaciones _____ este jueves.

▶ 강의보기 틀리거나 헷갈리는 문제는 문제 해설 강의로 복습하세요.

◎ 오늘의 Misión ¿Leíste las noticias la semana pasada?라는 질문에 자유롭게 대답해 보세요.

Día 45
Empecé este trabajo el lunes.
나는 이 업무를 월요일에 시작했어.

오늘의 학습 목표

1 -car 동사   2 -zar 동사   3 -gar 동사   4 -guar 동사

STEP 1 스페인어 진짜 맛보기

다음 문장을 여러 번 듣고 따라 읽으세요.

Ayer aparqué lejos de la oficina y vine en metro.
어제 사무실 멀리에 주차했고 지하철을 타고 왔어요.

¿Cuándo empezaste a estudiar español?
너는 언제 스페인어를 공부하기 시작했어?

- Empecé a estudiarlo en 2014.
- 나는 그것을 2014년에 공부하기 시작했어.

Averigüé por qué desaparecieron mis zapatos.
나는 왜 내 구두들이 사라졌는지 알아냈다.

¡Ojo!

☑ 반복 학습 체크체크
MP3 듣기 1회 2회 3회
따라 읽기 1회 2회 3회

Mini Check
- en + 교통 수단: ~을 타고
- en metro: 지하철로
- en autobús: 버스로

★ en이 아닌 a를 쓰는 경우
- a pie: 걸어서
- a caballo: 말을 타고

단어
aparcar 주차하다
averiguar 알아내다

스페인/중남미 진짜 여행 떠나기!

2023년 기준 한국의 영문 면허증으로는 스페인에서 운전이 불가능해요. 운전을 할 계획이 있으신 분들은 국제 면허증을 발급받아 가세요! 비자가 있어 거주 허가가 있으신 분들은 한국의 면허증을 스페인 운전 면허증으로 교환하는 것도 가능해요.

STEP 2 스페인어 진짜 알아가기

¡Ojo!

1. -car 동사

▶ 강의보기 🔊 45-2

단순 과거의 규칙 어미를 붙였을 때 yo에 해당하는 동사는 ce[쎄]로 'ㅆ' 소리가 나지만 나머지는 ca[까], co[꼬]로 'ㄲ' 소리가 나요. 같은 소리가 날 수 있도록 ce를 que로 바꿔야 해요.

1) aparcar: 주차하다

aparcé	aparcamos
aparcaste	aparcasteis
aparcó	aparcaron

➡

aparqué	aparcamos
aparcaste	aparcasteis
aparcó	aparcaron

2) -car 동사

practicar: 연습하다 / buscar: 찾다 / educar: 교육시키다 / aplicar: 적용하다
Practiqué el baile muchas veces para la actuación.
나는 공연을 위해서 춤을 여러 번 연습했어요.

2. -zar 동사

▶ 강의보기 🔊 45-3

단순 과거의 규칙 어미를 붙였을 때 yo에 해당하는 동사의 어미가 ze가 돼요. 하지만 스페인어에는 ze의 조합은 존재하지 않으므로 같은 소리인 ce로 바꿔야 해요.

1) empezar: 시작하다

empezé	empezamos
empezaste	empezasteis
empezó	empezaron

➡

empecé	empezamos
empezaste	empezasteis
empezó	empezaron

★ 스페인어에는 ze, zi의 조합은 존재하지 않으며 ce, ci가 '쎄', '씨'의 소리가 나요.
la actriz
• las actrizes (X)
• las actrices (O)

2) -zar 동사 예시

comenzar: 시작하다 / cruzar: 건너다 / organizar: 기획하다 / realizar: 시행하다 / abrazar: 포옹하다
Mi madre me abrazó y yo también la abracé
내 엄마가 나를 껴안았고 나도 그녀를 안았어요.

3. -gar 동사

▶ 강의보기 🔊 45-4

단순 과거의 규칙 어미를 붙였을 때 yo에 해당하는 동사는 ge[헤]로 'ㅎ' 소리가 나지만 나머지는 ga[가], go[고]로 'ㄱ' 소리가 나요. 같은 소리가 날 수 있도록 ge를 gue로 바꿔야 해요.

1) pagar: 지불하다, 계산하다

pagé	pagamos
pagaste	pagasteis
pagó	pagaron

pagué	pagamos
pagaste	pagasteis
pagó	pagaron

2) -gar 동사 예시

apagar: 끄다 / pegar: 때리다, 붙이다 / llegar: 도착하다 / jugar: 놀다

Quise pagar con tarjeta, pero no pude y pagué en efectivo.

나는 카드로 계산하고 싶었으나 그럴 수 없었고 현금으로 계산했어요.

4. -guar 동사

단순 과거의 규칙 어미를 붙였을 때 yo에 해당하는 동사는 gue로 '게' 소리가 나지만 나머지는 gua, guo로 '구아', '구오'의 소리가 나요. 같은 소리가 날 수 있도록 gue를 güe로 바꿔야 해요.

averiguar: 알아내다, 조사하다

averigüé	averiguamos
averiguaste	averiguasteis
averiguó	averiguaron

averigüe	averiguamos
averiguaste	averiguasteis
averiguó	averiguaron

No averigüé quién fue el culpable. 나는 누가 범인인지 알아내지 못했어요.

아래 대화를 들으면서 오늘 배운 내용을 확인해 보세요.

Erica

Empecé este trabajo la semana pasada y necesito usar programas de edición.
나는 지난주에 이 업무를 시작했고 편집 프로그램들을 이용해야만 해.

Lucas

Yo pagué la versión profesional. ¿Sabes usar el programa?
나는 전문가 버전을 샀어. 너 프로그램을 쓸 줄 알아?

Erica

Sí, un poco. Le pregunté a mi padre y practiqué con su ordenador.
응, 조금. 아빠에게 여쭤봤고 그의 컴퓨터로 연습을 했어.

단어
el programa 프로그램
la edición 편집
la versión 버전

STEP 4 스페인어 진짜 써먹기

쓰기펜으로 맞힌 개수를 작성해 주세요.

나의 점수 개 / 15개 정답 보기

1 다음 동사 변화 표를 보고 밑줄 친 부분에 빠진 철자를 쓰세요.

apagar: 끄다	
1. apa _____	apagamos
apagaste	2. apa _____ steis
apagó	apagaron

organizar: 기획하다	
3. organi _____	organizamos
organizaste	organizasteis
4. organi _____	organizaron

buscar: 찾다	
5. bus _____	buscamos
6. bus _____ ste	buscasteis
buscó	buscaron

averiguar: 알아내다	
7. averi _____	8. averi _____ mos
averiguaste	averiguasteis
averiguó	averiguaron

2 밑줄 친 부분에 괄호 안의 동사를 단순 과거 형태로 쓰세요.

En el trabajo

Yo trabajo en una academia. El mes pasado **1.** _____(empezar, yo) un nuevo proyecto porque mi jefe me lo **2.** _____(encargar). El viernes por la mañana, yo **3.** _____(aparcar) y subí directamente a la academia. En mi mesa, **4.** _____(buscar) los documentos para la reunión, pero no los encontré. Me puse nervioso. **5.** _____(empezar) a sudar mucho. De repente, un compañero **6.** _____(apagar) la luz y entraron todos los profesores con una tarta. ¡Sorpresa!

Sí, ellos **7.** _____(organizar) una sorpresa para mí.

▶ 강의보기 틀리거나 헷갈리는 문제는 문제 해설 강의로 복습하세요.

◎ 오늘의 Misión empezar 동사를 사용해서 언제 스페인어 공부를 시작했는지를 묻고 답해 보세요!
¿Cuándo empezaste a estudiar español?

Día 46

Estuvimos escribiendo un informe de doce a siete de la tarde.

우리는 낮 12시부터 저녁 7시까지 보고서를 쓰고 있었어.

오늘의 학습 목표

1. 단순 과거 진행형의 형태
2. 단순 과거 진행형의 활용
3. 편지/이메일 작성 방법

STEP 1 · 스페인어 진짜 맛보기

다음 문장을 여러 번 듣고 따라 읽으세요.

Mi mejor amigo estuvo dos años viajando por el mundo.
내 가장 친한 친구는 2년 동안 세계 여행을 하고 있었어요.

Anoche estuvimos preparando la presentación hasta las tantas.
어젯밤에 우리는 매우 늦은 시간까지 발표를 준비하고 있었어요.

Estuve esperando tres horas para la entrevista.
나는 면접을 위해 세 시간을 기다리는 중이었어요.

Ayer estuve escribiendo el correo electrónico más de una hora porque para mí es difícil escribir un correo formal.
나는 어제 한 시간 이상 이메일을 쓰는 중이었어요. 왜냐하면 나에게는 격식 있는 이메일을 쓰는 것이 어렵기 때문이에요.

¡Ojo!

☑ 반복 학습 체크체크

MP3 듣기 1회 ✓ 2회 3회
따라 읽기 1회 2회 3회

★ 이메일은 correo (electrónico) 말고도 e-mail 혹은 email이라고 할 수 있어요. 이 말은 외래어이기 때문에 기울여서 쓰거나, 스페인식 따옴표와 함께 ≪e-mail≫, ≪email≫과 같이 쓸 수 있어요.

단어

viajar por el mundo 세계 여행을 하다
las tantas 늦은 시간
la entrevista 인터뷰
el correo (electrónico) = el email 이메일
formal 격식 있는

스페인/중남미 진짜 여행 떠나기!

스페인어로 된 글을 읽다가 ≪…≫와 같은 표기를 본 적이 있나요? 이 표기는 스페인어의 따옴표로 한국어에서의 "…"와 동일해요.

STEP 2 스페인어 진짜 알아가기

1. 단순 과거 진행형의 형태

▶ 강의보기 🔊 46-2

단순 과거 진행형에서 estar 동사는 단순 과거 시제로 변해요.

	estar의 단순 과거 변화형	현재 분사
(yo)	estuve	
(tú)	estuviste	현재 분사의 변화 형태
(él, ella, usted)	estuvo	-ar 동사 ➡ -ando
(nosotros/as)	estuvimos	-er/-ir 동사 ➡ -iendo
(vosotros/as)	estuvisteis	
(ellos, ellas, ustedes)	estuvieron	

Estuvimos descansando de dos a tres de la tarde.
우리는 오후 두 시부터 세 시까지 쉬는 중이었어요.

진행형 문장에서 대명사의 위치는 다음과 같아요.
1. 간 직 동 / 재 동 → 띄어쓰기를 하며 estar 동사 변화형 앞에 등장해요.
2. 동간직 / 동재 → 동사의 현재 분사형 바로 뒤에 한 단어처럼 붙어서 등장해요.

Me estuve duchando durante una hora.
= **Estuve duchándome** durante una hora.
나는 한 시간 동안 샤워하는 중이었어요.

현재 분사 뒤에 대명사가 한 단어처럼 붙는 경우에는 강세의 위치에 주의하세요!

2. 단순 과거 진행형의 활용

▶ 강의보기 🔊 46-3

단순 과거 진행형은 '~하는 중이었다'로 과거에 진행 중이던 상황에 대해 말할 수 있어요.

Ellos **estuvieron arreglando** el ordenador hasta las diez.
그들은 열 시까지 컴퓨터를 수리하는 중이었어요.

Estuvisteis comiendo en ese momento.
너희들은 그 순간에 식사를 하는 중이었어.

¡Ojo!

✅ Mini Check

estar 동사를 현재완료형으로 바꾸면 '현재 완료 진행형'을 만들 수 있어요.

이때에는 현재와 가까운 과거로로 보통 hoy, esta mañana, esta tarde, esta noche 등과 같은 표현과 자주 등장해요.

3. 편지/이메일 작성 방법

편지 작성 방법(비격식)

▶ 강의보기　🔊 46-4　📝 ¡Ojo!

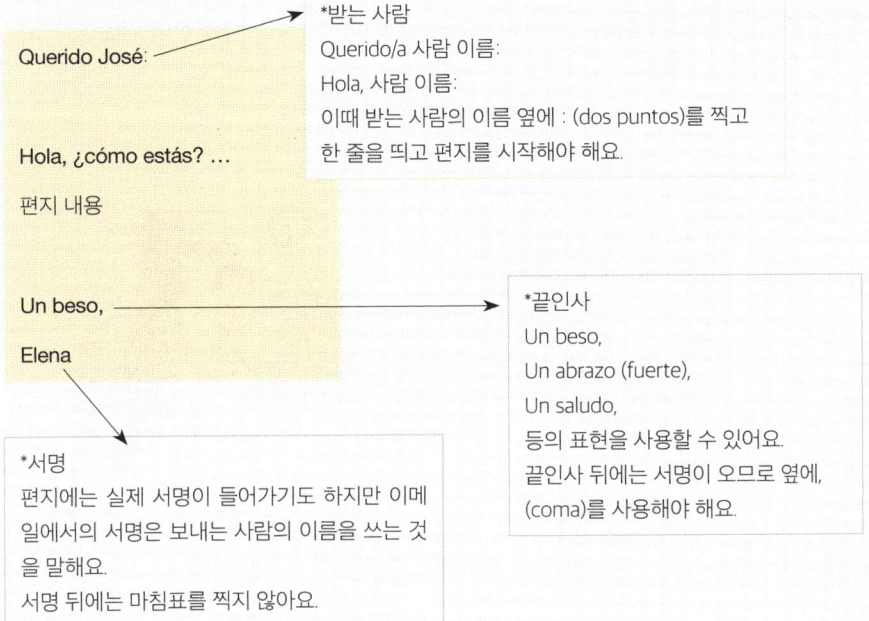

Querido José:

Hola, ¿cómo estás? …

편지 내용

Un beso,

Elena

*받는 사람
Querido/a 사람 이름:
Hola, 사람 이름:
이때 받는 사람의 이름 옆에 : (dos puntos)를 찍고 한 줄을 띄고 편지를 시작해야 해요.

*끝인사
Un beso,
Un abrazo (fuerte),
Un saludo,
등의 표현을 사용할 수 있어요.
끝인사 뒤에는 서명이 오므로 옆에, (coma)를 사용해야 해요.

*서명
편지에는 실제 서명이 들어가기도 하지만 이메일에서의 서명은 보내는 사람의 이름을 쓰는 것을 말해요.
서명 뒤에는 마침표를 찍지 않아요.

STEP 3　스페인어 진짜 줄기기　▶ 강의보기　🔊 46-5　💬 말하기 연습

아래 대화를 들으면서 오늘 배운 내용을 확인해 보세요.

★ **soler + 동사 원형**
: 주로 ~하다, ~하곤 하다
soler 동사는 o>ue 불규칙 동사이며 습관을 나타낼 때 사용해요.

 Sara
¿Anoche qué estuviste haciendo? Hiciste mucho ruido.
너 어젯밤에 뭐 하는 중이었어? 많이 시끄러웠어.

 Lucas
Perdón… ¿te molestó mucho?
Estuve arreglando el ordenador hasta muy tarde.
Pero tú no sueles dormir a esas horas, ¿no?
미안… 너를 많이 방해했어? 나는 매우 늦게까지 컴퓨터를 수리하는 중이었어.
하지만 너는 그 시간에 자는 편이 아니잖아, 안 그래?

📖 **단어**
hacer ruido 시끄럽게 하다, 소음을 내다
molestar 귀찮게 하다, 방해하다, 불편하게 하다

 Sara
Normalmente no, pero ayer estuve escribiendo un informe hasta las tres de la noche.
보통은 안 자. 하지만 어제는 새벽 세 시까지 보고서를 쓰고 있는 중이었어.

STEP 4 스페인어 진짜 써먹기

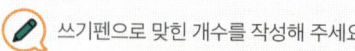

나의 점수   개 / 7개

1 그림을 보고 각 인물이 무엇을 하고 있는 중이었는지 <보기>의 동사를 활용하여 밑줄 친 부분에 단순 과거 진행형으로 쓰세요.

보기 | arreglar | charlar | limpiar | escribir

Ayer de tres a cinco de la tarde…

1. José _____ un correo electrónico.
2. María y Elena _____ .
3. Pedro _____ la estantería.
4. Álvaro _____ la oficina.

2 다음은 엘레나가 사라에게 보내는 편지입니다. 각 표현들이 편지의 어느 부분에 들어가야 할지 해당하는 번호를 밑줄 친 부분에 쓰세요.

_____ ❶ :

¿Cómo estás? Ayer me pasó una cosa rara. Estuve paseando en el parque y de repente un hombre desconocido quiso hablar conmigo. ¿Tú también tienes una experiencia parecida? Espero tu respuesta.

_____ ❷
_____ ❸

1. Un abrazo fuerte, ➡ _____
2. Elena ➡ _____
3. Querida Sara ➡ _____

강의보기 틀리거나 헷갈리는 문제는 문제 해설 강의로 복습하세요.

오늘의 Misión 어제 오전에 무엇을 하고 있는 중이었는지 단순 과거 진행형을 활용해서 대답해 보세요!
¿Qué estuviste haciendo ayer por la mañana?

Día 47
¡Ayer me ascendieron a gerente!
나는 어제 매니저로 승진했어요!

오늘의 학습 목표

1. 단순 과거와 함께 쓰이는 시간 부사구
2. 소망/바람 표현하기

STEP 1 스페인어 진짜 맛보기

다음 문장을 여러 번 듣고 따라 읽으세요.

En Semana Santa fuimos a Málaga y vimos una procesión.★
성주간에 우리는 말라가에 갔고 종교 행렬을 봤어요.

¿Sabes qué vi **el otro día**?
너 내가 일전에 무엇을 봤는지 알아?

Ayer me llamaron para hacer una entrevista de trabajo. **Me gustaría** trabajar con ellos.
어제 면접을 하기 위해서 나를 불렀어요. 나는 그들과 함께 일하고 싶어요.

El año pasado tuvimos solo una semana de vacaciones. **Nos gustaría** tener más días de vacaciones.
작년에 우리는 오직 일주일의 휴가만을 가졌어요. 우리는 더 많은 휴가 일수를 가지고 싶어요.

¡Ojo!

☑ 반복 학습 체크체크

MP3 듣기 1회 ✓ 2회 3회
따라 읽기 1회 2회 3회

★ procesión 이란?
procesión은 성주간에 볼 수 있는 행사로 예수 탄생부터 고난 및 부활 과정의 모형을 크게 만들어 짊어지는 행렬입니다.

Ⓥ 단어
las vacaciones 휴가, 방학

스페인/중남미 진짜 여행 떠나기!

Semana Santa(성주간)은 스페인의 중요한 행사 중 하나이며 예수의 마지막 일주일을 기리는 종교적 행사입니다. 이 시기에 스페인 사람들은 약 일주일간의 휴가를 가질 정도로 크리스마스와 더불어 중요한 명절 중 하나예요. 보통은 3월 말이나 4월에 Semana Santa 기간이 있어요.

STEP 2 스페인어 진짜 알아가기

1. 단순 과거와 함께 쓰이는 시간 부사구

▶ 강의보기 🔊 47-2

단순 과거는 현재와 관련이 없는 과거의 구체적인 시점을 나타내요. 단순 과거와 함께 자주 쓰이는 시간 부사구에는 어떤 것들이 있는지 알아봅시다!

1) 과거 시제를 나타내는 표현
- ayer (어제), anteayer (그제), anoche (어젯밤)

2) 과거의 정확한 시점
요일, 날짜, 계절, 연도 등을 사용해 정확한 과거의 시점을 쓸 수 있어요.
- el lunes, el 8 de abril, en verano, en 2019

3) pasado/a : 지난
pasado는 '지난'이라는 뜻의 과거를 나타내는 표현이에요.
- la semana pasada (지난주), el mes pasado (지난달), el año pasado (작년), el siglo pasado (지난 세기)

이외에도 요일 뒤에 pasado를 붙여 지나간 요일을 말할 수 있어요.
- el lunes pasado, el martes pasado, ⋯

4) hace : ~전에
hace는 '~전에'라는 뜻이에요.
- hace ~ día/días (~일 전에), hace ~ semana/semanas (~주 전에), hace ~ mes/meses (~ 달 전에), hace ~ año/años (~년 전에)

> **잠깐!**
> 기간이 꼭 숫자여야만 하는 것은 아니에요!
> - hace mucho tiempo (오랜 시간 전에, 오래전에)
> - hace una década (10년 전에)
> - hace un siglo (한 세기 전에, 100년 전에)

5) el otro día: 일전에, 저번에
'일전에'라는 뜻으로 현재와는 관련이 없는 명확한 과거이지만 너무 먼 과거를 나타낼 수는 없어요. '며칠 전에' 정도로 해석할 수 있어요!

📝 ¡Ojo!

★ anteayer는 antes de ayer 라고도 표기할 수 있으나 anteayer의 형태가 더 짧기 때문에 선호됩니다.

✅ Mini Check

hace poco, hace una hora, hace cinco minutos 등과 같이 현재와 가까운 시점들은 '현재 완료'와 함께 주로 사용해요.

2. 소망/바람 표현하기

소망이나 바람 등 원하는 것을 말하는 방법에는 여러 가지가 있는데, 모두 뒤에 동사 원형이 온다는 공통점이 있어요.

1) me gustaría + 동사 원형

gustar 동사는 현재형으로 사용하면 '~을 좋아하다'라는 뜻이지만 gustaría의 형태를 쓰면 의미가 달라져요.

Me gusta escuchar música.
나는 음악 듣는 것을 좋아해요.

Me gustaría escuchar música.
나는 음악을 듣고 싶어요.

2) esperar + 동사 원형

esperar(기대하다, 소망하다) 동사는 뒤에 동사 원형을 동반해 소망/바람을 표현할 수 있어요.

Espero verte pronto.   나는 너를 곧 보기를 소망해.

> **잠깐!**
> 이 표현은 그것을 원하는 주체와 행위를 실현하는 주체가 같아야 해요.
> esperar 이외에도 첫걸음에서 배운 querer나 desear도 사용할 수 있어요.

¡Ojo!

★ 나의 소망이 아닌 다른 사람의 소망을 말하고 싶은 경우에는 간접목적격 대명사를 변화하여 표현해요. (3인칭인 경우 그 대상을 함께 드러내줘요.)

Me gustaría에서 gustaría는 절대 변하지 않고 me에 해당하는 간접 목적격 대명사가 바꿔요.

STEP 3 스페인어 진짜 즐기기

아래 대화를 들으면서 오늘 배운 내용을 확인해 보세요.

 Marcos: ¡Ayer me ascendieron a gerente!
나는 어제 매니저로 승진했어!

Erica: ¡Enhorabuena! Trabajaste muy duro. Además, el año pasado tuvisteis muchos clientes gracias a ti.
축하해! 너는 매우 열심히 일했어. 게다가 작년에 네 덕분에 손님들이 많았잖아.

 Marcos: Me gustaría celebrarlo. ¿Vienes?
나는 기념하고 싶어. 올 거지?

Erica: ¡Claro! La semana pasada estuve ocupada, pero ya estoy libre.
당연하지! 지난 주에는 내가 바빴지만 이제는 여유로워.

✓ Mini Check

주어를 드러내지 않고 3인칭 복수형으로 동사 변화를 하면 일반적인 대상에 대해 나타낼 수 있어요.

✓ 단어

gracias a ~덕분에

STEP 4 스페인어 진짜 써먹기

 쓰기펜으로 맞힌 개수를 작성해 주세요.

나의 점수   개 / 14개   정답 보기

1 다음 문장들의 시제를 살펴보고 어울리는 시간 부사구 표현을 고르세요.

1. (Ayer / Hoy) tuvimos una comida familiar. Vinieron mis abuelos y mis primos.
2. Vamos a viajar a China (la semana pasada / la próxima semana).
3. (Anoche / Esta noche) volvisteis muy tarde. Vuestra madre estuvo muy preocupada.
4. (En 2010 / Hace cinco minutos) hubo un terremoto.

2 내용을 듣고 남자의 생일이 언제였는지 고르세요. 🔊 47-5

① el lunes   ② el martes   ③ el jueves   ④ el domingo

3 다음 문장들의 시제를 살펴보고 어울리는 시간 부사구 표현을 고르세요.

1. Esta mañana Juan (ha desayunado / desayunó) en esa nueva cafetería.
2. El año pasado, tú (has viajado / viajaste) a África.
3. Hace un mes, ella (ha empezado / empezó) un nuevo proyecto.
4. Hace cinco minutos, ustedes (han visto / vieron) una película romántica.
5. El sábado pasado, mis sobrinos y yo (hemos ido / fuimos) a un festival de música.

4 간접 목적격 대명사와 gustaría를 활용하여 밑줄 친 부분에 들어갈 표현을 쓰세요.

1. A nosotros _____ ir de viaje.
2. A mí _____ cenar fuera.
3. A vosotros _____ hablar español mejor.
4. ¿A ti _____ tener novio?

▶ 강의보기 틀리거나 헷갈리는 문제는 문제 해설 강의로 복습하세요.

◎ 오늘의 Misión 여러 가지 시간 부사구를 활용해 작년에 무엇을 했는지 이야기해 보세요.
¿Qué hiciste el año pasado?

Día 48

Día 43~47 복습하기

Práctica ⑧

연습문제

나의 점수   개 / 30개

1 내용을 듣고 남자의 상사가 왜 어제 남자에게 화가 났는지 이유를 고르세요. 🔊 48-1

① Porque el hombre no apagó la luz de la oficina.

② Porque el hombre aparcó en el sitio de su jefe.

③ Porque el hombre empezó a gritarle a su jefe.

④ Porque el hombre se durmió en la oficina.

2 그림을 보고 밑줄 친 부분에 알맞은 동사를 <보기>에서 찾아 단순 과거 형태로 쓰세요.

보기   producir | conducir | traducir | reducir

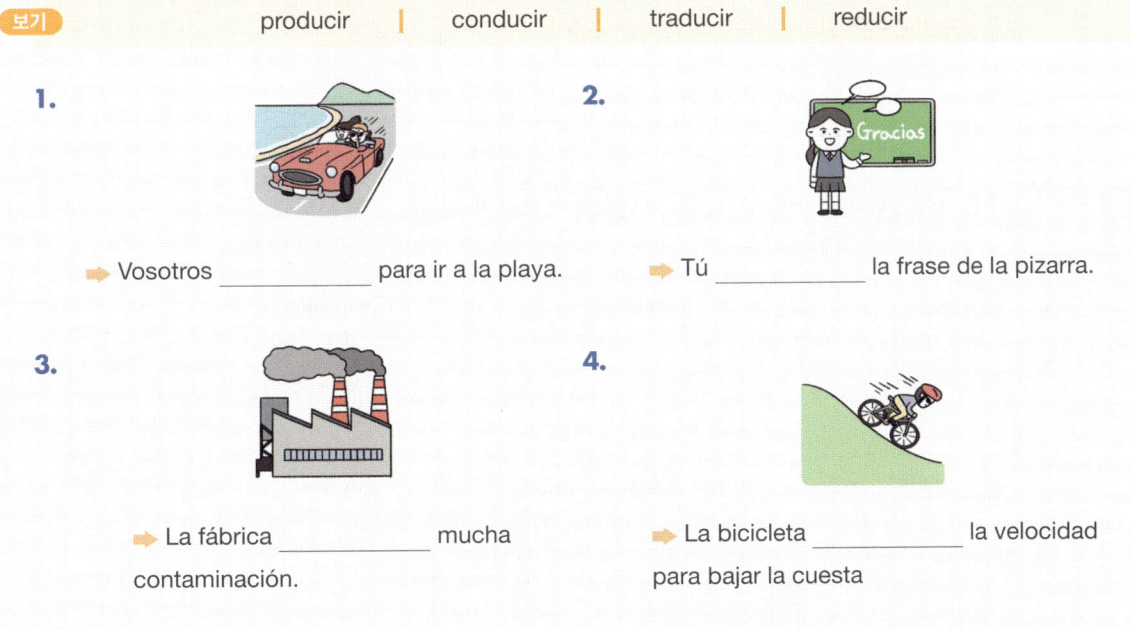

1. ➡ Vosotros _____ para ir a la playa.

2. ➡ Tú _____ la frase de la pizarra.

3. ➡ La fábrica _____ mucha contaminación.

4. ➡ La bicicleta _____ la velocidad para bajar la cuesta

* **traducir** 번역하다, 해석하다   **la frase** 문장   **la contaminación** 오염   **la cuesta** 언덕

3 밑줄 친 동사의 현재 시제를 단순 과거 형태로 쓰세요.

1. Los dinosaurios <u>mueren</u> por un meteorito.
➡ Los dinosaurios _____ por un meteorito hace mucho tiempo.

2. Mis amigos y yo no <u>dormimos</u> hasta tarde.
➡ Mis amigos y yo no _____ hasta tarde el fin de semana pasado.

3. Tú <u>pides</u> dinero a tu hermano urgentemente.
➡ Anoche, tú _____ dinero a tu hermano urgentemente para pagar el alquiler de este mes.

4. Jorge <u>miente</u> a sus padres sobre sus notas.
➡ Jorge _____ a sus padres sobre sus notas anteayer.

* **el dinosaurio** 공룡   **el meteorito** 운석   **urgentemente** 급하게   **el alquiler** 임대료, 월세
las notas 성적

4 다음 틀린 문장을 올바르게 고쳐 쓰세요.

1. Mi madre se caió y se rompió el brazo.
   _____

2. Él oyo una voz desconocida en su habitación.
   _____

5 <보기>의 동사들이 yo에서 어떤 불규칙에 해당하는지 표의 해당하는 곳에 쓰세요.

보기	empezar	practicar	comenzar
	orgnizar	apagar	educar
	pagar	buscar	averiguar

-cé → -qué	-zé → -cé	-gé → -gué	-gué → -güé
1.	2.	3.	4.

6 밑줄 친 부분에 시간을 나타내는 전치사를 쓰세요.

1. 그제 오후 일곱 시에 우리는 테니스장에 있었어요.
➡ Anteayer, _____ las siete de la tarde estuvimos en la pista de tenis.

2. 그는 그의 가장 친한 친구를 2014년에 알게 되었어요.
➡ Él conoció a su mejor amigo _____ 2014.

3. 지난 주에 나는 오전 아홉 시부터 오후 세 시까지 일했어요.
➡ La semana pasada, trabajé _____ las nueve de la mañana _____ las tres de la tarde.

4. 작년에 우리는 오전에 일을 했고 오후에는 공부를 했어요.
➡ El año pasado, trabajamos _____ la mañana y estudiamos _____ la tarde.

* **la pista de tenis** 테니스장

7 각 문장의 해석을 보고 밑줄 친 부분에 들어갈 시간 부사구를 쓰세요.

1. 일 년 전에 나는 결혼했어요.
➡ _____ un año me casé.

2. 지난 주에 비가 많이 왔어요.
➡ Llovió mucho _____.

3. 나는 그저께 친구들과 스키를 타러 갔어요.
➡ _____, fui a esquiar con mis amigos.

4. 화요일에 택배가 도착했어요.
➡ _____, llegó el paquete.

8 다음 문장을 동사에 주의하여 올바르게 해석하세요.

1. Me gusta viajar a Europa.
➡ _____.

2. Me gustaría viajar a Europa.
➡ _____.

9 다음은 에리카가 사라에게 보내는 편지 내용입니다. 순서에 맞게 올바르게 나열하세요.

❶ Hola, ¿cómo estás? Hace mucho tiempo que no te veo. Ayer fue tu cumpleaños, ¿no? ¡Felicidades!

❷ Querida Sara:

❸ Erica

❹ Un beso,

❺ ¿Lo celebraste? ¿Qué hiciste y qué te regalaron? ¡Me gustaría saberlo todo! Ya he terminado todos los exámenes y la semana que viene puedo visitarte. Tengo muchas ganas de verte.

순서: _____ ➡ _____ ➡ _____ ➡ _____ ➡ _____

10 내용상 뒤에 나올 알맞은 문장을 골라 연결하세요.

1. Sara llevó paraguas ・   ・ⓐ porque estuvieron estudiando hasta tarde.
2. No pude responder a tu mensaje ・   ・ⓑ porque estuvo lloviendo.
3. Ayer ellos no durmieron mucho ・   ・ⓒ porque estuve durmiendo.
4. Los vecinos vinieron a buscarte ・   ・ⓓ porque estuviste cantando anoche.

* el paraguas 우산

▶ 강의보기 틀리거나 헷갈리는 문제는 문제 해설 강의로 복습하세요.

◎ 오늘의 Misión Día 43~47에서 배운 내용을 활용해서 지난 주말에 무엇을 했는지, 지난 주말 특정 시간에 무엇을 하는 중이었는지 그리고 다음 주말에 무엇을 하고 싶은지에 대해 얘기해 보세요!

Día 49
Erica siempre hablaba de la salud.
에리카는 항상 건강에 대해 이야기했었어요.

오늘의 학습 목표

1. 불완료 과거 -ar 규칙 변화 동사
2. 불완료 과거의 쓰임 (1) 과거의 습관 말하기
3. 인칭 대명사의 생략

STEP 1 스페인어 진짜 맛보기

¡Ojo!

☑ 반복 학습 체크체크

MP3 듣기	✓	2회	3회
따라 읽기	1회	2회	3회

다음 문장을 여러 번 듣고 따라 읽으세요.

A Erica le interesaba mucho la salud. Ella siempre cuidaba la alimentación.
에리카는 건강에 매우 관심이 많았어요. 그녀는 항상 음식 섭취에 신경을 썼어요.

Yo siempre cocinaba en casa para no gastar mucho dinero.
나는 돈을 많이 소비하지 않기 위해서 항상 집에서 요리를 했어요.

Mis abuelos se levantaban y se acostaban temprano.
내 조부모님은 일찍 일어나시고 일찍 주무셨어요.

Te gustaba leer y pasabas mucho tiempo en la biblioteca.
너는 독서하는 것을 좋아했고 도서관에서 많은 시간을 보냈어.

Antes mi hermana tomaba café tres veces al día.
예전에 내 여자 형제는 하루에 세 번 커피를 마셨어요.

단어
cuidar 돌보다, 신경 쓰다
la alimentación 영양, 음식
gastar 소비하다, 사용하다

스페인/중남미 진짜 여행 떠나기!
스페인은 과일, 야채, 고기 등의 식재료값이 저렴하기 때문에 집에서 요리를 해 먹으면 생활비를 많이 줄일 수 있어요. 대표적인 스페인 마트로는 Mercadona(메르카도나), Día(디아) 등이 있어요! 한국에 없는 식품들도 있으니 스페인에 방문한다면 마트에 한번 가 보세요!

1. 불완료 과거 –ar 규칙 변화 동사

	단수	복수
1인칭	-aba	-ábamos
2인칭	-abas	-abais
3인칭	-aba	-aban

hablar (말하다)	단수	복수
1인칭	hablaba	hablábamos
2인칭	hablabas	hablabais
3인칭	hablaba	hablaban

잠깐!
불완료 과거에서는 1인칭과 3인칭 단수의 동사 변화 형태가 같아요.

Antes siempre estudiábamos en la cafetería, pero ahora preferimos★ estudiar en la biblioteca.
예전에 우리는 항상 카페에서 공부를 했어요. 하지만 지금은 도서관에서 공부하는 것을 선호해요.

2. 불완료 과거의 쓰임 (1) 과거의 습관 말하기

불완료 과거는 과거의 습관이나 일상을 말할 때 사용할 수 있어요. 일회성이 아닌 반복적으로 일어난 일들에 대해 말할 때 주로 사용해요.

Antes de mudarnos a esta ciudad, los domingos cenábamos con nuestra abuela.
이 도시로 이사를 오기 전에, 우리는 일요일마다 우리 할머니와 함께 저녁식사를 했어요.

습관적인 일들에 대해 이야기하기 때문에 '~곤 했다'로도 해석이 가능해요.
En verano, mi familia veraneaba en la costa de Andalucía.★ Yo tomaba el sol y nadaba en la playa.
여름에 내 가족은 안달루시아의 해안가에서 피서를 보내곤 했어요. 나는 일광욕을 하고 해변에서 수영을 하곤 했어요.

¡Ojo!

★ '선호'를 나타내기 위해서는 다음과 같은 표현들을 사용할 수 있어요.
preferir: 선호하다
gustar más: 더 좋아하다

Preferimos estudiar en la biblioteca. = Nos gusta más estudiar en la biblioteca.
우리는 도서관에서 공부하는 것을 선호해요 (= 더 좋아해요).

단어

mudarse a/de ~로 이사하다/~에서 이사오다
veranear 여름 휴가를 보내다, 피서를 보내다
tomar el sol 일광욕을 하다

★ Andalucía(안달루시아)는 스페인 남부에 있는 자치주예요. 대표적인 도시로는 Málaga(말라가), Sevilla(세비야) 등이 있어요.

3. 인칭 대명사의 생략

스페인어는 주어에 따라 동사의 형태가 변하기 때문에 주어를 생략하는 경우가 많아요. 하지만 누구에 대해서 이야기하는지 헷갈릴 수 있는 경우에는 주어를 생략하지 않고 문장에 드러내요.

1) 대상이 3인칭인 경우
해당될 수 있는 대상이 많아 헷갈릴 수 있어 보통 주어를 표시해요.

Mi profesor y su mujer son extranjeros. Es de España y es de Italia. (X)
Mi profesor y su mujer son extranjeros. Él es de España y ella es de Italia. (O)
내 선생님과 그의 아내는 외국인이에요. 그는 스페인 출신이고 그녀는 이탈리아 출신이에요.
(인칭 대명사를 표시하지 않으면 누구에 대해 이야기하는지 쉽게 알기가 어려워요.)

2) 동사시제 변화형태가 동일한 경우
불완료 과거 시제에서는 1인칭 단수(yo)와 3인칭 단수(él, ella, usted…)의 변화 형태가 같아요. 그래서 문맥만으로 주어가 누구인지 헷갈리는 경우, 주어를 표시해야 해요.

Antes, no comía carne.
→ 앞에서 주어가 드러나지 않는다면 해당 문장만으로 주어가 누구인지 알기가 어려워요. 다음과 같이 주어를 드러내야 그 대상을 명확히 알 수 있어요.

Antes yo no comía carne.   나는 전에 고기를 먹지 않았다.
Antes Juan no comía carne. 후안은 전에 고기를 먹지 않았다.

¡Ojo!

★ 이외에도 다음 경우에는 문장에 주어를 드러내야 해요.

1. 주어를 강조하는 경우

2. 다른 사람들과 함께 등장할 때
- Mi familia y yo
- Sara y tú

3. 두 대상간 대비가 드러나는 경우
- Yo soy profesor y vosotros sois estudiantes.
나는 선생님이고 너희들은 학생들이야.

4. usted, ustedes의 경우 3인칭이기 때문에 다른 주어와 헷갈릴 수 있어 보통 문장에 주어를 드러내요.

 **STEP 3 스페인어 진짜 즐기기**

아래 대화를 들으면서 오늘 배운 내용을 확인해 보세요.

단어
llevar una vida sana
건강한 삶을 살다

 Marcos: Sara, tú llevas una vida sana, ¿no?
사라야, 너는 건강한 삶을 살지, 그렇지?

 Sara: Antes sí. Cuidaba la alimentación y buscaba información relacionada con la salud. Casi siempre preparaba la comida en casa.
예전에는 그랬어. 음식도 신경 쓰고 건강이랑 관련된 정보도 찾곤 했어. 거의 항상 집에서 음식을 준비했고.

STEP 4 스페인어 진짜 써먹기

나의 점수 ___ 개 / 19개

1 다음 동사들의 불완료 과거 형태를 쓰세요.

1. (tú) limpiar ➡ _____
2. (tú y yo) pasear ➡ _____
3. (nosotros) buscar ➡ _____
4. (ustedes) viajar ➡ _____
5. (yo) encontrar ➡ _____
6. (tú) comprar ➡ _____
7. (ellos) estar ➡ _____
8. (mi amigo) estudiar ➡ _____
9. (vosotros) andar ➡ _____
10. (ella) enseñar ➡ _____

2 <보기>에서 밑줄 친 부분에 들어갈 동사를 골라 불완료 과거 형태로 쓰세요.

보기: montar | estudiar | comprar | preocuparse | viajar

1. Nosotros _____ al extranjero en las vacaciones.
2. Mi padre _____ chino.
3. Antes, mi hermana _____ mucha ropa.
4. Ellos _____ por la salud.
5. Mis hijos _____ en la bicicleta en su tiempo libre.

* preocuparse por ~을 걱정하다

3 인칭 대명사가 생략될 수 있는지 없는지 고르세요.

1. Tu padre y (Ø / tú) os parecéis mucho.
2. Yo vivía en Seúl y (Ø / usted) vivía en Nueva York.
3. (Ø / Nosotros) paseábamos juntos en el parque.
4. (Ø / Él) hablaba muy bien español.

* parecerse 닮다

오늘의 Misión: 어릴 때 가족들이랑 어디에서 피서를 보냈었는지 대답해봐요!
¿Dónde veraneabas con tu familia de pequeño/a?

Día 50
Yo comía frutas y verduras todos los días.
나는 매일 과일과 야채를 먹곤 했어요.

오늘의 학습 목표
1. 불완료 과거 -er/-ir 규칙 변화 동사
2. 조리방법 표현하기
3. 불완료 과거의 쓰임 (2) 사람 및 장소 묘사하기

STEP 1 스페인어 진짜 맛보기

다음 문장을 여러 번 듣고 따라 읽으세요.

Ellos consumían comida rápida y no cocinaban nunca en casa.
그들은 패스트푸드를 소비하고 집에서는 전혀 요리를 하지 않았어요.

Antes Ana comía de todo, pero ahora no come carne porque ahora es vegetariana.
예전에 아나는 가리지 않고 먹었어요. 하지만 지금은 고기를 먹지 않아요. 왜냐하면 지금은 채식주의자이기 때문이에요.

¿Sigues haciendo dieta estos días? Antes siempre hacías diferentes tipos de dieta.
너 요즘도 계속해서 다이어트를 하고 있는 중이야? 너 예전에는 항상 다양한 종류의 다이어트를 하곤 했잖아.

¡Ojo!

반복 학습 체크체크

MP3 듣기 1회 ✓ 2회 3회
따라 읽기 1회 2회 3회

Mini Check
seguir + 현재 분사
➡ 계속해서 ~하다

단어
la comida rápida 패스트푸드
comer de todo 가리지 않고 먹다, 다 잘 먹다
el/la vegetariano la 채식주의자

 스페인/중남미 진짜 여행 떠나기!

el/la vegetariano/a와 el/la vegano/a에 대해 들어 본 적이 있나요? '채식주의자'와 '비건'이라는 뜻이에요. 채식주의에는 여러 단계가 있는데 그중 하나예요. vegetariano/a(채식주의자)는 고기는 먹지 않지만 생선, 달걀, 우유 등의 식품 등을 소비하는 반면 vegano/a(비건)은 고기를 포함한 동물에서 나오는 상품 자체를 일절 소비하지 않아요.

STEP 2 스페인어 진짜 알아가기

1. 불완료 과거 -er/-ir 규칙 변화 동사★

▶ 강의보기   🔊 50-2

	단수	복수
1인칭	-ía	-íamos
2인칭	-ías	-íais
3인칭	-ía	-ían

comer (먹다)	단수	복수
1인칭	comía	comíamos
2인칭	comías	comíais
3인칭	comía	comían

Los fines de semana yo comía pescado a la plancha.
나는 주말마다 생선 구이를 먹곤 했어요.

vivir (살다)	단수	복수
1인칭	vivía	vivíamos
2인칭	vivías	vivíais
3인칭	vivía	vivían

Ellos vivían en un chalé grande.
그들은 큰 주택에 살았었어요.

2. 조리 방법과 관련된 표현

▶ 강의보기   🔊 50-3

조리 방법	뜻	예시
a la plancha	구이	pescado a la plancha: 생선 구이
al horno	오븐에 구운	pollo al horno: 오븐에 구운 닭
al vapor	증기에 찐	verduras al vapor: 채소 찜
frito/a/os/as	튀긴	patatas fritas: 감자튀김
crudo/a/os/as	날것의	pescado crudo: 날 생선 (회)

¡Ojo!

★ 불완료 과거에서 -er 규칙 변화와 -ir 규칙 변화는 동일한 형태를 가져요. 불완료 과거의 -er/-ir 규칙 변화 형태에 모두 띨데 표시(í)가 있어요!

★ -ar 규칙 동사에서와 마찬가지로 1인칭과 3인칭 단수 동사변화 형태가 같아요.

단어
el chalé (=el chalet)
주택

3. 불완료 과거의 쓰임 (2) 사람 및 장소 묘사하기

불완료 과거는 습관적인 일을 나타내는 것 이외에도 과거의 사람, 물건, 장소에 대해 묘사를 할 때도 사용해요.

Ese día, mi padre llevaba un traje azul muy elegante.
그날, 내 아빠는 매우 우아한 파란 정장을 입고 있었어요.

La casa de mis abuelos estaba en las afueras de la ciudad.
내 조부모님의 집은 도시의 근교에 있었어요.

Mi profesor tenía los ojos claros.
내 선생님은 밝은색의 눈을 가졌어요.

➡ 선생님이 밝은 색의 눈을 가졌다는 성질은 현재 사라지지 않고 지속되지만 과거 시점으로 이야기를 서술하기 때문에 불완료 과거 시제를 사용해요.

¡Ojo!

단어

las afueras 근교, 교외
claro 밝은, 밝은색의

 **STEP 3 스페인어 진짜 줄기기**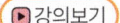

아래 대화를 들으면서 오늘 배운 내용을 확인해 보세요.

 Lucas
¿Estás haciendo dieta? Has perdido mucho peso. Pareces otra persona.
너 다이어트 하는 중이야? 살이 진짜 많이 빠졌다. 다른 사람 같아 보여.

 Erica
Sí. Antes, no comía verduras y comía mucha comida frita. También, consumía muchos dulces. Pero ahora cocino los alimentos a la plancha. Es mucho más sano.
맞아. 예전에는 야채는 안 먹고 튀긴 음식들을 많이 먹었어. 그리고 단 것들도 많이 소비했어. 하지만 지금은 음식들을 구워서 요리해. 그게 훨씬 더 건강해.

단어

perder peso 살이 빠지다

★ mucho는 más나 menos 앞에 쓰여서 비교급을 강조하는 역할을 하기도 해요.
- mucho más: 훨씬 더
- mucho menos: 훨씬 덜

3

 **STEP 4 스페인어 진짜 써먹기**

 쓰기펜으로 맞힌 개수를 작성해 주세요.

나의 점수   개 / 9개   정답 보기

1 밑줄 친 부분에 괄호 안 동사의 불완료 과거 형태를 쓰세요.

> **Mis hábitos de alimentación**
>
> Antes de vivir con mis padres, yo **1.** _____(vivir) solo y no **2.** _____(comer) bien. Casi todos los días, **3.** _____(pedir) comida a domicilio. Yo **4.** _____(consumir) muchas comidas fritas. Además, no **5.** _____(salir) de casa. Sin embargo, ahora como de todo: verduras, carne, pescado, etc. Creo que ahora tengo una vida bastante sana.

* **la comida a domicilio** 배달 음식   **sin embargo** 하지만

2 해석을 보고 어떻게 음식을 요리한 것인지 밑줄 친 부분에 어울리는 표현을 쓰세요.

1. Me gustaba comer verduras_____como la ensalada.
➡ 나는 샐러드 같은 생채소를 먹는 것을 좋아하곤 했어요.

2. Mi madre cocinaba pescado_____.
➡ 내 엄마는 오븐 생선 구이를 요리하곤 했어요.

3. Ellos piden patatas_____para acompañar las hamburguesas.
➡ 그들은 햄버거와 함께 먹기 위해 감자튀김을 시켜요.

4. Prefiero cocinar la carne_____.
➡ 나는 고기를 구워 먹는 것을 선호해요.

* **acompañar** 동행하다, (음식에) 곁들이다

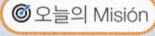 틀리거나 헷갈리는 문제는 문제 해설 강의로 복습하세요.

오늘의 Misión 예전의 나의 식습관이 어땠는지 건강한 식단이었는지 친구와 대화를 나누어 보세요.
¿Qué hábitos de alimentación tenías? ¿Comías sano?

Día 51

Cuando era niño, yo era bajo.
어릴 때, 나는 키가 작았었어요.

오늘의 학습 목표

1. ver 동사의 변화형
2. ser 동사의 변화형
3. ir 동사의 변화형
4. cuando 시간절

STEP 1 스페인어 진짜 맛보기

다음 문장을 여러 번 듣고 따라 읽으세요.

¿Cómo era tu hermana cuando era niña?
네 여자 형제는 어렸을 때 어땠어?

- **Era bajita y gordita.**★
- 그녀는 조금 키가 작고 뚱뚱했어.

Cuando estudiaba en la universidad, yo veía a mis amigos todos los días.
대학교에서 공부하던 시절에, 나는 친구들을 매일 보곤 했어요.

Cuando iba al colegio, yo era muy tímido.
내가 초등학교에 다녔을 때, 나는 매우 소심했어요.

¡Ojo!

☑ 반복 학습 체크체크

MP3 듣기 1회 ✓ 2회 3회

따라 읽기 1회 2회 3회

★ 단어 끝의 -o/-a 대신에 -ito/-ita를 붙이면 단어를 조금 더 작고 친근한 느낌으로 바꿀 수 있어요. -ito/-ita가 부정적인 단어와 함께 사용될 때에는 그 뜻을 완화시켜요.

단어
el colegio 초등학교

스페인/중남미 진짜 여행 떠나기!

¿Cómo estás?는 '잘 지내?'라는 의미로 상대방의 안부를 묻는 표현이었지만 estar 동사 대신 ser 동사를 사용하면 문장의 의미가 달라져요. ¿Cómo eres?는 안부가 아닌 성격이나 외모를 묻는 표현으로 '너는 어떤 사람이야?'의 의미예요. 상대방이 과거에 어떤 사람이었는지를 묻기 위해서는 불완료 과거를 사용하여 ¿Cómo eras?로 질문할 수 있어요.

STEP 2 스페인어 진짜 알아가기

1. ver 동사의 변화형

ver (보다)	단수	복수
1인칭	veía	veíamos
2인칭	veías	veíais
3인칭	veía	veían

Después de volver del colegio, mi hermano y yo veíamos dibujos animados en la televisión.

학교에서 돌아오고 난 후, 내 남자 형제와 나는 텔레비전에서 만화 영화를 보곤 했어요.

2. ser 동사의 변화형

ser (~이다)	단수	복수
1인칭	era	éramos
2인칭	eras	erais
3인칭	era	eran

Mi profesor de matemáticas era alto y guapo. Por eso era muy popular entre los alumnos.

내 수학 선생님은 키가 크고 잘생겼어요. 그래서 학생들 사이에서 매우 인기가 있었어요.

3. ir 동사의 변화형

ir (가다)	단수	복수
1인칭	iba	íbamos
2인칭	ibas	ibais
3인칭	iba	iban

Antes, iba a todos los sitios a pie porque me gustaba andar.

예전에는 모든 장소들에 걸어서 갔어요. 왜냐하면 내가 걷는 것을 좋아했기 때문이에요.

¡Ojo!

단어

los dibujos animados
만화 영화

★ 불완료 과거 시제에서 불규칙인 동사는 ver, ser, ir 이 세 개밖에 없어요.

단어

popular 인기 있는
el/la alumno/a 학생

4. cuando 시간절

cuando는 '~할 때'라는 뜻의 관계 부사예요. cuando를 사용해서 여러 가지 시간절을 만들 수 있어요.

cuando + (주어) + 동사

cuando는 특히 불완료 과거 시제와 사용하면 '~했을 때에는', '~시절에'라는 뜻이며, 다음과 같은 표현을 쉽게 볼 수 있어요.

1) cuando era niño/a = cuando era pequeño/a ➡ 내가 어렸을 때에

2) cuando yo tenía _____ años ➡ 내가 _____ 살이었을 때

3) cuando yo estaba en el colegio/el instituto/el bachillerato/la universidad ➡ 내가 초등학교/중학교/고등학교/대학교에 있었을 때

> **잠깐!**
> 이때 cuando에는 띨데 표시를 하지 않아요!
>
> cuándo: 언제 (의문사)   cuando: ~할 때 (관계 부사)
>
> 스페인어의 모든 의문사에는 띨데 표시를 하며 띨데 표시를 하지 않는 단어들은 관계사로 (관계 대명사/관계 부사) 사용해서 의미가 달라져요.

¡Ojo!

★ cuando 다음에 꼭 불완료 과거만 사용해야 하는 것은 아니에요. 지금까지 학습한 현재, 현재 완료, 단순 과거 등의 시제도 등장할 수 있어요.

STEP 3 스페인어 진짜 즐기기

아래 대화를 들으면서 오늘 배운 내용을 확인해 보세요.

 Erica
Marcos, ¿cómo eras tú cuando eras pequeño? ¿Eras igual que ahora?
마르코스, 너는 어렸을 때 어땠어? 지금이랑 똑같았어?

 Marcos
¡Qué va! Yo era muy diferente.
아니! 나는 매우 달랐어.

 Erica
No me lo puedo imaginar.
나는 그것을 상상할 수가 없어.

 Marcos
Cuando iba al colegio era un poco gordito porque me gustaban mucho los dulces. Y era muy tímido.
내가 초등학교에 다닐 때에는 약간 뚱뚱했어. 왜냐하면 단 것들을 매우 좋아했거든. 그리고 매우 소심했어.

단어

igual que ~만큼 ~한 (동등 비교)

★ No me lo puedo imaginar는 앞에서 학습한 No me lo puedo creer와 비슷한 '그걸 믿을 수 없어! 상상할 수 없어!'라는 뜻이에요.

STEP 4 스페인어 진짜 써먹기

 쓰기펜으로 맞힌 개수를 작성해 주세요.

나의 점수 개 / 7개

1 해석을 보고 다음 문장들의 **틀린** 부분에 밑줄을 표시한 후 바르게 수정하세요.

1. 예전에, 그들은 많은 미국 드라마들을 봤어요.

Antes, ellos vían muchas series americanas.

수정 문장 ➡ _____.

2. 우리가 어렸을 때, 우리는 함께 놀이터에 가곤 했어요.

Cuando eramos niños, ibamos al parque juntos.

수정 문장 ➡ _____.

* **americano** 미국의   **el parque (infantil)** 놀이터

2 밑줄 친 부분에 괄호 안 동사의 불완료 과거 형태를 쓰세요.

1. Los edificios _____ (ser) muy altos y modernos.

2. Mi primo _____ (ir) al trabajo en moto.

3. Vosotros _____ (ver) muchos videos graciosos.

4. Marta _____ (ser) una niña extrovertida y sociable.

5. Nosotros no _____ (ver) a menudo a nuestros abuelos.

* **moderno**: 현대적인   **gracioso**: 웃긴   **extrovertido** 외향적인   **sociable** 사교적인

 틀리거나 헷갈리는 문제는 문제 해설 강의로 복습하세요.

오늘의 Misión ser의 불완료 과거를 사용해서 내가 어렸을 때 어떤 사람이었는지 외모나 성격에 대해 말해 볼까요?
¿Cómo eras tú cuando eras pequeño/a?

Día 52
Sara tenía fiebre cuando la visité.
내가 사라를 방문했을 때, 사라는 열이 있었어요.

오늘의 학습 목표

1. 불완료 과거와 함께 쓰이는 시간 부사구 (1)
2. 불완료 과거의 쓰임 (3) 과거의 상황 묘사하기

STEP 1 스페인어 진짜 맛보기

다음 문장을 여러 번 듣고 따라 읽으세요.

La semana pasada tuve gripe. Tenía frío y dolor de cabeza.
지난주에 나는 독감에 걸렸어요. 춥고 두통이 있었어요.

Después de jugar al fútbol, nos dolían las piernas.
축구를 한 후에, 우리는 다리가 아팠어요.

Cuando era pequeño, pasaba mucho tiempo en el hospital porque estaba enfermo.
나는 어렸을 때 병원에서 오랜 시간을 보냈어요. 왜냐하면 아팠었기 때문이에요.

Cuando nos mudamos, mis padres estaban contentos con su nueva casa.
우리가 이사했을 때, 나의 부모님은 그들의 새 집에 만족했어요.

✓ 단어 la gripe 독감   tener gripe 독감에 걸리다   mudarse 이사하다

¡Ojo!

☑ 반복 학습 체크체크

MP3 듣기 1회 ✓ 2회 3회

따라 읽기 1회 2회 3회

✓ Mini Check

아픈 부위 혹은 증상을 나타낼 때 tener 동사를 자주 사용해요.
• tener dolor de + 신체 부위

스페인/중남미 진짜 여행 떠나기!

la gripe는 '독감'을 의미하는 단어로 감기와는 달라요! 감기를 나타내는 단어는 el resfriado가 있어요. resfriado/a는 '감기에 걸린'이라는 의미로 형용사로 사용되지만, gripe는 형용사의 형태가 없으며 tener 동사와 함께 사용돼요.

 **스페인어 진짜 알아가기**

 **¡Ojo!**

1. 불완료 과거와 함께 쓰이는 시간 부사구 (1)

단순 과거가 과거의 정확한 시점을 나타낸다면 불완료 과거는 오랜 기간에 걸쳐 나타나는 과거의 지속성, 연속성을 드러내요.

1) antes: 전에

현재를 나타내는 시간 부사구와 함께 사용하면 과거와 현재의 습관, 사실을 대비할 수 있어요.

Antes no me gustaban nada las verduras, pero ahora me encantan.
예전에 나는 야채들을 전혀 좋아하지 않았어요. 하지만 지금은 매우 좋아해요.

2) de pequeño/niño: 어렸을 때에 (cuando era pequeño/niño)
   de adolescente: 청소년기에 (cuando era adolescente)

앞에서 배웠던 cuando 시간절 대신에 위와 같이 전치사 de와 함께 어떤 시기인지를 나타낼 수도 있어요.

De niño, no me gustaba ir al médico.
나는 어렸을 때 병원에 가는 것을 좋아하지 않았어요.

> **잠깐!**
> 꼭 과거만 표현할 수 있는 것은 아니며 de mayor(커서는) 같은 표현도 가능해요.

De mayor, quiero ser piloto.   나는 커서 파일럿이 되고 싶어요.

3) en aquella época: 그 시절에는

과거의 한 순간이 아닌 지속적인 기간을 이야기하므로 보통 불완료 과거를 사용해요.

En aquella época, la gente no vivía tanto como ahora.
그 시절에는 사람들이 지금만큼 오래 살지 못했어요.

2. 불완료 과거의 쓰임 (3) 과거의 상황 묘사하기

불완료 과거는 상황을 묘사할 수 있어요. 단순 과거가 '행위'를 나타낸다면 불완료 과거는 '감정, 상태' 등의 상황을 묘사할 수 있어요.

Ese día, mis padres bailaban mientras mi hermano y yo tocábamos los instrumentos.
그날 내 남자 형제와 내가 악기를 연주하는 동안 부모님은 춤을 췄어요.
(내 남자 형제와 내가 악기를 연주하는 동안 춤을 추는 부모님을 묘사)

✓ Mini Check

현재와 관련된 시간 부사구에는 다음의 것들이 있어요.
hoy en día, actualmente, ahora : 오늘날

★ 앞에서 배웠던 cuando 시간절 뒤에는 단순 과거와 함께 특정 시점을 드러낼 수도 있어요.
Cuando fui al médico, me encontraba muy mal.
내가 병원에 갔을 때, 나는 몸 상태가 매우 안 좋았어요.

✓ Mini Check

동사 tanto como 비교 대상 : ~만큼 ~하다 (동등 비교)

Estaba muy contenta cuando vi los resultados de los exámenes.
나는 시험 결과들을 보았을 때 매우 만족했어요.
(시험 결과를 보았을 때 내 감정의 묘사)

Yo **estaba** tumbado debajo del árbol mirando el cielo.
나는 하늘을 바라보며 나무 아래에 누워 있었어요.
(하늘을 볼 때에 내가 무엇을 하고 있었는지에 대한 상황의 묘사)

✅ Mini Check

mientras: ~하는 동안
mientras는 '~하는 동안'이라는 뜻으로 동시에 일어나고 있는 동작들을 나타낼 때 사용할 수 있어요.

아래 대화를 들으면서 오늘 배운 내용을 확인해 보세요.

Erica: Lucas, ¿estás mejor? **Antes**, **tenías** mala voz cuando te llamé.
루카스, 너 나아졌어? 전에 내가 너에게 전화했을 때 너는 목소리가 안 좋았어.

Lucas: **Estaba** enfermo. **Tenía** tos y me **dolía** la garganta★.
나는 아팠어. 기침을 했고 목이 아팠어.

Erica: ¿Has tomado alguna medicina?
너 약 먹었어?

Lucas: No, pero he tomado un té de limón. **Cuando era pequeño**, **cada vez que tenía**★ tos mi abuela me lo **preparaba**.
아니. 하지만 나는 레몬차를 마셨어. 내가 어렸을 때 기침을 할 때마다 내 할머니가 그것을 준비해 줬어.

✅ 단어
la voz 목소리
la garganta 목

★ 스페인어에서는 '목'이라는 단어를 다음과 같이 분류해서 사용해요.
• la garganta: 목구멍 (목의 내부)
• el cuello: 목 (목의 외부)

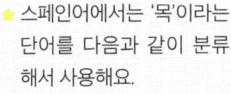

★ **cada vez que + 주어 + 동사: ~할 때마다**
특정 조건에서의 습관을 나타냄

 **STEP 4 스페인어 진짜 써먹기**

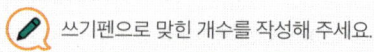 쓰기펜으로 맞힌 개수를 작성해 주세요.

나의 점수   개 / 10개

1 다음 정보를 보고 사라의 과거와 현재의 습관이 어떻게 변화했는지 밑줄 친 부분에 들어갈 말을 쓰세요.

Antes…	Ahora…
comer verduras y frutas	preferir comida rápida
hacer ejercicio en su tiempo libre	leer libros en su tiempo libre

1. Antes Sara _____ verduras y frutas, pero ahora _____ comida rápida.

2. Antes Sara _____ ejercicio en su tiempo libre, pero ahora _____ libros.

2 괄호 안 시간 부사구 중 올바른 것을 고르세요.

1. (Cuando era pequeño / Cuando fue pequeño), dormía mucho.

2. Él (siempre / una vez) bebía un vaso de agua después de volver a casa.

3. (Antes / Hoy en día) no teníamos teléfono.

4. (Antes / Hoy en día) mucha gente tiene móvil.

3 밑줄 친 부분에 괄호 안 동사의 불완료 과거 형태를 쓰세요.

1. Antes de dormir, yo _____ (sentirse) un poco mareado.

2. Antes, _____ (tener) alergia al polen en primavera.

3. Siempre les _____ (doler) el estómago cuando _____ (estar) estresados.

4. De pequeño, cada vez que yo _____ (encontrarse) mal mi madre me llevaba al médico.

* **mareado/a** 어지러운, 멀미하는   **tener alergia a** ~에 알레르기가 있다   **el polen** 꽃가루

 틀리거나 헷갈리는 문제는 문제 해설 강의로 복습하세요.

오늘의 Misión 어린 시절, 몸이 안 좋을 때 하던 특별한 행동이나 치료법이 있나요? 불완료 과거를 활용해서 친구들과 함께 비법을 공유해 보세요. De pequeño, ¿qué hacías cuando te encontrabas mal?

Día 53
Hacíamos ejercicio juntos con frecuencia.

우리는 함께 자주 운동을 하곤 했어요.

오늘의 학습 목표

1. 불완료 과거와 함께 쓰이는 시간 부사구 (2)
2. 불완료 과거의 쓰임 (4) 공손하게 말하기

STEP 1 스페인어 진짜 맛보기

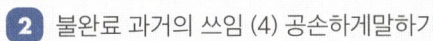

¡Ojo!

다음 문장을 여러 번 듣고 따라 읽으세요.

Mi padre jugaba al golf los fines de semana.
우리 아빠는 주말마다 골프를 치곤 했어요.

De pequeño, yo nunca practicaba deporte.
나는 어렸을 때 운동을 전혀 하지 않았어요.

En invierno, iba de viaje con mi familia y esquiaba.
겨울에 가족들과 함께 여행을 가서 스키를 타곤 했어요.

Jugabais al pádel a menudo.
너희들은 종종 패들을 치곤 했어.

¿Qué desea usted?
당신은 무엇을 원하시나요?

- Quería unas zapatillas deportivas cómodas.
- 저는 편한 운동화를 원합니다.

 단어

practicar deporte 운동을 하다
las zapatillas (deportivas) 운동화

 스페인/중남미 진짜 여행 떠나기!

Pádel(패들)이라는 운동에 대해 들어 본 적이 있나요? 멕시코에서 유래한 운동으로 라틴아메리카뿐만 아니라 스페인 및 유럽의 다른 국가들에서도 사람들이 즐기는 운동이에요. 테니스와 스쿼시의 혼합형인 구기 운동으로 라켓의 형태나 규칙이 테니스 혹은 스쿼시와는 조금 달라요.

STEP 2 스페인어 진짜 알아가기

1. 불완료 과거와 함께 쓰이는 시간 부사구 (2)

불완료 과거는 과거의 습관을 나타낼 수도 있기 때문에 빈도 부사 혹은 시간 표현과 함께 자주 사용돼요.

1) 빈도 부사

Siempre tomaba una ducha fresquita después de volver del gimnasio.
나는 항상 헬스장에서 돌아온 후에 시원한 샤워를 하곤 했어요.

Normalmente, iba al curso de pilates por la tarde.
보통 오후에 필라테스 수업에 가곤 했어요.

Mis hijos jugaban al fútbol con sus amigos frecuentemente.
내 자녀들은 그들의 친구들과 자주 축구를 하곤 했어요.

Íbamos de compra de vez en cuando.
우리는 가끔 쇼핑을 하러 가곤 했어요.

Vosotros nunca hacíais los deberes.
너희들은 숙제를 절대 하지 않았어.

2) todos, todas …

'모든'을 나타내는 todos/todas를 이용해 습관을 이야기할 수 있어요.

todos/todas	todos los días	매일
	todas las semanas	매주
	todos los meses	매달
	todos los años	매년

Todas las tardes, quedabas con tus amigos.
너는 매일 오후에 너의 친구들과 만나곤 했어.

3) en + 계절

어떠한 특정 계절에 반복하던 습관에 대해서 말할 수 있어요.

En verano, íbamos a la piscina al lado de casa.
여름에 우리는 집 옆에 있는 수영장에 가곤 했어요.

¡Ojo!

단어

tomar una ducha = ducharse 샤워하다
el curso 강좌, 수업

Mini Check

11강에서 공부한 빈도 부사를 다시 한번 정리해 봐요!
• siempre: 항상
• normalmente: 보통
• a menudo
  = frecuentemente
  = con frecuencia: 자주
• a veces = de vez en cuando: 가끔
• nunca: 절대

Mini Check

todo/toda/todos/todas 다음에는 정관사를 사용해요.

2. 불완료 과거의 쓰임 (4) 공손하게 말하기

불완료 과거를 사용해 공손한 표현을 할 수도 있어요. 이 경우에는 과거의 일을 이야기하는 것이 아니더라도 불완료 과거 동사 변화 형태를 이용해요.

¿Qué desea usted? 무엇을 원하시나요?
- Quería hacer el curso de baile. - 춤 강좌를 듣고 싶습니다.

Buenos días. ¿Qué busca? 안녕하세요. 무엇을 찾으세요?
- Buscaba una raqueta de tenis. - 저는 테니스 라켓을 찾고 있습니다.

¡Ojo!

단어
la raqueta 라켓

잠깐!
위 대화에 불완료 과거 시제가 아니라 현재 시제를 사용해도 문법적으로 올바른 형태예요. 공손함의 정도에만 차이가 있을 뿐, 항상 물건을 사러 갈 때 불완료 과거를 사용해야 하는 것은 아니에요.

STEP 3 스페인어 진짜 즐기기

단어
las zapatillas para correr 러닝화

아래 대화를 들으면서 오늘 배운 내용을 확인해 보세요.

Dependiente: Hola, buenos días. ¿Qué desea?
안녕하세요. 무엇을 원하시나요?

Sara: Hola, buscaba unas zapatillas para correr.
안녕하세요. 저는 러닝화를 찾고 있습니다.

Dependiente: Aquí tiene estos modelos. ¿Usted hace mucho deporte?
여기 이 모델들이 있어요. 당신은 운동을 많이 하나요?

Sara: Antes de empezar a trabajar, todos los días iba al gimnasio. Y los domingos jugaba al tenis. Pero estos días no hago tanto ejercicio.
일을 시작하기 전에는 매일 헬스장에 갔어요. 그리고 일요일마다 테니스를 쳤어요. 하지만 요즘은 운동을 그렇게 많이 하지 않아요.

STEP 4 스페인어 진짜 써먹기

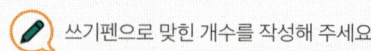

나의 점수   개 / 9개

1 해석을 보고 밑줄 친 부분에 들어갈 시간 부사구를 쓰세요.

1. 그들은 매달 테니스 대회에 참가했어요.
➡ Ellos participaban en la competición de tenis _____ .

2. 그는 절대 수업에 빠지지 않았어요.
➡ Él _____ faltaba la clase.

3. 우리는 종종 야구 경기를 보곤 했어요.
➡ Nosotros veíamos _____ los partidos de béisbol.

4. 우리 가족은 가을이면 하이킹을 하곤 했어요.
➡ Mi familia hacía senderismo _____ .

5. 너희들은 매일 아침 비타민을 먹곤 했어.
➡ Vosotros tomabais vitaminas _____ .

* **la competición** 경쟁, 대회   **faltar** 부족하다, 빠지다   **el partido** 경기   **la vitamina** 비타민

2 내용을 듣고 여자가 구입하는 물건이 무엇인지 고르세요. 🔊 53-5

① guantes   ② abrigo   ③ botas   ④ gorro

* **el gorro** (캡이 없는) 모자

3 다음의 활동과 빈도 부사를 사용하여 문장을 완성하세요.

1. hacer yoga / todas las mañanas
➡ Antes, ella _____ .

2. ir a la piscina / en verano
➡ Mis hijos _____ .

3. limpiar la habitación / nunca
➡ Tú no _____ .

▶ 강의보기   틀리거나 헷갈리는 문제는 문제 해설 강의로 복습하세요.

◎ 오늘의 Misión   빈도 부사를 활용해서 내가 예전에 어떤 운동을 했었는지, 얼마나 자주 했었는지 과거의 운동 습관에 대해 얘기해 볼까요? ¿Practicabas algún deporte? ¿Cuál es y con qué frecuencia lo hacías?

Día 54

Día 49~53 복습하기

Práctica ⑨

연습문제

20 . .

나의 점수   개 / 30개

---

1 밑줄 친 부분에 괄호 안 동사의 불완료 과거 형태를 쓰세요.

1. Jorge _____ (cantar) muy bien desde pequeño. Ahora es cantante de una banda.

2. Antes, los coreanos no _____ (aprender) tanto español como hoy en día.

3. Yo _____ (cocinar) todos los días antes de empezar mi nuevo trabajo.

4. De pequeño, tú _____ (querer) ser futbolista.

5. Nosotros _____ (vivir) en una ciudad grande, pero nos mudamos al campo para vivir tranquilos.

* **la banda** 밴드   **hoy en día** 오늘날   **mudarse a** ~로 이사 가다   **el campo** 시골

2 내용을 듣고 후안에게 여자 친구가 생기기 전과 그 후에 발생한 변화로 알맞은 것을 고르세요.   54-1

❶ 예전에는 아무런 운동도 하지 않았지만 지금은 토요일마다 달리러 나가요.

❷ 예전에는 매우 늦게까지 컴퓨터 게임을 했었는데 지금은 일찍 잠자리에 들어요.

❸ 예전에는 보통 집에서 먹었는데 지금은 맛집들을 방문해요.

❹ 예전에는 공부하는 것을 좋아하지 않았는데 지금은 영어를 배우는 중이에요.

* **el cambio** 변화   **por ejemplo** 예를 들어   **jugar al ordenador** 컴퓨터 게임을 하다

3 다음 에리카의 편지 내용을 듣고 과거에 생긴 일로 알맞지 않은 것을 고르세요. 🔊 54-2

① Le dolía mucho la cabeza.

② Cada día tomaba medicamentos.

③ Estaba contenta con la nota del examen.

④ Le costaba dormir durante el periodo de exámenes.

4 다음 단어들을 순서에 맞게 배열하세요.

1. Mi amigo / profesor de español / cuando / estaba / era / en España

   ➡ _____.

2. quince años, / Cuando / un poco / yo / tímido. / era / tenía

   ➡ _____.

3. Cuando / después de / íbamos / pequeñas, / clase / al cine / éramos

   ➡ _____.

5 다음 그림을 보고 과거의 나의 선생님이 어땠는지 밑줄 친 부분에 들어갈 말을 쓰세요.

Mi profesora favorita era la de inglés cuando estaba en el colegio.
Ella **1.** _____ el pelo liso y muy largo.
Siempre **2.** _____ gafas y **3.** _____ muy alta.
Me gustaba su clase porque normalmente hacíamos actividades diferentes como juegos y nunca nos gritaba.

* **el pelo liso** 생머리   **gritar** 소리치다, 외치다

6 밑줄 친 부분에 조리 방법과 관련된 단어를 쓰세요.

뜻	표현
Pescado	1. _____
Verduras	2. _____
Patatas	3. _____

7 밑줄 친 부분에 ver, ser, ir 동사의 불완료 과거 변화형을 쓰세요.

1. Vosotras _____ las series españolas para aprender español.

2. Antes mi hermana menor _____ bajita, pero ahora es muy alta.

3. Nosotros siempre _____ juntos al colegio.

8 Cuando + 불완료과거를 이용해 문장을 완성하세요.

1. Cuando _____, jugaba en un equipo de fútbol famoso.
➡ 내가 10살 때, 나는 유명한 축구팀에서 활동했어요.

2. Cuando _____, llorabas a menudo.
➡ 너는 어렸을 때, 자주 울곤 했어.

3. Cuando _____, trabajaba en el cine los fines de semana.
➡ 내가 대학교에 있었을 때, 나는 주말마다 영화관에서 일했었어.

4. Cuando _____, nos levantábamos muy temprano.
➡ 우리가 학생이었을 때, 우리는 매우 일찍 일어나곤 했어.

9 다음 해석을 보고 밑줄 친 부분에 들어갈 시간 부사구를 쓰세요.

1. 그녀는 예전에는 달리는 것을 선호했지만 지금은 걷는 것을 선호해요.
   ➡ _____ ella prefería correr, pero _____ prefiere andar.

2. 그들이 대학교에서 공부했을 때, 종종 도서관에 가곤 했어요.
   ➡ _____ ellos estudiaban en la universidad, _____ iban a la biblioteca.

3. 나는 항상 잠자리에 일찍 들곤 했어요.
   ➡ _____ me acostaba temprano.

10 다음 문장을 우리말로 해석해서 쓰세요.

1. Quería reservar una mesa para dos personas.
   ➡ _____.

2. Buscaba una pastilla para aliviar el dolor de cabeza.
   ➡ _____.

3. Nosotras corríamos juntas todas las mañanas.
   ➡ _____.

4. Cuando yo estaba en el instituto, era el más bajo de la clase.
   ➡ _____.

* **aliviar** 가볍게 하다, 완화시키다   **el dolor de cabeza** 두통   **el instituto** 중학교

▶강의보기   틀리거나 헷갈리는 문제는 문제 해설 강의로 복습하세요.

◎오늘의 Misión   Día 49~53에서 배운 내용을 활용해서 어린 시절 자주 하던 운동 혹은 취미 활동에 대해 얘기해 보세요!

Día 55

El examen era a las cinco.
시험은 5시였어요.

오늘의 학습 목표
1. 과거의 시간 묻고 답하기
2. 의견 묻고 답하기

STEP 1 스페인어 진짜 맛보기

¡Ojo!

다음 문장을 여러 번 듣고 따라 읽으세요.

La reunión era a las siete de la mañana. Fue demasiado° temprano.
회의는 아침 7시였어. 지나치게 일찍이었어.

- **Estoy de acuerdo* contigo.**
- 나는 너에게 동의해.

Tu examen era a las dos, ¿verdad?
네 시험은 2시였지, 그렇지?

- **¡Qué va! El examen era a las ocho de la mañana.**
- 무슨 소리야! 시험은 아침 8시였어.

¿A qué hora era la boda?
결혼식은 몇 시였어?

- **La boda era a las ocho de la tarde y terminó a las seis de la mañana.**
- 결혼식은 오후 여덟 시였고 아침 6시에 끝났어.

반복 학습 체크체크

MP3 듣기 1회 2회 3회
따라 읽기 1회 2회 3회

* **estar de acuerdo (con)**: ~에게 동의하다
¿Estás de acuerdo conmigo?
너 나에게 동의해?

스페인/중남미 진짜 여행 떠나기!

스페인의 결혼식은 한국의 결혼식보다 진행 시간이 길어요. 오전에 시작해서 저녁에 끝나거나 저녁에 시작해서 다음날 아침에 모든 행사가 끝나요. 결혼 예식이 끝나면 마당 같은 곳에서 하객들이 돌아다니며 이야기를 나누고 애피타이저를 즐길 수 있는 cóctel(칵테일 파티)를 해요. 이후에 식사 및 파티를 즐길 수 있어요.

STEP 2 스페인어 진짜 알아가기

1. 과거의 시간 묻고 답하기

▶강의보기 🔊 55-2

과거의 시간을 묻고 답할 때에는 대부분 불완료 과거를 써요.

> ¿Qué hora era? : 몇 시였어?
> Era/Eran + la/las + 숫자 : ~시였어.

¿Qué hora era? — 몇 시였어?
- Era la una de la noche. — - 밤 1시였어.

잠깐!
단순히 그때의 시간을 묻는 경우가 아니라 '몇 시에~?'라는 질문을 할 때에는 전치사 a를 함께 써요.

¿A qué hora llegaste a casa anoche? — 너 어젯밤에 몇 시에 집에 도착했어?
- Cuando llegué a casa, eran las diez. — - 내가 집에 도착했을 때는 10시였어.

¿A qué hora llegaste a casa anoche? — 너 어젯밤에 몇 시에 집에 도착했어?
- Llegué a las diez. — - 나는 10시에 도착했어.

과거의 특정 행위가 이루어진 시점에 대한 질문과 답변을 할 때에는 단순 과거를 사용하는 것도 가능해요.

2. 의견 묻고 답하기

▶강의보기 🔊 55-3

의견을 묻고 답할 때 아래와 같은 다양한 표현을 쓸 수 있어요.

1) ¿Qué tal + 명사? : ~는 어때? / ~는 어땠어?

¿Qué tal el viaje? — 여행은 어때? / 여행은 어땠어?
¿Qué tal los exámenes? — 시험들은 어때? / 시험들은 어땠어?

2) 부가 의문문 : '그렇지?', '맞지?'
앞에 나온 내용을 확인하는 내용의 부가 의문문은 하고 싶은 말 다음에 아래의 표현을 붙이면 돼요.

| … , ¿no? | Eran las cinco, ¿no? | 5시였지, 그렇지? |
| … , ¿verdad? | Estudiaste en España, ¿verdad? | 너 스페인에서 공부했지, 맞지? |

📝 **¡Ojo!**

✅ **Mini Check**
시간을 이야기할 때 숫자 앞에는 여성 정관사인 la/las가 붙어요.
1시일 때는 단수로 la를 사용하고, 2시부터는 복수로 las를 사용해요!

✅ **Mini Check**
과거의 시간이 아니라 현재의 시간을 묻는 방법은 다음과 같아요.
• ¿Qué hora es?
• ¿Tienes hora?

★ ¿Qué tal?은 의견을 물을 때뿐만 아니라 안부를 물을 때에도 사용돼요.

3) para mí = en mi opinión : 나에게는 / 내 생각에는

para를 이용하여 나의 생각이 어떠한지를 나타낼 수 있어요. 직역은 '~에게는'이지만 때에 따라 '~생각에는'으로 해석할 수 있어요.

Para mí, el examen era muy difícil. = En mi opinión el examen era muy difícil.
나에게는 시험이 매우 어려웠어. (= 나는 시험이 매우 어려웠다고 생각해.)

para mí에서 para 다음에 mí 이외의 인칭 대명사가 올 수 있어요.
마찬가지로 en mi opinión에서 mi 대신 다른 소유격 형용사가 들어가는 것도 가능해요.

 ¡Ojo!

STEP 3 스페인어 진짜 즐기기  강의보기 55-4  말하기 연습

 단어
corto/a 짧은
poco/a 거의 없는, 적은

아래 대화를 들으면서 오늘 배운 내용을 확인해 보세요.

 Marcos
¿Qué tal las vacaciones?
휴가는 어땠어?

Para mí, fueron muy cortas. Cuando volví a casa, ya eran las once de la noche. Pero yo quería estar más en la playa.
내 생각에는 너무 짧았어. 내가 집에 도착했을 때, 이미 밤 11시였어. 하지만 나는 해변에 더 있고 싶었어. Sara

 Marcos
Estoy de acuerdo contigo. Solo* tuviste tres días de vacaciones, ¿no?
나는 네 말에 동의해. 너는 휴가가 3일밖에 안 됐 지, 그렇지?

Sí, son poquísimos.
응, 너무 적어. 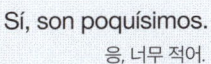 Sara

★ solo는 '오직', '단지'라는 부사이며 다음과 같은 형태도 쓸 수 있어요.
solo = solamente = sólo

STEP 4 스페인어 진짜 써먹기

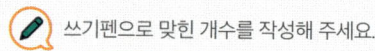

나의 점수   개 / 7개

1 시계를 보고 몇 시였는지 질문에 알맞은 답변을 하세요.

¿Qué hora era cuando saliste de casa?

1. Cuando salí de casa, _____.

2. Cuando salí de casa, _____.

3. Cuando salí de casa, _____.

2 내용을 듣고 시험이 몇 시였는지 고르세요. 🔊 55-5

① 7:30   ② 8:00   ③ 1:30   ④ 2:00

* **el sitio** 장소   **apuntar** 받아 적다, 필기하다, 적다   **la agenda** 다이어리, 일정표

3 해석을 보고 괄호 안의 표현 중 알맞은 것을 고르세요.

1. ¿(Qué tal / Cómo está) tu nuevo profesor de español?
➡ 너의 새로운 스페인어 선생님은 어때?

2. El concierto era a las diez de la noche, ¿(sí/no)?
➡ 콘서트는 밤 10시였지, 맞지?

3. (Para nosotros / En mi opinión), trabajar y estudiar al mismo tiempo es muy duro.
➡ 내 생각에, 일과 공부를 동시에 하는 것은 매우 힘들어.

* **al mismo tiempo** 동시에   **duro** 힘든, 고된

▶ 강의보기   틀리거나 헷갈리는 문제는 문제 해설 강의로 복습하세요.

◎ 오늘의 Misión   어제 내가 집에 도착했을 때 몇 시였는지에 대해 답변해 보세요!
¿Qué hora era cuando volviste a casa ayer?

Día 56

Yo solía pasear por la noche.
나는 밤에 산책을 하곤 했어.

오늘의 학습 목표

1. soler 동사와 불완료 과거 시제
2. 'ir a + 동사 원형'의 불완료 과거

STEP 1 스페인어 진짜 맛보기

다음 문장을 여러 번 듣고 따라 읽으세요.

Cuando mis padres eran novios, solían pasear en el Retiro. ¡Qué romántico!
나의 부모님이 연인이었을 때, 레티로에서 산책을 하곤 했어. 정말 낭만적이야!

Íbamos a ir a la playa, pero no pudimos porque llovía mucho.
우리는 해변에 가려고 했는데 갈 수가 없었어요. 왜냐하면 비가 많이 내렸기 때문이에요.

Solías ir al trabajo en bicicleta, pero ahora vas en coche.
너는 직장에 자전거를 타고 가곤 했었는데, 지금은 차를 타고 다니는구나.

Mis amigos iban a devolverme el dinero ayer.
내 친구들은 어제 나에게 돈을 돌려주기로 했었어.

¡Ojo!

☑ 반복 학습 체크체크

MP3 듣기 ✓ 2회 3회

따라 읽기 1회 2회 3회

단어
romántico/a 낭만적인
devolver 돌려주다

스페인/중남미 진짜 여행 떠나기!

레티로 공원(el parque del Retiro)에 대해 들어 본 적이 있나요? 스페인 마드리드 중심가에 위치한 공원으로 도심에서 자연을 느낄 수 있는 장소예요. 레티로 공원에서는 중앙에 있는 호수에서 보트를 타거나 연못에 있는 오리, 거북이를 발견할 수도 있어요.

STEP 2 스페인어 진짜 알아가기

1. soler 동사와 불완료 과거 시제

soler 동사는 '~하곤 하다', '곧잘 ~하다'라는 뜻으로 습관을 나타낼 수 있어요. 과거의 습관에 대해 말할 때에는 불완료 과거를 써요.

> soler 동사의 불완료 과거 + 동사 원형 : ~하곤 했다, 곧잘 ~했었다

이 경우, 과거에는 습관적으로 했지만 현재에는 더 이상 하지 않는다는 의미가 포함되어 있어요.

soler(~하곤 하다)	단수	복수
1인칭	solía	solíamos
2인칭	solías	solíais
3인칭	solía	solían

Solíamos ir al parque después de clase.   우리는 수업이 끝나면 공원에 가곤 했어요.

잠깐!
불완료 과거의 쓰임에서 불완료 과거는 과거의 습관을 나타낼 수 있다고 했던 것 기억하시나요? soler 동사를 사용하지 않더라도 불완료 시제를 사용해 과거의 습관을 나타낼 수 있어요.

Íbamos al parque después de clase.   우리는 수업이 끝나면 공원에 가곤 했어요.

위와 같이 soler를 사용해도 되고, 사용하지 않아도 의미는 같지만 soler를 사용할 경우 행동이 습관적으로 일어났다는 것이 조금 더 강조돼요.

잠깐!
soler 동사는 주로 직설법 현재 혹은 불완료 과거와 함께 사용하며 단순 과거와는 사용하지 않아요.
Solí estudiar en la biblioteca. (X)

¡Ojo!

★ soler 동사는 직설법 현재에서 o>ue 불규칙 동사예요.

suelo	solemos
sueles	soléis
suele	suelen

직설법 현재에서 불규칙은 장화 모양을 이용해 쉽게 기억할 수 있어요!

2. 'ir a + 동사 원형'의 불완료 과거

'ir a + 동사 원형'은 '~할 것이다'라는 뜻으로 미래를 표현할 수 있어요. 하지만 이때 ir 동사가 현재가 아닌 불완료 과거 시제로 변하면 의미가 달라져요.

> ir 동사의 불완료 과거 + 동사 원형 : ~하려고 했었다

이 경우, 단순히 '~하려고 했다'라는 미래의 계획을 나타내는 것이 아니라 '하려고 했으나 결국 하지 못했다'라는 의미가 돼요.

Iba a llamarte. 나는 너에게 전화하려고 했어.

위 문장에는 다음과 같은 의미가 포함되어 있어요.

Iba a llamarte (, pero no pude). 나는 너에게 전화하려고 했어. (하지만 그럴 수 없었어.)

잠깐!
'ir a + 동사 원형'은 주로 직설법 현재 혹은 불완료 과거와 함께 사용하며 단순 과거와는 사용하지 않아요.
Fui a hacer la fiesta de cumpleaños. (X)

¡Ojo!

Mini Check

ir 동사는 불완료 과거에서 불규칙 동사로 형태가 다음과 같이 변해요.

iba	íbamos
ibas	ibais
iba	iban

STEP 3 스페인어 진짜 즐기기

아래 대화를 들으면서 오늘 배운 내용을 확인해 보세요.

Sara: ¿Por qué no viniste a la fiesta de cumpleaños? Todo el mundo te esperaba.
너 왜 어제 생일 파티에 오지 않았어? 모두들 너를 기다렸는데.

Lucas: ¡¿Fue ayer?! Lo siento… **Iba a ir**, pero me equivoqué con la fecha.
어제였어?! 미안해… 가려고 했었는데 내가 날짜를 착각했어.

Sara: Pero **sueles apuntar** todos los planes de la semana en tu agenda, ¿no?
하지만 너는 보통 한 주의 모든 계획을 스케줄러에 적어 두잖아. 아니야?

Lucas: **Solía hacerlo**, pero ya no.
그러곤 했었는데 이제는 아니야.

단어

todo el mundo 모두들, 모든 사람들
equivocarse 착각하다
la fecha 날짜

★ todo el mundo는 '모두들'이라고 해석하지만 3인칭 단수로 취급해요. la gente도 마찬가지로 '사람들'인 복수 대상에 대해 얘기하지만 3인칭 단수로 취급해요.

STEP 4 스페인어 진짜 써먹기

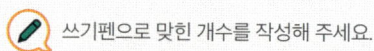
나의 점수   개 / 8개

1 soler 동사의 불완료 과거 형태를 이용하여 밑줄 친 부분에 알맞은 단어를 써서 같은 뜻의 문장으로 바꿔 쓰세요.

1. Mi padre escribía muchas cartas a mi madre.
   ➡ Mi padre _____ _____ muchas cartas a mi madre.

2. Nosotros subíamos a la montaña todos los fines de semana.
   ➡ Nosotros _____ _____ a la montaña todos los fines de semana.

3. Tú leías libros antes de dormir.
   ➡ Tú _____ _____ libros antes de dormir.

4. Ellos hablaban de política.
   ➡ Ellos _____ _____ de política.

2 다음 중 문법적으로 틀린 문장을 고르세요.

① Solí pasear al perro por la mañana.
② Sara iba a dormir temprano, pero al final durmió muy tarde.
③ Ellos solían veranear en la costa.
④ Íbamos a hacer los deberes, pero no tuvimos tiempo.

3 앞에 들어갈 문장을 <보기>에서 골라 밑줄 친 부분에 번호로 쓰세요.

보기 ① Ellos iban a estudiar español   ② Íbamos a quedar con Julio   ③ Yo iba a comer un helado

1. _____ , pero al final decidieron estudiar chino.
2. _____ , pero no quedaba ninguno en la nevera.
3. _____ , pero no vino ni nos llamó.

▶ 강의보기   틀리거나 헷갈리는 문제는 문제 해설 강의로 복습하세요.

◎ 오늘의 Misión   어렸을 때 주말에 무엇을 하곤 했는지 친구들과 서로 질문하고 대답해 보세요.
De pequeño/a, ¿qué solías hacer los fines de semana?

Día 57

Cuando llegué, nevaba.
내가 도착했을 때, 눈이 오고 있었어.

오늘의 학습 목표
1. 현재 완료 vs 단순 과거
2. 단순 과거 vs 불완료 과거

STEP 1 스페인어 진짜 맛보기

다음 문장을 여러 번 듣고 따라 읽으세요.

Este verano ha sido muy caluroso y húmedo.
이번 여름은 매우 덥고 습했어요.

Cuando llegaba a casa, empezó a llover.
내가 집에 도착하고 있었을 때 비가 내리기 시작했어요.

Hacía menos calor en el pasado.
과거에는 덜 더웠어요.

Ayer hizo mucho viento.
어제는 바람이 많이 불었어요.

¡Ojo!

✓ 반복 학습 체크체크

MP3 듣기 1회 2회 3회
따라 읽기 1회 2회 3회

★ calor, caluroso, caliente 를 비교해 볼까요?
- el calor: 더위(명사)
- caluroso/a: 더운(형용사)
- caliente: 뜨거운
→ '더운'이라는 뜻이 아니라 '뜨거운'이라는 의미예요

단어
caluroso/a 더운
el viento 바람

스페인/중남미 진짜 여행 떠나기!

스페인에서 여름을 보내 본 적이 있나요? 지역마다 차이가 있지만 스페인의 여름은 한국의 여름보다 더 더워요. 때에 따라서는 40도가 넘기도 한답니다! 특히 여름철에 스페인 사람들이 많이 마시는 차가운 음료에는 오르차타(horchata)와 그라니사도(granizado)가 있어요. 오르차타는 '기름골'이라는 식물의 뿌리 혹은 쌀로 만드는 음료이고 그라니사도는 우리가 알고 있는 슬러시예요.

STEP 2 스페인어 진짜 알아가기

1. 현재 완료 vs 단순 과거

▶ 강의보기   🔊 57-2

현재 완료와 단순 과거의 차이를 비교해 볼까요?

현재 완료	단순 과거
얼마 지나지 않은 과거 혹은 현재와 가깝거나 관련이 있는 과거 시점의 일을 나타낼 때 사용	현재와 관련이 없는 확실한 과거 시점의 일을 나타낼 때 사용
Esta tarde ha llovido mucho. 오늘 오후에 비가 많이 내렸어요.	Anoche llovió mucho. 어젯밤에 비가 많이 내렸어요.

우리말에서는 두 상황 모두 '~이었다, ~였다'의 과거형으로 해석하지만 사건이 일어난 시점에 따라 어떤 과거를 사용해야 하는지가 달라져요.

현재 완료	단순 과거
언제 했는지 과거의 시점을 드러내지 않고 경험의 여부만 나타낼 때 사용	과거의 경험을 정확한 시간과 함께 나타낼 때 사용
He visitado España. 나는 스페인을 방문해 본 적이 있어.	Visité España hace cinco años. 나는 5년 전에 스페인을 방문했어.

2. 단순 과거 vs 불완료 과거

▶ 강의보기   🔊 57-3

단순 과거	불완료 과거
과거의 특정한 시점에 일어난 사건이나 상황에 대해 말할 때 사용	과거에 습관적으로 반복해서 일어나던 일에 대해 말할 때 사용
El otro día, me levanté tarde y no llegué a tiempo al trabajo. 지난번에 나는 늦게 일어났고 직장에 제시간에 도착하지 못했어요.	Antes, siempre me levantaba tarde y nunca llegaba a tiempo al trabajo. 예전에 나는 항상 늦게 일어났고 한 번도 직장에 제시간에 도착하지 못했어요.

우리말에서는 두 상황 모두 '일어났고'와 '도착하지 못했어요'로 해석이 동일해요. 하지만 단순 과거가 쓰인 문장에서는 그 일이 여러 번 반복된 것이 아니라 정확한 때에 한 번 일어난 일인 반면 불완료 과거가 쓰인 문장에서는 과거에 여러 번 습관적으로 일어난 일임을 나타내요.

¡Ojo!

Mini Check

현재 완료는 용어에 '현재'라는 단어가 들어가지만 현재 시제가 아닌 과거 시제예요. 그래서 과거형으로 해석합니다.

★ 날씨는 특정 주체가 변할 수 있는 것이 아니기 때문에, 모든 인칭에 대해 변하지 않고, 동사가 3인칭 단수 형태로만 변해요.

Mini Check

불완료 과거는 과거의 습관을 나타낼 수 있기 때문에 빈도 부사와 함께 자주 사용돼요.

단순 과거	불완료 과거
과거에 종료된 일	과거에 지속되던 일
Ayer, llovió de tres a cinco de la tarde. 어제 오후 3시부터 5시까지 비가 왔어요.	Cuando salí de casa, llovía. 내가 집에서 나왔을 때, 비가 오고 있었어요.

 ¡Ojo!

단순 과거가 쓰인 문장에서는 비가 내린 것이 해당 기간 안에 종료되었다는 느낌이 들지만, 불완료 과거가 쓰인 문장에서는 해당 기간 안에 계속해서 진행되고 있는 듯한 느낌이 들어요.

따라서 과거의 일 중 완료된 사건을 말할 때에는 단순 과거를, 사건이 일어났을 때의 상황을 묘사할 때는 불완료 과거를 사용해요.

 STEP 3 스페인어 진짜 즐기기  강의보기 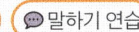 57-4 말하기 연습

아래 대화를 들으면서 오늘 배운 내용을 확인해 보세요.

 Sara
¿Qué tiempo hacía cuando vivías en México?
네가 멕시코에 살았었을 때 날씨는 어땠어?

En México siempre hacía buen tiempo.
No hacía mucho frío ni mucho calor. Marcos
멕시코는 항상 날씨가 좋았어. 많이 춥지도 많이 덥지도 않았어.

 Sara
¿Ah, sí? Cuando fui el mes pasado hizo mucho calor.
아 그래? 내가 지난달에 갔을 때는 많이 더웠어.

Es verdad. Este verano ha sido bastante caluroso. Marcos
맞아. 이번 여름은 꽤나 더웠어.

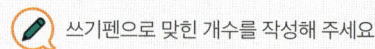

1 괄호 안의 표현을 사용하여 현재 완료와 단순 과거 중 알맞은 시제를 사용하여 질문에 답하세요.

1. ¿Has visto a Juan? (la semana pasada)
   ➡ _____.

2. ¿Habéis hecho ejercicio? (esta mañana)
   ➡ _____.

3. ¿Ustedes han viajado alguna vez a Estados Unidos? (nunca)
   ➡ _____.

4. ¿Has hecho los deberes? (hace unos días)
   ➡ _____.

2 문장을 보고 단순 과거와 불완료 과거 중 어울리는 시제를 고르세요.

1. El mes pasado, (hizo / hacía) mucho sol.
2. Cuando (tuve / tenía) 12 años, (jugué / jugaba) con mis amigos todos los días.
3. Anoche no (dormimos / dormíamos) por el ruido de los vecinos.
4. De joven, me (gustó / gustaba) viajar en tren.

3 괄호 안의 동사를 알맞은 시제를 사용하여 밑줄 친 부분에 쓰세요.

> **El cambio de tiempo**
>
> Cuando era niño, disfrutaba mucho las vacaciones de invierno.
> No **1.**_____ (hacer) mucho frío y **2.**_____ (hacer) buen tiempo. En cambio, el año pasado fue muy diferente.
> Vino una ola de frío y **3.**_____ (nevar) muchísimo. Me sorprendió mucho.
> En este invierno, todavía no **4.**_____ (nevar). No sé si va a hacer mucho frío.

* **en cambio** 반면에   **sorprender** 놀라게 하다   **la ola de frío** 한파

▶ 강의보기 틀리거나 헷갈리는 문제는 문제 해설 강의로 복습하세요.

◎ 오늘의 Misión 현재 완료, 단순 과거, 불완료 과거를 이용하여 올해의 날씨, 지난달의 날씨 그리고 예전의 날씨가 어땠는지 이야기해 봐요.

Día 58

¿Qué estabais haciendo a esa hora?
너희는 그 시간에 뭐하는 중이었니?

오늘의 학습 목표

1. 불완료 과거 진행형의 형태
2. 불완료 과거 진행형의 활용
3. 단순 과거 진행형 vs 불완료 과거 진행형

STEP 1 스페인어 진짜 맛보기

다음 문장을 여러 번 듣고 따라 읽으세요.

¿Qué estabais haciendo tan tarde?
너희들은 그렇게 늦게 무엇을 하고 있는 중이었어?

- Él estaba enseñándome★ a conducir.
- 그는 나에게 운전하는 법을 가르쳐 주는 중이었어.

Nosotros estábamos viendo la televisión en el salón.
우리는 거실에서 텔레비전을 보는 중이었어.

Estaba durmiendo, pero de repente sonó la alarma y me desperté.
나는 자고 있는 중이었는데 갑자기 알람이 울려서 잠에서 깼어.

Cuando volví a casa, mi hermano estaba estudiando.
내가 집에 돌아갔을 때, 내 남자 형제는 공부하는 중이었어.

¡Ojo!

☑ 반복 학습 체크체크

MP3 듣기 1회 ✓ 2회 3회
따라 읽기 1회 2회 3회

★ enseñar + 명사
 : ~을 가르치다
 enseñar a + 동사 원형
 : ~하는 것을 가르치다

Mini Check
cuando 다음에 단순 과거가 오면 과거의 정확한 사건의 시점을 드러낼 수 있어요.

단어
conducir 운전하다
de repente 갑자기
sonar 소리가 울리다, 소리가 나다
la alarma 알람

스페인/중남미 진짜 여행 떠나기!

el carné 혹은 el carnet이라는 단어를 알고 계신가요? 이 단어를 이용해 '~증'을 표현할 수 있어요. el carné de identidad(신분증), el carné de conducir(운전 면허증), el carné de estudiante(학생증), el carné de biblioteca(도서 대출증) 등의 단어는 la tarjeta(카드)가 아니라 el carné를 이용하여 표현해요. 우리가 알고 있는 la carne(고기)와 헷갈리지 않도록 주의하세요!

STEP 2 스페인어 진짜 알아가기

1. 불완료 과거 진행형의 형태

진행형은 estar 동사와 현재 분사를 조합해서 만들어요. 불완료 과거 진행형에서는 estar 동사를 불완료 과거 형태로 변화시키면 돼요.

	estar의 불완료 과거 변화형	현재 분사
(yo)	estaba	
(tú)	estabas	
(él, ella, usted)	estaba	현재 분사의 변화 형태
(nosotros/as)	estábamos	-ar 동사 ➡ -ando
(vosotros/as)	estabais	-er/-ir 동사 ➡ -iendo
(ellos, ellas, ustedes)	estaban	

Cuando sonó el teléfono, estaba duchándome.
= Cuando sonó el teléfono, me estaba duchando.
전화가 울렸을 때, 나는 샤워하는 중이었어요.

2. 불완료 과거 진행형의 활용

불완료 과거 진행형은 '~하는 중이었다'로 과거에 진행 중이던 상황을 묘사할 수 있어요.

María estaba discutiendo con su madre.
마리아가 그녀의 엄마와 말다툼하는 중이었어요.

> **잠깐!**
> 불완료 과거 시제 자체가 과거의 상황을 묘사할 수 있었으므로 진행형을 쓰지 않아도 같은 의미를 가지기도 해요. 다만 과거의 습관적인 일을 말할 때는 불완료 과거 진행형을 사용할 수 없어요.

Miramos por la ventana y estaba lloviendo.
= Miramos por la ventana y llovía.
우리는 창문을 내다보았고 비가 오고 있는 중이었어요.

 ¡Ojo!

Mini Check

불완료 과거 진행에서 대명사의 위치는 현재 진행형과 단순 과거 진행형의 위치와 같아요.

★ 진행형으로 쓰지 않는 동사
• tener: 가지다
• llevar: 입고 있다
• ir: 가다
• preferir: 선호하다
• querer: 원하다
• saber: 알다
• entender: 이해하다

이러한 동사들은 진행형이 아닌 불완료 과거 형태로 상황을 묘사할 수 있어요.

3. 단순 과거 진행형 vs 불완료 과거 진행형

1) 단순 과거 진행형
과거의 정확한 시점 혹은 기간 동안 진행중이던 일을 나타낼 때 (이미 완료된 일)

El otro día, estuvimos dos horas charlando en la cafetería.
저번에 우리는 카페에서 두 시간 동안 수다를 떠는 중이었어.

2) 불완료 과거 진행형
과거에 진행중이던 일이나 상황의 발전을 묘사할 때 (완료되었는지 아닌지는 알 수 없음)

El otro día, cuando estábamos charlando en la cafetería entraste con tu novio.
저번에 네가 네 남자 친구와 함께 들어왔을 때 우리는 카페에서 수다를 떠는 중이었어.

단순 과거 진행형은 '저번'이라는 과거의 정확한 시점이나 '두 시간'이라는 시간의 제한에 초점이 맞추어지는 반면 불완료 과거 진행형은 과거에 해당 사건이 진행 혹은 지속되고 있었다는 점이 더욱 잘 드러나요.

¡Ojo!

Mini Check

- 단순 과거 진행형 :
  estar 동사의 단순 과거형 + 현재 분사
- 불완료 과거 진행형 :
  estar 동사의 불완료 과거형 + 현재 분사

★ 현재 완료 진행형도 존재해요!
'estar 동사의 현재 완료형 + 현재 분사'를 사용하며 현재와 가깝거나 연관이 있는 과거 시점에 진행 중이던 일을 나타내요.

STEP 3 스페인어 진짜 즐기기

아래 대화를 들으면서 오늘 배운 내용을 확인해 보세요.

 Sara
Ayer te vi en el parque con un señor mayor★.
¿Qué estabas haciendo?
어제 나는 네가 어떤 나이 드신 남성분과 공원에 있는 것을 봤어.
너는 뭐 하는 중이었어?

 Marcos
Estaba ayudándolo porque me preguntó la dirección del teatro. Y tú, ¿no estabas trabajando a esa hora?
나는 그를 도와주는 중이었어. 왜냐하면 나에게 극장으로 가는 길을 물어보셨거든.
너는 그 시간에 일하고 있지 않았어?

 Sara
¡Qué amable eres! Yo estaba paseando con mi familia.
너 매우 친절하다! 나는 내 가족과 함께 산책하는 중이었어.

단어

el señor 남자분
mayor 나이가 많은
el teatro 극장

★ mayor, menor는 '나이가 더 많은', '나이가 더 적은'이라는 뜻 이외에도 다음과 같은 뜻을 가지고 있어요.
- el/la mayor: 노인
- el/la menor: 미성년자

 **STEP 4 스페인어 진짜 써먹기**

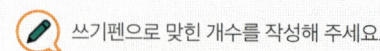 쓰기펜으로 맞힌 개수를 작성해 주세요.

나의 점수 개 / 6개   정답 보기

1 내용을 듣고 남자가 여자에게 전화했을 때, 여자가 무엇을 하고 있었는지 고르세요. 🔊 58-6

① Estaba corrigiendo los exámenes de sus alumnos.

② Estaba estudiando en la biblioteca.

③ Estaba durmiendo en casa.

④ Estaba creando los exámenes.

* **corregir** 수정하다, 채점하다   **el curso** 학년, 강좌   **el examen final** 기말 고사

2 밑줄 친 부분에 불완료 과거 진행형을 써서 상황을 생동감 있게 표현하세요.

1. El niño no estaba contento. Él <u>lloraba</u> sin parar.
➡ El niño no estaba contento. Él _____ sin parar.

2. De joven, yo <u>trabajaba</u> en una agencia de viajes.
➡ De joven, yo _____ en una agencia de viajes.

* **sin parar** 멈추지 않고   **agencia de viajes** 여행사

3 과거 진행형과 불완료 과거 진행형 중 더 어울리는 것을 고르세요.

1. Vosotros (estuvisteis haciendo / estabais haciendo) horas extras cuatro días seguidos.

2. Cuando llegó el paquete, (estuve leyendo / estaba leyendo) un libro.

3. Anoche (estuve viendo / estaba viendo) una serie con mi madre.

* **horas extra(s)** 추가 근무   **seguido/a** 연속된   **la serie** 드라마

▶ 강의보기 틀리거나 헷갈리는 문제는 문제 해설 강의로 복습하세요.

◎ 오늘의 Misión 과거 비가 왔을 때를 떠올려 무엇을 하고 있었는지 불완료 과거 진행형을 사용하여 대답해 보세요.
¿Qué estabas haciendo cuando empezó a llover?

Día 59
Cuando visité tu casa, ya habías salido.

내가 너의 집을 방문했을 때, 너는 이미 나갔어.

20 . .

오늘의 학습 목표

1. 과거 완료의 형태
2. 과거 완료의 쓰임
3. 단순 과거와 과거 완료

STEP 1 스페인어 진짜 맛보기

강의보기 | 59-1 | 말하기 연습

¡Ojo!

다음 문장을 여러 번 듣고 따라 읽으세요.

Sara tenía mucha hambre* porque no había comido.
사라는 점심을 먹지 않았었기 때문에 매우 배고팠어요.

Nosotros no pudimos responder a la pregunta del profesor porque no habíamos hecho los deberes.
우리는 숙제를 하지 않았었기 때문에 선생님의 질문에 대답할 수 없었어요.

Aprobamos el examen con buena nota porque habíamos estudiado mucho.
우리는 공부를 열심히 했었기 때문에 시험에서 좋은 성적으로 합격했어요.

☑ 반복 학습 체크체크

MP3 듣기 1회 2회 3회
따라 읽기 1회 2회 3회

★ 혹시 여성 명사인 hambre가 남성 관사와 함께 사용된 el hambre의 형태를 본 적이 있나요?
a-, ha-로 시작하는 단어 중 첫 음절의 a에 강세가 있는 단어들은 소리의 충돌을 막기 위해 앞에 남성 관사를 빌려서 사용해요.

☑ 단어

responder a ~에 대답하다
la pregunta 질문
aprobar 합격하다
las notas 성적

🧳 스페인/중남미 진짜 여행 떠나기!

스페인에서는 한국과 달리 성적이 10점 만점인데, 점수대에 따라 다른 이름이 붙곤 해요. 10점은 matrícula de honor, 9점대는 sobresaliente, 7~8점대는 notable라는 특별한 이름이 있어요. 5점 이상을 받아야 시험을 통과하며, 5점 밑의 점수는 낙제예요. 따라서 5~6점대는 aprobado (합격, 통과), 5점 밑으로는 suspenso(낙제)라는 이름이 붙어요.

STEP 2 스페인어 진짜 알아가기

1. 과거 완료 형태

▶강의보기　🔊 59-2

과거 완료는 haber 동사의 불완료 과거 형태와 과거 분사를 이용해서 만들어요.

주어	haber		과거 분사
yo	había		
tú	habías		
él, ella, usted	había	+	-ado
nosotros/as	habíamos		-ido
vosotros/as	habíais		
ellos, ellas, ustedes	habían		

¡Ojo!

★ 과거 완료를 만들 때 haber 동사는 불완료 과거 형태로만 변하고 단순 과거로는 변할 수 없어요.
이때의 과거 분사는 형용사로 사용되는 것이 아니기 때문에 성수 변화가 없어요.

Cuando volví a casa, mi habitación parecía nueva porque mi madre la había limpiado.

내가 집에 돌아왔을 때 내 방은 새 것 같아 보였어요. 왜냐하면 엄마가 그것을 청소했기 때문이에요.

No pude declararme a mi amigo porque ya★ se había ido a su país.

나는 내 친구에게 고백할 수 없었어요. 왜냐하면 그가 이미 자신의 나라로 떠났기 때문이에요.

★ ya(이미), todavía(아직)와 함께 과거에 이미 일어났던 일인지, 아직 일어나지 않은 일인지 말할 수 있어요.

2. 과거 완료의 쓰임

▶강의보기　🔊 59-3

과거 완료는 과거의 한 시점보다 더 이전에 일어난 과거 사건을 말할 때 사용돼요. 예문과 함께 다음의 그래프를 살펴봅시다.

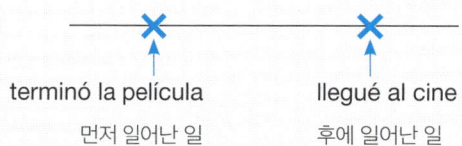

terminó la película　　lleguè al cine
먼저 일어난 일　　　　후에 일어난 일

Cuando llegué al cine, la película ya había terminado.

내가 영화관에 도착했을 때 (2), 영화는 이미 끝났어요 (1).

➡ '영화가 끝났다' (1) 는 과거의 행위가 '내가 영화관에 도착했다' (2) 라는 다른 과거의 행위보다 더 앞서 일어난 일이므로 과거 완료 시제를 사용해요.

3. 단순 과거와 과거 완료

단순 과거는 과거에 일어난 일들을 나열하는 기능이 있어요. 따라서 과거의 행위를 시간순으로 말하는 경우에는 과거 완료가 아니라 단순 과거만으로 상황을 표현하는 것이 가능해요.

Terminó la película y **llegué** al cine.
영화가 끝났고 (1) 나는 영화관에 도착했어요 (2).

<2. 과거 완료의 쓰임>에서 살펴본 문장에서는 후에 일어난 일이 문장에 먼저 등장했기 때문에 과거 완료를 써서 둘 중 어떤 일이 먼저 일어난 것인지를 나타내야 했어요.
하지만 위 문장에서는 '영화가 끝났다' (1) 와 '내가 영화관에 도착했다' (2)의 행위가 시간 순서대로 등장하고 있기 때문에 단순 과거로 표현하는 것이 가능해요.

¡Ojo!

STEP 3 스페인어 진짜 즐기기

아래 대화를 들으면서 오늘 배운 내용을 확인해 보세요.

단어
pasar 시간을 보내다
el trabajo 과제, 업무, 직장, 일

Erica: Pasé todo el fin de semana haciendo los trabajos de la universidad.
나는 주말 내내 대학교 과제를 하면서 보냈어.

Lucas: Yo fui al cine con mi novia porque **ya había terminado** los trabajos hace unas semanas.
나는 여자 친구랑 영화관에 갔어. 왜냐하면 몇 주 전에 이미 과제들을 마쳤었거든.

Mini Check
hace는 과거를 나타내는 시간 부사구로 '~전에'라는 뜻이에요!

Erica: ¡Qué envidia! ¿Te gustó la película?
부럽다! 영화는 마음에 들었어?

Lucas: Sí, pero **ya la había visto** con mi hermana.
응, 하지만 나는 그것을 전에 내 여자 형제와 봤었어.

STEP 4 스페인어 진짜 써먹기

쓰기펜으로 맞힌 개수를 작성해 주세요.

나의 점수   개 / 12개

1 밑줄 친 부분에 괄호 안의 동사를 과거 완료 형태로 바꿔 쓰세요.

1. Cuando te llamaron por teléfono, tú todavía no _____ (salir) de casa.
2. Pude entrar al restaurante sin esperar porque ya lo _____ (reservar).
3. Ellos no sabían nada sobre la boda de Jorge porque nadie se lo _____ (decir).
4. No tuvimos resaca al día siguiente de la fiesta porque no _____ (beber).

* la boda 결혼식   la resaca 숙취

2 먼저 일어난 일 옆에 ❶, 그 후에 일어난 일 옆에 ❷를 쓰세요.

1. Julio recibió una llamada (_____) y salió de casa con prisa (_____).
2. Mis padres ya habían cenado (_____) cuando volví a casa (_____).
3. Cuando conocí a mi novio (_____), él ya había acabado la universidad (_____).
4. Aparcaste el coche (_____) y subiste a la oficina (_____).

3 단순 과거가 쓰인 문장들을 과거 완료 시제가 쓰인 문장으로 바꾸세요.

1. Les mentí a mis padres varias veces y se enfadaron conmigo.
   ➡ Mis padres se enfadaron conmigo porque yo les _____ varias veces.
2. Subisteis al autobús equivocado y llegasteis tarde a clase.
   ➡ Llegasteis tarde a clase porque _____ al autobús equivocado.
3. Llovió y el suelo se mojó.
   ➡ El suelo se mojó porque _____ .
4. Todos se fueron a ver el partido de béisbol y después llegué a casa.
   ➡ Cuando llegué a casa, todos _____ a ver el partido de béisbol.

▶ 강의보기   틀리거나 헷갈리는 문제는 문제 해설 강의로 복습하세요.

◎ 오늘의 Misión   내가 없었던 동안 집에서 일어났던 일들에 대해 얘기해봐요.
¿Qué había pasado cuando llegaste a casa ayer?

Día 60

Día 55~59 복습하기

Práctica ⑩

연습문제

 20 . .

나의 점수   개 / 30개

① 다음 내용을 듣고 마리아가 면접을 본 시간을 고르세요. 🔊 60-1

  ① A las ocho de la mañana.

  ② A las nueve de la mañana.

  ③ A las diez de la mañana.

  ④ A las ocho de la tarde.

  * **la entrevista** 면접, 인터뷰 **la empresa de Marketing Digital** 디지털 마케팅 회사

② 다음 괄호 안의 동사를 보고 빈 칸에 들어갈 불완료 과거 진행형을 쓰세요.

  1. Claudia y tú _____ (estudiar) en una clase vacía.

  2. El otro día, _____ (llover) en este pueblo.

  3. Mis sobrinos _____ (ver) la televisión con mucha concentración.

  4. ¡Nosotros te _____ (escribir) muchas cartas!

  * **vacío/a** 비어 있는 **el pueblo** 마을 **la concentración** 집중

3 다음 문장들의 동사를 과거 완료 형태로 바꿔 쓰세요.

1. Antes del evento, mis padres ya (poder) conocer a mi novio.
   ➡ _____.

2. ¿Tú (probar) antes esa salsa picante?
   ➡ _____.

3. Cuando llegamos ayer, vosotros ya (nadar) en la playa.
   ➡ _____.

4 다음 그림을 보고 단순 과거와 불완료 과거를 사용하여 문장을 완성하세요.

1. ¿A qué hora sacaste al perro?
   ➡ Cuando yo (sacar al perro) _____, _____.

2. ¿A qué hora hiciste la compra?
   ➡ Cuando yo (hacer la compra) _____, _____.

3. ¿A qué hora empezaste a leer?
   ➡ Cuando (empezar a leer) _____, _____.

5 다음 해석을 보고 밑줄 친 부분에 의견을 묻고 답할 수 있는 알맞은 표현을 쓰세요.

1. 이 한국 음식 어때? 맵지 않아, 맞지?
   ➡ ¿ _____ esta comida coreana? No es picante, ¿ _____ ?

2. 나에게는 너무 매웠어.
   ➡ _____ era demasiado picante.

6 다음 단어들을 순서에 맞게 배열하세요.

1. hacer / Iba a / los deberes
➡ _____.

2. solíamos / De pequeñas / varios / probar / caramelos.
➡ _____.

3. Cuando / ir a / tenía diez años, / solía / la montaña / con mi familia
➡ _____.

4. la exposición / llegaron / terminado / al museo, / Cuando / había
➡ _____.

5. Iban a / una / sorpresa / para ti / fiesta / hacer
➡ _____.

* **probar** 먹어 보다, 시험하다   **el caramelo** 사탕, 캐러멜

7 다음 마르코스의 일기를 읽고 일치하는 내용을 고르세요.

> Mientras estábamos paseando por el jardín, María y yo encontramos una mariposa preciosa. La mariposa estaba bailando alrededor de las flores, atrayendo nuestra atención. Era hermosa y para recordar ese momento especial decidimos hacer una foto. Pero de repente, empezó a llover y la mariposa se fue volando. No pudimos hacer nada más.

❶ 마르코스와 마리아는 자전거를 타고 있었어요.

❷ 나비 한 마리는 꽃 주변을 맴돌며 시선을 끌었어요.

❸ 마르코스와 마리아는 나비의 사진을 찍었어요.

❹ 마르코스와 마리아가 나비를 발견했을 때, 화창한 날씨가 지속됐어요.

8 다음 문장을 보고 괄호 안 동사 중 알맞은 형태를 고르세요.

1. Anoche (me desperté / me despertaba) dos veces.

2. Todas las mañanas mi abuela (se levantó / se levantaba) a las siete.

3. (Fui / Iba) a los Estados Unidos hace dos años para estudiar inglés.

4. Antes, siempre (tomaste / tomabas) un café con leche después de comer.

5. Este mes mis padres (han visitado / visitaron) Italia.

9 다음 문장에서 틀린 부분을 찾아 밑줄 친 후 바르게 고쳐 쓰세요.

1. Ayer mis amigos me llamaban cinco veces por teléfono.
   ➡ _____ .

2. Cuando mi hermano tenia 3 años, él no pudo pronunciar mi nombre.
   ➡ _____ .

3. Antes de casarnos, mi esposo me regaló flores cada día.
   ➡ _____ .

* **pronunciar** 발음하다

10 다음 문장을 우리말로 해석해서 쓰세요.

1. Cuando teníamos 19 años, solíamos beber muchos refrescos.
   ➡ _____ .

2. Anoche en mi sueño, tú estabas llorando mucho.
   ➡ _____ .

3. Ellos estaban saliendo de casa cuando empezó la tormenta.
   ➡ _____ .

▶ 강의보기 틀리거나 헷갈리는 문제는 문제 해설 강의로 복습하세요.

◎ 오늘의 Misión Día 55~59에서 배운 내용을 활용해서 지난 휴가 때 있었던 일을 얘기해 보세요!

Día 61
Mañana comeré churros.
내일 추로스를 먹을 거예요.

오늘의 학습 목표

1. 단순 미래 시제 규칙 변화 동사
2. 단순 미래 시제의 쓰임 (1) 미래의 일 말하기

STEP 1 스페인어 진짜 맛보기

다음 문장을 여러 번 듣고 따라 읽으세요.

Mañana conoceré a mi nuevo profesor.
내일 나는 나의 새로운 선생님을 알게 될 거예요.

El año que viene mis padres viajarán a Madrid.
내년에 나의 부모님은 마드리드에 여행을 갈 거예요.

Vosotros pediréis pizza después de la clase.
너희들은 수업이 끝난 후에 피자를 시킬 거야.

Dentro de dos años, mi marido y yo abriremos una cafetería.
2년 후에 내 남편과 나는 카페를 열 거예요.

¡Ojo!

☑ 반복 학습 체크체크

MP3 듣기 ✓ 2회 3회

따라 읽기 1회 2회 3회

☑ 단어

el marido 남편

스페인/중남미 진짜 여행 떠나기!

우리나라에서 카페를 흔하게 찾을 수 있는 것처럼, 스페인에서는 el bar(바)를 자주 볼 수 있어요. 이때의 바는 술을 마시는 곳이라기보다는 식당 겸 카페에 가까워요. 주류도 판매를 하기는 하지만 아침 식사를 하거나 커피를 마시고, 가족 생일 파티 등 여러 가지 활동을 할 수 있는 곳이에요.

STEP 2 스페인어 진짜 알아가기

1. 미래 시제* 규칙 변화 동사

▶ 강의보기　🔊 61-2

미래 시제는 -ar, -er, -ir 동사가 모두 같은 변화형을 가져요.

	단수	복수
1인칭	-é	-emos
2인칭	-ás	-éis
3인칭	-á	-án

📢 ¡Ojo!

★ 미래 시제에서는 nosotros/as 형태를 제외한 나머지 변화에 띨데가 들어가는 것 잊지 마세요!

잠깐!
지금까지 다른 시제들에서는 동사 변화할 때 -ar, -er, -ir의 어미를 변화시켰지만 미래 시제에서는 -ar, -er, -ir 동사 원형 뒤에 위의 어미를 추가해요.

hablar (말하다)	단수	복수
1인칭	hablaré	hablaremos
2인칭	hablarás	hablaréis
3인칭	hablará	hablarán

Mañana, hablaré con mi madre sobre el viaje.
나는 내일 엄마와 여행에 관해 말할 거예요.

comer (먹다)	단수	복수
1인칭	comeré	comeremos
2인칭	comerás	comeréis
3인칭	comerá	comerán

La próxima semana ellos comerán mucho en la boda de mi primo.
그들은 다음 주에 내 사촌의 결혼식에서 많이 먹을 거예요.

vivir (살다)	단수	복수
1인칭	viviré	viviremos
2인칭	vivirás	viviréis
3인칭	vivirá	vivirán

En el futuro, construirán más edificios altos.
미래에는, 더 많은 높은 건물들을 지을 거예요.

2. 미래 시제의 쓰임 (1) 미래의 일 말하기

미래 시제는 미래에 일어날 일에 대해 말할 때 사용해요.

Mi hijo aprenderá francés en la escuela el próximo año.
내 아들은 내년에 학교에서 프랑스어를 배울 거예요.

Mañana recibirás las notas del examen.
내일 너는 시험 성적을 받을 거야.

Mi padre lavará el coche dentro de un mes.
아빠는 한 달 후에 세차를 할 거예요.

El año que viene, compraré una casa cerca de la playa.
내년에 나는 해변 근처에 집을 하나 살 거예요.

¡Ojo!

단어
las notas 성적
dentro de ~후에
lavar el coche 세차하다

★ 다음 주, 다음 달, 내년을 나타낼 때는 다음의 두 가지 방법이 있어요.

próximo/a	다음의
~ que viene	오는
la próxima semana = la semana que viene	다음 주
el próximo mes = el mes que viene	다음 달
el próximo año = el año que viene	내년

STEP 3 스페인어 진짜 즐기기

아래 대화를 들으면서 오늘 배운 내용을 확인해 보세요.

Erica: ¿Qué tal el viaje? Ya estás en España, ¿no?
여행은 어때? 너 이제 스페인에 있지, 그렇지?

Lucas: ¡Genial! He llegado hoy y tengo muchos planes para mañana. Por la mañana, desayunaré churros y visitaré los museos.
정말 좋아! 나는 오늘 도착했고 내일을 위한 많은 계획들이 있어. 아침에는 추로스를 먹고 박물관들을 방문할 거야.

Erica: ¿Qué comerás mañana?
내일 뭐 먹을 거야?

Lucas: Comeré cochinillo en Segovia.
나는 세고비아에서 코치니요를 먹을 거야.

★ 코치니요(el cochinillo)는 새끼 돼지 통구이로, 스페인의 세고비아 지역의 대표적인 음식이에요. 스페인에서 크리스마스 등 명절에 즐겨 먹는 음식입니다.

STEP 4 스페인어 진짜 써먹기

❶ 주어에 맞게 다음 동사들의 단순 미래 시제를 쓰세요.

1. (yo) cerrar → _____
2. (nosotros) abrir → _____
3. (ellas) limpiar → _____
4. (ellas) escribir → _____
5. (usted) vivir → _____
6. (tu novio y tú) hablar → _____
7. (tú) comprender → _____
8. (mis primos) ver → _____

❷ 다음 문장에서 틀린 부분에 밑줄 친 후, 문장을 바르게 고쳐 쓰세요.

1. La semana que viene, nosotros limpiarémos la casa.
   ➡ _____.

2. Mi hermano trabajarán en la empresa de mis padres después de terminar la universidad.
   ➡ _____.

3. El próximo mes, lloverás mucho.
   ➡ _____.

4. Este autor escribiré más libros el próximo año.
   ➡ _____.

❸ 괄호 안 동사를 보고 밑줄 친 부분에 알맞은 미래 시제 형태를 쓰세요.

1. Mis padres _____ (volver) en Navidad.
2. Mañana yo _____ (ayudar) a mis primos.
3. En mi cumpleaños nosotros _____ (ir) al parque de atracciones.

▶ 강의보기 틀리거나 헷갈리는 문제는 문제 해설 강의로 복습하세요.

◎ 오늘의 Misión 내일 무엇을 먹을지에 대해 친구와 묻고 답해 보세요.
¿Qué comerás mañana?

Día 62
¿Dónde pondrás esta salsa?
너는 이 소스를 어디에 둘 거니?

오늘의 학습 목표

1. -d- 삽입 불규칙 변화 동사
2. 단순 미래 시제의 쓰임 (2) 불확실한 미래 계획 말하기

STEP 1 스페인어 진짜 맛보기

다음 문장을 여러 번 듣고 따라 읽으세요.

Creo que tus cuadros valdrán mucho en el futuro.
나는 네 그림들이 미래에 매우 가치가 있을 거라고 생각해.

Probablemente, mis amigos de España vendrán a Corea a verme.
아마도 내 스페인 친구들이 나를 보러 한국에 올 거예요.

Seguramente*, tendré el billete comparado la semana que viene.
아마도 나는 다음 주에 비행기 표를 사둘 거예요.

Mis amigos me propondrán un viaje para pasar las vacaciones.
내 친구들은 휴가를 보내기 위해 나에게 여행을 제안할 거예요.

¡Ojo!

☑ 반복 학습 체크체크

MP3 듣기 ✓ 1회 2회 3회
따라 읽기 1회 2회 3회

★ seguramente는 '확실하게'라는 뜻이 아니에요! 형태에 속지 않도록 주의하세요.
seguramente
= probablemente
: 아마도, 어쩌면

Mini Check
tener + 과거 분사 :
~상태로 가지다(~해 두다)

단어
el cuadro 그림
el billete (교통 수단의) 표, 티켓

스페인/중남미 진짜 여행 떠나기!

Los Reyes Magos(동방 박사들)에 대해 들어 본 적이 있나요? 1월 6일은 '동방 박사의 날'로 스페인의 공휴일이에요. 스페인에는 산타 대신에 세 명의 동방 박사들이 그 전날인 1월 5일 밤에 아이들에게 선물을 나누어 주는 전통이 있어요. 이 휴일에는 동방 박사 분장을 한 사람들을 초청해 각 마을에서 행렬을 하며 아이들에게 사탕을 나눠 주기도 해요.

STEP 2 스페인어 진짜 알아가기

1. -d- 삽입 불규칙 변화 동사

▶ 강의보기 🔊 62-2

직설법 현재에서 -g-가 삽입되던 불규칙 동사들은 단순 미래에서 어간에 -d-가 삽입돼요. 대표적인 예로는 다음 동사들이 있어요.
동사들의 r앞에 있는 모음을 자음 d로 대체하여 어간을 만들어요.

tener	tend**r-**
venir	vend**r-**
poner	pond**r-**
salir	sald**r-**
valer	vald**r-**

위 어간에 지난 강에서 학습한 단순 미래의 어미를 첨가하여 동사 변화를 해요.

tener ➡ tendr-

tendré	tendremos
tendrás	tendréis
tendrá	tendrán

venir ➡ vendr-

vendré	vendremos
vendrás	vendréis
vendrá	vendrán

poner ➡ pondr-

pondré	pondremos
pondrás	pondréis
pondrá	pondrán

salir ➡ saldr-

saldré	saldremos
saldrás	saldréis
saldrá	saldrán

valer ➡ valdr-

valdré	valdremos
valdrás	valdréis
valdrá	valdrán

¡Ojo!

✅ Mini Check

단순 미래에서 -d-가 삽입되는 불규칙 동사들은 모두 현재 시제의 1인칭 단수형에서 -g-가 삽입되는 불규칙 형태를 가졌어요.

tener	ten**g**o
venir	ven**g**o
poner	pon**g**o
salir	sal**g**o
valer	val**g**o

잠깐!

d- 삽입 불규칙 변화 동사의 파생형도 똑같은 어간을 사용해요.

- detener (체포하다) ➡ de**tendr-**
- prevenir (예방하다) ➡ pre**vendr-**
- proponer (제안하다) ➡ pro**pondr-**
- componer (작곡하다) ➡ com**pondr-**

2. 단순 미래의 쓰임 (2) 불확실한 미래의 계획 말하기

단순 미래는 미래에 일어날 수도 있는 불확실한 일을 말할 때에도 사용해요.

Seguramente, ya tendrás planes para este fin de semana, ¿no?
아마 너는 벌써 이번 주말 계획이 있을 거야, 맞지?

Supongo que el próximo disco saldrá más tarde.
나는 다음 음반이 더 늦게 나올 것이라고 생각해요.

¡Ojo!

단어

suponer 추측하다, 추정하다
el disco 음반, (노래) 앨범

 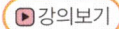

아래 대화를 들으면서 오늘 배운 내용을 확인해 보세요.

단어

el teatro 극장, 연극
probablemente 아마도
contento/a 기쁜, 만족한

 Lucas: ¿Mañana vendrás al teatro? Erica quiere invitarnos.
너 내일 연극 보러 올 거야? 에리카가 우리를 초대하고 싶어해.

 Sara: Me gustaría, pero creo que no puedo. Probablemente, saldré con mis amigos a cenar.
가고 싶지만 내 생각엔 못 갈 것 같아. 아마도, 나는 친구들이랑 저녁 먹으러 나갈 거야.

Mini Check

Me gustaría + 동사원형
: 나는 ~을 하고 싶어.

 Lucas: Vaya... a ella le gustaría verte. Se pondrá muy contenta.
이런… 그녀는 너를 보고 싶어하는데. (네가 온다면) 매우 기뻐할 거야.

★Vaya는 안타까움을 표현할 때 사용할 수 있는 표현이에요.

 Sara: Vale, iré contigo. Pero creo que, primero, tendré que hablar con mis amigos.
알았어, 너랑 같이 갈게. 그런데 우선 내 친구들과 이야기해야만 할거야.

STEP 4 스페인어 진짜 써먹기

1 다음 동사들의 단순 미래 시제 불규칙 어간을 알맞게 연결하세요.

1. poder • • ⓐ vendr-
2. valer • • ⓑ podr-
3. tener • • ⓒ valdr-
4. venir • • ⓓ tendr-
5. salir • • ⓔ saldr-

2 괄호 안의 동사들 중 올바른 동사 변화 형태를 고르세요.

1. Creo que todos (venirán / vendrán) a mi fiesta de cumpleaños.
2. Probablemente, (manteneremos / mantendremos) el contacto en el futuro también.
3. (Saldré / Saliré) a pasear con mi perro.
4. La policía (detendrá / detenerá) a los ladrones.

* **mantener** 유지하다

3 밑줄 친 부분에 괄호 안 동사를 단순 미래로 써서 이야기를 완성하세요.

Una visita importante

Mañana yo **1.**_____ (tener) una visita muy importante. **2.**_____ (venir) los padres de mi novia. En la cena yo le **3.**_____ (proponer) matrimonio a mi novia. Estoy muy nervioso. Creo que mi novia **4.**_____ (mantener) la calma porque ella es una persona muy tranquila.

Yo **5.**_____ (salir) temprano de casa y prepararé unos regalos para ella.

* **la visita** 방문   **el matrimonio** 결혼   **la calma** 침착함, 차분함

▶강의보기   틀리거나 헷갈리는 문제는 문제 해설 강의로 복습하세요.

◎오늘의 Misión   10년 후에 나는 어디에 있을지에 대해 친구들과 서로 묻고 답해 볼까요?
¿Dónde estarás dentro de 10 años?

Día 63
Habrá mucha gente en el museo.
박물관에는 사람이 많을 거예요.

오늘의 학습 목표

1. 어간의 -e-가 생략되는 불규칙 동사
2. 단순 미래의 쓰임 (3) 추측, 예언 말하기

STEP 1 스페인어 진짜 맛보기

▶ 강의보기   🔊 63-1   💬 말하기 연습

¡Ojo!

다음 문장을 여러 번 듣고 따라 읽으세요.

Papá, no sé dónde están mis llaves.
아빠, 나는 열쇠들이 어디 있는지 모르겠어요.

- **Lo sabrá tu madre. Ella siempre sabe todo.**
- 네 엄마가 알 거야. 그녀는 항상 모든 것을 다 알잖아.

Elena podrá ir a una buena universidad porque siempre saca matrícula de honor.
엘레나는 좋은 대학에 갈 수 있을 거예요. 왜냐하면 항상 만점을 받거든요.

El perro está llorando. Querrá salir a pasear.
강아지가 울고 있어요. 산책하러 나가고 싶은 것 같아요.

¿Hay bebidas en casa?   - **No sé. Habrá algunas.**
집에 음료수 있어?   - 모르겠어. 몇 개 있을걸.

반복 학습 체크체크

MP3 듣기	✓	2회	3회
따라 읽기	1회	2회	3회

✓ Mini Check

지난 번에 **matrícula de honor** 라는 표현을 살펴봤었어요! 10점 만점 중 10점에 해당하므로 '만점'으로 해석할 수 있어요!

✓ 단어

la llave 열쇠
la bebida 음료수

🧳 스페인/중남미 진짜 여행 떠나기!

스페인에는 한국처럼 도어락이 흔하지 않아요. 대부분 열쇠를 사용하기 때문에 많은 사람들이 열쇠를 가지고 다녀요. 이때, 다음과 같이 여러 가지 열쇠가 필요합니다. 건물의 현관문(el portal)을 열기 위한 열쇠, 집 문을 열기 위한 열쇠, 마지막으로 쉐어 하우스에 사는 경우 방 문을 열기 위한 열쇠가 바로 그것이에요.

STEP 2 스페인어 진짜 알아가기

1. 어간의 -e-가 생략되는 불규칙 동사

단순 미래 시제의 불규칙 변화 중 어간의 -e-가 생략되는 불규칙 동사들을 살펴봅시다! 다음의 동사들은 동사 원형에서 r 앞에 놓인 e가 사라지는 어간을 가져요.

haber(~이 있다)	habr-
poder(할 수 있다)	podr-
querer(원하다)	querr-
saber(알다)	sabr-

위 어간에 단순 미래 시제의 어미를 첨가해요.

haber ➡ habr-	
habré	habremos
habrás	habréis
habrá	habrán

poder ➡ podr-	
podré	podremos
podrás	podréis
podrá	podrán

querer ➡ querr-	
querré	querremos
querrás	querréis
querrá	querrán

saber ➡ sabr-	
sabré	sabremos
sabrás	sabréis
sabrá	sabrán

Ellos **podrán** conseguir las entradas del concierto sin dificultades.
그들은 어려움 없이 콘서트 티켓들을 구할 수 있을 거예요.

El niño **querrá** ir al parque infantil con sus amigos después de comer.
아이는 점심을 먹은 후에 친구들과 놀이터에 가고 싶을 거예요.

Tú **sabrás** la dirección de Sara, ¿no?
네가 사라의 주소를 알고 있을 것 같아, 그렇지?

¡Ojo!

★ 단순 미래 시제에서 haber 동사는 habrá의 형태로 변해요.

★ 놀이터는 el parque infantil을 줄여 el parque 라고 표현하기도 해요.

단어
la dificultad 어려움
el parque (infantil) 놀이터
la dirección 주소

2. 단순 미래의 쓰임 (3) 추측, 예언 말하기

1) 단순 미래는 미래에 추측을 말할 때에 사용해요.

¿Dónde está Pedro?
페드로는 어디에 있어?
- No sé... estará en casa.
- 모르겠어… 집에 있겠지.

¿Cómo podemos ir al centro comercial?
우리가 어떻게 쇼핑몰에 갈 수 있어?
- No estoy seguro. Podréis ir en metro.
- 나는 확신이 없어. 너희들은 지하철로 갈 수 있을 거야.

¡Ojo!

★ 왼쪽 질문에 대해 현재 시제로 대답을 하는 경우 '현재 사실에 대한 추측'이 아닌 '사실'이 되므로 주의하세요!
Pedro está en casa.
페드로는 집에 있어.

2) 손금을 읽거나 타로를 보는 등 예언에 사용해요.

Conocerás a una chica muy atractiva y os casaréis.
너는 매우 매력적인 소녀를 알게 될 것이고 너희들은 결혼하게 될 거야.

> **잠깐!**
> 사실이 아닌 추측을 하는 경우에는 보통 다음과 같은 표현을 함께 사용할 수 있어요.
> No estoy (muy) seguro/a. 나는 (매우) 확신하지는 않아. (= 확실치는 않아.)
> No sé. Creo que… 몰라. 내 생각에는 …

STEP 3 스페인어 진짜 즐기기

아래 대화를 들으면서 오늘 배운 내용을 확인해 보세요.

 Marcos
Nadie sabrá qué he preparado para el cumpleaños de Lucas. No podréis imaginar.
아무도 내가 루카스의 생일을 위해서 무엇을 준비했는지 알지 못할 거야.
너희들은 상상할 수 없을걸.

 Erica
No sé qué has preparado, pero Lucas querrá saberlo ya. ¿Sabes quiénes vienen a la fiesta?
네가 무엇을 준비했는지 모르겠지만, 루카스는 당장 알고 싶어 할 거야.
너 누가 파티에 오는지 알아?

 Marcos
No estoy seguro, pero habrá mucha gente en la fiesta.
확실하지는 않지만 파티에 많은 사람들이 있을 거야.

STEP 4 스페인어 진짜 써먹기

 쓰기펜으로 맞힌 개수를 작성해 주세요.

나의 점수   개 / 22개

1 밑줄 친 부분에 괄호 안 동사들의 단순 미래 시제를 쓰세요.

> **Mi secreto**
>
> Tengo un pequeño secreto. Tú no **1.**_____ (saber) qué es. Nadie **2.**_____ (querer) revelar su secreto, pero mañana se lo contaré a mis padres. Creo que ellos **3.**_____ (poder) entenderme.

* **revelar** (비밀을) 밝히다, 폭로하다

2 카드를 보고 점쟁이가 손님에게 해줄 말로 알맞은 동사를 <보기>에서 골라 밑줄 친 부분에 쓰세요.

보기   casarse | visitar | ganar

1. Tú _____ mucho dinero.

2. Vosotros _____ y viviréis felizmente.

3. Usted _____ muchos países.

* **felizmente** 행복하게

▶강의보기 틀리거나 헷갈리는 문제는 문제 해설 강의로 복습하세요.

◎오늘의 Misión 생일 파티에 친구가 오지 않는 이유를 추측해 볼까요?
¿Por qué no viene tu amigo a la fiesta de cumpleaños?

Día 64

¿Qué hará usted esta tarde?
당신은 오늘 오후에 무엇을 하실 건가요?

오늘의 학습 목표

1. hacer 동사의 변화형
2. decir 동사의 변화형
3. 단순 미래와 함께 쓰이는 시간 부사구

STEP 1 스페인어 진짜 맛보기

다음 문장을 여러 번 듣고 따라 읽으세요.

Hoy mis profesores me dirán el resultado del examen.
오늘 선생님들이 나에게 시험 결과를 말해 줄 거예요.

¡Eres el mejor!* ¡Se lo diré a todo el mundo!
네가 최고야! 모두에게 그것을 말할게!

Dentro de un rato, haremos gazpacho.
잠시 후에 우리는 가스파초를 만들 거예요.

Tienes que hablar con ella. Seguro que a ti te dirá por qué está deprimida.
너는 그녀와 얘기 해야 해. 분명 너에게는 왜 우울해 하는지 말해줄 거야.

¡Ojo!

☑ 반복 학습 체크체크

MP3 듣기 1회 ✓ 2회 3회

따라 읽기 1회 2회 3회

★ '네가 최고야!', '너는 대단해!'라고 상대방을 칭찬하는 방법에는 여러 가지가 있어요.
- ¡Eres el/la mejor!
- ¡Eres un/una crack!
- ¡Eres una máquina!

단어
el resultado 결과
el rato 잠시

스페인/중남미 진짜 여행 떠나기!

가스파초(el gazpacho)는 차가운 토마토 스프로 스페인 남부 안달루시아 지방의 음식이에요. 토마토, 양파, 오이 등이 들어가 시원한 맛을 내며 여름에 즐겨먹는 요리예요.

STEP 2 스페인어 진짜 알아가기

1. hacer 동사의 변화형

hacer(하다, 만들다) 동사는 다음과 같은 불규칙 어간을 가져요.

hacer 동사의 불규칙 어간: har-

	단수	복수
1인칭	har**é**	har**emos**
2인칭	har**ás**	har**éis**
3인칭	har**á**	har**án**

¿Qué haréis en las vacaciones de invierno?
너희들은 겨울 휴가에 무엇을 할 거야?

Mañana hará frío. Tienes que ponerte un abrigo.
내일은 추울 거야. 너는 외투를 입어야만 해.

> **¡Ojo!**
>
> **◎ Mini Check**
>
> hacer 동사로 날씨를 표현할 수 있어요.
> - Hace calor. 더워요.
> - Hace frío. 추워요.
> - Hace buen tiempo. 날씨가 좋아요.
> - Hace mal tiempo. 날씨가 나빠요.
>
> **☑ 단어**
>
> el abrigo 외투, 코트

2. decir 동사의 변화형

decir (말하다) 동사의 불규칙 어간과 동사 변화 형태는 다음과 같아요.

decir 동사의 불규칙 어간: dir-

	단수	복수
1인칭	**dir**é	**dir**emos
2인칭	**dir**ás	**dir**éis
3인칭	**dir**á	**dir**án

Probablemente nuestro jefe no nos dirá nada sobre el proyecto.
우리의 상사는 아마 우리에게 프로젝트에 대해 아무 말도 하지 않을 거예요.

Ya te diré en casa qué he hecho hoy.
내가 오늘 무엇을 했는지 집에서 너에게 말해 줄거야.

3. 단순 미래와 함께 쓰이는 시간 부사구

단순 미래는 다음과 같은 시간 부사구와 함께 자주 사용해요.

1) 미래의 일을 말할 때

mañana / pasado mañana	내일 / 내일 모레
dentro de~	~ 후에
próximo/a ~ = ~que viene	다음 ~
algún día	언젠가

잠깐!
이외에도 미래의 요일, 날짜, 달, 연도 등이 등장하거나 en el futuro (미래에는) 과 같은 표현도 자주 함께 사용해요.

¡Ojo!

* próximo/a 혹은 ~que viene는 semana, mes, año 등과 사용해서 미래에 다가올 시점을 나타낼 수 있어요.

la próxima semana.
= la semana que viene
(다음 주)

2) 추측을 말할 때

| seguramente | |
| posiblemente | 아마도 |
probablemente	
creo que + 문장	나는 ~라고 생각해.
seguro que + 문장	나는 ~라고 확신해.

 STEP 3 스페인어 진짜 즐기기   ▶강의보기    64-5   💬 말하기 연습

아래 대화를 들으면서 오늘 배운 내용을 확인해 보세요.

단어
los estudios 학업
apoyar 지지하다

 Marcos
¿Qué harás después de terminar los estudios?
너는 학업을 마치면 무엇을 할 거야?

Pues… probablemente no haré nada. Sara
음… 아마도 아무것도 안 할 거야.

 Marcos
¿Tus padres no te dirán nada?
너의 부모님이 너에게 아무 말도 안 하실까?

No, mis padres siempre me apoyan. Sara
안 하실 거야. 나의 부모님은 항상 나를 지지해 주셔.

 **STEP 4 스페인어 진짜 써먹기**

 쓰기펜으로 맞힌 개수를 작성해 주세요.

나의 점수   개 / 9개   정답 보기

1 밑줄 친 부분에 괄호 안 동사의 단순 미래형을 쓰세요.

1. Vosotros nos _____ (decir) la verdad algún día.

2. Yo _____ (hacer) los deberes después de volver del viaje.

3. Mañana mi amiga _____ (decir) la fecha de su boda.

4. Nosotros limpiaremos la casa y tú _____ (hacer) la compra.

* **la verdad** 진실   **la fecha** 날짜   **hacer la compra** 장을 보다

2 밑줄 친 부분에 들어갈 시간 부사구를 쓰세요.

1. 내일 모레 직장에서, 나는 유명한 여배우를 인터뷰할 거예요.
➡ _____ en el trabajo, entrevistaré a una actriz famosa.

2. 10분 후에 내 사촌이 어제 무슨 일이 있었는지 말해 주기 위해 나에게 전화할 거예요.
➡ _____ mi prima me llamará para contarme qué pasó ayer.

3. 너희들은 다음 달에 싱가포르에 여행을 갈 거야.
➡ Vosotros viajaréis a Singapur _____ .

* **entrevistar** 인터뷰하다

3 괄호 안의 정보를 이용하여 질문에 대한 답변을 밑줄 친 부분에 쓰세요.

1. ¿Hoy vendrá Pedro a clase? (dormir en casa)
→ No estoy seguro, pero probablemente _____ .

2. ¿Qué harás en las vacaciones? (viajar a un país extranjero)
→ Seguro que _____ .

▶ **강의보기** 틀리거나 헷갈리는 문제는 문제 해설 강의로 복습하세요.

◎ **오늘의 Misión** 생일에 무엇을 할 것인지 친구들과 묻고 답해 볼까요?
¿Qué harás en tu cumpleaños?

Día 65

Mañana a estas horas estaré haciendo surf en la playa.
내일 이 시간에는 해변에서 서핑을 하고 있을 거야.

오늘의 학습 목표

1. 미래 진행형의 형태
2. 미래 진행형의 활용
3. 현재 진행형 vs 미래 진행형

STEP 1 스페인어 진짜 맛보기

▶강의보기   🔊 65-1   💬 말하기 연습

¡Ojo!

☑ 반복 학습 체크체크

MP3 듣기	✓ 2회	3회
따라 읽기	1회 2회	3회

Mini Check

감탄문을 만드는 방법은 매우 간단해요. 우리가 잘 알고 있는 qué 를 사용해서 만들 수 있어요.
- ¡Qué + 명사!
- ¡Qué + 형용사/부사!

다음 문장을 여러 번 듣고 따라 읽으세요.

El mes que viene estaréis viajando por el mundo.
다음 달에 너희는 세계 일주를 하고 있을 거야.

Juan se estará echando la siesta.
후안은 낮잠을 자고 있을 거야.

Los niños no están en casa. Estarán jugando en el parque.
아이들은 집에 없어요. 공원에서 놀고 있을 거예요.

Todos mis amigos están de vacaciones. Por la tarde estarán tomando el sol en la playa. ¡Qué envidia!
내 모든 친구들은 휴가 중이에요. 오후에는 해변에서 일광욕을 하고 있을 거예요. 정말 부러워요!

단어

echarse la siesta 낮잠 자다
estar de vacaciones 휴가 중이다

 스페인/중남미 진짜 여행 떠나기!

스페인의 시에스타(la siesta) 문화에 대해 들어 본 적이 있나요? la siesta는 '낮잠'이라는 뜻으로, 스페인은 여름 한낮의 강렬한 태양을 피하기 위해 점심을 먹은 후 20~30분에서 1~2시간 정도 낮잠을 자는 풍습이 있어요.

STEP 2 스페인어 진짜 알아가기

1. 미래 진행형의 형태

▶ 강의보기   🔊 65-2

지금까지 배운 여러 진행형의 형태와 마찬가지로 미래 진행형 또한 estar 동사와 현재 분사를 조합해서 만들어요.

	estar의 단순 미래 변화형	현재 분사
(yo)	estaré	
(tú)	estarás	
(él, ella, usted)	estará	현재 분사의 변화 형태
(nosotros/as)	estaremos	-ar 동사 ➡ -ando
(vosotros/as)	estaréis	-er/-ir 동사 ➡ -iendo
(ellos, ellas, ustedes)	estarán	

¿Dónde está mamá?

엄마는 어디에 계셔?

- Estará preparando la cena en la cocina.

- 주방에서 저녁을 준비하고 계실 거야.

Dentro de una semana, estarás aprendiendo a nadar.

일주일 후에 너는 수영을 배우고 있을 거야.

¿Qué está haciendo Lucía?

루시아는 뭐 하는 중이야?

- No sé. Estará subiendo fotos en Instagram.

- 모르겠어. 인스타그램에 사진을 올리는 중일 거야.

2. 미래 진행형의 활용

▶ 강의보기   🔊 65-3

미래 진행형은 다음과 같은 경우에 사용할 수 있어요.

1) 미래에 진행되고 있을 일에 대해 말할 때

¿Qué estaréis haciendo mañana a estas horas?

너희들 내일 이 시간에 뭐하고 있는 중일까?

2) 현재 진행 중인 일에 대한 추측을 말할 때

Debes enviar un mensaje a tu madre. Te estará buscando.

너는 너의 엄마에게 메시지를 하나 보내야만 해. 너를 찾고 있는 중일 거야.

¡Ojo!

✅ Mini Check

지금까지 배운 진행형은 다음과 같아요.
- 현재 진행형
- 현재 완료 진행형
- 단순 과거 진행형
- 불완료 과거 진행형

3. 현재 진행형 vs 미래 진행형

현재 진행형과 미래 진행형은 다음과 같은 차이가 있어요.

현재 진행형	미래 진행형
실제로 현재 진행 중인 **사실**을 말할 때	현재에 진행 중일 것이라고 예상되는 **추측**을 말할 때

다음 질문에 대한 답변을 통해 차이를 조금 더 자세히 살펴볼까요?

¿Qué están haciendo tus hijos? No están en el salón.
네 자녀들은 무엇을 하는 중이야? 그들은 거실에 없어.

현재 진행형	미래 진행형
Están estudiando en su habitación.	Estarán estudiando en su habitación.
그들은 방에서 공부하는 중이야.	그들은 방에서 공부하는 중일 거야.

잠깐!

미래 진행형에는 추측의 의미가 들어가므로 단순 미래에서 추측과 함께 쓰이던 표현 및 부사구들과 함께 쓰일 수 있어요.

¿Qué estarás haciendo el año que viene?
너는 내년에 뭘 하고 있는 중일까?
- Probablemente, estaré haciendo un doctorado.
- 아마도 박사 과정을 하고 있는 중일 거야.

아래 대화를 들으면서 오늘 배운 내용을 확인해 보세요.

 Sara
¿Puedo visitar tu restaurante mañana? ¿Qué estarás haciendo a las cuatro?
나 내일 네 식당에 가도 돼? 너는 네 시에 무엇을 하고 있을것 같아?

Estaré trabajando porque hay muchas reservas. Pero puedes venir. ¿Vienes con Lucas?
나는 일하는 중일 거야. 왜냐하면 예약이 많이 있거든. 하지만 네가 와도 돼. 루카스랑 같이 와? Marcos

 Sara
No, iré con Erica.
아니, 에리카랑 갈 거야.

STEP 4 스페인어 진짜 써먹기

쓰기펜으로 맞힌 개수를 작성해 주세요.

나의 점수   개 / 8개

정답 보기

1 괄호 안의 동사들을 미래 진행형으로 바꿔 쓰세요.

1. Este fin de semana, nosotros _____ (viajar) por Busan.

2. Ellos _____ (bañarse) en la piscina.

3. Yo _____ (escribir) un informe mañana a estas horas.

4. ¿Dónde está Lucía?

   - _____ (correr) en el parque. Cada mañana hace ejercicio.

2 그림을 보고 미래 진행형을 사용하여 친구들이 지금 무엇을 하고 있을지 추측해 보세요.

Sara	Lucas	Erica	Marcos

dormir – tocar – ver – hacer

No sé qué están haciendo mis amigos ahora. Probablemente, …

1. Sara _____ el piano.

2. Lucas _____ la televisión.

3. Erica _____ en el sofá.

4. Marcos _____ la compra.

▶ 강의보기 틀리거나 헷갈리는 문제는 문제 해설 강의로 복습하세요.

◎ 오늘의 Misión 내일 오후에 친구가 무엇을 하고 있는 중일지 미래 진행형을 사용해서 묻고 답해 보세요.
¿Qué estarás haciendo mañana por la tarde?

학습 종료

Día 66

Día 61~65 복습하기

Práctica ⑪

연습문제

나의 점수   개 / 30개

❶ 밑줄 친 부분에 괄호 안 동사의 단순 미래형을 쓰세요.

1. Yo _____ (aprender) a conducir muy pronto.

2. Ella _____ (hablar) con su jefe mañana y sabrá sobre el proyecto.

3. El próximo verano, nosotros _____ (viajar) a Argentina.

* **conducir** 운전하다   **el/la jefe/a** 상사   **el proyecto** 프로젝트

❷ 그림을 보고 밑줄 친 부분에 <보기> 동사를 단순 미래형으로 쓰세요.

| 보기 | escribir | tener | hacer | darse |

1. Hoy yo _____ una carta a mi amigo extranjero.

2. Más tarde tú _____ hambre.

3. A partir de mañana nosotros _____ ejercicio en la cinta de correr.

4. Esta noche mi hermana _____ un baño de burbujas.

* **a partir de~** ~부터   **la cinta de correr** 러닝머신   **el baño de burbujas** 거품 목욕

3 문장을 읽고 내용상 뒤에 나올 알맞은 문장을 골라 연결하세요.

1. Saldré a correr al parque   •   • ⓐ en la fiesta.

2. Habrá mucha gente   •   • ⓑ cuando comes menos comida basura.

3. Tendrás más energía   •   • ⓒ en mi tiempo libre.

4 괄호 안 동사를 단순 미래형으로 써넣어 점쟁이가 나에게 해준 예언을 완성하세요.

En los próximos años , **1.** tú _____ (conocer) a una mujer guapísima.
2. Tú _____ (enamorarse) de ella y esa mujer **3.** _____ (casarse) contigo. Los dos **4.** _____ (vivir) en una casa preciosa cerca del mar.

* el/la vidente 점쟁이

5 다음 문장을 우리말로 해석해서 쓰세요.

1. Ahora están viviendo juntos y seguramente tendrán un hijo algún día.

➡ _____ .

2. El abogado le dirá todo al juez.

➡ _____ .

3. Vamos a descansar un poco y luego haremos algo divertido.

➡ _____ .

* **el/la abogado/a** 변호사   **el/la juez** 판사   **algo** 어떤 것, 무엇인가

6 과거형 동사를 토대로 단순 미래형 동사를 밑줄에 넣어 문장을 완성하세요.

1. No salimos de casa ayer, pero _____ esta tarde.

2. Nosotros hicimos un viaje en junio y _____ otro en julio.

3. Hubo un terremoto ayer y _____ más en el futuro.

* **el terremoto** 지진

7 주어를 참고하여 괄호 안의 동사를 미래 진행형으로 바꿔 쓰세요.

1. _____ (nosotros, vivir) en África en un año.

2. Ya lo sé. La semana que viene ella me _____ (ella, mentir) otra vez.

3. El domingo _____ (yo, llevar) a mis gatos al veterinario.

* **el veterinario** 수의사

8 다음 글을 읽고 사라가 행동을 추측하지 않은 대상을 고르세요.

¿Quién se ha comido mi tarta de queso?

Ahora estoy estudiando español en mi habitación. Mis padres están cenando fuera. Mi hermano estará trabajando en la oficina. Mis amigas estarán llegando a mi casa para cenar conmigo. Es decir, de momento estoy sola en casa. Pero ¿dónde está mi tarta de queso? Después de salir del baño, ya no quedaba más tarta. ¡Ah! Mi gato está en casa, pero estará durmiendo. Entonces… ¿ha sido él?

❶ su hermano

❷ sus amigas

❸ sus padres

❹ su gato

* **es decir** 즉, 다시 말하면

9 다음 해석을 보고 밑줄 친 부분에 들어갈 알맞은 시간부사구를 쓰세요.

1. 나는 내일 너와 함께 갈 수 없어. 나는 도서관에서 공부할거야.
➡ _____ no podré ir contigo. Estudiaré en la biblioteca.

2. 다음주에 나랑 공부할 수 있어?
➡ ¿Podrás estudiar conmigo _____?

3. 나의 부모님은 내일 모레 우리와 저녁을 먹을 거예요.
➡ _____, mis padres cenarán con nosotros.

10 다음 해석을 보고 현재 진행형과 미래 진행형 중 괄호 안에 들어갈 알맞은 형태를 고르세요.

1. 우리들은 파에야를 먹는 중이예요.
➡ Nosotros (estamos comiendo / estaremos comiendo) paella.

2. 아이들은 방에서 숙제하는 중일 거예요.
➡ Los niños (están haciendo / estarán haciendo) los deberes.

3. 나는 아마도 내년에 스페인에서 살고 있을 거예요.
➡ Probablemente, yo (estoy viviendo / estaré viviendo) en España el año que viene.

강의보기 틀리거나 헷갈리는 문제는 문제 해설 강의로 복습하세요.

오늘의 Misión Día 61~65과까지 배운 내용을 활용해 미래에 일어날 일에 대해 이야기해봐요!

Día 67
¿Cuándo os casaréis?
너희들은 언제 결혼할 거야?

오늘의 학습 목표

1. 현재 시제가 미래를 나타내는 경우
2. ir a + 동사 원형
3. 현재 vs ir a + 동사 원형 vs 단순 미래

STEP 1 스페인어 진짜 맛보기

다음 문장을 여러 번 듣고 따라 읽으세요.

¿Cuándo os casaréis?
너희들은 언제 결혼할 거야?

- **Todavía no sabemos. Nos casaremos más adelante.**
- 아직 몰라. 우리는 더 나중에 결혼할 거야.

En septiembre, voy a Japón. Ya tengo el billete de avión.
나는 9월에 일본에 가. 이미 비행기 표를 샀어.

De mayor, voy a ser abogado.
나는 커서 변호사가 될 거예요.

El niño está corriendo. Se va a caer.
아이가 달리는 중이에요. 그는 넘어질 거예요.

¡Ojo!

☑ 반복 학습 체크체크

MP3 듣기 ✓1회 2회 3회

따라 읽기 1회 2회 3회

Mini Check
- todavía: 아직
- ya: 이미, 벌써

단어
adelante 나중에, 추후에
el/la abogado/a 변호사
caerse 넘어지다

스페인/중남미 진짜 여행 떠나기!

스페인어로 '남한'과 '북한'을 어떻게 표기하는지 알고 있나요? 남한은 Corea del Sur, 북한은 Corea del Norte라고 부르지만 공식 명칭은 República de Coera(대한민국), República Popular Democrática de Corea(조선 민주주의 인민 공화국)입니다. 항공사 페이지마다 대한민국을 표기하는 방법이 다를 수 있으니 주의하세요!

STEP 2 스페인어 진짜 알아가기

1. 현재 시제가 미래를 나타내는 경우

▶강의보기 🔊 67-2

이미 예정된 미래의 일을 표현할 때
El partido empieza mañana a las diez de la noche.

경기는 내일 밤 열 시에 시작해요.

확실히 예정되어 있는 미래에 대해서 이야기할 때에는 현재 시제를 쓸 수 있어요.

> **잠깐!**
> 시간이 정해진 미래 계획의 대표적인 예는 다음과 같아요.
> → 프로그램 방영 시간, 출퇴근 시간, 비행기나 기차 등 예약된 교통편의 시간

2. ir a + 동사 원형

▶강의보기 🔊 67-3

¡Ojo!

Mini Check
de + '시기, 시절' : ~할 때

1) 미래의 일에 대한 계획이나 의지를 표현할 때
De mayor, voy a vivir en el campo.

커서는, 나는 시골에서 살 거예요.

'커서는'이 매우 먼 미래일 수 있지만 말하는 시점의 의지를 표현하기 때문에 단순 미래를 사용하는 대신에 위와 같이 표현해요.

2) 현재의 상황으로 미루어 보아 미래에 분명히 발생할 것이라고 생각하는 일을 표현할 때

El cielo está nublado. Va a llover.

하늘이 흐려. 비가 올 거야.

¡Cuidado! Te vas a caer.

조심해! 너 넘어질 것 같아.

3. 현재 시제 vs ir a + 동사 원형 vs 단순 미래

미래에 일어날 일을 나타낼 때 어떤 시제나 표현을 사용하느냐에 따라 의미가 달라질 수 있어요. 다음 문장들은 모두 '여름에 나는 스페인어를 공부하기 시작할 거예요.'라고 해석되지만 의도하는 바가 조금씩 달라요.

- En verano, empiezo a estudiar español.
  여름에 스페인어 공부를 시작할 것이라는 계획이 이미 확정되고 일어날 것인 경우에 사용해요.

- En verano, voy a empezar a estudiar español.
  여름에 공부를 시작할 것이라는 계획과 의지가 있는 경우에 사용해요.

- En verano, empezaré a estudiar español.
  '여름'이라는 미래의 한 순간에 발생할 일이지만 특별한 의지나 시점이 드러나지 않아요. 미래에 empezar a estudiar 라는 행위가 일어날 거라고 확신할 수 없어요.

¡Ojo!

Mini Check

empezar a + 동사 원형 → ~하기 시작하다

STEP 3 스페인어 진짜 줄기기

아래 대화를 들으면서 오늘 배운 내용을 확인해 보세요.

단어

suspender 시험에 낙제하다

Erica: Lucas, ¿qué haces esta noche?
루카스, 너 오늘 밤에 뭐 해?

Lucas: Voy a ir al cine con mis padres.
나는 나의 부모님과 영화관에 갈 거야.

Erica: Pero la próxima semana tienes un examen. Vas a suspender.
하지만 다음 주에 너 시험이 있잖아. 너는 낙제할 거야.

Lucas: No pasa nada★. Ya estudiaré este fin de semana.
괜찮아. 나 이번 주말에 공부할 거야.

★ No pasa nada. 는 '괜찮아'의 의미로 일상생활에서 자주 사용되는 표현 중 하나예요!

상대방이 실수를 했을 때 '괜찮아'라고 할 때에도 이 표현을 사용해요!

STEP 4 스페인어 진짜 써먹기

쓰기펜으로 맞힌 개수를 작성해 주세요.

나의 점수   개 / 7개

1 밑줄 친 부분에 괄호 안 동사를 현재 시제, ir a + 동사 원형, 단순 미래 중 가장 적절한 형태로 쓰세요.

1. 우리는 이번 주 토요일에 결혼해요.
   ➡ Nosotros _____ (casarse) este sábado.

2. 광고들이 끝났어요. 영화가 시작할 거예요.
   ➡ Han terminado los anuncios. _____ (empezar) la película.

3. 나는 아마도 내년에 한국에 돌아올 거예요.
   ➡ Probablemente, el año que viene _____ (volver) a Corea.

2 다음 중 미래를 나타내고 있지 <u>않은</u> 것을 고르세요.

① Te visitaré después de terminar este semestre.
② Todos los días hago ejercicio.
③ Mañana tengo un examen.
④ Él va a aprobar el examen porque estudia mucho.

* **el semestre** 학기   **aprobar** 합격하다, 통과하다

3 다음 문장이 <보기>에서 어떠한 상황에 해당하는지 괄호 안에 기호를 쓰세요.

보기
ⓐ 미래의 한 순간에 일어날만한 일
ⓑ 행위에 대한 현재의 계획 혹은 의도가 있는 경우
ⓒ 이미 예정되어 있는 일

1. Ellos van a casarse el año que viene. (   )
2. Ellos se casarán algún día. Todavía son muy jóvenes. (   )
3. Ellos se casan el mes que viene. Me han invitado a su boda. (   )

▶강의보기 틀리거나 헷갈리는 문제는 문제 해설 강의로 복습하세요.

◎오늘의 Misión 현재 시제, ir a + 동사 원형, 단순 미래가 쓰이는 상황들을 기억하며 어울리는 시제를 사용하여 다음 질문에 대답해 보세요. ¿Qué planes tienes para las vacaciones de verano?

Día 68
Marcos se habrá ido a México.
마르코스는 멕시코로 떠났을 거야.

오늘의 학습 목표

1. 미래 완료의 형태
2. 미래 완료의 쓰임
3. 현재 완료와 미래 완료

STEP 1 스페인어 진짜 맛보기

다음 문장을 여러 번 듣고 따라 읽으세요.

Habrás terminado los deberes antes de ir al cine.
너는 영화관에 가기 전에 숙제를 마쳤을 거야.

Hoy volveré a casa un poco tarde. Mis padres **ya habrán cenado**.
오늘 나는 집에 조금 늦게 돌아갈 거예요. 나의 부모님은 이미 저녁 식사를 했을 거예요.

Ellos **ya habrán visitado** España. Cada* año viajan por Europa.
그들은 이미 스페인에 가 봤을 거예요. 그들은 매년 유럽 여행을 해요.

Juan **todavía no habrá llegado**. Él nunca llega a tiempo.
후안은 아직 도착하지 않았을 거야. 그는 제시간에 도착하는 때가 없어.

¡Ojo!

☑ 반복 학습 체크체크

MP3 듣기 ✓ 2회 3회

따라 읽기 1회 2회 3회

★ cada는 '매', '각' 이라는 뜻으로 뒤에 단수 명사가 와요.
cada año = todos los años: 매년

단어
a tiempo 제시간에

스페인/중남미 진짜 여행 떠나기!

스페인의 놀라운 문화 중 하나는 시간 약속이라고 할 수 있어요. 스페인 사람들은 친구나 가족과 만날 때 10분 정도 늦게 도착하는 것은 대수롭지 않게 여겨요. 사람마다 다를 수 있지만 5~10분에서 심하게는 몇 시간까지 늦게 도착하기도 한답니다.

STEP 2 스페인어 진짜 알아가기

1. 미래 완료의 형태

▶ 강의보기   ◀) 68-2

주어	haber		과거 분사
yo	habré		
tú	habrás		
él, ella, usted	habrá	+	-ado
nosotros/as	habremos		-ido
vosotros/as	habréis		
ellos, ellas, ustedes	habrán		

Mañana por la noche ya habréis subido al avión.

내일 밤에 너희들은 이미 비행기에 탔을 거야.

Mis amigos todavía no habrán llegado a casa. Porque no me han enviado ningún mensaje.

내 친구들은 아직 집에 도착하지 않았을 거예요. 왜냐하면 나에게 어떤 메시지도 보내지 않았거든요.

2. 미래 완료의 쓰임

▶ 강의보기   ◀) 68-3

미래 완료는 미래의 한 시점보다 더 이전에 일어난 미래 사건을 말할 때 사용돼요. 예문과 함께 다음의 그래프를 살펴봅시다.

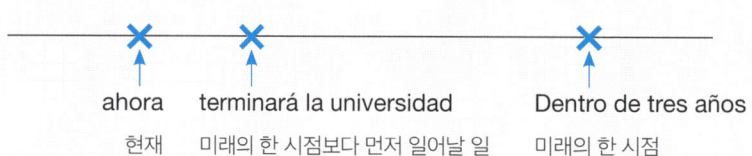

Dentro de tres años, Ana ya habrá acabado la universidad.

3년 후에 (2), 아나는 이미 대학을 마쳤을 거예요 (1).

'아나가 대학을 마칠 것이다' (1) 는 미래의 행위가 '3년 후' (2) 라는 <u>다른 미래의 행위보다 더 앞서 일어난 일이므로 미래 완료 시제를 사용해요.</u>

★ 이때에는 ya (이미) 혹은 todavía (아직) 라는 부사를 함께 사용해서 이미 일어난 일인지, 아직 일어나지 않은 일이지 나타내기도 해요.

3. 현재 완료와 미래 완료

미래 완료는 현재에 완료된 일에 대해서 표현할 수 있어요. 현재 완료와 미래 완료 사이에 어떤 차이가 있는지 살펴볼까요?

현재 완료	미래 완료
1) 현재와 가까운 과거에 실제로 일어난 **사실**을 말할 때	1) 현재와 가까운 과거에 일어났을 일에 대한 **추측**을 말할 때
2) 특정 과거 시점이 동반되지 않은 과거 경험에 대한 **사실**을 말할 때	2) 특정 과거 시점이 동반되지 않은 과거 경험에 대한 **추측**을 말할 때

다음 예문들을 통해 차이를 조금 더 자세히 살펴봐요!

현재 완료	미래 완료
1) Ellos no han desayunado hoy. 그들은 오늘 아침을 먹지 않았어요.	1) Ellos no habrán desayunado hoy. 그들은 오늘 아침을 먹지 않았을 거예요.
2) Él nunca ha estudiado español. 그는 한 번도 스페인어를 공부한 적이 없어요.	2) Él nunca habrá estudiado español. 그는 한 번도 스페인어를 공부한 적이 없을 거예요.

¡Ojo!

Mini Check

과거의 경험을 말할 때 자주 쓰이는 부사에는 다음과 같은 것들이 있었어요.
- nunca : 절대
- ~vez/veces : ~회, ~번

STEP 3 스페인어 진짜 즐기기

아래 대화를 들으면서 오늘 배운 내용을 확인해 보세요.

Sara: El año que viene habrás terminado los estudios, ¿verdad?
너 내년에는 학업을 다 마쳤겠지, 그렇지?

Lucas: Sí. ¡Por fin!
응, 드디어!

Sara: Los tíos de Erica quieren ofrecerte un trabajo. Seguramente, ella ya te lo habrá dicho.
에리카의 삼촌들이 너에게 일자리를 주고 싶어 해. 아마 그녀가 이미 너에게 그것을 얘기했겠지.

Lucas: No, todavía no me ha dicho nada. Se habrá olvidado.
아니, 아직 나에게 아무 말도 안 했어. 아마 깜빡했을 거야.

단어
- **los estudios** 학업
- **ofrecer** 제공하다
- **olvidarse** 깜빡하다

★ ¡Por fin! 은 '드디어', '마침내'라는 뜻으로 기다려 오던 일이 끝났을 때 사용하는 표현이에요.

STEP 4 스페인어 진짜 써먹기

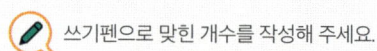

1 밑줄 친 부분에 괄호 안 동사를 미래 완료 형태로 바꿔 쓰세요.

1. La próxima semana el profesor ya _____ (corregir) los exámenes.

2. Dentro de veinte años, vosotros _____ (visitado) muchos países.

3. Tú _____ (gastar) todo el dinero antes de terminar el viaje.

4. Mis amigos ya le _____ (contar) mis secretos a mi novio.

5. Antes de empezar el trabajo, nosotros _____ (aprender) las normas.

* **gastar** 소비하다   **el viaje** 여행   **contar** 이야기하다   **la norma** 규칙

2 todavía와 ya 중 올바른 표현을 고르세요.

1. Ellos (todavía / ya) no habrán visto esta película.

2. En Navidad, mi hermano (todavía / ya) habrá vuelto de su viaje.

3. Julio (todavía / ya) no habrá dicho la verdad a sus padres.

4. Vosotros (todavía / ya) no habréis terminado de escribir el informe mañana.

5. Yo (todavía / ya) habré comida a esa hora.

3 밑줄 친 현재 완료를 미래 완료로 바꾼 후 문장을 해석하세요.

1. El coche de mi padre no está en el garaje. Ha ido ➡ _____ a hacer la compra.
해석: 나의 아빠의 차가 차고에 없어요. _____.

2. A ellos les duele el estómago. Han comido ➡ _____ demasiado.
해석: 그들은 배가 아파요. _____.

▶ 강의보기   틀리거나 헷갈리는 문제는 문제 해설 강의로 복습하세요.

◎ 오늘의 Misión   다음 주에 내가 마쳐 두었을 일들에 대해 이야기해 볼까요?
¿Qué habrás terminado de hacer la semana que viene?

Día 69

Bebe mucha agua.
너 물 많이 마셔라.

오늘의 학습 목표

1. tú 긍정 명령의 규칙 변화 형태
2. tú 긍정 명령의 불규칙 변화 형태
3. 명령법의 쓰임 (1) 명령하기, 지시하기

STEP 1 스페인어 진짜 맛보기

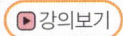  

¡Ojo!

다음 문장을 여러 번 듣고 따라 읽으세요.

Hijo, come más. Últimamente, estás muy delgado.
너 더 먹어. 너는 요즘 너무 말랐어.

¿Quieres sacar buenas notas? Entonces, ¡estudia!
너 좋은 성적을 받고 싶어? 그러면 공부해!

Este texto es un poco corto. Escribe un poco más para entregarlo.
이 텍스트는 조금 짧아. 그것을 제출하기 위해서는 조금 더 써라.

Para encender el aparato, pulsa el botón rojo.
기기를 켜기 위해서는 빨간 버튼을 눌러라.

☑ 반복 학습 체크체크

| MP3 듣기 | 1회 ✓ | 2회 | 3회 |
| 따라 읽기 | 1회 | 2회 | 3회 |

단어

sacar buenas notas 좋은 성적을 받다
entregar 제출하다
encender 켜다
el aparato 기기
pulsar 누르다
el botón 버튼

 스페인/중남미 진짜 여행 떠나기!

10과에서 tío, tía 라는 애칭 표현에 대해 배운 것 기억하시나요? 이와 비슷하게 el hijo, la hija는 '아들', '딸'이라는 뜻 이외에도 서로 아끼는 사람들끼리 애정 어리게 상대방을 지칭할 수 있는 표현이에요. 친구가 나를 hijo 혹은 hija라고 부르더라도 놀라지 마세요!

STEP 2 스페인어 진짜 알아가기

1. tú 긍정 명령의 규칙 변화 형태

▶ 강의보기   🔊 69-2

명령법은 긍정형과 부정형에서 동사의 변화 형태가 달라요. 먼저, 규칙 변화 형태부터 살펴봅시다.

tú 긍정 명령의 규칙 변화는 -ar, -er, -ir 동사의 <u>현재 시제 tú 변화형에서 어미 -s를 삭제</u>한 형태예요.

	직설법 현재	명령법
hablar (말하다)	hablas	habla
comer (먹다)	comes	come
vivir (살다)	vives	vive

¡Corre! Vamos a llegar tarde.
뛰어! 우리는 늦게 도착할 거야.

No veo nada. Enciende la luz.
나 아무것도 안 보여. 불 켜.

2. tú 긍정 명령의 불규칙 변화 형태

▶ 강의보기   🔊 69-3

다음의 동사들은 tú 긍정 명령에서 불규칙 변화 형태를 가져요.

decir (말하다)	di
hacer (하다)	haz
ir (가다)	ve
poner (놓다)	pon
salir (나가다)	sal
ser (~이다)	sé
tener (가지다)	ten
venir (오다)	ven

Ven aquí. Quiero enseñarte☆ algo.
이리 와 봐. 나 너에게 보여 주고 싶은 게 있어.

¡Ten confianza! ¡Tú puedes!
자신감을 가져! 너는 할 수 있어!

¡Ojo!

★ ser 동사의 tú 긍정 명령 불규칙 변화 형태의 sé는 saber의 yo 현재 시제와 형태는 같지만 서로 관련이 없어요.

☆ enseñar 동사는 '가르치다' 이외에도 '보여 주다'라는 뜻이 있어요.

3. 명령법의 쓰임 (1) 명령하기, 지시하기

1) 명령하기
명령법은 그 이름에서 알 수 있듯이 명령할 때 사용할 수 있어요.

Pasa el aspirador mientras cocinamos.

우리가 요리를 하는 동안 너는 청소기를 돌려라.

> **잠깐!**
> 현재 시제도 명령의 역할을 할 수 있어요.
> Pasa el aspirador mientras cocinamos. = Pasas el aspirador mientras cocinamos.

¡Ojo!

단어
- **pasar el aspirador** 청소기를 돌리다
- **calentar** 데우다, 가열하다
- **la sartén** 프라이팬
- **freír** 튀기다, 볶다

2) 지시하기
무언가를 지시할 때에도 사용할 수 있기 때문에 설명서나 요리 레시피에서도 명령법을 찾아볼 수 있어요.

Calienta la sartén* con un poco de aceite y fríe las patatas.

프라이팬에 기름을 살짝 둘러 가열하고 감자를 볶아.

★ la sartén(프라이팬)은 여성인 단어이지만 라틴 아메리카 몇몇 지역에서는 남성으로 사용하기도 해요.

STEP 3 스페인어 진짜 즐기기

아래 대화를 들으면서 오늘 배운 내용을 확인해 보세요.

단어
- **la ayuda** 도움
- **llenar** 채우다
- **la ensalada** 샐러드
- **el pollo** 닭고기
- **llenar A de B** A를 B로 채우다

 Sara
Lucas, necesito tu ayuda para preparar la cena. ¡Ven aquí!
루카스, 나는 저녁 식사를 준비하기 위해 네 도움이 필요해. 이리 와!

 Lucas
¡Voy! ¿Qué hago?
갈게! 내가 뭘 해야 해?

 Sara
Limpia la mesa y llena* los vasos de agua.
상을 치우고 컵에 물을 따라.

 Lucas
¿Algo más?
다른 건?

 Sara
Haz una ensalada de pollo para los invitados.
손님들을 위해서 치킨 샐러드를 만들어 줘.

 **STEP 4 스페인어 진짜 써먹기**

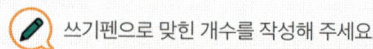 쓰기펜으로 맞힌 개수를 작성해 주세요.

나의 점수 개 / 12개   정답 보기

1 밑줄 친 부분에 괄호 안 동사를 tú 긍정 명령으로 바꿔 쓰세요.

1. _____ (hablar) menos y _____ (comer) más.

2. _____ (ser) amable con tus hermanos.

3. _____ (pedir) una hamburguesa para mí.

4. _____ (dormir) más. Te estás muriendo de sueño.

2 다음 동사들을 tú 긍정 명령의 변화 형태로 알맞은 것끼리 연결하세요.

1. decir   •   • ⓐ pon
2. poner   •   • ⓑ di
3. tener   •   • ⓒ sé
4. ser   •   • ⓓ sal
5. salir   •   • ⓔ ten

3 다음의 현재 시제로 쓰인 문장들을 명령법으로 바꿔 쓰세요.

1. Dejas de hacer ruido.
   ➡ _____.

2. Haces la cama antes de salir de casa.
   ➡ _____.

3. Sales ahora mismo.
   ➡ _____.

* **dejar de + 동사 원형** ~하는 것을 그만두다   **hacer ruido** 시끄럽게 하다, 소음을 만들다
  hacer la cama 침대를 정돈하다   **ahora mismo** 지금 당장, 지금 바로

▶ 강의보기 틀리거나 헷갈리는 문제는 문제 해설 강의로 복습하세요.

◎ 오늘의 Misión tú 긍정 명령을 사용하여 반려동물에게 내릴 수 있는 지시 5가지를 말해 보세요!

 학습 종료

Día 70

¡Hablad español sin miedo!
너희들 두려움 없이 스페인어를 말해 봐!

오늘의 학습 목표

1. vosotros 긍정 명령의 형태
2. 명령법의 쓰임 (2) 충고하기

STEP 1 스페인어 진짜 맛보기

 강의보기   70-1   말하기 연습

¡Ojo!

☑ 반복 학습 체크체크

MP3 듣기 ✓ 2회 3회

따라 읽기 1회 2회 3회

다음 문장을 여러 번 듣고 따라 읽으세요.

Haced la maleta ahora. Mañana tenemos que ir al aeropuerto muy temprano.
너희들 지금 짐 싸. 내일 우리는 공항에 매우 일찍 가야만 해.

Venid a mi casa este fin de semana. Mis padres no estarán.
너희들 이번 주말에 우리 집에 와. 나의 부모님이 안 계실 거야.

Tienes mucha fiebre. **Ve** al médico.
너는 열이 많이 나. 병원에 가 봐.

Hablad en voz baja. Estamos en el museo.
너희들 작은 목소리로 말해. 우리는 박물관에 있어.

단어

hacer la maleta 짐을 싸다
el aeropuerto 공항
temprano 일찍
la fiebre 열
en voz baja 작은 목소리로

스페인/중남미 진짜 여행 떠나기!

스페인 마드리드 중심가에는 el Triángulo del Arte(예술 삼각 지대) 혹은 el Triángulo de Oro(예술의 황금 삼각 지대) 라고 불리는 구역이 있어요. 프라도 거리를 중심으로 마드리드 3대 미술관인 el Museo del Prado(프라도 미술관), el Museo Thyssen-bornemisza(티센보르네미사 미술관), el Museo Reina Sofía(소피아 왕비 미술관)이 삼각형 모양을 이루며 근처에 있기 때문이에요.

STEP 2 스페인어 진짜 알아가기

1. vosotros 긍정 명령의 형태

vosotros의 긍정 명령은 -ar, -er, -ir 동사의 어미를 각각 다음과 같이 변화시켜요.

-ar	-ad
-er	-ed
-ir	-id

몇 가지 동사들을 예시로 살펴볼까요?

hablar	hablad
comer	comed
vivir	vivid

Enseñad con más entusiasmo.
너희들 더 열정을 가지고 가르쳐 봐.

Traed una botella de vino a la fiesta.
너희들 파티에 와인 한 병 가져와.

Nosotros vamos a salir, pero vosotros seguid* estudiando.
우리들은 나갈 거야. 하지만 너희들은 계속해서 공부해.

> **잠깐!** vosotros 긍정 명령은 불규칙 형태를 가지지 않아요! tú 긍정 명령에서 불규칙 형태를 가지던 동사들도 vosotros 긍정 명령에서는 규칙 변화를 해요.

Sed ambiciosos.
너희들 야망을 가져.

Decid qué queréis hacer esta tarde.
너희들 오늘 오후에 무엇을 하고 싶은지 말해.

Haced ejercicio para mantener la línea.
너희들 몸매를 유지하기 위해 운동해.

¡Ojo!

단어
el entusiasmo 열정
la botella 병

★ seguir + 현재 분사
: 계속해서 ~하다

단어
ambicioso/a 야망이 있는, 야심을 가진
mantener la línea 몸매를 유지하다

2. 명령법의 쓰임 (2) 충고하기

명령법은 상대방에게 충고를 할 때에도 사용할 수 있어요.

Descansad el sábado. Habéis trabajado mucho esta semana.
너희들 이번 토요일에는 쉬어. 너희들은 이번 주에 많이 일했어.

Id a la tienda un poco más tarde. Ahora no estará abierta.
너희들 가게에 조금 이따가 가. 지금은 문이 안 열려 있을 거야.

> **잠깐!**
> 명령법 이외에도 '~해야만 한다'의 의미를 가진 표현인 deber + 동사 원형 혹은 tener que + 동사 원형도 충고할 때 사용할 수 있어요.

Debéis respetar a los mayores.
너희들은 어른들을 공경해야만 해.

Tienes que ser puntual para las entrevistas de trabajo.
너는 직업 면접을 위해 시간을 잘 지켜야만 해.

STEP 3 스페인어 진짜 줄기기

아래 대화를 들으면서 오늘 배운 내용을 확인해 보세요.

¡Ojo!

단어
barra 자루 (빵 등을 셀 때 쓰는 단위)
quedar 남아 있다
agresivo 공격적인

Lucas y Marcos: ¿Necesitamos llevar algo para ir a tu casa?
우리가 너의 집에 갈 때 가져가야 하는 것이 있어?

Erica: A ver… **traed** dos barras de pan. No queda pan en casa.
어디 보자… 빵 두 자루를 가져와. 집에 빵이 안 남아 있어.

★ 셀 수 없는 명사들은 단위 표현들을 필요로 해요.

Lucas y Marcos: De acuerdo★. Llegaremos en veinte minutos.
알았어. 우리는 20분 후에 도착할 거야.

Erica: Por cierto, **tened cuidado** con el perro del vecino. Es bastante agresivo.
그나저나, 이웃집 강아지를 조심해. 꽤 공격적이야.

★ De acuerdo는 vale와 비슷하게 '알았어'를 뜻해요.

STEP 4 스페인어 진짜 써먹기

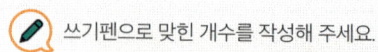
쓰기펜으로 맞힌 개수를 작성해 주세요.

나의 점수　　개 / 9개

정답 보기

1 다음은 어느 스페인어 학원의 규칙입니다. 밑줄 친 부분에 괄호 안의 동사를 vosotros 긍정 명령 형태로 쓰세요.

> **Normas de la academia**
>
> 1. _____ (hablar) en español en la academia. Necesitáis practicarlo en el día a día.
> 2. _____ (respetar) a vuestros profesores y compañeros.
> 3. _____ (ser) puntuales para las clases.
> 4. _____ (comer) fuera del aula. La zona de descanso está en la planta de arriba.
> Cuando no podéis venir, 5. _____ (decir) la razón al profesor.

* **en el día a día** 일상에서, 매일　**respetar** 존경하다, 존중하다　**fuera** 밖, 밖에서　**el aula** 교실 (발음 충돌이 있을 때 앞에 남성 관사를 쓰지만 실제로 여성 명사)　**el descanso** 휴식　**la planta** 층　**arriba** 위　**la razón** 이유

2 다음 문장들을 vosotros 긍정 명령을 활용해 충고하는 말로 바꿔 쓰세요.

1. Debéis comer más frutas y verduras.
➡ _____ .

2. Tenéis que estudiar más para aprobar el examen.
➡ _____ .

3. Tenéis que ahorrar dinero para el futuro.
➡ _____ .

4. Debéis consumir menos comida rápida.
➡ _____ .

* **ahorrar** 절약하다, 저축하다　**consumir** 소비하다　**la comida rápida** 패스트푸드

▶ 강의보기　틀리거나 헷갈리는 문제는 문제 해설 강의로 복습하세요.

◎ 오늘의 Misión　vosotros 긍정 명령을 활용하여 건강한 삶을 살기 위해 무엇을 할 수 있을지 친구들에게 충고를 해 보세요!

학습 종료

Día 71

¡Dámelo!
나에게 그것을 줘!

오늘의 학습 목표

1. 긍정 명령과 목적격 대명사의 위치
2. 긍정 명령과 재귀 대명사의 위치
3. 명령법의 쓰임 (3) 부탁하기

STEP 1 스페인어 진짜 맛보기

 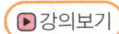  

다음 문장을 여러 번 듣고 따라 읽으세요.

¿No llevas abrigo? Póntelo. Hoy hace frío.
너 외투 안 입고 있어? 너 그것을 입어. 오늘은 날씨가 추워.

Lavaos las manos★ antes de comer.
너희들 밥 먹기 전에 손 씻어라.

Tráeme un vaso de agua, por favor.
너 나에게 물 한 잔만 가져다줘.

Dile al profesor que me encuentro mal.
너 선생님께 내가 몸이 안 좋다고 말해 줘.

A mí, ponme una ensalada, por favor.
저는 샐러드 하나 주세요.

¡Ojo!

☑ 반복 학습 체크체크

| MP3 듣기 | ✓ | 2회 | 3회 |

| 따라 읽기 | 1회 | 2회 | 3회 |

★ 두 개 혹은 여러 개로 이루어진 신체 부위는 일반적으로 복수로 나타내요.
los ojos: 눈
las orejas: 귀
los dientes: 이
los brazos: 팔
las piernas: 다리
los pies: 발

☑ 단어

el abrigo 외투, 코트
el vaso 컵
encontrarse mal 몸이 안 좋다

 스페인/중남미 진짜 여행 떠나기!

음식이나 음료 등을 달라고 이야기할 때는 일반적으로 '주다'라는 뜻의 dar 동사 대신 poner 동사를 이용해요. Ponme un café con leche, por favor(카페 라테 하나 주세요.) 이 표현을 통해 조금 더 자연스럽게 주문을 해 보세요!

1. 긍정 명령과 목적격 대명사의 위치

긍정 명령을 대명사와 함께 쓸 경우 항상 대명사를 동사의 긍정 명령형 뒤에 붙여 한 단어로 적어요.

> 긍정 명령의 동사 변화형(간접 목적격 대명사)(직접 목적격 대명사)

Decidnos cuándo va a ser el examen.

시험이 언제일지 너희들이 우리에게 말해 줘.

잠깐!
간접 목적격 대명사와 직접 목적격 대명사는 따로 나오거나 함께 등장할 수 있어요. 목적격 대명사를 명령형의 뒤에 붙일 때 강세 규칙에 맞게 띨데 표시를 해야 돼요!

Tus zapatillas están rotas. Tíralas.

네 운동화들이 망가져 있어. 너 그것들을 버려.

Verás un sobre en la mesa. Dáselo a tu padre.

식탁 위에 봉투 하나가 보일거야. 그것을 네 아빠에게 줘.

Mini Check
le, les + lo/la/los/las
➡ se + lo/la/los/las
※ ses는 존재하지 않아요!

2. 긍정 명령과 재귀 대명사의 위치

재귀 대명사도 목적격 대명사와 마찬가지로 동사의 긍정 명령형 뒤에 붙여 한 단어로 적어요.

> 긍정 명령의 동사 변화형재귀 대명사

¡Levántate! Vas a llegar tarde al trabajo.

너 일어나! 너 회사에 늦게 도착할 거야.

vosotros 긍정 명령이 재귀 대명사를 동반하는 경우 다음과 같이 재귀 대명사 앞 -d-가 탈락해요.

Levantad + os → Levantados (X)
Levantaos (O)

잠깐!
irse의 vosotros 명령형에서는 -d-가 탈락하지 않고 idos의 형태를 가져요.

Mini Check
재귀 대명사와 목적격 대명사가 문장에 함께 등장하는 경우에는 다음과 같은 순서를 가져요.
• 긍정 명령의 동사 변화형 재귀 대명사직접 목적격 대명사

3. 명령법의 쓰임 (3) 부탁하기

명령법은 상대방에게 무언가를 부탁하기 위해서도 자주 사용돼요. 상대방에게 부탁을 하는 경우라면 por favor를 붙이는 것이 예의 바른 표현이에요.

Ayúdame, por favor.

나를 도와줘.

¿Qué habéis escrito aquí? Leedlo en voz alta, por favor.

너희 여기에 뭐라고 쓴 거야? 그것을 큰 목소리로 읽어 줘.

잠깐!
부탁을 하기 위해서는 문장 뒤에 por favor를 붙여요. 영어의 please에 해당하는 단어로 부탁을 조금 더 공손하게 만들어 줘요.

¡Ojo!

Mini Check

부탁을 할 때에는 다음 표현들도 사용할 수 있어요.
- ¿Te/Le/Os/Les importa + 동사 원형?
- ¿Poder + 동사 원형?

STEP 3 스페인어 진짜 즐기기

아래 대화를 들으면서 오늘 배운 내용을 확인해 보세요.

단어
dejar 빌려주다
hacer un favor 부탁을 들어주다
el taller 정비소
devolver 돌려주다

★ '부탁을 하다'는 pedir un favor 라는 표현을 사용해요.

 Erica
Lucas, hazme un favor.
루카스, 나에게 부탁 하나만 들어줘.

 Lucas
Dime. ¿En qué puedo ayudarte?
나에게 말해. 내가 너에게 무엇을 도와줄 수 있을까?

 Erica
Déjame tu coche mañana, por favor. Mi coche está en el taller y mañana tengo que visitar a mis abuelos.
내일 나에게 네 차 좀 빌려줘. 내 차는 정비소에 있고 나는 내일 조부모님을 방문해야만 해.

 Lucas
No hay problema. Pero devuélvemelo por la noche. Yo también lo necesito.
문제 없어. 하지만 나에게 그것을 밤에는 돌려줘. 나도 그것이 필요해.

STEP 4 스페인어 진짜 써먹기

쓰기펜으로 맞힌 개수를 작성해 주세요.

나의 점수   개 / 7개

정답 보기

1 밑줄 친 목적어를 목적격 대명사로 바꿔 쓰세요.

1. Envía <u>este paquete</u> a Madrid.
➡ _____ .

2. Pregunta <u>a tu amigo</u> a qué hora empieza el examen.
➡ _____ .

3. Regala <u>a tus primos</u> <u>estos peluches</u>.
➡ _____ .

* **el paquete** 소포, 택배   **el peluche** 인형

2 tú 긍정 명령은 vosotros 긍정 명령으로, vosotros 긍정 명령은 tú 긍정 명령으로 바꿔 쓰세요.

1. ¡Despiértate ya!
➡ ¡_____!

2. ¡Afeitaos!
➡ ¡_____!

3. ¡Duchaos rápido!
➡ ¡_____!

4. ¡Cállate!
➡ ¡_____!

* **afeitarse** 면도하다   **callarse** 입을 다물다

▶ 강의보기   틀리거나 헷갈리는 문제는 문제 해설 강의로 복습하세요.

◎ 오늘의 Misión   집을 함께 쓰는 친구에게 집을 깨끗이 사용해달라고 명령법과 대명사들을 활용해 부탁해보세요.

Día 72

Día 67~71 복습하기

Práctica ⑫

연습문제

20 . .

나의 점수   개 / 30개

❶ 다음 중 미래의 일을 나타내는 문장을 고르세요.

① ¿Él se acordará de mí?

② Chicos, ¡vamos a estudiar!

③ Esa señora tendrá unos cuarenta años.

④ Nos casamos el año que viene.

❷ 그림을 보고 탐정이 찾아낸 단서를 활용하여 사건 현장에서 있었을 일을 미래 완료 문장으로 추측해보세요.

| encender | abrir | entrar |

Los ladrones…

1. _____ por la ventana.

2. _____ los cajones.

3. _____ la televisión.

* **el/la ladrón/a** 도둑   **el cajón** 서랍

3 주어진 문장들을 미래완료를 활용하여 추측으로 변화시켜 보세요.

1. ¿Por qué están rotas tus zapatillas? – Mi perro las ha mordido.

   ➡ No sé, _____.

2. ¿Has visto a Juan? – Se ha quedado dormido en la biblioteca.

   ➡ No, pero _____.

3. Ellos parecen muy cansados. – Han ido al gimnasio por la mañana.

   ➡ Pues, _____.

4. ¿Por qué comen tus amigos con tanta prisa? – No han desayunado.

   ➡ No sé, _____.

* **morder** 물다

4 오디오를 듣고 여자가 룸메이트에게 시키고 싶은 것이 아닌 것을 고르세요. 🔊 72-1

❶ Apaga el ordenador.

❷ Pon la lavadora por la noche.

❸ Abre las ventanas por la mañana.

❹ Apaga la luz para dormir.

* **llevarse bien** 사이좋게 지내다　**compartir** 공유하다, 나눠쓰다　**discutir** 말다툼하다　**a menudo** 종종
  la luz: 불, 빛　**ventilar** 환기시키다　**apagar** 끄다

5 주어진 동사변화를 알맞게 분류하세요.

| 보기 | traed　hablad　sed　vivid　escribe　sube　aprende　duerme |

1. tú 긍정명령형 ➡ _____

2. vosotros 긍정명령형 ➡ _____

6 주어진 동사들을 tú 긍정명령 형태로 변화하여 문장을 완성하세요.

1. ¡_____ (salir) de ahí inmediatamente! Hay un incendio.

2. (A su perro)

_____ (venir) aquí. Vamos a dar un paseo.

3. Ya está preparada la cena. _____ (poner) la mesa.

* **inmediatamente** 즉시　**incendio** 화재　**dar un paseo** 산책하다　**poner la mesa** 상을 차리다

7 다음은 부모님이 주말동안 집을 비우면서 아이들에게 남긴 쪽지 내용입니다. 주어진 동사를 vosotros 긍정명령 형태로 변화하여 내용을 완성하세요.

> Hijos, tú padre y yo vamos de viaje y volveremos la semana que viene.
>
> Para comer, **1.** _____ (calentar) la sopa y el pollo de la nevera.
>
> **2.** _____ (limpiar) vuestra habitación y **3.** _____ (poner) la lavadora.
>
> Tenéis que mantener la casa limpia.
>
> **4.** _____ (hacer) los deberes antes de salir con vuestros amigos. Por último, **5.** _____ (dar) de comer al perro.

* **calentar** 데우다　**la sopa** 스프, 국　**el pollo** 닭고기　**poner la lavadora** 세탁기를 돌리다
  mantener 유지하다　**dar de comer** 밥을 주다

8 주어진 충고들을 명령법을 사용하여 표현해보세요.

1. Vosotros tenéis que dormir más.

➡ ¡_____!

2. Tú debes ir al médico.

➡ ¡_____!

3. Tú tienes que trabajar menos.

➡ ¡_____!

4. Vosotros debéis salir con tiempo para no llegar tarde.

➡ ¡_____!

9 밑줄 친 목적어를 목적격 대명사로 바꿔 쓰세요.

1. Limpia la habitación.
➡ ¡_____!

2. Decid la verdad a vuestros padres.
➡ ¡_____!

3. Tráeme un vaso de agua.
➡ ¡_____!

4. Escribe una carta a tu madre.
➡ ¡_____!

10 해석을 보고 해당하는 문장을 적어보세요.

| 보기 | prepararse | sentarse | ducharse |

1. 너희들 샤워해!
➡ ¡_____

2. 너 준비해!
➡ ¡_____

3. 너 앉아!
➡ ¡_____

▶ 강의보기   틀리거나 헷갈리는 문제는 문제 해설 강의로 복습하세요.

오늘의 Misión   Día 67~71에서 배운 내용을 활용해서 스페인어를 잘 하기 위해 무엇을 할 수 있을지 친구에게 조언을 해주세요.

PART 01

新HSK ⑤급
시험장에서 보면
딱! 붙는
PT 어휘

1 🎧 듣기

❶ 장소 관련 빈출 어휘   ● Part 1-1

商店 shāngdiàn 상점	音乐会 yīnyuèhuì 음악회	游泳馆 yóuyǒngguǎn 수영장
银行 yínháng 은행	美术馆 měishùguǎn 미술관	站台 zhàntái 플랫폼
医院 yīyuàn 병원	电影院 diànyǐngyuàn 영화관	学院 xuéyuàn 학부, 단과대학
理发店 lǐfàdiàn 미용실	机场 jīchǎng 공항	停车场 tíngchēchǎng 주차장
警察局 jǐngchájú 경찰서	火车站 huǒchēzhàn 기차역	会议室 huìyìshì 회의실
书店 shūdiàn 서점	地铁站 dìtiězhàn 지하철역	房地产 fángdìchǎn 부동산
公园 gōngyuán 공원	体育馆 tǐyùguǎn 체육관	

❷ 인물·직업 빈출 어휘   ● Part 1-2

인물(관계)	夫妻 fūqī 부부(=两口子) 老公 lǎogōng 남편 老婆 lǎopó 부인 邻居 línjū 이웃 同事 tóngshì 동료	顾客 gùkè 고객 客户 kèhù 바이어, 손님 患者 huànzhě 환자(=病人) 乘客 chéngkè 탑승객 职员 zhíyuán 직원
직업	司机 sījī 기사 导演 dǎoyǎn 감독 导游 dǎoyóu 여행 가이드 理发师 lǐfàshī 이발사 服务员 fúwùyuán 종업원 售货员 shòuhuòyuán 판매원	律师 lǜshī 변호사 秘书 mìshū 비서 会计 kuàijì 회계원, 경리 记者 jìzhě 기자 播音员 bōyīnyuán 아나운서 空中小姐 kōngzhōng xiǎojiě 여승무원

❸ 숫자·날짜·계산 빈출 어휘   ● Part 1-3

시간	目前 mùqián 현재, 지금(=现在) 礼拜 lǐbài 주, 요일(=星期/周) 早晨 zǎochen 새벽, 이른 아침 傍晚 bàngwǎn 저녁 무렵	晚点 wǎndiǎn 연착하다 耽误 dānwu 시간을 지체하다 来得及 láidejí 시간적 여유가 있다(=赶得上) 来不及 láibují 시간적 여유가 없다(=赶不上)
날짜	放假 fàngjià 방학하다 新年 xīnnián 신년(=元旦) 春节 Chūn jié 춘지에, 설날 国庆节 Guóqìng jié 국경절	中秋节 zhōngqiū jié 추석 端午节 Duānwǔ jié 단오절 妇女节 Fùnǚ jié 여성의 날(매년 3월 8일) 情人节 Qíngrén jié 밸런타인 데이

숫자·계산	增加 zēngjiā 증가하다 提高 tígāo 향상하다, 오르다 减少 jiǎnshǎo 감소하다	提前 tíqián 앞당기다, 미리 推迟 tuīchí 미루다, 연기하다 打折 dǎzhé 할인하다

④ 날씨·일기예보 빈출 어휘   ● Part 1-4

晴天 qíngtiān 맑은 날씨
阴天 yīntiān 흐린 날씨
雷阵雨 léizhènyǔ 천둥과 번개를 동반한 비
晴转阴 qíng zhuǎn yīn 날씨가 맑다가 흐려지다
阴转晴 yīn zhuǎn qíng 날씨가 흐렸다가 맑아지다(날씨가 개다)
晴转多云 qíngzhuǎn duōyún 맑았다가 구름이 많아짐

零上 língshàng 영상
零下 língxià 영하
降温 jiàngwēn 기온이 떨어지다
升温 shēngwēn 기온이 올라가다
彩虹 cǎihóng 무지개
太阳晒 tàiyáng shài 햇볕이 내리쬐다

⑤ 컴퓨터·인터넷 빈출 어휘   ● Part 1-5

鼠标 shǔbiāo 마우스
光盘 guāngpán CD
优盘 yōupán USB
邮箱 yóuxiāng 메일함
文件夹 wénjiànjiā 폴더

点击 diǎnjī 클릭하다
复制 fùzhì 복사하다
粘贴 zhāntiē 붙여넣다
设置 shèzhì 설치하다
删除 shānchú 삭제하다

硬件 yìngjiàn 하드웨어
软件 ruǎnjiàn 소프트웨어
文件隐藏 wénjiàn yǐncáng 숨김 파일
杀毒软件 shādú ruǎnjiàn 백신 프로그램

⑥ 회사 빈출어휘   ● Part 1-6

부서	人事部 rénshìbù 인사부 销售部 xiāoshòubù 영업부 营销部 yíngxiāobù 마케팅부	生产部 shēngchǎnbù 생산부 财务部 cáiwùbù 재무부 研发部 yánfābù 연구개발부
업무	业务 yèwù 업무 待遇 dàiyù 대우, 처우 录取 lùqǔ 채용, 채용하다 入职 rùzhí 입사하다 辞职 cízhí 사직하다	开会 kāihuì 회의, 회의를 하다 报告 bàogào 보고하다 安排 ānpái 안배하다, 일정을 짜다 合同 hétong 계약하다 办理手续 bànlǐshǒuxù 수속을 처리하다
직급	社长 shèzhǎng 사장 (=经理 jīnglǐ) 队长 duìzhǎng 팀장 (=组长 zǔzhǎng) 领导 lǐngdǎo 상사 秘书 mìshū 비서	职员 zhíyuán 직원 同事 tóngshì 동료 上司 shàngsi 상사, 상급자 下属 xiàshǔ 부하 직원

7 병원·통증 빈출 어휘

Part 1-7

신체부위	肺 fèi 폐 胸 xiōng 가슴, 흉부 腰 yāo 허리 肩膀 jiānbǎng 어깨	手指 shǒuzhǐ 손가락 心脏 xīnzàng 심장 肌肉 jīròu 근육 心理 xīnlǐ 심리
증상	发烧 fāshāo 열이 나다 发炎 fāyán 염증이 생기다 出血 chūxiě 출혈하다, 피가 나다	扭伤 niǔshāng 삐다, 접질리다 传染 chuánrǎn 전염하다, 감염시키다 中病毒 zhòng bìngdú 바이러스에 걸리다
진료	治疗 zhìliáo 치료하다 体检 tǐjiǎn 신체검사(하다) 住院 zhùyuàn 입원하다	打针 dǎzhēn 주사를 놓다, 주사를 맞다 开药 kāiyào 약을 처방하다 做手术 zuò shǒushù 수술을 하다

8 어기·어투를 나타내는 빈출 표현

Part 1-8

불평·책망	别提了 bié tí le 됐다, 그만해라 都怪你 dōu guài nǐ 다 네 탓이다
동의	谁说不是 shéi shuō bú shì 누가 아니래 可不是吗 kě bú shì ma 그러게 말이야 算是吧 suàn shì ba 그런 셈이지 我也这么认为 wǒ yě zhème rènwéi 나도 그렇게 생각해(=我这么想)
부정	算了 suàn le 됐다, 그만해라 谁说的 shéi shuō de 누가 그래? 不会(吧) bú huì (ba) 그럴 리가 없다 哪儿啊 nǎr a 절대 아니다, 결코 아니다 说到哪儿去了 shuōdào nǎr qù le 무슨 소리야
상관없음	没关系 méi guānxi 상관없다　　不在乎 bú zàihu 상관없다, 개의치 않다 无所谓 wúsuǒwèi 상관없다　　不介意 bú jièyì 상관없다, 개의치 않다
불확실	说不定 shuōbudìng 확실치 않다, 단언할 수 없다, 아마도 说不准 shuōbuzhǔn 확실치 않다, 단언할 수 없다, 아마도
단호	一定要…… yídìng yào…… 반드시 ~해야 한다 非……不可 fēi……bùkě ~하지 않으면 안 된다

❾ 일상 화제 빈출 어휘 Part 1-9

결혼	结婚 jiéhūn 명 결혼 동 결혼하다 ǀ 办婚礼 bàn hūnlǐ 예식을 올리다, 혼인을 치르다 ǀ 蜜月旅行 mìyuè lǚxíng 신혼여행
TV	演员 yǎnyuán 명 배우 ǀ 导演 dǎoyǎn 명 감독 ǀ 男/女主角 nán/nǚ zhǔjué 명 남/여주인공 ǀ 连续剧 liánxùjù 명 드라마, 연속극(=电视剧) ǀ 演出 yǎnchū 명 공연
취미	爱好 àihào 명 취미 ǀ 运动 yùndòng 동 운동하다 ǀ 玩游戏 wán yóuxì 게임을 하다 ǀ 乐器 yuèqì 명 악기 ǀ 弹钢琴 tán gāngqín 피아노를 치다 ǀ 书法 shūfǎ 명 서예 ǀ 戏剧 xìjù 명 연극 ǀ 美术 měishù 명 미술 ǀ 拍照 pāizhào 동 사진을 찍다 ǀ 装修 zhuāngxiū 동 장식하고 꾸미다, 인테리어하다
구직	面试 miànshì 명 면접 동 면접을 보다 ǀ 简历 jiǎnlì 명 이력서 ǀ 录取结果 lùqǔ jiéguǒ 채용 결과
명절	过年 guònián 설을 지내다(=过春节) ǀ 包饺子 bāo jiǎozi 만두를 빚다 ǀ 中秋节 Zhōngqiū jié 추석 ǀ 生日晚会 shēngrì wǎnhuì 생일 파티
구매	逛街 guàngjiē 동 쇼핑하다 ǀ 打折 dǎzhé 동 할인하다 ǀ 优惠 yōuhuì 명 특혜, 우대 ǀ 讲价 jiǎngjià 동 가격을 흥정하다 ǀ 付款 fùkuǎn 동 돈을 지불하다 ǀ 发票 fāpiào 명 영수증 ǀ 退货 tuìhuò 동 반품하다 ǀ 过期 guòqī 동 기한이 지나다 ǀ 质量问题 zhìliàng wèntí 품질 문제
계약	签字 qiānzì 동 서명하다 ǀ 合同 hétong 명 계약서

❿ 강조문·반어문 빈출 표현 Part 1-10

강조	千万 qiānwàn 제발, 부디, 절대로 非……不可 fēi……bùkě 반드시 ~해야 한다(=一定要) 不得不 bùdébù 부득이, 어쩔 수 없이 连A都/也 lián A dōu/yě 심지어 A조차도 一点儿+也/都+不…… yìdiǎnr yě/dōu bù…… 전혀/조금도 ~하지 않다
반어	不是……吗? bú shì……ma? ~이 아니니? 难道……吗? nándào……ma? 설마 ~인가? 何必……呢? hébì……ne? 굳이 ~할 필요가 있니? 哪有……? nǎ yǒu……? ~이 어디에 있니?

⑪ 관용어 빈출 표현

Part 1-11

舍得 shěde (↔舍不得)	아까워하지 않다, 미련이 없다
有信心 yǒu xìnxīn (=有把握)	자신이 있다
差点儿 chàdiǎnr	하마터면 ~할 뻔하다(희망하지 않은 일이 실현될 뻔하다)
用不着 yòngbuzháo(=没必要, 不需要)	~할 필요가 없다
不见得 bújiàndé(=不一定, 未必)	반드시 ~인 것은 아니다
不简单 bù jiǎndān(=了不起, 棒, 行, 厉害)	대단하다, 훌륭하다, 굉장하다
不要紧 búyàojǐn(=没问题, 不严重)	문제 없다, 괜찮다, 대수롭지 않다
不在乎 bú zàihu(=没关系, 无所谓, 不介意)	상관없다, 개의치 않다
不怎么样 bù zěnmeyàng (=不太好)	그다지 좋지 않다, 그저 그렇다
两口子 liǎng kǒuzi (=夫妻)	부부(小两口 젊은 부부 / 老两口 나이 든 부부 / 那口子 남편 혹은 아내)
拿主意 ná zhǔyì (=决定, 下决心)	결정하다
发脾气 fā píqì (=闹脾气)	성질을 부리다, 화를 내다
走弯路 zǒu wānlù	길을 돌아가다, 시간과 정력을 낭비하다
炒鱿鱼 chǎo yóuyú(=开除, 解雇)	해고하다
开夜车 kāi yèchē (=熬夜)	(학업이나 일로 인해)밤을 새다
出毛病 chū máobìng	고장이 나다, 문제가 생기다(有毛病 병이 있다)
挑毛病 tiāo máobìng (=找毛病)	흠·결점을 끄집어내다
赶得上 gǎndeshàng (↔赶不上)	(시간에) 맞출 수 있다(=来得及 ↔ 来不及)

胡说 húshuō (=瞎说, 胡说八道)	거짓말하다, 헛소리를 하다
说闲话 shuō xiánhuà (=议论别人)	뒷말하다, 험담하다

⓬ 근의어 빈출 표현　　　　　　　　　　　　　　　○ Part 1-12

#		
1	反馈 fǎnkuì (정보나 반응이) 되돌아오다, 피드백하다	联系 liánxì 연락하다(답장을 하다)
2	拍照 pāizhào 사진을 찍다	合影 héyǐng 함께 사진을 찍다
3	加薪 jiāxīn 임금이 오르다	涨工资 zhǎng gōngzī 승급하다, 월급이 오르다
4	上礼拜 shàng lǐbài 지난주	上星期 shàng xīngqī 지난주
5	熬夜 áoyè 밤새다, 철야하다	开夜车 kāiyèchē 밤을 새워 공부하다(일하다), 밤을 꼬박 새우다
6	艳 yàn 산뜻하다, 아름답다	鲜艳 xiānyàn 아름답다, 화려하다
7	读书 dúshū 공부하다, 학습하다	学习 xuéxí 학습하다, 공부하다, 배우다
8	降雪 jiàngxuě 눈이 내리다	下雪 xiàxuě 눈이 내리다
9	迷上了 míshàng le 반했다	爱上了 àishàng le 사랑하게 되었다, 반했다
10	没电了 méi diàn le 배터리가 없다	关机了 guānjī le 휴대전화가 꺼지다
11	偶遇 ǒuyù 뜻하지 않게 만나다, 우연히 만나다	碰见 pèngjiàn (우연히) 만나다, 마주치다, 부딪치다
12	怪不得 guàibude 과연, 그러기에, 어쩐지	难怪 nánguài 어쩐지, 과연, 그러기에
13	踏实 tāshi 마음이 놓이다, 편안하다, 안정되다	放心 fàngxīn 마음을 놓다, 안심하다
14	不可思议 bùkě sīyì 불가사의하다, 이해할 수 없다, 상상할 수 없다	吃惊 chījīng 놀라다

15	赶得上 gǎndeshàng 시간에 맞출 수 있다, 늦지 않다	来得及 láidejí 늦지 않다, 제 시간에 맞추다
	赶不上 gǎnbúshàng (시간이 부족하여) ~할 시간이 없다, (정해진 시간에) 맞추지 못하다, 늦다	来不及 láibují (시간이 부족하여) 돌볼 틈이 없다, 제 시간에 맞출 수 없다
16	打喷嚏 dǎ pēntì 재채기를 하다	感冒 gǎnmào 감기에 걸리다
17	肠胃不好 chángwèi bùhǎo 소화기관이 안 좋다	消化不良 xiāohuà bùliáng 소화불량
18	风趣 fēngqù 재미있다	幽默 yōumò 유머러스 하다
19	那口子 nà kǒuzi (누군가의) 남편 혹은 아내	丈夫 zhàngfu 남편 妻子 qīzi 아내
20	杰出 jiéchū 걸출하다, 남보다 뛰어나다, 출중하다	出色 chūsè 특별히 좋다, 대단히 뛰어나다, 보통을 넘다

⑬ 다음어 빈출 표현

Part 1-13

1	系	① 系 xì 명 학과	经济**系**踢得真棒。 경제학과는 축구를 잘한다.
		② 系 jì 동 매다	你的领带**系**得太紧了。 당신의 넥타이는 너무 조이게 매어졌다.
2	给	① 给 gěi 명 주다	明天还**给**你。 내일 돌려줄게.
		② 给 jǐ 명 공급하다	供**给**减少。 공급이 감소했다.
3	中	① 中奖 zhòngjiǎng 동 (복권 등에) 당첨되다	我**中奖**了。 나는 복권에 당첨되었다.
		② 集中 jízhōng 동 형 집중하다, 모으다	这些都**集中**在一起了。 이것들이 모두 모여 있다.
4	累	① 累 lèi 동 형 피곤하다	我有点儿**累**。 나는 약간 피곤하다.
		② 积累 jīlěi 동 쌓다	他**积累**了很多经验。 그는 많은 경험을 쌓았다.
5	差	① 差不多 chàbuduō 부 거의 형 비슷하다	他们的年龄和经验都**差不多**。 그들의 나이와 경험은 모두 비슷하다.
		② 出差 chūchāi 동 출장 가다	这次**出差**，我和王秘书一起去吧。 이번 출장은 제가 왕 비서와 함께 갈게요.

6	场	① 场合 chǎnghé 명 장소	我们要顾及周围的环境、**场合**。 우리는 주변 환경과 장소도 고려해야 한다.
		② 一场春梦 yì cháng chūnmèng 일장춘몽	**一场春梦** 일장춘몽. 인간 세상의 덧없음
7	角	① 角度 jiǎodù 명 각도(관점)	每个人看问题的**角度**不同。 사람마다 문제를 보는 각도(관점)가 다르다.
		② 角色 juésè 명 역할	她对**角色**的把握令人佩服。 그녀의 역할에 대한 자신감은 사람들을 탄복하게 했다.
8	会	① 会计 kuàijì 명 회계, 경리	他是**会计**。 그는 회계원이다.
		② 学会 xuéhuì 동 습득하다	我们应该**学会**控制自己的情绪。 우리는 자신의 감정을 통제하는 것을 배워야 한다.
9	着	① 睡着 shuìzháo 동 잠이 들다	孩子已经**睡着**了。 아이는 이미 잠이 들었다.
		② 着手 zhuóshǒu 동 착수하다, 시작하다	**着手**搜集材料。 자료를 수집하기 시작하다.
10	得	① 得 dé 동 얻다	要**取得**好成绩，就得努力学习。 좋은 성적을 얻으려면 열심히 공부해야 한다.
		② 得 děi 조동 ~해야 한다	要取得好成绩，就**得**努力学习。 좋은 성적을 얻으려면 열심히 공부해야 한다.
11	发	① 理发 lǐfà 동 이발하다	该去**理发**店了。 미용실에 가야 한다.
		② 发表 fābiǎo 동 발표하다	**发表**论文。 논문을 발표하다.
12	假	① 假话 jiǎhuà 명 거짓말	他从来不说**假话**。 그는 여태껏 거짓말을 하지 않았다.
		② 假期 jiàqī 명 휴가, 휴일, 방학기간	**假期**你有什么安排吗? 휴가 기간에 당신은 어떤 일정이 있나요?
13	行	① 行业 hángyè 명 직업, 업종	他们从事服装**行业**。 그들은 의류업에 종사한다.
		② 举行 jǔxíng 동 거행하다	开幕式将于本月中旬**举行**。 개막식은 이번 달 중순에 거행될 것이다.

14 다의어 빈출 표현　　　　　　　　　　　　　　　　　　　　　　　Part 1-14

1	白★	① 헛되이, 쓸데없이	白忙了一天。 하루 동안 헛수고했다.
		② 공짜로, 무료로	白给白送　공짜로 주다
2	按★	① [동] 누르다	您需要什么，就按铃叫我。 필요한 게 있으면 벨을 눌러서 저를 부르세요.
		② [전] ~에 따라	如果按您的要求做，钢板的使用寿命就会缩短。 만약 당신의 요구대로 하면, 철판의 사용 수명이 줄어들 거예요.
3	装	① [동] 담다, 포장하다	里面也装着三瓶饮料。 안에 세 병의 음료가 담겨 있다.
		② [동] ~인척하다	别不懂装懂。 모르면서 아는 척하지 마라.
4	摆	① [동] 놓다, 진열하다	桌上摆着三瓶咖啡。 책상 위에 세 병의 커피가 놓여 있다.
		② [동] 흔들다	父亲摆摆手说了…… 아버지가 손을 내저으며(손사래치며) 말하기를……
5	堆	① [양] 더미, 무더기	挑出他一大堆毛病。 그의 한 무더기의 결점들을 끄집어내다.
		② [동] 쌓이다, 쌓여 있다	这些零件怎么都堆在这儿啊? 이 부품들이 어째서 여기에 쌓여있니?
6	批	① [양] 무더기	工厂购买了一批新设备。 공장은 일부 신설비를 구매했다.
		② [동] 승인하다, 허가하다	营业执照已经批下来了。 영업허가증은 이미 승인이 떨어졌다.
7	顶	① [동] 감당하다, 짊어지다	您为什么要顶着压力宣布您公司的杀毒软件免费呢? 당신은 왜 부담을 떠안고서 회사의 백신 프로그램을 무료로 공표하세요?
		② [명] (인체·사물의) 꼭대기, 정수리, 마루, 끝	请把可乐举过头顶。 콜라를 정수리 위로 들어 올려주세요.
8	吹	① 불다	吹风　바람이 불다
		② 헤어지다	上星期你们还是好好的，怎么又吹了呢? 지난주에 너희들 여전히 잘 지내더니, 어째서 또 헤어졌니?
		③ 허풍 떨다	她是个吹牛大王。 그녀는 허풍쟁이다.

9	怪	① 형 이상하다, 괴상하다	怪石 괴석, 기괴한 돌
		② 동 책망하다, 원망하다, 탓하다	这次又怪我了。 이번에도 저를 탓하는군요.
10	刷	① 동 닦다	一天刷三次牙。 하루에 이를 세 번 닦다.
		② 동 긁다	您刷卡还是付现金? 당신은 카드로 계산하시겠습니까? 현금으로 지불하시겠습니까?
11	谈	① 동 연애하다	他们在谈恋爱。 그들은 연애하는 중이다.
		② 동 말하다, 이야기하다	大家都谈了自己的意见和看法。 모두가 자신의 의견과 견해를 이야기했다.
12	该	① 동 마땅히 ~해야 한다	你该多听听别人的意见。 너는 마땅히 다른 사람의 의견을 많이 들어봐야 한다.
		② 대 이, 그, 저 (=此/这个)	表明自己依然有到该公司就业的诚意。 자신이 여전히 그 회사에 취업하고 싶은 마음이 있음을 나타내다.
13	取★	① 동 뽑다, 인출하다	取钱。 돈을 출금하다.
		② 동 찾다	取包裹去了。 소포를 찾으러 갔다.
14	紧张★	① 형 긴장하다	你比赛的时候紧张吗? 너 시합 때 긴장했니?
		② 형 촉박하다	在紧张匆忙的生活中, 每天拿出一点儿时间去多读几页书。 촉박하고 바쁜 생활 중에 매일 조금씩 시간을 내어 책을 읽는다.
15	单位	① 명 회사	你们单位还需要实习生吗? 당신 회사에 실습생이 필요한가요?
		② 명 단위	以周为单位 일주일 단위
16	怪不得	① 부 어쩐	怪不得这么多人。 어쩐지 사람이 많더라.
		② 동 탓할 수 없다	怪不得别人。 다른 사람을 탓할 수 없다.
17	毛病	① 명 흠, 결점	每天都要挑出他一大堆毛病。 매일 그의 여러 결점들을 끄집어내다.
		② 명 병, 질병	她有心口疼的毛病。 그녀는 명치가 아픈 병이 있다.
18	把握	① 명 자신감, 확신	你们到底有没有把握? 당신들은 도대체 자신이 있는 겁니까?
		② 동 잡다	面试时应把握好时间。 면접을 볼 때 좋은 시간을 잡아야 한다.

19	功夫	① 명 시간	眨眼功夫 눈 깜짝할 사이	
		② 명 재능, 능력, 재주	赶时髦也是一种功夫。 유행을 따르는 것도 일종의 재능이다.	
20	抬头	① 동 고개를 들다	财主头也不抬，大声说。 부자는 고개도 들지 않은 채, 큰소리로 말했다.	
		② 명 명칭, 명의	抬头怎么写？ 명의는 어떻게 쓸까요?	
21	糊涂	① 동 어리석다, 멍청하다	你是越来越糊涂了。 당신은 갈수록 멍청하다(이상하다).	
		② 동 혼란스럽다	班主任也被他搞糊涂了。 담임 선생님도 그에 의해 혼란스러워졌다.	
22	还是	① 부 ~하는 것이 좋겠다	你还是系上领带吧。 당신은 넥타이를 매는 것이 좋겠어요.	
		② 부 아직, 여전히	还是老样子。 여전해요.	
		③ 접 A 아니면 B	您刷卡还是付现金？ 카드 결제인가요? 현금 결제인가요?	
23	说闲话	① 험담하다, 뒷말하다	说他人闲话。 다른 사람을 험담하다.	
		② 한담하다, 잡담하다	几个学生在大树底下说闲话。 몇 명의 학생이 나무 밑에서 한담을 나누고 있다.	

2. 독해

① 명사 빈출 어휘

观点 guāndiǎn 관점 (= 角度 jiǎodù 각도)	相反的观点 상반된 관점 表明观点 관점을 밝히다
关键 guānjiàn 관건 (= 核心 héxīn 핵심)	关键的时刻 결정적 순간 成功的关键 성공의 관건
情况 qíngkuàng 상황	经济情况 경제사정(상황) 紧急情况 응급상황
缺点 quēdiǎn 단점 (↔ 优点 yōudiǎn 장점)	发现缺点 결점을 발견하다 接受缺点 결점을 받아들이다
疑问 yíwèn 의문	提出疑问 의문을 제기하다 毫无疑问 전혀 의문이 없다
意见 yìjiàn 의견	发表意见 의견을 발표하다 征求意见 의견을 구하다
矛盾 máodùn 모순	主要矛盾 주요 갈등(모순) 解决矛盾 모순을 해결하다
毛病 máobìng 흠, 결점, 병, 문제점	找毛病 결점을 찾다 有毛病 병이 있다 出毛病 문제가 생기다
程度 chéngdù 정도, 수준(=水平 shuǐpíng 장점)	文化程度 문화 수준 危险程度 위험 정도(수위)
理由 lǐyóu 이유	主要理由 주요 이유 说明理由 이유를 설명하다
名单 míngdān 명단	合格名单 합격자 명단 嘉宾名单 귀빈 명단
简历 jiǎnlì 이력, 이력서	工作简历 근무 경력 投简历 이력서를 제출하다
合同 hétong 계약서	签合同 계약서에 서명하다 租房合同 임대 계약서
能力 nénglì 능력 (= 本领 běnlǐng / 本事 běnshì / 两下子 liǎngxiàzi 능력, 재능, 솜씨, 기술)	交际能力 사교 능력 解决能力 해결 능력

用途 yòngtú 용도	用途广泛 용도(쓰임새)가 광범위하다 用途不同 용도(쓰임새)가 다르다
意识 yìshí 의식	唤起意识 의식을 환기시키다 经济意识 경제의식
知识 zhīshi 지식	知识丰富 지식이 풍부하다 基础知识 기초지식
目标 mùbiāo 목표	设定目标 목표를 세우다 达到目标 목표를 달성하다
困难 kùnnan 곤란, 어려움	克服困难 어려움을 극복하다 面临困难 어려움에 직면하다
消息 xiāoxi 정보, 소식	等待消息 소식을 기다리다 告诉消息 정보를 알려주다
标准 biāozhǔn 표준, 기준	制定标准 기준을 설정하다 标准答案 모범답안

❷ 동사 빈출 어휘와 유의어 표현

达到 dádào 도달하다 (+추상명사)	达到目标 목표에 도달하다 达到水平 수준에 도달하다
到达 dàodá 도착하다 (+장소)	到达城市 도시에 도착하다 到达机场 공항에 도착하다
失去 shīqù 잃다, 잃어버리다	失去味道 맛을 잃다 失去信心 자신감을 잃어버리다
消失 xiāoshī 자취를 감추다, 사라지다	消失不见 보이지 않다
提供 tígōng 제공하다	提供条件 조건을 제공하다 提供服务 서비스를 제공하다
提出 tíchū 제기하다	提出要求 요구를 제기하다 提出意见 의견을 제기하다
享受 xiǎngshòu 누리다, 즐기다	享受生活 생활을 즐기다 享受幸福 행복을 누리다
欣赏 xīnshǎng 감상하다	欣赏音乐 음악을 감상하다 欣赏作品 작품을 감상하다

尊重 zūnzhòng 존중하다	尊重意见 의견을 존중하다 尊重选择 선택을 존중하다
尊敬 zūnjìng 존경하다	尊敬人 사람을 존경하다
认为 rènwéi ~라고 여기다	단순 추측이나 생각과 사실이 일치하는 판단일 경우 我认为他是韩国人 그가 한국인이라고 생각한다(사실 – 한국인이다)
以为 yǐwéi ~인 줄 알다, ~라고 착각하다	생각과 사실이 다를 경우 我以为他是韩国人 그가 한국인인 줄 알았다(착오 – 한국인이 아니다)
表示 biǎoshì 나타내다, 표현하다 (+사상/심리)	表示祝贺 축하를 나타내다 表示感谢 감사를 표하다
出示 chūshì 제시하다 (+구체적 물품)	出示身份证 신분증을 제시하다 出示护照 여권을 제시하다
采取 cǎiqǔ 취하다, 채택하다	采取措施 조치를 취하다 采取态度 태도를 취하다
采用 cǎiyòng 채용하다, 응용하다	采用方法 방법을 채용하다 采用技术 기술을 채용하다
掌握 zhǎngwò 장악하다, 숙달하다	掌握技术 기술을 숙달하다 掌握方法 방법을 숙달하다
把握 bǎwò 잡다, 파악하다 (+추상명사)	把握机会 기회를 잡다 把握本质 본질을 파악하다
面临 miànlín 직면하다 (+추상명사)	面临困难 어려움에 직면하다 面临问题 문제에 직면하다
面对 miànduì 직면하다, 대면하다 (+추상/구체적 명사)	面对困难 어려움에 마주하다 面对人 사람과 마주하다

❸ 형용사 빈출 어휘

热闹 rènao 시끌벅적하다	室内热闹 실내가 시끌벅적하다 教室热闹 교실이 시끌벅적하다
有利 yǒulì ~에 이롭다, ~유리하다	条件有利 조건이 유리하다 情况有利 상황이 유리하다
详细 xiángxì 상세하다	详细说明 상세하게 설명하다 详细报告 상세하게 보고하다
十足 shízú 충분하다	魅力十足 매력이 충분하다 信心十足 자신감이 넘치다
彻底 chèdǐ 철저하다, 완전하다	彻底解决 완전하게 해결하다 彻底理解 완전하게 이해하다
困难 kùnnan 어렵다	生活困难 생활이 어렵다 经济困难 경제가 어렵다
巨大 jùdà 거대하다	巨大压力 엄청난(거대한) 스트레스 巨大损失 엄청난(거대한) 손실
干脆 gāncuì 시원스럽다, 명쾌하다	答应干脆 대답이 시원스럽다 说话干脆 말이 시원스럽다
普遍 pǔbiàn 보편적이다	普遍真理 보편적인 진리 普遍意见 보편적인 의견
实用 shíyòng 실용적이다	实用设计 실용적인 디자인 实用商品 실용적인 상품
密切 mìqiè 밀접하다	密切关系 밀접한 관계 密切联系 밀접한 연관
温暖 wēnnuǎn 따뜻하다	温暖的阳光 따뜻한 햇빛 温暖的安慰 따뜻한 위로
巧妙 qiǎomiào 교묘하다	巧妙的方法 교묘한 방법 巧妙的手段 교묘한 수단

④ 형용사 빈출 유의어 표현

过分(+언어/행동) guòfèn 지나치다	过分批评 지나치게 비평하다 过分紧张 지나치게 긴장하다
过度(+신체적 악영향) guòdù 과도하다	过度饮酒 과도한 음주 过度疲劳 과도한 피로
美 měi 아름답다	人美 사람이 아름답다
美好(+추상명사) měihǎo 아름답다	生活美好 생활(삶)이 아름답다 人生美好 인생이 아름답다
舒适(+환경/장소) shūshì 편안하다, 쾌적하다	环境舒适 환경이 편안하다
舒服(+건강/컨디션/신체) shūfu 편안하다	身体舒服 신체가 편안하다 肚子舒服 배가 편안하다
冷静(+판단/행동/대응) lěngjìng 냉정하다, 침착하다	冷静应对 침착하게 응대하다 冷静判断 냉정하게 판단하다
安静(+장소/분위기) ānjìng 조용하다	室内安静 실내가 조용하다 教室安静 교실이 조용하다
严重(+상황/결과/문제/상태) yánzhòng 심각하다	后果严重 결과가 심각하다 问题严重 문제가 심각하다
严格(+요구/태도/규정) yángé 엄격하다	要求严格 요구가 엄격하다 规定严格 규정이 엄격하다

⑤ 접속사 빈출 표현

인과관계	因为/由于A(원인), 所以/因此/为此/于是/因而B(결과) A 때문에 B하다 之所以A(결과), 是因为B(원인) A한 것은 B 때문이다
목적관계	为了A(목적), B(행동) A하기위하여, B하다 A(행동), 以便/是为了/好让B(목적) A하는 것은 B를 위해서다 A(행동), 省得/免得/以免B(목적) A하는 것은 B를 피하기 위해서다
전환관계	虽然/尽管A, 但是/可是/却B 비록 A하지만 B하다 本来A, 但是/可是/不过B 본래는 A하지만 B하다
가설관계	如果/要是/假如A, 那么/就B 만약 A라면, 그럼 B이다 要不是A, 就B 만약 A가 아니었다면, B이다 即使/就算/哪怕A, 也B 설령 A라 할지라도 B하다

조건관계	只要A, 就B A하기만 하면 곧 B하다 只有/除非A, 才B 오직 A해야만 비로소 B하다 无论/不管A, 也/都/反正B A를 막론하고(A이든 상관없이) B하다
점층관계	不但/不仅A, 而且/也/还B A할 뿐만 아니라 게다가 B하다 不但不A, 反而/却B A하지 않을 뿐만 아니라, 오히려 B하다 除了A(外/以外/之外), 还/也B A를 제외하고, 또 B하다(A포함) 除了A(外/以外/之外), 都B A를 제외하고, 모두 B하다(A배제)
병렬관계	又/既A, 又/也B A하기도 하고, B하기도 하다(상태 설명) 不是A, 而是B A(X)가 아니라 B(O)이다
선택관계	A或者/或B A 혹은 B A 还是B A 아니면 B (의문문) 不是A, 就是B A가 아니면 B이다(추측) 与其A, 不如B A하느니, 차라리 B하는 게 낫다

❻ 부사 빈출 어휘

시간	已经 yǐjīng 이미 | 曾经 céngjīng 일찍이 | 从来+不/没 cónglái bù/méi 여태껏 ~한적 없다 | 将 jiāng ~일 것이다 | 正在 zhèngzài ~하는 중이다 | 一直 yìzhí 줄곧 | 立刻 lìkè 즉시
범위	总共 zǒnggòng 전부, 총, 합계 | 一块儿 yíkuàir 함께 | 一切 yíqiè 모두 | 仅仅(=只/光) jǐnjǐn(=zhǐ/guāng) 단지, 다만, 오직 | 到处+都 dàochù+dōu 모든 곳, 어느 곳이나
빈도	往往 wǎngwǎng 종종 | 再三 zàisān 여러 번, 거듭 | 重新 chóngxīn 다시, 새로이 | 反复 fǎnfù 반복하다
부정	不 bù 아니다 | 没 méi 않았다 | 非 fēi 아니다 | 无 wú 없다 | 未 wèi 않았다 | 白 bái 헛되이 | 未必(=不一定) wèibì(=bù yīdìng) 반드시 ~인 것은 아니다
어기	幸亏 xìngkuī 다행히 | 多亏 duōkuī 덕분이다 | 偏偏 piānpiān 하필이면 | 到底(=究竟) dàodǐ(=jiūjìng)도대체 | 毕竟 bìjìng 결국은 | 居然 jūrán 뜻밖에 | 竟然 jìngrán 의외로 | 干脆 gāncuì 차라리 | 反正 fǎnzhèng 어쨌든 | 简直 jiǎnzhí 정말이지 | 难道 nándào 설마 ~란 말인가? | 何必 hébì ~할 필요 있는가? | 却/倒 què/dào 오히려 | 千万 qiānwàn 제발, 절대로
상태/방식	逐渐 zhújiàn 점차 | 渐渐 jiànjiàn 점점 | 突然 tūrán 갑자기 | 忽然 hūrán 갑자기 | 仍然 réngrán 여전히 | 亲自 qīnzì 직접 | 特意 tèyì 특별히
정도	相当 xiāngdāng 상당히 | 极其 jíqí 극히 | 格外 géwài 유달리 | 稍微 shāowēi 약간 | 十分 shífēn 매우

7 전치사 빈출 표현

표현	예문
给A带来B gěi A dàilái B A에게 B를 가져다주다	她给我们带来快乐。 그녀는 우리에게 즐거움을 가져다준다.
给A造成B gěi A zàochéng B A에게 B를 초래하다/야기하다	小王给公司造成了很大的损失。 샤오왕은 회사에 큰 손실을 초래했다.
给A提供B gěi A tígōng B A에게 B를 제공하다	公司给他提供了笔试或面试的机会。 회사는 그에게 필기 시험이나 면접의 기회를 제공했다.
与/跟A有关/相关 yǔ/gēn A yǒu guān/xiāngguān A와 관계가 있다	这可能与白色对光线的反射率较高、易于识别有关。 이것은 아마도 흰색이 빛에 대한 반사율이 높고, 식별하기 쉬운 것과 관련이 있을 것이다.
与/跟A打招呼 yǔ/gēn A dǎ zhāohū A와 인사를 하다	刚才我和她打招呼。 나는 방금 그녀와 인사했다.
与/跟A打交道 yǔ/gēn A dǎ jiāodao A와 교류를 하다	我喜欢跟人打交道。 나는 사람들과 교류하는 것을 좋아한다.
与A相符 yǔ A xiāngfú A와 서로 부합하다	这与父母的期待相符。 이것은 부모님의 기대에 부합한다.
对A来说 duì A láishuō A의 입장에서 말하면	飞得高对我们来说没什么用。 높이 나는 것은 우리의 입장에서 보면 아무런 필요가 없다.
拿A来说 ná A lái shuō A를 예를 들어 말하면	拿洗衣服来说，她没把衣服洗干净。 빨래로 예를 들면, 그녀는 빨래를 깨끗이 세탁하지 않았다.
为A而B wèi A ér B (목적)A를 위하여 B하다	他为了挣钱而努力工作。 그는 돈을 벌기 위해 열심히 일한다.
为A而B wèi A ér B (원인)A로 인해 B하다	那只狮子再不用为食物而发愁。 그 사자는 더 이상 음식으로 인해 걱정할 필요가 없다.
以A为 (=把A当作B) yǐ A wéi (=bǎ A dāngzuò B) A를 B로 삼다	记忆就是以联想为基础的。 기억은 연상을 기초로 한다.
把A称为B bǎ A chēngwéi B A를 B라고 부르다	心理学上把这种联系称为"联想"。 심리학에서는 이런 종류의 연계를 '연상'이라고 부른다.

从A起 cóng A qǐ A로부터 시작하여	从那一刻起，他重新打开那些落满灰尘的书卷。 그 순간부터 그는 다시 먼지가 가득 쌓인 책을 펼쳐보게 되었다.
从A出发 cóng A chūfā A로부터 출발하다	考试问题要从实际出发。 문제를 고려할 때에는 사실에서 출발해야 한다.
在A看来 zài A kàn lái A로 볼 때(주관적 판단)	在我看来，这件事一定会成功的。 내가 볼 때, 이 일은 반드시 성공할 것이다.
向A道歉 xiàng A dàoqiàn A에게 사과하다	小高向小李道歉。 샤오가오는 샤오리에게 사과했다.
向A征求意见 xiàng A zhēngqiú yìjiàn A에게 의견을 요구하다	高律师正在向对方征求意见。 가오 변호사는 상대방에게 의견을 묻는 중이다.

⑧ 명언·속담 빈출 표현

己所不欲，勿施于人 yǐ suǒ bú yù, wù shīyú rén	[격언] 내가 원하지 않는 바를 남에게 행하지 마라 (공자, 논어/자기관리 명언)
机会只留给有准备的人 jīhuì zhǐ liúgěi yǒu zhǔnbèi de rén	[격언] 준비된 자에게만 기회가 온다 (루이 파스퇴르/성공 명언)
人贵有自知之明 rén guì yǒu zìzhī zhī míng	[격언] 사람은 누구나 자기 자신을 정확히 아는 것이 중요하다
只有想不到，没有做不到 zhǐyǒu xiǎngbúdào, méiyǒu zuòbúdào	[격언] 단지 생각을 못할 뿐, 해내지 못할 일은 없다
一分耕耘，一分收获 yì fēn gēngyún, yì fēn shōuhuò	[격언] 뿌린대로 거둔다 [비유] 노력한 만큼 성과를 얻는다
失败是成功之母 shībài shì chénggōng zhī mǔ	[격언] 실패는 성공의 어머니다 [비유] 성공을 하기까지는 부단한 노력과 실패를 겪기 마련이다
近朱者赤，近墨者黑 jìn zhūzhě chì, jìn mòzhě hēi	[성어] 주사(朱砂)에 가까이 있으면 붉게 물들고, 먹에 가까이 있으면 검게 물든다 [비유] 좋은 사람을 가까이 하면 좋게 변하고, 나쁜 사람과 가까이 하면 나쁘게 변한다
螳螂捕蝉，黄雀在后 tángláng bǔ chán, huángquè zài hòu	[성어] 사마귀가 매미를 잡았지만 참새가 뒤에서 노리고 있다 [비유] 눈앞의 이익만 보고 뒤에 닥칠 재난은 돌아보지 못하다

三人行，必有我师 sān rén xíng, bì yǒu wǒ shī	[성어] 세 사람이 길을 걸으면, 그 중에 반드시 자신의 스승이 될만한 사람이 있다 [비유] 사람은 마땅히 겸허하게 다른 사람에게 배워야 한다	
只要功夫深，铁杵磨成针 zhǐyào gōngfu shēn, tiěchǔ móchéng zhēn	[속담] 공을 들여 열심히 노력하면 절굿공이도 갈아서 바늘을 만들 수 있다 [비유] 굳은 의지로 시간을 들이면 반드시 일을 성공할 수 있다, 지성이면 감천이다	
捡了芝麻，丢了西瓜 jiǎn le zhīma, diū le xīguā	[속담] 참깨는 주웠으나 수박을 잃다. 기와 한 장 아껴서 대들보 썩힌다. [비유] 대단히 어리석다 (=因小失大)	

❾ 빈출 고정 표현

1	含有 + 盐分/成分/维生素 염분/성분/비타민을 함유하다	海水里面含有不少盐分。 바닷물은 많은 염분을 함유하고 있다.
2	吸收 + 空气/水分/冲击 공기/수분/충격을 흡수하다	一旦下雨就会大量吸收水分。 일단 비가 내리면 대량의 수분을 흡수할 수 있다.
3	保存 + 文件/文物/食物/数据 문서/문물/음식/데이터를 보존(저장)하다	它是蜜蜂清洁蜂窝环境、保存食物、维持群体健康的良药。 그것은 꿀벌이 벌집 안의 환경을 청결히 하고, 식물을 보존하며, 집단이 건강을 지키는 좋은 해결책이다.
4	引起 + 误会/肥胖/注意 오해/비만/주의를 야기하다	人与人之间如果缺少交流，可能就会引起误会。 사람들 간에 만약 교류가 부족하면, 오해를 야기할 수 있다.
5	保持 + 冷静/安静/联系/健康 냉정/정숙/연락/건강을 유지하다	爬山可以减肥，保持健康。 등산은 다이어트도 되고, 건강도 유지할 수 있다.
6	把握 + 机会/现在/时间 기회/현재/시간을 잡다	面试时应把握好时间。 면접을 볼 때 좋은 시간을 잡아야 한다.
7	创造 + 机会/环境/记录/奇迹 기회/환경/기록/기적을 만들다	那本书创造了销售奇迹。 그 책은 판매 기적을 만들었다.
8	处理 + 事情/问题/情况 일/문제를 처리하다	他善于处理紧急情况。 그는 긴급한 상황을 처리하는 데 능숙하다.
9	达到 + 水平/目的/效果 수준/목적/효과에 이르다	为了达到目的，他连周末都不休息。 목적에 도달하기 위하여 그는 심지어 주말도 쉬지 않는다.
10	担任 + 解说员/主角 해설위원/주인공을 맡다	他担任本场比赛的解说员。 그는 본 시합의 해설의원을 맡고 있다.

11	缓解 + 愤怒/压力/疲劳/痛苦 분노/스트레스/피로/고통을 완화시키다	缓解父亲的工作压力。 아버지의 업무 스트레스를 완화시키다.
12	建立 + 关系/系统/制度 관계/체계/제도를 만들다	决定与这家公司建立长期的合作关系。 이 회사와 장기적인 협력 관계를 맺기로 결정했다.
13	接触 + 社会/大自然 사회/대자연을 접하다	因此我们要多接触社会。 그러므로 우리는 사회를 많이 접해야 한다.
14	接待 + 顾客/客人/嘉宾 손님/귀빈을 접대하다	那家餐厅每天可以接待2000名顾客。 그 음식점은 매일 2,000명의 고객을 접대할 수 있다.
15	养成 + 习惯/性格/品质 습관/성격/성품을 기르다	习惯一旦养成很难被改变。 습관이 일단 형성되면 고치기 어렵다.
16	深受 + 喜爱/欢迎 사랑/환영을 깊게 받다	二胡在中国深受喜爱。 얼후는 중국에서 매우 환영을 받는다.
17	面对 + 情况/现实/危险 상황/현실/위험에 직면하다	面对危险要保持冷静。 위기에 직면하면 냉정을 유지해야 한다.
18	感到 + 疲倦/头痛/温暖/惊讶/孤独 피곤/두통/따뜻함/놀람/외로움을 느끼다	经常熬夜的人常会感到疲倦、头痛。 자주 밤을 새는 사람은 늘 피곤함과 두통을 느낀다.
19	经营 + 生意/酒吧 장사를 하다/술집을 경영하다	小马一直在经营一家酒吧。 샤오마는 줄곧 호프집을 경영하고 있다.
20	克服 + 困难/失败 어려움/실패를 극복하다	困难是可以克服的。 어려움은 극복할 수 있다.
21	流传 + 故事 이야기가 전해지다	这是古代流传下来的一个故事。 이것은 고대에서 전해내려오는 이야기이다.
22	明确 + 目的/方向 목적/방향을 명확하게 하다	要明确最终的目的是什么。 최종적인 목적이 무엇인지를 명확하게 해야 한다.
23	佩服 + 勇气/能力 용기/능력에 탄복하다	他的勇气让大家佩服。 그의 용기는 모두를 탄복하게 했다.
24	确定 + 日期/人员 날짜/인원을 확정하다	确定后天活动的出席人员吗? 모레 행사에 참석하는 인원이 확정되었나요?
25	删除 + 文件/数据 문서/데이터를 삭제하다	他把文件删除了。 그는 문서를 삭제했다.

#		
26	善于 + 表达/写作/思考/处理 표현/글쓰기/생각/처리에 능숙하다(잘하다)	他善于处理紧急情况。 그는 긴급한 상황을 처리하는 데 능숙하다.
27	说服 + 对方/父母 상대방/부모를 설득하다	他们谁都没能说服对方。 그들은 어느 누구도 상대방을 설득하지 못 했다.
28	缩短 + 距离/时间 거리/시간을 단축시키다	网路缩短人与人之间的距离。 인터넷은 사람과 사람 사이의 거리를 단축시켰다.
29	实现 + 目标/理想 목표/이상을 실현하다	实现了下限的目标。 하한선의 목표를 실현했다.
30	享受 + 快乐/乐趣/生活/现在/成就感 즐거움/기쁨/생활/현재/성취감을 누리다	应该懂得享受生活。 삶을 즐길 줄 알아야 한다.
31	控制 + 情绪/饮食 감정/음식을 조절하다	我们应该学会控制自己的情绪。 우리는 자신의 감정을 통제하는 것을 배워야 한다.
32	听取 + 意见/要求 의견/요구를 귀담아 듣다	虚心听取他人意见。 다른 사람의 의견을 귀담아듣다.
33	调整 + 方向/目光/时间 방향/시선/시간을 조정하다	调整目光是为了向前。 시선을 조정하는 것은 앞을 향하기 위해서이다.
34	投资 + 股市 주식에 투자하다	投资股市有很大风险。 주식투자는 큰 위험(리스크)이 있다.
35	突出 + 优势/重点 장점/중점을 부각시키다	面试时要突出自己的优势。 면접을 볼 때, 자신의 장점을 부각시켜야 한다.
36	违反 + 规定 규정을 위반하다	你这样做会违反博物馆的规定。 이렇게 하면 박물관의 규정을 위반할 수 있다.
37	预订 + 房间/机票 방/비행기표를 예약하다	机票、房间都预订了吗? 비행기 표와 방은 모두 예약했니?
38	造成 + 损失 손실을 초래하다	地震造成了巨大的损失。 지진은 거대한 손실을 초래했다.
39	针对 + 问题/大学生/青少年 문제/대학생/청소년을 겨냥하다	这是一项针对青少年的心理测试。 이것은 청소년을 겨냥한 심리테스트이다.
40	征求 + 意见/看法 의견/견해를 요구하다/묻다	律师正在征求对方的意见。 변호사는 상대방의 의견을 요구하는 중이다.

41	追求 + 目标/理想/梦想 목표/이상/꿈을 추구하다	我们在不断追求更高目标。 우리는 끊임없이 더욱 높은 목표를 추구한다.
42	培养 + 人才/能力/知识 인재/능력/지식을 기르다/배양하다	那所学校培养了一大批优秀人才。 그 학교는 수많은 우수한 인재를 배양했다.

⑩ 근의어 빈출 표현

1	分布 fēnbù 분포하다, 널려있다	居多 jū duō 다수를 차지하다
2	主食 zhǔshí 주식	主粮 zhǔliáng 주식량
3	时尚 shíshàng 시대적 유행	流行 liúxíng 유행, 유행하다
4	欣赏风光 xīnshǎng fēngguāng 풍광을 감상하다	欣赏美景 xīnshǎng měijǐng 아름다운 경치를 감상하다
5	很受欢迎 hěn shòu huānyíng 환영받다, 인기가 많다	深受喜爱 shēnshòu xǐ'ài 사랑받다, 인기가 많다
6	全盛时期 quánshèng shíqī 전성시기	繁荣时期 fánróng shíqī 번영기, 개화기
7	不易保存 búyì bǎocún 보존하기 쉽지 않다	难于保存 nányú bǎocún 보존하기 어렵다
8	高营养 gāo yíngyǎng 영양이 높다	营养丰富 yíngyǎng fēngfù 영양이 풍부하다
9	物产富饶 wùchǎn fùráo 생산물이 풍부하다	物产丰富 wùchǎn fēngfù 생산물이 풍부하다
10	更好的社会 gèng hǎo de shèhuì 더 나은 사회	美好社会 měihǎo shèhuì 아름다운 사회
11	应用广泛 yìngyòng guǎngfàn 응용이 광범위하다	使用方便 shǐyòng fāngbiàn 사용이 편리하다
12	没规矩，不成方圆 méi guīju, bù chéng fāngyuán 규범을 지키지 않으면 일을 이룰 수 없다	遵守规则和制度 zūnshǒu guīzé hé zhìdù 규칙과 제도를 엄수하다 规矩和制度不能缺 guīju hé zhìdù bù néng quē 규칙과 제도는 없어서는 안 된다

⑪ 양사 빈출 표현

1	头 tóu	마리, 필, 두	三头牛 소 세 마리 两头驴子 당나귀 두 필
2	只 zhī	마리, 척, 개, 쪽, 짝	一只羊 양 한 마리 一只船 배 한 척 一只箱子 상자 한 개 一只袜子 양말 한 짝 　　　　(한 쌍인 물건에서 하나만 가리킬 때)
3	尾 wěi	마리 (물고기를 세는 단위)	一尾鲜鱼 생선 한 마리
4	条 tiáo	개, 마리, 조, 항목, 보루 (강, 길, 생선, 항목 등 주로 기다란 것을 세는 단위)	一条黄瓜 오이 한 개 两条裤子 바지 두 벌 五条规定 5개 조항의 규정 一条儿烟 담배 한 보루
5	根 gēn	개 (가늘고 긴 것을 헤아리는 단위)	两根儿牙签 이쑤시개 두 개 一根儿葱 파 한 개
6	份 fèn	부, 통, 권/벌, 세트/조각 (신문·잡지·문건 등을 세는 단위/ 배합하여 한 벌이 되는 것을 세는 단위/ 전체를 나눈 부분을 세는 단위)	一份杂志 한 권의 잡지 两份盒饭 도시락 두 개 三份西瓜 수박 세 조각
7	部 bù	부, 편/대 (서적이나 영화 편 수 등을 세는 단위/ 기계나 차량을 세는 단위)	两部工具书 참고서 두 부 一部电影 영화 한 편 一部汽车 자동차 한 대
8	张 zhāng	장/개 (종이나 가죽 등을 세는 단위/활을 세는 단위/ 입·얼굴 등을 세는 단위/ 책상이나 탁자 등을 세는 단위)	一张纸 종이 한 장 两张弓 활 두 개 三张桌子 탁자 세 개
9	段 duàn	토막, 도막/구간, 구역, 구획/ 한동안, 얼마간, 기간, 단계, 시기 (가늘고 긴 물건의 도막/ 시간이나 공간의 일정한 거리)	一段木头 나무 한 토막 一段路 한 구간의 길 一段时间 얼마 간의 시간
10	层 céng	층, 겹 (중첩, 누적된 물건을 세는 단위)	三层小楼 삼층 짜리 작은 건물
11	群 qún	무리, 떼 (사람이나 동물 무리)	一群狮子 사자 한 무리
12	顿 dùn	번, 차례, 끼, 바탕 (식사·질책·권고 등을 세는 단위)	一天吃三顿饭 하루에 세 끼 식사를 하다 批评了一顿 한 차례 혼이 나다

13	句 jù	마디, 구, 편 (언어나 시문을 세는 단위)	我来读几句诗 내가 시 몇 구를 읊겠다 他就说了三句话 그는 딱 세 마디 말만 했다
14	首 shǒu	수 (시·노래 등을 세는 단위)	两首诗 시 두 수
15	棵 kē	그루, 포기 (식물을 세는 단위)	两棵树 나무 두 그루
16	颗 kē	알 (둥글고 작은 알맹이 모양의 것을 세는 단위)	一颗钻石 다이아몬드 한 알
17	顶 dǐng	개, 채, 장 (꼭대기가 있는 물건을 세는 단위)	一顶帽子 모자 한 개
18	封 fēng	통, 꾸러미	两封信 편지 두 통
19	匹 pǐ	필 (비단·천 등의 길이 단위/말·노새 등의 가축을 세는 단위)	两匹马 말 두 필
20	台 tái	대/편, 회, 차례 (기계·차량·설비 등을 세는 단위/연극·공연 따위를 세는 단위)	一台电脑 컴퓨터 한 대 一台话剧 한 편의 연극
21	座 zuò	좌, 동, 채 (부피가 크거나 고정된 물체를 세는 단위)	一座桥 다리 한 개

⑫ 주제·교훈 빈출 표현

1	不要过分追求完美 bú yào guòfèn zhuīqiú wánměi 지나치게 완벽함을 추구하지 마라
2	要关心周围的人 yào guānxīn zhōuwéi de rén 주변 사람들에게 관심을 가져야 한다
3	要乐观对待生活 yào lèguān duìdài shēnghuó 낙관적으로(긍정적으로) 생활해야 한다
4	不要议论他人(=说三道四) bú yào yìlùn tārén (=shuōsān dàosì) 타인을 험담하지 마라

5	**分散可以减少风险** fēnsàn kěyǐ jiǎnshǎo fēngxiǎn 분산시키는 것은 위험(리스크)을 줄일 수 있다
6	**不要总是找借口** bú yào zǒngshì zhǎo jièkǒu 언제나 변명하지 마라
7	**努力了未必能成功(=不是所有的努力都会成功)** nǔlì le wèibì néng chénggōng (=bú shì suǒyǒu de nǔlì dōu huì chénggōng) 노력한다고 해서 모두가 반드시 성공하는 것은 아니다
8	**信任是最好的原谅** xìnrèn shì zuì hǎo de yuánliàng 믿음은 최고의 용서이다
9	**要学会控制自己的情绪** yào xué huì kòngzhì zìjǐ de qíngxù 자신의 감정을 통제하는 것을 배워야 한다
10	**善于听取他人意见** shànyú tīngqǔ tārén yìjiàn 다른 사람의 의견을 경청해야 한다
11	**内心比长相更重要** nèixīn bǐ zhǎngxiàng gèng zhòngyào 내면(마음)이 외모보다 더욱 중요하다
12	**要善于总结经验教训** yào shànyú zǒngjié jīngyàn jiàoxù 경험과 교훈을 잘 총결해야 한다
13	**耳听为虚, 眼见为实** ěr tīng wéi xū, yǎn jiàn wéi shí 귀로 들은 것은 참이 아니고, 눈으로 본 것만이 확실하다 귀로 듣는 것보다 직접 눈으로 보는 것을 믿는다
14	**不要总想着占便宜** bú yào zǒng xiǎngzhe zhàn piányi 언제나 자신의 이익만을 챙기려고 해서는 안 된다
15	**打架解决不了问题** dǎjià jiějué bùliǎo wèntí 싸우는 것은 문제를 해결할 수 없다
16	**不要忽视身边的每个人** bú yào hūshì shēnbiān de měi ge rén 주변 모든 사람들을 소홀히 해서는 안 된다

17	勤奋的人走得更远
	qínfèn de rén zǒu de gèng yuǎn
	부지런한 사람이 더욱 멀리 걷는다(앞서 걷는다)

18	不要和别人比
	bú yào hé biérén bǐ
	다른 사람과 비교하지 말라

19	调整目光是为了向前
	tiáozhěng mùguāng shì wèile xiàng qián
	시선을 조정하는 것은 앞을 향하기 위해서이다

20	虚心使人进步
	xūxīn shǐ rén jìnbù
	겸손은 사람을 진보하게 만든다

21	不要轻信他人
	bú yào qīngxìn tārén
	타인을 쉽게 믿지 마라

22	幻想可以通向现实
	huànxiǎng kěyǐ tōngxiàng xiànshí
	환상(상상)은 현실로 통할 수(연결될 수) 있다

3 ✏️ 쓰기

1 다의어 빈출 표현

1	肯定	① 튀 확실히, 틀림없이, 반드시	她肯定会失望的。 주어 + 肯定 + 조동 + 술어 그녀는 틀림없이 실망할 것이다.
		② 동 인정하다 ★	朋友肯定了自己的想法是错的。 주어 + 肯定 + 목적어 친구는 자신의 생각이 틀렸다는 것을 인정했다.
2	有些	① 대 일부, 어떤 것(사람)	有些人喜欢散步。 有些 + 주어 + 술어 + 목적어 어떤 사람들은 산책하는 것을 좋아한다.
		② 튀 조금, 약간	他的态度有些悲观。 주어 + 有些 + 술어 그의 태도는 약간 비관적이다.
3	千万	① 튀 부디, 제발, 절대로	你明天千万不能迟到。 주어 + 부사어 + 千万 + 술어 내일은 절대 늦으면 안 된다.
		② 형 엄청나다	价值千万。 주어 + 千万 가치가 엄청나다.
4	干脆	① 튀 아예, 차라리	我们干脆放弃好了。 주어 + 干脆 + 술어 우리는 차라리 포기하는 것이 좋겠다.
		② 형 시원스럽다, 명쾌하다	小东答应得很干脆。 주어 + 술어 + 得 + 干脆(정도보어) 샤오둥은 시원스럽게 수락했다.

2 빈출 고정 표현

1	征求 + 意见/看法 의견/견해를 구하다	他正在征求别人的意见。 그는 다른 사람의 의견을 묻는 중이다.
2	显得 + 부사 + 형용사 ~인 것처럼 보인다	我的姥姥显得很年轻。 우리 할머니는 매우 젊어 보인다.

3	值得 + 주술구/동사 ~할 만한 가치가 있다, ~할 만하다	这种态度确实值得表扬。 이러한 태도는 확실히 칭찬할 만하다.
4	难以 + 동사(2음절) ~하기 어렵다	这次比赛的结果难以估计。 이번 시합의 결과는 예측하기 어렵다.
5	曾经 + 술어(+ 过) 일찍이 ~한 적이 있다(경험)	我曾经去过上海。 나는 이전에 상하이에 가본 적이 있다.
6	从来 + 没/不 + 술(+ 过) 여태껏 ~해본 적이 없다(경험)	小东从来没这么后悔过。 샤오둥은 여태껏 이렇게 후회해본 적이 없다.
7	一直 + 在 + 술어 줄곧 ~하는 중이다	会议一直在进行。 회의는 줄곧 진행되고 있다.
8	명사 + 之一 ~중의 하나	这部电视剧是他的代表作品之一。 이 드라마는 그의 대표 작품 중 하나이다.
9	输入 + 密码 비밀번호를 입력하다	请输入您的密码。 비밀번호를 입력하세요.
10	技术/动作 + 熟练 기술/동작이 숙련되다	动作非常熟练。 동작이 매우 숙련되었다. 驾驶技术相当熟练。 운전 기술이 상당히 능숙하다.
11	在……工作 ~에서 일하다	在媒体行业工作。 대중 매체 업종에 종사한다. 在人事部门工作。 인사부에서 일한다. 在海关部门工作。 세관에서 근무한다.
12	善于 + 利用/处理(2음절 동사) ~을 이용/처리하는 데 능숙하다	要善于利用自身优势。 자신의 장점을 잘 사용한다. 善于处理紧急情况。 긴급한 상황을 능숙하게 처리한다.
13	充满 + 气氛/欢声笑语(추상명사) 분위기/노래와 웃음소리로 가득차다	充满了节日的气氛。 휴일의 분위기가 가득하다. 充满了欢声笑语。 즐거운 노랫소리와 웃음소리가 가득하다.
14	A给B留下了深刻的印象 A는 B에게 깊은 인상을 남기다	小高的发言给我留下了深刻的印象。 샤오가오의 발표는 나에게 깊은 인상을 남겼다. 舅舅的话给我留下了深刻的印象。 삼촌의 말은 나에게 깊은 인상을 남겼다.
15	有助于 + 缓解 해소/완화시키는데 도움이 되다	有助于缓解疲劳。 피로를 해소하는 데 도움이 된다. 有助于缓解紧张情绪。 긴장을 완화하는 데 도움이 된다.
16	缩短了 + 时间/距离 시간/거리를 단축시켰다	缩短了办理护照的时间。 여권 처리 시간을 단축했다. 缩短了城市之间的距离。 도시 간의 거리를 단축했다.
17	주어 + 已经过期了 ~은 이미 기한이 지났다	点心已经过期了。 간식은 이미 (유통)기한이 지났다. 杀毒软件已经过期了。 백신 프로그램은 이미 (사용)기한이 지났다.

18	**控制 + 平衡/情绪** 평형/감정을 통제하다	动物靠尾巴控制平衡。 동물은 꼬리로 평형을 제어한다. 应该学会控制自己的情绪。 자신의 감정을 통제하는 것을 배워야 한다.
19	**具有 + 价值** 가치가 있다	西红柿具有很高的营养价值。 토마토는 높은 영양 가치가 있다. 这部小说具有艺术价值。 이 소설은 예술적 가치가 있다.
20	**不能再 + 술어 + 了** 더 이상 ~할 수 없다	不能再推迟了。 더 이상 미룰 수 없다. 不能再便宜了。 더 이상 저렴할 수 없다.

PART 02

新HSK **5**급
汉办 공식 개정
어휘 2500
DAY 20

*개정 단어는 병음 순으로 나열하였습니다.
*단어 옆 숫자는 해당 급수 표시입니다.
*PART 02의 MP3 음원은 Day별 단어를 묶어 폴더에 넣어 구성하였습니다.

0001	³阿姨	āyí	명 아주머니
0002	³啊	a	조 문장 끝에 쓰여 감탄·찬탄을 나타냄
0003	⁵哎	āi	감 (놀람이나 불만, 혹은 환기) 아, 이런, 저기
0004	⁵唉	āi	감 (애석함·안타까움을 나타내어) 에이, 나 원
0005	³矮	ǎi	형 (사람의 키가) 작다, (높이가) 낮다
0006	¹爱	ài	동 사랑하다, 좋아하다 (어떤 일을 취미로써) 애호하다, ~하기 쉽다
0007	³爱好	àihào	동 애호하다 명 취미, 애호
0008	⁵爱护	àihù	동 잘 보살피다, 사랑하고 보호하다
0009	⁴爱情	àiqíng	명 (남녀 간의) 애정, 사랑
0010	⁵爱惜	àixī	동 아끼다, 소중히 여기다
0011	⁵爱心	àixīn	명 (인간이나 환경에 대한) 관심과 사랑
0012	³安静	ānjìng	형 조용하다
0013	⁴安排	ānpái	동 (인원·시간 등을) 안배하다, 일을 처리하다
0014	⁴安全	ānquán	형 안전하다
0015	⁵安慰	ānwèi	동 위로하다, 안위하다
0016	⁵安装	ānzhuāng	동 (기계·기자재 등을) 설치하다
0017	⁵岸	àn	명 언덕, 기슭
0018	⁴按时	ànshí	부 제때에, 시간에 맞추어
0019	⁴按照	ànzhào	전 ~에 의해, ~에 따라
0020	⁵暗	àn	형 어둡다
0021	⁵熬夜	áo//yè	동 밤새다, 철야하다
0022	¹八	bā	수 8, 여덟
0023	³把	bǎ	양 자루, 개(자루 있는 물건을 세는 단위) 전 ~을[를]
0024	⁵把握	bǎwò	동 (손으로 꽉 움켜) 잡다, 포착하다 명 확신, 자신감
0025	¹爸爸	bàba	명 아빠, 아버지
0026	²吧	ba	조 문장 맨 끝에 쓰여 상의·제의·청유·기대·명령 등의 어기를 나타냄

0027	²白	bái	형 하얗다, 희다
0028	²百	bǎi	수 100, 백
0029	⁴百分之	bǎifēnzhī	퍼센트
0030	⁵摆	bǎi	동 놓다, 벌여 놓다
0031	³班	bān	명 조, 그룹, 반
0032	³搬	bān	동 (비교적 크거나 무거운 것을) 옮기다, 운반하다
0033	³办法	bànfǎ	명 (일을 처리하는) 방법, 수단
0034	³办公室	bàngōngshì	명 사무실
0035	⁵办理	bànlǐ	동 처리하다, 취급하다
0036	³半	bàn	수 절반, 2분의 1
0037	³帮忙	bāng//máng	동 일손을 돕다, 거들다
0038	²帮助	bāngzhù	동 돕다, 원조하다 명 도움, 원조
0039	⁴棒	bàng	형 (성적이) 좋다, (수준이) 높다 명 몽둥이
0040	⁵傍晚	bàngwǎn	명 저녁 무렵
0041	³包	bāo	명 주머니 가방 동 (종이나 베 혹은 기타 얇은 것으로) 싸다
0042	⁵包裹	bāoguǒ	명 소포 동 싸다, 포장하다
0043	⁵包含	bāohán	동 포함하다, 내포하다
0044	⁵包括	bāokuò	동 포함하다, 포괄하다
0045	⁴包子	bāozi	명 (소가 든) 찐빵, 바오즈
0046	⁵薄	báo	형 얇다
0047	³饱	bǎo	형 배부르다
0048	⁵宝贝	bǎobèi	명 보물, 보배
0049	⁵宝贵	bǎoguì	형 진귀한, 소중한
0050	⁵保持	bǎochí	동 유지하다
0051	⁵保存	bǎocún	동 보존하다, 간수하다, 간직하다
0052	⁴保护	bǎohù	동 보호하다
0053	⁵保留	bǎoliú	동 보류하다, 보존하다
0054	⁵保险	bǎoxiǎn	명 보험
0055	⁴保证	bǎozhèng	동 보증하다, 담보하다, 보장하다

0056	⁵报到	bào//dào	동 도착하였음을 보고하다
0057	⁵报道	bàodào	동 (뉴스 등을) 보도하다
0058	⁵报告	bàogào	명 보고서, 리포트 동 보고하다
0059	⁴报名	bào//míng	동 신청하다, 지원하다
0060	⁵报社	bàoshè	명 신문사
0061	²报纸	bàozhǐ	명 신문
0062	⁴抱	bào	동 안다, 껴안다, 포옹하다
0063	⁴抱歉	bàoqiàn	동 미안해하다 형 죄송합니다
0064	⁵抱怨	bàoyuàn	동 원망하다
0065	¹杯子	bēizi	명 (술·물·차 등 음료의) 잔, 컵
0066	⁵悲观	bēiguān	형 비관하다, 비관적이다
0067	³北方	běifāng	명 북방, 북쪽
0068	¹北京	Běijīng	명 베이징(중국의 수도)
0069	⁵背	bèi	명 등 동 외우다, 암기하다
0070	⁵背景	bèijǐng	명 (주요 관찰 물체의) 뒷 배경
0071	⁴倍	bèi	양 배, 배수, 곱절, 갑절
0072	³被	bèi	전 당하다(피동문에서 행위자 앞 혹은 행위자를 생략한 채 동사 앞에 사용)
0073	⁵被子	bèizi	명 이불
0074	¹本	běn	명 책, 공책 양 ~儿로 쓰여 (책의) 권을 나타냄
0075	⁵本科	běnkē	명 (대학교의) 학부 (과정)
0076	⁴本来	běnlái	부 본래(본질), 원래(시간상)
0077	⁵本领	běnlǐng	명 기량, 능력, 재능, 솜씨
0078	⁵本质	běnzhì	명 본질, 본성
0079	⁴笨	bèn	형 멍청하다, 우둔하다
0080	³鼻子	bízi	명 코
0081	²比	bǐ	전 ~에 비해, ~보다 동 비교하다
0082	³比较	bǐjiào	부 비교적, 상대적으로 동 비교하다
0083	⁵比例	bǐlì	명 비, 비례

0084	⁴比如	bǐrú	동 예를 들다
0085	³比赛	bǐsài	명 경기, 시합 동 경기하다
0086	⁵彼此	bǐcǐ	대 피차, 상호, 서로, 쌍방, 양쪽
0087	³笔记本	bǐjìběn	명 노트, 수첩
0088	⁵必然	bìrán	형 필연적인
0089	³必须	bìxū	부 반드시 ~해야 한다, 꼭 ~해야 한다
0090	⁵必要	bìyào	형 꼭 필요로 하는 명 필요, 필요성
0091	⁵毕竟	bìjìng	부 결국, 끝내, 필경, 어디까지나
0092	⁴毕业	bì//yè	동 졸업하다
0093	⁵避免	bìmiǎn	동 피하다, (나쁜 상황을) 방지하다
0094	⁵编辑	biānjí	동 편집하다 명 편집자, 편집인
0095	⁵鞭炮	biānpào	명 폭죽의 총칭
0096	³变化	biànhuà	동 변화하다, 달라지다 명 변화
0097	⁵便	biàn	부 곧, 바로, 이미
0098	⁴遍	biàn	양 번, 차례, 회
0099	⁵辩论	biànlùn	동 변론하다, 논쟁하다, 토론하다
0100	⁵标点	biāodiǎn	명 구두점, 문장 부호
0101	⁵标志	biāozhì	명 표지 동 명시하다, 상징하다
0102	⁴标准	biāozhǔn	명 표준, 기준
0103	⁵表达	biǎodá	동 (자신의 사상이나 감정을 글이나 말로) 나타내다, 표현하다
0104	⁴表格	biǎogé	명 표, 양식, 도표
0105	⁵表面	biǎomiàn	명 표면, 외재적인 현상
0106	⁵表明	biǎomíng	동 (입장, 태도, 생각을) 분명하게 밝히다, 표명하다
0107	⁵表情	biǎoqíng	명 표정
0108	⁴表示	biǎoshì	동 의미하다, 가리키다
0109	⁵表现	biǎoxiàn	동 표현하다, 나타내다 명 표현, 품행, 행동, 태도
0110	⁴表演	biǎoyǎn	동 상연하다, 공연하다, 연기하다 명 공연, 연기
0111	⁴表扬	biǎoyáng	동 칭찬하다, 표창하다
0112	²别	bié	대 그 밖에, 달리, 따로 부 ~하지 말라

0113	³别人	biérén	대 (나 또는 특정한 사람 이외의) 다른 사람
0114	²宾馆	bīnguǎn	명 호텔
0115	⁵冰激凌	bīngjīlíng	명 아이스크림
0116	³冰箱	bīngxiāng	명 냉장고
0117	⁴饼干	bǐnggān	명 비스킷, 과자
0118	⁴并且	bìngqiě	접 게다가, 또한
0119	⁵病毒	bìngdú	명 병원체, 병균, 바이러스
0120	⁵玻璃	bōli	명 유리
0121	⁵播放	bōfàng	동 방송하다
0122	⁵脖子	bózi	명 목
0123	⁴博士	bóshì	명 박사
0124	⁵博物馆	bówùguǎn	명 박물관
0125	⁵补充	bǔchōng	동 추가하다, 보충하다

0126	¹不	bù	부 (동사·형용사 또는 기타 부사 앞에서) 부정(否定)을 나타냄
0127	⁵不安	bù'ān	형 불안하다
0128	³不但…… 而且……	búdàn…… érqiě……	~뿐만 아니라, 게다가 ~
0129	⁴不得不	bùdébù	부 어쩔 수 없이
0130	⁵不得了	bù déliǎo	형 (정도가) 심하다
0131	⁵不断	búduàn	부 계속해서, 끊임없이
0132	⁴不管	bùguǎn	접 ~에 관계없이, ~을 막론하고
0133	⁴不过	búguò	접 그러나, 그렇지만
0134	⁵不见得	bújiàndé	부 꼭 ~라고는 할 수 없다
0135	⁴不仅	bùjǐn	접 ~뿐만 아니라

0136	¹不客气	bú kèqi	사양하지 않다, 무례하다
0137	⁵不耐烦	bú nàifán	귀찮다, 못참다, 성가시다
0138	⁵不然	bùrán	접 그렇지 않으면, 아니면
0139	⁵不如	bùrú	동 ~만 못하다
0140	⁵不要紧	bú yàojǐn	괜찮다, 문제 될 것이 없다
0141	⁵不足	bùzú	형 부족하다, 충분하지 않다 동 (일정한 숫자에) 이르지 못하다
0142	⁵布	bù	명 천, 포
0143	⁵步骤	bùzhòu	명 (일이 진행되는) 순서, 절차, 차례
0144	⁴部分	bùfen	명 (전체 중의) 부분, 일부(분)
0145	⁵部门	bùmén	명 부(部), 부문, 부서
0146	⁴擦	cā	동 (천·수건 등으로) 닦다
0147	⁴猜	cāi	동 추측하다, 알아맞히다
0148	⁴材料	cáiliào	명 재료, 원료, 감, 자재
0149	⁵财产	cáichǎn	명 (금전·물자·가옥 등의) 재산
0150	⁵采访	cǎifǎng	동 탐방하다, 인터뷰하다, 취재하다
0151	⁵采取	cǎiqǔ	동 채택하다, 취하다
0152	⁵彩虹	cǎihóng	명 무지개
0153	⁵踩	cǎi	동 밟다, 짓밟다
0154	¹菜	cài	명 요리, 채소, 야채
0155	³菜单	càidān	명 메뉴, 식단
0156	⁴参观	cānguān	동 참관하다
0157	³参加	cānjiā	동 참가하다, 가입하다, 참여하다
0158	⁵参考	cānkǎo	동 참고하다, 참조하다
0159	⁵参与	cānyù	동 참여하다, 참가하다
0160	⁴餐厅	cāntīng	명 식당, 레스토랑
0161	⁵惭愧	cánkuì	형 부끄럽다, 창피하다
0162	⁵操场	cāochǎng	명 운동장
0163	⁵操心	cāo//xīn	동 마음을 쓰다, 신경을 쓰다
0164	³草	cǎo	명 풀

0165	⁵册	cè	⑱ 권, 책
0166	⁴厕所	cèsuǒ	⑲ 화장실, 변소
0167	⁵测验	cèyàn	⑧ 시험하다, 테스트하다 ⑲ 시험, 테스트
0168	³层	céng	⑱ 층, 겹
0169	⁵曾经	céngjīng	⑭ 일찍이, 이전에
0170	⁵叉子	chāzi	⑲ 포크
0171	⁵差距	chājù	⑲ 격차, 차이
0172	⁵插	chā	⑧ 끼우다, 꽂다, 삽입하다
0173	¹茶	chá	⑲ 차
0174	³差	chà	⑲ 나쁘다, 표준에 못 미치다 ⑧ 부족하다, 모자라다
0175	⁴差不多	chàbuduō	⑲ (시간·정도·거리 등이) 비슷하다, 가깝다 ⑭ 거의, 대체로
0176	⁵拆	chāi	⑧ 헐다, 해체하다, (붙여 놓은 것을) 뜯다
0177	⁵产品	chǎnpǐn	⑲ 생산품, 제품
0178	⁵产生	chǎnshēng	⑧ 생기다, 발생하다
0179	²长 ①	cháng	⑲ (길이가) 길다
0180	⁴长城	Chángchéng	⑲ 만리장성
0181	⁴长江	Cháng Jiāng	⑲ 창장, 양쯔장(扬子江)
0182	⁵长途	chángtú	⑲ 장거리의 ⑲ 장거리 전화, 장거리 버스
0183	⁴尝	cháng	⑧ 맛보다
0184	⁵常识	chángshí	⑲ 상식, 일반 지식
0185	⁴场	chǎng	⑲ 장소, 곳 ⑱ 회, 번, 차례
0186	²唱歌	chàng//gē	⑧ 노래 부르다
0187	⁵抄	chāo	⑧ 베끼다, 베껴 쓰다
0188	⁴超过	chāoguò	⑧ 초과하다, 넘다
0189	⁵超级	chāojí	⑲ 최상급의, 슈퍼~
0190	³超市	chāoshì	⑲ 슈퍼마켓
0191	⁵朝	cháo	㉠ ~을[를] 향하여, ~쪽으로
0192	⁵潮湿	cháoshī	⑲ 습하다, 축축하다
0193	⁵吵	chǎo	⑲ 시끄럽다, 떠들썩하다 ⑧ 말다툼하다

0194	⁵吵架	chǎo//jià	동 입씨름하다, 다투다
0195	⁵炒	chǎo	동 (기름 따위로) 볶다
0196	⁵车库	chēkù	명 차고
0197	⁵车厢	chēxiāng	명 객실, 차실, 트렁크
0198	⁵彻底	chèdǐ	형 철저하다, 완전히
0199	⁵沉默	chénmò	형 과묵하다, 말이 적다 명 침묵
0200	³衬衫	chènshān	명 와이셔츠, 셔츠, 블라우스
0201	⁵趁	chèn	전 ~을[를] 틈타
0202	⁵称	chēng	동 무게를 달다, 일컫다, 칭하다
0203	⁵称呼	chēnghu	동 ~(이)라고 부르다 명 호칭
0204	⁵称赞	chēngzàn	동 칭찬하다, 찬양하다
0205	⁵成分	chéngfèn	명 (구성) 성분, 요소
0206	⁴成功	chénggōng	동 성공하다 형 성공적이다
0207	⁵成果	chéngguǒ	명 성과, 결과
0208	³成绩	chéngjì	명 (일·학업상의) 성적, 성과, 수확
0209	⁵成就	chéngjiù	명 (사업상의) 성취, 성과
0210	⁵成立	chénglì	동 (조직·기구 등을) 창립하다, 결성하다
0211	⁵成人	chéngrén	동 어른이 되다 명 성인
0212	⁵成熟	chéngshú	형 성숙하다, 숙련되다
0213	⁴成为	chéngwéi	동 ~이[가] 되다, ~(으)로 되다
0214	⁵成语	chéngyǔ	명 성어
0215	⁵成长	chéngzhǎng	동 성장하다, 자라다
0216	⁵诚恳	chéngkěn	형 진실하다, 간절하다
0217	⁴诚实	chéngshí	형 진실하다, 성실하다
0218	⁵承担	chéngdān	동 맡다, 담당하다, 부담하다
0219	⁵承认	chéngrèn	동 승인하다, 인정하다
0220	⁵承受	chéngshòu	동 받아들이다, 감당하다
0221	³城市	chéngshì	명 도시
0222	⁴乘坐	chéngzuò	동 (자동차·배·비행기 등을) 타다

0223	⁵程度	chéngdù	몡 정도
0224	⁵程序	chéngxù	몡 순서, 절차
0225	¹吃	chī	통 먹다
0226	⁴吃惊	chī//jīng	통 놀라다
0227	⁵吃亏	chī//kuī	통 손해를 보다, 손실을 입다
0228	⁵池塘	chítáng	몡 못
0229	³迟到	chídào	통 지각하다
0230	⁵迟早	chízǎo	뫼 조만간, 머지않아
0231	⁵持续	chíxù	통 지속하다
0232	⁵尺子	chǐzi	몡 자
0233	⁵翅膀	chìbǎng	몡 날개
0234	⁵冲	chōng	통 (물로) 씻어 내다, 돌진하다
0235	⁵充电器	chōngdiànqì	몡 충전기
0236	⁵充分	chōngfèn	형 충분하다, 맘껏 하다
0237	⁵充满	chōngmǎn	통 충만하다, 가득 퍼지다
0238	⁵重复	chóngfù	통 (같은 일을) 반복하다, 중복하다
0239	⁴重新	chóngxīn	뫼 다시, 재차
0240	⁵宠物	chǒngwù	몡 애완 동물
0241	⁵抽屉	chōuti	몡 서랍
0242	⁵抽象	chōuxiàng	형 추상적이다
0243	⁴抽烟	chōu//yān	담배(를) 피우다
0244	⁵丑	chǒu	형 추하다, 못생기다
0245	⁵臭	chòu	형 (냄새가) 구리다
0246	²出	chū	통 나가다, 나오다
0247	⁵出版	chūbǎn	통 출판하다, 출간하다
0248	⁴出差	chū//chāi	통 외지로 출장 가다
0249	⁴出发	chūfā	통 출발하다, 떠나다
0250	⁵出口	chū//kǒu	통 수출하다 몡 출구

0251	⁵出色	chūsè	형 대단히 뛰어나다
0252	⁴出生	chūshēng	동 출생하다, 태어나다
0253	⁵出示	chūshì	동 내보이다, 제시하다
0254	⁵出席	chū//xí	동 회의에 참가하다, 출석하다
0255	⁴出现	chūxiàn	동 출현하다, 나타나다
0256	¹出租车	chūzūchē	명 택시
0257	⁵初级	chūjí	형 초급의, 초등의
0258	⁵除非	chúfēi	접 오직 ~하여야, ~한다면 몰라도
0259	³除了	chúle	전 ~을[를] 제외하고
0260	⁵除夕	chúxī	명 섣달 그믐날 밤, 제야
0261	⁴厨房	chúfáng	명 주방, 부엌
0262	⁵处理	chǔlǐ	동 처리하다
0263	²穿	chuān	동 입다, 신다
0264	⁵传播	chuánbō	동 전파하다, 유포하다
0265	⁵传染	chuánrǎn	동 전염하다, 감염하다
0266	⁵传说	chuánshuō	명 전설
0267	⁵传统	chuántǒng	명 전통 형 전통적이다
0268	⁴传真	chuánzhēn	명 팩시밀리, 팩스
0269	³船	chuán	명 배, 선박
0270	⁴窗户	chuānghu	명 창문
0271	⁵窗帘	chuānglián	명 커튼
0272	⁵闯	chuǎng	동 돌진하다
0273	⁵创造	chuàngzào	동 창조하다, 만들다
0274	⁵吹	chuī	동 불다
0275	³春	chūn	명 봄
0276	³词典	cídiǎn	명 사전
0277	⁵词汇	cíhuì	명 어휘

0278	⁴词语	cíyǔ	몡 단어, 어휘
0279	⁵辞职	cí//zhí	동 사직하다, 직장을 그만두다
0280	⁵此外	cǐwài	접 이 외에, 이 밖에
0281	²次	cì	양 차례, 번, 회
0282	⁵次要	cìyào	형 부차적인, 이차적인
0283	⁵刺激	cìjī	동 자극하다 몡 (정신적) 자극, 충격
0284	⁵匆忙	cōngmáng	형 매우 급한 모양, 총망하다
0285	³聪明	cōngming	형 똑똑하다, 총명하다
0286	²从	cóng	전 ~부터, ~을 기점으로, ~을 지나
0287	⁵从此	cóngcǐ	부 이 이후로, 이 때부터
0288	⁵从而	cóng'ér	접 따라서, 그리하여
0289	⁴从来	cónglái	부 (과거부터) 지금까지, 여태껏
0290	⁵从前	cóngqián	몡 이전, 옛날
0291	⁵从事	cóngshì	동 종사하다, 몸담다
0292	⁵粗糙	cūcāo	형 (질감이) 거칠다, 매끄럽지 않다, 서툴다, 조잡하다
0293	⁴粗心	cūxīn	형 소홀하다, 부주의하다
0294	⁵促进	cùjìn	동 촉진하다
0295	⁵促使	cùshǐ	동 ~하게끔 (추진)하다
0296	⁵醋	cù	몡 식초, 초
0297	⁵催	cuī	동 재촉하다, 다그치다
0298	⁴存	cún	동 보존하다, 저장하다
0299	⁵存在	cúnzài	동 존재하다
0300	⁵措施	cuòshī	몡 조치, 대책
0301	²错	cuò	동 틀리다, 맞지 않다 몡 잘못
0302	⁴错误	cuòwù	몡 착오, 잘못
0303	⁵答应	dāying	동 응답하다, 승낙하다, 허락하다
0304	⁵达到	dá//dào	동 도달하다, 이르다
0305	⁴答案	dá'àn	몡 답안, 답, 해답
0306	⁴打扮	dǎban	동 화장하다, 꾸미다

0307	¹打电话	dǎ diànhuà	전화를 걸다
0308	⁵打工	dǎ//gōng	통 아르바이트하다, 일하다
0309	⁵打交道	dǎ jiāodao	(사람끼리) 왕래하다
0310	²打篮球	dǎ lánqiú	농구하다
0311	⁵打喷嚏	dǎ pēntì	재채기를 하다
0312	⁴打扰	dǎrǎo	통 방해하다, 지장을 주다
0313	³打扫	dǎsǎo	통 청소하다
0314	³打算	dǎsuàn	통 ~하려고 하다 명 생각, 계획
0315	⁵打听	dǎting	통 물어보다, 알아보다
0316	⁴打印	dǎyìn	통 인쇄하다, 프린트하다
0317	⁴打招呼	dǎ zhāohu	인사하다, (사전에) 알리다
0318	⁴打折	dǎ//zhé	통 가격을 깎다, 할인하다
0319	⁴打针	dǎ//zhēn	통 주사를 놓다, 주사를 맞다
0320	¹大	dà	형 크다, 넓다, 많다, 세다
0321	⁵大方	dàfang	형 인색하지 않다, (언행이) 시원시원하다
0322	⁴大概	dàgài	부 아마도, 대개
0323	²大家	dàjiā	대 모두, 다들
0324	⁵大厦	dàshà	명 빌딩
0325	⁴大使馆	dàshǐguǎn	명 대사관
0326	⁵大象	dàxiàng	명 코끼리
0327	⁵大型	dàxíng	형 대형의
0328	⁴大约	dàyuē	부 대략, 대강, 얼추
0329	⁵呆	dāi	통 머물다 형 (머리가) 둔하다, 멍청하다, 어리둥절하다
0330	⁴大夫	dàifu	명 의사
0331	⁵代表	dàibiǎo	통 대표하다 명 대표
0332	⁵代替	dàitì	통 대체하다, 대신하다
0333	³带	dài	통 몸에 지니다, 휴대하다 명 띠, 벨트
0334	⁵贷款	dài//kuǎn	통 (은행에서) 대출하다 명 대부금, 대여금
0335	⁵待遇	dàiyù	명 대우, 대접 통 대우하다

0336	⁴戴	dài	동 착용하다, 쓰다, 몸에 달다
0337	⁵担任	dānrèn	동 맡다, 담임하다, 담당하다
0338	³担心	dān//xīn	동 걱정하다
0339	⁵单纯	dānchún	형 단순하다
0340	⁵单调	dāndiào	형 단조롭다
0341	⁵单独	dāndú	부 단독으로, 혼자서
0342	⁵单位	dānwèi	명 단위, 직장, 기관
0343	⁵单元	dānyuán	명 아파트·빌딩 등의 현관, 교재 등의 단원
0344	⁵耽误	dānwu	동 (시간을 지체하다가) 일을 그르치다, 지체하다
0345	⁵胆小鬼	dǎnxiǎoguǐ	명 겁쟁이
0346	⁵淡	dàn	형 싱겁다, 농도가 낮다
0347	³蛋糕	dàngāo	명 케이크
0348	⁴当	dāng	동 ~이[가] 되다, 담당하다
0349	⁵当地	dāngdì	명 현지, 현장, 그 곳
0350	³当然	dāngrán	형 당연하다, 물론이다 부 당연히
0351	⁴当时	dāngshí	명 당시
0352	⁵当心	dāngxīn	동 조심하다, 주의하다
0353	⁵挡	dǎng	동 막다, 차단하다
0354	⁴刀	dāo	명 칼
0355	⁵导演	dǎoyǎn	명 연출자, 감독, 안무
0356	⁴导游	dǎoyóu	명 가이드
0357	⁵导致	dǎozhì	동 어떤 사태를 야기하다, 초래하다
0358	⁵岛屿	dǎoyǔ	명 섬, 도서
0359	⁵倒霉	dǎoméi	형 운수 사납다, 불운하다
0360	²到	dào	동 도착하다, 어느 곳에 이르다 전 ~까지
0361	⁴到处	dàochù	명 도처, 곳곳
0362	⁵到达	dàodá	동 도달하다, 도착하다
0363	⁴到底	dàodǐ	부 도대체
0364	⁴倒	dào	동 (상하·전후가) 거꾸로 되다, 뒤집다, 쏟다 부 오히려

0365	⁵道德	dàodé	명 도덕, 윤리
0366	⁵道理	dàolǐ	명 도리, 이치
0367	⁴道歉	dào//qiàn	동 사과하다
0368	⁴得意	déyì	형 득의하다
0369	³地	de	조 ~하게 (부사어로 쓰이는 단어나 구 뒤에 쓴다)
0370	¹的	de	조 ~한, ~의 (관형어 뒤에 쓴다)
0371	²得 ①	de	조 결과나 정도를 나타내는 보어와 연결시킴 (동사나 형용사 뒤에 쓴다)
0372	⁴得 ②	děi	조 ~해야 한다
0373	³灯	dēng	명 등, 라이트
0374	⁴登机牌	dēngjīpái	명 비행기의 탑승권
0375	⁵登记	dēng//jì	동 등기하다, 등록하다

Day 4

0376	⁴等 ①	děng	조 등, 따위
0377	²等 ②	děng	동 기다리다
0378	⁵等待	děngdài	동 기다리다
0379	⁵等于	děngyú	동 수량이 ~과[와] 같다
0380	⁴低	dī	형 높이, 등급이 낮다
0381	⁵滴	dī	양 방울 동 액체가 한 방울씩 떨어지다
0382	⁵的确	díquè	부 확실히, 분명히
0383	⁵敌人	dírén	명 적
0384	⁴底	dǐ	명 밑, 바닥
0385	⁵地道	dìdao	형 순수하다, 진짜의
0386	⁴地点	dìdiǎn	명 장소, 지점
0387	³地方	dìfang	명 장소, 곳

0388	⁵地理	dìlǐ	몡 지리
0389	⁴地球	dìqiú	몡 지구
0390	⁵地区	dìqū	몡 지역, 지구
0391	⁵地毯	dìtǎn	몡 양탄자, 카펫
0392	³地铁	dìtiě	몡 지하철
0393	³地图	dìtú	몡 지도
0394	⁵地位	dìwèi	몡 지위
0395	⁵地震	dìzhèn	몡 지진
0396	⁴地址	dìzhǐ	몡 주소
0397	²弟弟	dìdi	몡 남동생
0398	⁵递	dì	동 넘겨주다, 전해 주다
0399	²第一	dìyī	수 제1, 제일이다
0400	¹点	diǎn	동 지명하다, 주문하다, 불을 붙이다 양 시(時)
0401	⁵点心	diǎnxin	몡 간식
0402	⁵电池	diànchí	몡 건전지
0403	¹电脑	diànnǎo	몡 컴퓨터
0404	¹电视	diànshì	몡 텔레비전
0405	⁵电台	diàntái	몡 라디오 방송국
0406	³电梯	diàntī	몡 엘리베이터
0407	¹电影	diànyǐng	몡 영화
0408	³电子邮件	diànzǐ yóujiàn	몡 이메일
0409	⁵钓	diào	동 낚다, 낚시질하다
0410	⁴调查	diàochá	동 조사하다 몡 조사
0411	⁴掉	diào	동 떨어지다
0412	⁵顶	dǐng	양 (모자나 모기장) 개 몡 꼭대기 동 (머리)이다, 받다, 버티다 부 아주
0413	⁴丢	diū	동 잃다, 잃어버리다, 버리다
0414	³东	dōng	몡 동쪽, 동방
0415	¹东西	dōngxi	몡 물건, 물품

0416	³冬	dōng	명 겨울
0417	²懂	dǒng	동 알다, 이해하다
0418	⁵动画片	dònghuàpiàn	명 만화 영화
0419	³动物	dòngwù	명 동물
0420	⁴动作	dòngzuò	명 동작
0421	⁵冻	dòng	형 얼다, 굳다
0422	⁵洞	dòng	명 구멍, 굴
0423	¹都	dōu	부 모두, 이미
0424	⁵豆腐	dòufu	명 두부
0425	⁵逗	dòu	동 자아내다, 유발하다, 웃기다 형 우습다, 재미있다
0426	⁵独立	dúlì	동 독립하다, 독자적으로 하다
0427	⁵独特	dútè	형 독특하다
0428	¹读	dú	동 읽다, 낭독하다
0429	⁴堵车	dǔ//chē	동 교통이 꽉 막히다
0430	⁴肚子	dùzi	명 복부
0431	⁵度过	dùguò	동 (시간을) 보내다, 지내다
0432	³短	duǎn	형 짧다
0433	⁴短信	duǎnxìn	명 문자 메시지
0434	³段	duàn	양 단락, 토막
0435	⁵断	duàn	동 자르다, 끊다
0436	³锻炼	duànliàn	동 단련하다, 제련하다
0437	⁵堆	duī	동 쌓여 있다 명 무더기 양 더미
0438	²对 ①	duì	형 맞다, 옳다
0439	²对 ②	duì	전 ~에게, ~을[를] 향하여
0440	⁵对比	duìbǐ	동 대비하다, 대조하다
0441	¹对不起	duìbuqǐ	동 미안합니다, 죄송합니다
0442	⁵对待	duìdài	동 대응하다, 대처하다
0443	⁵对方	duìfāng	명 상대방, 상대편
0444	⁴对话	duì//huà	동 대화하다, 담판하다

0445	⁴对面	duìmiàn	몡 맞은편, 반대편
0446	⁵对手	duìshǒu	몡 상대, 적수
0447	⁵对象	duìxiàng	몡 상대, 대상, (결혼할) 짝
0448	⁴对于	duìyú	전 ~에 대해(서), ~에 대하여
0449	⁵兑换	duìhuàn	동 환전하다
0450	⁵吨	dūn	양 톤(ton)
0451	⁵蹲	dūn	동 쪼그리고 앉다
0452	⁵顿	dùn	양 번, 차례, 끼니
0453	¹多	duō	부 얼마나, 아무리 형 수량이 많다 수 여, 남짓
0454	⁵多亏	duōkuī	동 은혜를 입다, 덕택이다
0455	³多么	duōme	부 얼마나
0456	¹多少	duōshao	대 얼마, 몇
0457	⁵多余	duōyú	형 여분의, 나머지의, 쓸데없는, 불필요한
0458	⁵朵	duǒ	양 송이, 조각
0459	⁵躲藏	duǒcáng	동 숨다, 피하다
0460	⁵恶劣	èliè	형 아주 나쁘다, 열악하다
0461	³饿	è	형 배고프다
0462	⁴儿童	értóng	몡 아동, 어린이
0463	¹儿子	érzi	몡 아들
0464	⁴而	ér	접 그리고, ~지만, ~나
0465	³耳朵	ěrduo	몡 귀
0466	⁵耳环	ěrhuán	몡 귀고리
0467	¹二	èr	수 2, 둘
0468	³发	fā	동 보내다, 건네주다, 발생하다
0469	⁵发表	fābiǎo	동 발표하다
0470	⁵发愁	fā//chóu	동 걱정하다, 근심하다, 우려하다
0471	⁵发达	fādá	형 발달하다 동 발전시키다
0472	⁵发抖	fādǒu	동 떨다
0473	⁵发挥	fāhuī	동 발휘하다

0474	⁵发明	fāmíng	동 발명하다 명 발명
0475	⁵发票	fāpiào	명 영수증
0476	³发烧	fā//shāo	동 열이 나다
0477	⁴发生	fāshēng	동 생기다, 발생하다
0478	³发现	fāxiàn	동 발견하다, 알아차리다
0479	⁵发言	fā//yán	명 발언 동 의견을 발표하다
0480	⁴发展	fāzhǎn	동 발전하다
0481	⁵罚款	fá//kuǎn	동 위약금을 부과하다 명 벌금
0482	⁴法律	fǎlǜ	명 법률
0483	⁵法院	fǎyuàn	명 법원
0484	⁵翻	fān	동 뒤집다, 열다, 펴다
0485	⁴翻译	fānyì	동 번역하다, 통역하다
0486	⁴烦恼	fánnǎo	형 번뇌하다, 고민스럽다 명 걱정, 번뇌
0487	⁵繁荣	fánróng	형 (경제나 사업이) 번영하다, 번창하다
0488	⁴反对	fǎnduì	동 반대하다
0489	⁵反而	fǎn'ér	부 반대로, 도리어, 오히려
0490	⁵反复	fǎnfù	동 거듭하다, 반복하다
0491	⁵反应	fǎnyìng	동 반응하다 명 반응, 반향
0492	⁵反映	fǎnyìng	동 반영하다, 보고하다
0493	⁵反正	fǎnzhèng	부 아무튼, 어쨌든
0494	¹饭店	fàndiàn	명 호텔, 식당
0495	⁵范围	fànwéi	명 범위
0496	⁵方	fāng	형 사각형의 명 방(方), 쪽
0497	⁵方案	fāng'àn	명 방안
0498	³方便	fāngbiàn	형 편리하다 동 편리하게 하다
0499	⁴方法	fāngfǎ	명 방법, 수단
0500	⁴方面	fāngmiàn	명 방면, 분야

Day 5

0501	⁵方式	fāngshì	몡 방식, 방법
0502	⁴方向	fāngxiàng	몡 방향
0503	⁵妨碍	fáng'ài	통 지장을 주다, 방해하다
0504	⁴房东	fángdōng	몡 집주인
0505	²房间	fángjiān	몡 방
0506	⁵仿佛	fǎngfú	뷔 마치 ~인 것 같다 통 닮다, 비슷하다
0507	³放	fàng	통 놓아주다, 놓다, 넣다
0508	⁴放弃	fàngqì	통 버리다, 포기하다
0509	⁴放暑假	fàng shǔjià	여름 방학을 하다
0510	⁵放松	fàngsōng	통 늦추다, 느슨하게 하다, 긴장을 풀다
0511	³放心	fàng//xīn	통 마음을 놓다, 안심하다
0512	¹飞机	fēijī	몡 비행기
0513	⁵非	fēi	통 ~이[가] 아니다
0514	²非常	fēicháng	뷔 대단히, 매우, 아주
0515	⁵肥皂	féizào	몡 비누
0516	⁵废话	fèihuà	몡 쓸데없는 말 통 쓸데없는 말을 하다
0517	³分	fēn	몡 분, 점수 통 나누다
0518	⁵分别	fēnbié	통 헤어지다, 이별하다 뷔 각각, 따로따로
0519	⁵分布	fēnbù	통 분포하다, 널려 있다
0520	⁵分配	fēnpèi	통 분배하다, 배급하다
0521	⁵分手	fēn//shǒu	통 헤어지다, 이별하다
0522	⁵分析	fēnxī	통 분석하다
0523	¹分钟	fēnzhōng	몡 (시간의) 분
0524	⁵纷纷	fēnfēn	뷔 잇달아, 연달아 혱 분분하다
0525	⁴份	fèn	양 조각, 벌, 세트 몡 전체 중의 일부분
0526	⁵奋斗	fèndòu	통 분투하다
0527	⁴丰富	fēngfù	혱 많다, 풍부하다

0528	⁵风格	fēnggé	몡 기질, 풍격
0529	⁵风景	fēngjǐng	몡 풍경, 경치
0530	⁵风俗	fēngsú	몡 풍속
0531	⁵风险	fēngxiǎn	몡 위험, 모험
0532	⁵疯狂	fēngkuáng	혱 미치다
0533	⁵讽刺	fěngcì	동 풍자하다 몡 풍자
0534	⁵否定	fǒudìng	동 부정하다 혱 부정의
0535	⁵否认	fǒurèn	동 부인하다, 부정하다
0536	⁴否则	fǒuzé	접 만약 그렇지 않으면
0537	⁵扶	fú	동 (손으로) 일으키다, 부축하다
0538	²服务员	fúwùyuán	몡 종업원
0539	⁵服装	fúzhuāng	몡 복장, 의류
0540	⁴符合	fúhé	동 부합하다
0541	⁵幅	fú	양 폭 (그림, 포목 등을 세는 단위) 몡 너비, 폭
0542	⁵辅导	fǔdǎo	동 학습을 도우며 지도하다
0543	⁴父亲	fùqīn	몡 아버지
0544	⁴付款	fù//kuǎn	동 돈을 지불하다
0545	⁴负责	fùzé	동 책임지다
0546	⁵妇女	fùnǚ	몡 부녀자
0547	³附近	fùjìn	몡 부근, 근처
0548	³复习	fùxí	동 복습하다
0549	⁴复印	fùyìn	동 복사하다
0550	⁴复杂	fùzá	혱 복잡하다
0551	⁵复制	fùzhì	동 복제하다
0552	⁴富	fù	혱 풍부하다, 부유하다
0553	⁴改变	gǎibiàn	동 변하다, 바뀌다
0554	⁵改革	gǎigé	동 개혁하다 몡 개혁
0555	⁵改进	gǎijìn	동 개량하고 발전시키다
0556	⁵改善	gǎishàn	동 개선하다

0557	⁵改正	gǎizhèng	동 (잘못·착오 등을) 개정하다, 고치다
0558	⁵盖	gài	명 뚜껑, 덮개 동 덮다, 뒤덮다, (집을) 짓다
0559	⁵概括	gàikuò	동 개괄하다, 요약하다
0560	⁵概念	gàiniàn	명 개념
0561	⁴干杯	gān//bēi	동 건배하다
0562	⁵干脆	gāncuì	부 아예, 차라리 형 명쾌하다, 시원스럽다
0563	³干净	gānjìng	형 깨끗하다
0564	⁵干燥	gānzào	형 건조하다
0565	⁴赶	gǎn	동 쫓다, 재촉하다, 가다, 내쫓다
0566	⁵赶紧	gǎnjǐn	부 서둘러, 재빨리, 어서
0567	⁵赶快	gǎnkuài	부 황급히, 재빨리
0568	⁴敢	gǎn	조동 감히 ~하다
0569	⁴感动	gǎndòng	동 감동하다, 감동시키다
0570	⁵感激	gǎnjī	동 감격하다
0571	⁴感觉	gǎnjué	동 느끼다 명 감각, 느낌
0572	³感冒	gǎnmào	동 감기에 걸리다 명 감기
0573	⁴感情	gǎnqíng	명 감정
0574	⁵感受	gǎnshòu	동 감수하다, 느끼다 명 인상, 느낌
0575	⁵感想	gǎnxiǎng	명 감상, 소감
0576	⁴感谢	gǎnxiè	동 고맙다, 감사하다
0577	³感兴趣	gǎn xìngqù	관심이 있다, 흥미를 느끼다
0578	⁴干	gàn	동 하다
0579	⁵干活儿	gàn//huór	동 일하다
0580	⁴刚	gāng	부 막, 바로, 가까스로, 마침, 꼭
0581	³刚才	gāngcái	명 아까, 방금, 전
0582	⁵钢铁	gāngtiě	명 강과 철
0583	²高	gāo	형 (높이나 기준이) 높다
0584	⁵高档	gāodàng	형 고급의, 상등의
0585	⁵高级	gāojí	형 (품질 또는 수준 등이) 고급인

0586	⁴高速公路	gāosù gōnglù	몡 고속도로
0587	¹高兴	gāoxìng	혱 기쁘다, 즐겁다 동 즐기다, 기뻐하다
0588	⁵搞	gǎo	동 하다, 처리하다
0589	⁵告别	gàobié	동 고별하다
0590	²告诉	gàosu	동 말하다, 알리다
0591	²哥哥	gēge	몡 형, 오빠
0592	⁴胳膊	gēbo	몡 팔
0593	⁵格外	géwài	부 각별히, 특별히
0594	⁵隔壁	gébì	몡 이웃집, 옆집
0595	¹个	gè	양 개, 사람
0596	⁵个别	gèbié	혱 개개의, 개별적인, 극소수의
0597	⁵个人	gèrén	몡 개인
0598	⁵个性	gèxìng	몡 개성
0599	³个子	gèzi	몡 (사람의) 키
0600	⁴各	gè	대 각, 여러
0601	⁵各自	gèzì	대 각자, 제각기
0602	²给	gěi	전 ~에게, (피동문에서 주체 혹은 동사 앞에서) ~에게 (~당하다) 동 주다
0603	⁵根	gēn	양 (가늘고 긴 것을 세는 단위) 가닥, 개 몡 뿌리, 밑동, 근원, 근거
0604	⁵根本	gēnběn	몡 근본, 근원 부 완전히, 전혀, 아예
0605	³根据	gēnjù	전 ~에 의거하여 몡 근거
0606	³跟	gēn	전 ~과[와] 동 따라가다
0607	³更	gèng	부 더욱, 더
0608	⁵工厂	gōngchǎng	몡 공장
0609	⁵工程师	gōngchéngshī	몡 엔지니어
0610	⁵工具	gōngjù	몡 공구, 작업 도구
0611	⁵工人	gōngrén	몡 노동자
0612	⁵工业	gōngyè	몡 공업
0613	⁴工资	gōngzī	몡 월급

0614	¹工作	gōngzuò	통 일하다, 작업하다 명 직업, 일자리
0615	⁵公布	gōngbù	통 공포하다
0616	²公共汽车	gōnggòng qìchē	명 버스
0617	³公斤	gōngjīn	양 킬로그램(kg)
0618	⁵公开	gōngkāi	형 공개적인 통 공개하다
0619	⁴公里	gōnglǐ	양 킬로미터(km)
0620	⁵公平	gōngpíng	형 공평하다
0621	²公司	gōngsī	명 회사
0622	⁵公寓	gōngyù	명 아파트
0623	⁵公元	gōngyuán	명 서기
0624	³公园	gōngyuán	명 공원
0625	⁵公主	gōngzhǔ	명 공주

Day 6

0626	⁴功夫	gōngfu	명 실력, 능력, 무술, 시간(工夫)
0627	⁵功能	gōngnéng	명 기능, 효능
0628	⁵恭喜	gōngxǐ	통 축하하다
0629	⁴共同	gòngtóng	형 공동의, 공통의 부 모두, 함께
0630	⁵贡献	gòngxiàn	통 공헌하다 명 공헌
0631	⁵沟通	gōutōng	통 교류하다, 소통하다
0632	¹狗	gǒu	명 개
0633	⁵构成	gòuchéng	통 구성하다, 이루다
0634	⁴购物	gòu//wù	통 물건을 사다
0635	⁴够	gòu	형 충분하다, 넉넉하다 통 도달하다, 미치다 부 매우, 아주
0636	⁴估计	gūjì	통 추측하다

58 PART 02

0637	⁵姑姑	gūgu	명 고모
0638	⁵姑娘	gūniang	명 처녀, 아가씨
0639	⁵古代	gǔdài	명 고대
0640	⁵古典	gǔdiǎn	형 고전적
0641	⁵股票	gǔpiào	명 주식
0642	⁵骨头	gǔtou	명 뼈
0643	⁴鼓励	gǔlì	동 격려하다
0644	⁵鼓舞	gǔwǔ	동 격려하다, 고무하다
0645	⁵鼓掌	gǔ//zhǎng	동 손뼉을 치다, 박수치다
0646	⁵固定	gùdìng	형 고정적이다 동 고정시키다
0647	³故事	gùshi	명 이야기
0648	⁴故意	gùyì	부 고의로, 일부러
0649	⁴顾客	gùkè	명 고객, 손님
0650	³刮风	guā//fēng	동 바람이 불다
0651	⁴挂	guà	동 걸다, (전화를) 끊다
0652	⁵挂号	guà//hào	동 등록하다, 접수시키다
0653	⁵乖	guāi	형 (어린아이가) 얌전하다, 착하다
0654	⁵拐弯	guǎi//wān	동 굽이(커브)를 돌다, 방향을 틀다
0655	⁵怪不得	guàibude	부 과연, 어쩐지 동 ~을 탓할 수 없다
0656	³关	guān	동 닫다, 가두다
0657	⁵关闭	guānbì	동 닫다
0658	⁴关键	guānjiàn	명 관건 형 매우 중요한, 관건이 되다
0659	³关系	guānxì	명 관계 동 관계하다
0660	³关心	guān//xīn	동 관심을 갖다, 관심을 기울이다
0661	³关于	guānyú	전 ~에 관하여
0662	⁵观察	guānchá	동 관찰하다, 살피다
0663	⁵观点	guāndiǎn	명 관점, 견해
0664	⁵观念	guānniàn	명 관념, 생각
0665	⁴观众	guānzhòng	명 관중, 구경꾼, 시청자

0666	⁵官	guān	몡 관료, 장교
0667	⁴管理	guǎnlǐ	동 보관하고 처리하다, 관리하다
0668	⁵管子	guǎnzi	몡 관, 호스, 파이프
0669	⁵冠军	guànjūn	몡 일등, 챔피언, 우승
0670	⁴光	guāng	부 단지, 다만 몡 빛, 광선 동 드러내다
0671	⁵光滑	guānghuá	형 매끌매끌하다
0672	⁵光临	guānglín	동 광림하시다
0673	⁵光明	guāngmíng	몡 광명, 빛
0674	⁵光盘	guāngpán	몡 CD, 콤팩트디스크
0675	⁴广播	guǎngbō	동 방송하다 몡 방송
0676	⁵广场	guǎngchǎng	몡 광장
0677	⁵广大	guǎngdà	형 광대하다, 크고 넓다, (사람 수가) 많다
0678	⁵广泛	guǎngfàn	형 광범(위)하다, 폭넓다
0679	⁴广告	guǎnggào	몡 광고
0680	⁴逛	guàng	동 돌아다니다, 구경하다
0681	⁵归纳	guīnà	동 귀납하다
0682	⁴规定	guīdìng	동 규정하다, 정하다
0683	⁵规矩	guīju	몡 법칙, 규정
0684	⁵规律	guīlǜ	몡 규율, 법칙
0685	⁵规模	guīmó	몡 규모, 형태
0686	⁵规则	guīzé	몡 규칙, 규정
0687	⁵柜台	guìtái	몡 계산대, 카운터
0688	²贵	guì	형 비싸다, 귀하다
0689	⁵滚	gǔn	동 구르다, 뒹굴다, 떠나다
0690	⁵锅	guō	몡 솥, 냄비, 가마
0691	⁴国籍	guójí	몡 (사람의) 국적
0692	⁴国际	guójì	몡 국제 형 국제적인
0693	³国家	guójiā	몡 국가, 나라
0694	⁵国庆节	Guóqìngjié	몡 국경절

0695	⁵国王	guówáng	몡 국왕, 왕
0696	⁵果然	guǒrán	뵈 과연
0697	⁵果实	guǒshí	몡 과실
0698	⁴果汁	guǒzhī	몡 과일즙
0699	³过①	guò	동 가다, 건너다
0700	⁴过程	guòchéng	몡 과정
0701	⁵过分	guòfèn	동 지나치다, 분에 넘치다, 과분하다
0702	⁵过敏	guòmǐn	동 알레르기 반응을 나타내다
0703	⁵过期	guò//qī	동 기한을 넘기다, 기일이 지나다
0704	³过去	guò//qù	몡 과거 동 지나가다
0705	²过②	guo	조 ~한 적이 있다 (어떤 동작이나 변화가 일찍이 발생하였음을 나타냄)
0706	⁵哈	hā	감 아하! 오! 거봐 의성 하하 (크게 웃는 소리)
0707	²还①	hái	접 역시, 아직, 또
0708	³还是	háishì	접 또는, 아니면 뵈 여전히, 아직, 그래도
0709	²孩子	háizi	몡 애, 어린이
0710	⁵海关	hǎiguān	몡 세관(稅關)
0711	⁵海鲜	hǎixiān	몡 해산물, 해물
0712	⁴海洋	hǎiyáng	몡 해양, 바다
0713	³害怕	hài//pà	동 겁내다, 두려워하다
0714	⁴害羞	hài//xiū	동 부끄러워하다, 수줍어하다
0715	⁴寒假	hánjià	몡 겨울 방학
0716	⁵喊	hǎn	동 외치다, 소리치다
0717	¹汉语	Hànyǔ	몡 중국어, 한어
0718	⁴汗	hàn	몡 땀
0719	⁵行业	hángyè	몡 직업, 직종, 업종
0720	⁴航班	hángbān	몡 운항편, 항공편
0721	⁵豪华	háohuá	형 호화스럽다, 사치스럽다
0722	¹好	hǎo	형 좋다, 낫다

0723	²好吃	hǎochī	형 맛있다, 맛나다
0724	⁴好处	hǎochu	명 이익, 이로운 점
0725	⁴好像	hǎoxiàng	부 마치 ~와/과 같다
0726	¹号	hào	명 번호, 일(日)
0727	⁴号码	hàomǎ	명 번호, 숫자
0728	⁵好客	hàokè	형 손님 접대를 좋아하다
0729	⁵好奇	hàoqí	형 호기심을 갖다
0730	¹喝	hē	동 마시다
0731	⁵合法	héfǎ	형 법에 맞다, 합법적이다
0732	⁴合格	hégé	형 규격에 맞다, 합격이다
0733	⁵合理	hélǐ	형 합리적이다
0734	⁴合适	héshì	형 적당하다, 알맞다
0735	⁵合同	hétong	명 계약서
0736	⁵合影	hé//yǐng	동 함께 사진을 찍다 명 단체사진
0737	⁵合作	hézuò	동 합작하다, 협력하다
0738	⁵何必	hébì	부 하필, ~할 필요가 있는가
0739	⁵何况	hékuàng	접 더군다나, 하물며
0740	¹和	hé	전 ~와[과] 접 ~와[과]
0741	⁵和平	hépíng	명 평화
0742	⁵核心	héxīn	명 핵심
0743	⁴盒子	hézi	명 작은 상자, 합, 곽
0744	²黑	hēi	형 검다, 까맣다
0745	³黑板	hēibǎn	명 칠판
0746	¹很	hěn	부 매우, 대단히, 아주
0747	⁵恨	hèn	동 원망하다, 한하다
0748	²红	hóng	형 붉다, 빨갛다
0749	⁵猴子	hóuzi	명 원숭이
0750	⁵后背	hòubèi	명 등

0751	⁵后果	hòuguǒ	몡 (주로 안 좋은) 결과
0752	⁴后悔	hòuhuǐ	동 후회하다
0753	³后来	hòulái	몡 그 후, 그 뒤, 그 다음
0754	¹后面	hòumiàn	몡 뒤, 뒤쪽, 뒷면
0755	⁴厚	hòu	혱 두껍다, 두텁다
0756	⁵呼吸	hūxī	동 호흡하다
0757	⁵忽然	hūrán	閈 갑자기
0758	⁵忽视	hūshì	동 소홀히 하다, 등한시하다
0759	⁵胡说	húshuō	동 헛소리하다, 함부로 지껄이다
0760	⁵胡同	hútòng	몡 골목
0761	⁵壶	hú	몡 항아리, 주전자
0762	⁵蝴蝶	húdié	몡 나비
0763	⁵糊涂	hútu	혱 어리석다, 어리둥절하다, 어리벙벙하다
0764	⁴互联网	hùliánwǎng	몡 인터넷
0765	⁴互相	hùxiāng	閈 서로, 상호
0766	⁴护士	hùshi	몡 간호사
0767	³护照	hùzhào	몡 여권
0768	³花₁	huā	몡 꽃
0769	⁵花生	huāshēng	몡 땅콩
0770	³花₂	huā	동 (돈이나 시간 등을) 쓰다
0771	⁵划	huá	동 (배를) 젓다
0772	⁵华裔	huáyì	몡 화교
0773	⁵滑	huá	혱 반들거리다, 미끄럽다, 교활하다, 능글맞다 동 미끄러지다
0774	⁵化学	huàxué	몡 화학
0775	³画	huà	동 그림을 그리다
0776	⁵话题	huàtí	몡 화제, 논제

0777	⁵怀念	huáiniàn	동	회상하다, 추억하다
0778	⁴怀疑	huáiyí	동	의심하다
0779	⁵怀孕	huái//yùn	동	임신하다
0780	³坏	huài	형	나쁘다, 상하다, 고장나다
0781	³欢迎	huānyíng	동	환영하다
0782	²还②	huán	동	돌아가다, 돌아오다, 갚다
0783	³环境	huánjìng	명	환경
0784	⁵缓解	huǎnjiě	동	정도가 완화되다, 호전되다, 완화
0785	⁵幻想	huànxiǎng	동	공상하다 명 공상, 환상, 몽상
0786	³换	huàn	동	교환하다
0787	⁵慌张	huāngzhāng	형	당황하다, 쩔쩔매다
0788	³黄河	Huáng Hé	명	황허(강)
0789	⁵黄金	huángjīn	명	황금
0790	⁵灰	huī	명	재
0791	⁵灰尘	huīchén	명	먼지
0792	⁵灰心	huī//xīn	동	낙담하다, 낙심하다
0793	⁵挥	huī	동	휘두르다, 흔들다, 내두르다
0794	⁵恢复	huīfù	동	회복하다, 회복되다
0795	¹回	huí	동	돌아오다[가다], 돌리다, 회답하다 양 번, 회
0796	³回答	huídá	동	대답하다, 회답하다
0797	⁴回忆	huíyì	동	회상하다, 추억하다 명 회상, 추억
0798	⁵汇率	huìlǜ	명	환율
0799	¹会	huì	조동	(배워서) ~을[를] 할 수 있다
0800	³会议	huìyì	명	회의
0801	⁵婚礼	hūnlǐ	명	결혼식, 혼례
0802	⁵婚姻	hūnyīn	명	혼인, 결혼
0803	⁴活动	huódòng	동	몸을 움직이다, 운동하다
0804	⁴活泼	huópō	형	활발하다
0805	⁵活跃	huóyuè	형	활동적이다, 활기 있다

0806	⁴火	huǒ	몡 불, 화염
0807	⁵火柴	huǒchái	몡 성냥
0808	²火车站	huǒchēzhàn	몡 기차역
0809	⁵伙伴	huǒbàn	몡 동료, 친구, 동반자
0810	⁵或许	huòxǔ	븜 아마, 어쩌면
0811	³或者	huòzhě	젭 ~이든가 아니면 ~이다
0812	⁴获得	huòdé	동 얻다, 취득하다
0813	³几乎	jīhū	븜 거의, 하마터면
0814	²机场	jīchǎng	몡 공항, 비행장
0815	³机会	jīhuì	몡 기회
0816	⁵机器	jīqì	몡 기계, 기기
0817	⁵肌肉	jīròu	몡 근육
0818	²鸡蛋	jīdàn	몡 계란
0819	⁴积极	jījí	혱 적극적이다, 열성적이다
0820	⁴积累	jīlěi	동 쌓이다, 누적되다
0821	⁵基本	jīběn	혱 기본의, 기본적인 븜 거의, 대체로
0822	⁴基础	jīchǔ	몡 기초
0823	⁴激动	jīdòng	동 격렬하다, 감동하다, 흥분하다
0824	⁵激烈	jīliè	혱 격렬하다, 치열하다
0825	⁵及格	jí//gé	동 합격하다
0826	⁴及时	jíshí	혱 시기 적절하다 븜 즉시, 곧바로
0827	³极	jí	븜 아주, 극히
0828	⁵极其	jíqí	븜 아주
0829	⁴即使	jíshǐ	젭 설령 ~하더라도
0830	⁵急忙	jímáng	븜 급히, 황급히
0831	⁵急诊	jízhěn	동 응급진료하다 몡 응급진료, 급진
0832	⁵集合	jíhé	동 집합하다
0833	⁵集体	jítǐ	몡 집단, 단체
0834	⁵集中	jízhōng	동 집중하다, 모으다

0835	¹几	jǐ	때 몇, 얼마 ㈜ 몇 (부정확한 수를 대신함)
0836	⁴计划	jìhuà	동 계획하다, 기획하다
0837	⁵计算	jìsuàn	동 계산하다, 산출하다, 셈하다
0838	³记得	jìde	동 기억하고 있다
0839	⁵记录	jìlù	동 기록하다
0840	⁵记忆	jìyì	동 기억하다
0841	⁴记者	jìzhě	명 기자
0842	⁵纪录	jìlù	명 기록 동 기록하다
0843	⁵纪律	jìlǜ	명 기율, 기강
0844	⁵纪念	jìniàn	동 기념하다 명 기념물, 기념품
0845	⁴技术	jìshù	명 기술
0846	⁵系领带	jì lǐngdài	넥타이를 매다
0847	³季节	jìjié	명 계절, 철, 절기
0848	⁴既然	jìrán	접 ~된 바에야, ~한 이상
0849	⁴继续	jìxù	동 계속하다
0850	⁴寄	jì	동 우편으로 부치다, 보내다
0851	⁵寂寞	jìmò	형 외롭다
0852	⁴加班	jiā//bān	동 초과근무를 하다
0853	⁴加油站	jiāyóuzhàn	명 주유소
0854	⁵夹子	jiāzi	명 집게, 끼우개
0855	¹家	jiā	명 집 양 가정, 집 (가게, 가정, 공장 등을 세는 단위)
0856	⁴家具	jiājù	명 가구
0857	⁵家庭	jiātíng	명 가정
0858	⁵家务	jiāwù	명 집안일
0859	⁵家乡	jiāxiāng	명 고향
0860	⁵嘉宾	jiābīn	명 귀빈
0861	⁵甲	jiǎ	명 갑(천간의 첫번째), 제1
0862	⁴假	jiǎ	형 거짓의, 가짜의
0863	⁵假如	jiǎrú	접 가령, 만약, 만일

0864	⁵假设	jiǎshè	동 가정하다
0865	⁵假装	jiǎzhuāng	동 가장하다 (짐짓) ~체하다
0866	⁴价格	jiàgé	명 가격, 값
0867	⁵价值	jiàzhí	명 가치
0868	⁵驾驶	jiàshǐ	동 운전하다
0869	⁵嫁	jià	동 시집 가다, 출가하다
0870	⁴坚持	jiānchí	동 견지하다, 고수하다
0871	⁵坚决	jiānjué	형 단호하다, 결연하다
0872	⁵坚强	jiānqiáng	형 굳세다, 꿋꿋하다
0873	⁵肩膀	jiānbǎng	명 어깨
0874	⁵艰巨	jiānjù	형 어렵고 막중하다
0875	⁵艰苦	jiānkǔ	형 간고하다, 어렵고 고달프다

Day 8

0876	⁵兼职	jiān//zhí	동 겸직하다
0877	⁵捡	jiǎn	동 줍다
0878	³检查	jiǎnchá	동 검사하다
0879	⁴减肥	jiǎn//féi	동 살을 빼다, 감량하다
0880	⁴减少	jiǎnshǎo	동 감소하다, 줄다, 줄이다
0881	⁵剪刀	jiǎndāo	명 가위
0882	³简单	jiǎndān	형 간단하다, 단순하다
0883	⁵简历	jiǎnlì	명 약력
0884	⁵简直	jiǎnzhí	부 그야말로, 너무나
0885	³见面	jiàn//miàn	동 만나다, 대면하다
0886	²件	jiàn	양 건, 개

0887	⁵建立	jiànlì	동 창설하다, 건립하다
0888	⁵建设	jiànshè	동 건설하다, 세우다
0889	⁴建议	jiànyì	동 제안하다, 건의하다 명 건의
0890	⁵建筑	jiànzhù	명 건축물 동 (건물, 교량, 도로 등을) 건설하다
0891	³健康	jiànkāng	형 건강하다
0892	⁵健身	jiàn//shēn	동 몸을 건강히 하다
0893	⁵键盘	jiànpán	명 키보드
0894	⁴将来	jiānglái	명 장래, 미래
0895	³讲	jiǎng	동 말하다, 이야기하다
0896	⁵讲究	jiǎngjiū	동 중요시하다 명 주의할 만한 내용 형 정교하다
0897	⁵讲座	jiǎngzuò	명 강좌
0898	⁴奖金	jiǎngjīn	명 상금, 상여금
0899	⁴降低	jiàngdī	동 내리다, 낮추다, 인하하다
0900	⁴降落	jiàngluò	동 내려오다, 착륙하다
0901	⁵酱油	jiàngyóu	명 간장
0902	⁴交	jiāo	동 왕래하다, 사귀다
0903	⁵交换	jiāohuàn	동 교환하다
0904	⁵交际	jiāojì	동 교제하다, 서로 사귀다
0905	⁴交流	jiāoliú	동 서로 소통하다, 교류하다
0906	⁴交通	jiāotōng	명 교통
0907	⁵交往	jiāowǎng	동 왕래하다 명 왕래
0908	⁴郊区	jiāoqū	명 도시의 변두리
0909	⁵浇	jiāo	동 관개하다, 물을 대다
0910	⁴骄傲	jiāo'ào	형 오만하다, 거만하다, 자랑스럽다
0911	⁵胶水	jiāoshuǐ	명 풀
0912	³教	jiāo	동 가르치다
0913	³角	jiǎo	명 뿔, 모서리, 구석 양 1위안(元)의 1/10
0914	⁵角度	jiǎodù	명 각도
0915	⁵狡猾	jiǎohuá	형 교활하다, 간교하다

0916	⁴饺子	jiǎozi	몡 만두, 교자
0917	³脚	jiǎo	몡 발
0918	¹叫	jiào	동 (~라고) 하다, 부르다, ~을[를] 시키다 전 ~에 의하여(피동문에서 주체 앞에 쓴다)
0919	⁵教材	jiàocái	몡 교재
0920	⁵教练	jiàoliàn	몡 감독, 코치
0921	²教室	jiàoshì	몡 교실
0922	⁴教授	jiàoshòu	몡 교수
0923	⁵教训	jiàoxùn	동 교훈하다, 가르치고 타이르다, 훈계하다 몡 교훈
0924	⁴教育	jiàoyù	몡 교육 동 교육하다
0925	⁵阶段	jiēduàn	몡 단계, 계단
0926	⁵结实	jiēshi	형 굳다, 단단하다, 질기다, 튼튼하다
0927	³接	jiē	동 잇다, 연결하다, 받다, 마중하다
0928	⁵接触	jiēchù	동 닿다, 접촉하다
0929	⁵接待	jiēdài	동 접대하다, 영접하다
0930	⁵接近	jiējìn	동 접근하다, 가까이하다 형 비슷하다, 접근해 있다
0931	⁴接受	jiēshòu	동 받아들이다, 받다
0932	⁴接着	jiēzhe	동 이어서 ~을[를] 하다
0933	³街道	jiēdào	몡 거리, 가두
0934	⁴节	jié	몡 기념일, 관절 동 절약하다 양 수업시간
0935	³节目	jiémù	몡 프로그램
0936	³节日	jiérì	몡 경축일, 명절
0937	⁵节省	jiéshěng	동 아끼다, 절약하다
0938	⁴节约	jiéyuē	동 절약하다
0939	⁵结构	jiégòu	몡 구조
0940	⁴结果	jiéguǒ	몡 결과 부 결국, 끝내
0941	⁵结合	jiéhé	동 결합하다
0942	³结婚	jié//hūn	동 결혼하다
0943	⁵结论	jiélùn	몡 결론

0944	³结束	jiéshù	동 끝나다, 마치다
0945	⁵结账	jié//zhàng	동 계산하다
0946	²姐姐	jiějie	명 누나, 언니
0947	³解决	jiějué	동 해결하다
0948	⁴解释	jiěshì	동 해석하다, 해명하다
0949	²介绍	jièshào	동 소개하다
0950	⁵戒	jiè	동 끊다, 중단하다
0951	⁵戒指	jièzhi	명 반지
0952	⁵届	jiè	양 회(回), 기(期), 차(次)
0953	³借	jiè	동 빌리다
0954	⁵借口	jièkǒu	명 구실, 핑계 동 구실로 삼다
0955	¹今天	jīntiān	명 오늘
0956	⁵金属	jīnshǔ	명 금속
0957	⁴尽管	jǐnguǎn	접 비록 ~지만, ~에도 불구하고 부 얼마든지, 마음대로
0958	⁵尽快	jǐnkuài	부 되도록 빨리
0959	⁵尽量	jǐnliàng	부 가능한 한
0960	⁵紧急	jǐnjí	형 긴급하다, 긴박하다
0961	⁴紧张	jǐnzhāng	형 긴장해 있다, 불안하다
0962	⁵谨慎	jǐnshèn	형 신중하다, 조심스럽다
0963	⁵尽力	jìn//lì	동 전력을 다하다
0964	²进	jìn	동 (밖에서 안으로) 들다
0965	⁵进步	jìnbù	동 진보하다 형 진보적이다 명 진보, 발전
0966	⁵进口	jìn//kǒu	동 수입하다
0967	⁴进行	jìnxíng	동 진행하다
0968	²近	jìn	형 가깝다, 짧다
0969	⁵近代	jìndài	명 근대, 근세
0970	⁴禁止	jìnzhǐ	동 금지하다, 불허하다
0971	⁴京剧	jīngjù	명 경극
0972	³经常	jīngcháng	부 언제나, 늘

0973	⁵经典	jīngdiǎn	명 고전 형 전형적인
0974	³经过	jīngguò	동 경유하다, 통과하다
0975	⁴经济	jīngjì	명 경제, 국민 경제
0976	³经理	jīnglǐ	명 매니저, 지배인
0977	⁴经历	jīnglì	동 체험하다, 경험하다, 겪다
0978	⁵经商	jīng//shāng	동 장사하다
0979	⁴经验	jīngyàn	명 경험, 체험 동 경험하다
0980	⁵经营	jīngyíng	동 운영하다
0981	⁴精彩	jīngcǎi	형 뛰어나다, 훌륭하다
0982	⁵精力	jīnglì	명 정력, 정신과 체력
0983	⁵精神	jīngshén jīngshen	명 정신 명 원기, 활력
0984	⁴景色	jǐngsè	명 풍경, 경치
0985	⁴警察	jǐngchá	명 경찰
0986	⁴竞争	jìngzhēng	동 경쟁하다 명 경쟁
0987	⁴竟然	jìngrán	부 뜻밖에도, 의외로
0988	⁴镜子	jìngzi	명 거울
0989	⁴究竟	jiūjìng	부 도대체, 대관절 명 경위, 결말, 결과
0990	¹九	jiǔ	수 9, 아홉
0991	³久	jiǔ	형 오래다, 시간이 길다
0992	⁵酒吧	jiǔbā	명 술집, 바
0993	³旧	jiù	형 헐다, 낡다
0994	⁵救	jiù	동 구하다, 구제하다, 구조하다
0995	⁵救护车	jiùhùchē	명 구급차
0996	²就	jiù	부 즉시, 바로, 당장, 겨우
0997	⁵舅舅	jiùjiu	명 외삼촌
0998	⁵居然	jūrán	부 뜻밖에, 예상 외로, 의외로
0999	⁵桔子	júzi	명 귤
1000	⁴举	jǔ	동 들다

Day 9

1001	⁴举办	jǔbàn	동 거행하다, 열다
1002	⁴举行	jǔxíng	동 거행하다
1003	⁵巨大	jùdà	형 아주 크다
1004	³句子	jùzi	명 문, 문장
1005	⁴拒绝	jùjué	동 거절하다, 거부하다
1006	⁵具备	jùbèi	동 갖추다, 구비하다
1007	⁵具体	jùtǐ	형 구체적이다
1008	⁵俱乐部	jùlèbù	명 구락부, 클럽
1009	⁵据说	jùshuō	동 다른 사람의 말에 의하면 ~라 한다
1010	⁴距离	jùlí	명 거리, 간격
1011	⁴聚会	jùhuì	명 모임, 집회
1012	⁵捐	juān	동 헌납하다, 기부하다
1013	³决定	juédìng	동 결정하다
1014	⁵决赛	juésài	명 결승
1015	⁵决心	juéxīn	명 결심, 결의, 다짐
1016	⁵角色	juésè	명 배역, 역, 역할
1017	²觉得	juéde	동 ~라고 여기다
1018	⁵绝对	juéduì	형 절대적인, 무조건적인 부 완전히, 절대로
1019	⁵军事	jūnshì	명 군사
1020	⁵均匀	jūnyún	형 균등하다, 고르다, 균일하다
1021	²咖啡	kāfēi	명 커피
1022	⁵卡车	kǎchē	명 트럭
1023	¹开	kāi	동 열다, 켜다, 개업하다, 개설하다, 거행하다, 발행하다, 끓다
1024	⁵开发	kāifā	동 개발하다, 개척하다
1025	⁵开放	kāifàng	동 해제하다, 개방하다
1026	⁵开幕式	kāimùshì	명 개막식
1027	²开始	kāishǐ	동 시작되다, 개시하다 명 처음, 시작

1028	⁵开水	kāishuǐ	명 끓인 물
1029	⁴开玩笑	kāi wánxiào	동 농담하다, 놀리다
1030	⁴开心	kāixīn	형 기쁘다, 즐겁다
1031	⁵砍	kǎn	동 찍다, 패다
1032	¹看	kàn	동 보다, ~라고 생각하다, 진찰하다[받다], ~에 달려있다
1033	⁵看不起	kànbuqǐ	동 경시하다, 얕보다
1034	⁴看法	kànfǎ	명 견해
1035	¹看见	kàn//jiàn	동 보다, 보이다
1036	⁵看望	kànwàng	동 방문하다, 문안하다
1037	⁴考虑	kǎolǜ	동 고려하다, 생각하다
1038	²考试	kǎo//shì	동 시험을 치다 명 시험
1039	⁴烤鸭	kǎoyā	명 오리구이
1040	⁵靠	kào	동 기대다, 기대어 두다, 접근하다, 의지하다, 신뢰하다
1041	⁴科学	kēxué	명 과학 형 과학적이다
1042	⁴棵	kē	양 그루, 포기
1043	⁵颗	kē	양 알
1044	⁴咳嗽	késou	동 기침하다 명 기침
1045	³可爱	kě'ài	형 귀엽다
1046	⁵可见	kějiàn	접 ~라는 것을 알 수 있다
1047	⁵可靠	kěkào	형 믿을 만하다
1048	⁴可怜	kělián	형 가련하다, 불쌍하다
1049	²可能	kěnéng	형 가능하다 명 가능성, 가망 조동 아마도
1050	⁵可怕	kěpà	형 두렵다, 무섭다
1051	⁴可是	kěshì	접 그러나, 하지만, 그렇지만
1052	⁴可惜	kěxī	형 섭섭하다, 아쉽다
1053	²可以	kěyǐ	조동 ~할 수 있다 형 좋다, 괜찮다
1054	³渴	kě	형 목이 타다, 목마르다
1055	⁵克	kè	양 그램(g)
1056	⁵克服	kèfú	동 극복하다, 이기다

1057	³刻	kè	동 새기다 양 15분
1058	⁵刻苦	kèkǔ	형 고생을 참고 노력하다, 고생을 참아 낼 줄 안다, 검소하다
1059	⁵客观	kèguān	형 객관적이다 명 객관
1060	³客人	kèrén	명 손님, 고객
1061	⁴客厅	kètīng	명 객실, 응접실
1062	²课	kè	명 수업, 강의, 과
1063	⁵课程	kèchéng	명 교과목, 교육 과정
1064	⁴肯定	kěndìng	부 확실히, 틀림없이 형 확실하다 동 인정하다, 긍정하다
1065	⁴空	kōng	형 빈, 공허한 명 하늘 부 헛되이
		kòng	형 비어있는 명 빈 공간, 짬
1066	⁵空间	kōngjiān	명 공간
1067	⁴空气	kōngqì	명 공기
1068	³空调	kōngtiáo	명 에어컨
1069	⁴恐怕	kǒngpà	부 아마 ~일것이다, 대체로
1070	⁵空闲	kòngxián	명 한가한 때, 틈, 여가 형 한가하다
1071	⁵控制	kòngzhì	동 통제하다, 제어하다
1072	³口	kǒu	명 입 양 식구, (돼지) 마리, 모금
1073	⁵口味	kǒuwèi	명 맛, 입맛, 취향
1074	³哭	kū	동 울다
1075	⁴苦	kǔ	형 쓰다, 고생스럽다
1076	³裤子	kùzi	명 바지
1077	⁵夸	kuā	동 칭찬하다
1078	⁵夸张	kuāzhāng	동 과장되다 명 과장, 과장법
1079	⁵会计	kuàijì	동 회계, 경리
1080	¹块	kuài	양 덩이, 조각, 장, 위안(위안화의 기본 단위)
1081	²快	kuài	형 빠르다, 날카롭다, 시원스럽다 부 곧
1082	²快乐	kuàilè	형 즐겁다, 유쾌하다
1083	³筷子	kuàizi	명 젓가락
1084	⁵宽	kuān	형 넓다

1085	⁴矿泉水	kuàngquánshuǐ	명 광천수, 생수
1086	⁵昆虫	kūnchóng	명 곤충
1087	⁴困	kùn	동 포위하다, 가두어 놓다 형 피곤하다, 졸리다
1088	⁴困难	kùnnan	명 곤란, 어려움, 빈곤 형 곤란하다, 어렵다, 빈곤하다
1089	⁵扩大	kuòdà	동 확대하다, 넓히다
1090	⁴垃圾桶	lājītǒng	명 쓰레기통
1091	⁴拉	lā	동 끌다, 당기다, 견인하다
1092	⁴辣	là	형 맵다
1093	⁵辣椒	làjiāo	명 고추
1094	¹来	lái	동 오다
1095	⁴来不及	láibují	동 따라가지 못하다, 제 시간에 댈 수 없다
1096	⁴来得及	láidejí	동 늦지 않다, 제 시간에 댈 수 있다
1097	⁴来自	láizì	~로부터 오다, ~에서 나오다
1098	⁵拦	lán	동 가로막다, 막다
1099	³蓝	lán	형 푸르다
1100	⁴懒	lǎn	형 게으르다, 나태하다
1101	⁵烂	làn	형 썩다, 부패하다
1102	⁵朗读	lǎngdú	동 낭독하다
1103	⁴浪费	làngfèi	동 낭비하다
1104	⁴浪漫	làngmàn	형 낭만적이다, 로맨틱하다
1105	⁵劳动	láodòng	명 노동 동 노동하다
1106	⁵劳驾	láo//jià	동 실례합니다, 수고하십니다
1107	³老	lǎo	형 늙다
1108	⁵老百姓	lǎobǎixìng	명 백성, 국민
1109	⁵老板	lǎobǎn	명 사장
1110	⁴老虎	lǎohǔ	명 호랑이
1111	⁵老婆	lǎopo	명 부인
1112	¹老师	lǎoshī	명 선생님, 스승
1113	⁵老实	lǎoshi	형 성실하다, 정직하다

1114	⁵老鼠	lǎoshǔ	명 쥐
1115	⁵姥姥	lǎolao	명 외할머니, 외조모
1116	⁵乐观	lèguān	형 낙관적이다
1117	¹了	le	조 행위의 완성, 사건의 발생 또는 변화를 나타냄
1118	⁵雷	léi	명 천둥, 우레
1119	⁵类型	lèixíng	명 유형
1120	²累	lèi	형 지치다, 피곤하다
1121	¹冷	lěng	형 춥다, 인기가 없다
1122	⁵冷淡	lěngdàn	형 쌀쌀하다, 냉담하다
1123	⁴冷静	lěngjìng	형 냉정하다, 침착하다
1124	⁵厘米	límǐ	양 센티미터
1125	²离	lí	조 ~로부터

Day 10

1126	⁵离婚	lí//hūn	동 이혼하다
1127	³离开	lí//kāi	동 떠나다
1128	⁵梨	lí	명 배
1129	⁴礼拜天	lǐbàitiān	명 일요일
1130	⁴礼貌	lǐmào	명 예의, 예의범절
1131	³礼物	lǐwù	명 선물, 예물
1132	¹里	lǐ	명 가운데, 안쪽, 내부
1133	⁴理发	lǐ//fà	동 이발하다, 머리를 깎다
1134	⁴理解	lǐjiě	동 알다, 이해하다
1135	⁵理论	lǐlùn	명 이론
1136	⁴理想	lǐxiǎng	명 이상 형 이상적이다

1137	⁵理由	lǐyóu	몡 이유
1138	⁵力量	lìliàng	몡 힘, 역량
1139	⁴力气	lìqi	몡 힘
1140	³历史	lìshǐ	몡 역사
1141	⁴厉害	lìhai	혱 무섭다, 대단하다
1142	⁵立即	lìjí	뷔 곧, 즉시
1143	⁵立刻	lìkè	뷔 즉시, 바로
1144	⁵利润	lìrùn	몡 이윤
1145	⁵利息	lìxī	몡 이자, 이식
1146	⁵利益	lìyì	몡 이익, 이득
1147	⁵利用	lìyòng	동 이용하다
1148	⁴例如	lìrú	동 예를 들면
1149	⁴俩	liǎ	쉬 두 개, 두 사람
1150	⁴连	lián	동 잇다 뷔 계속하여 전 ~조차도
1151	⁵连忙	liánmáng	뷔 얼른, 재빨리, 황급히
1152	⁵连续	liánxù	동 연이어 하다, 계속하다
1153	⁵联合	liánhé	동 연합하다, 결합하다
1154	⁴联系	liánxì	동 연락하다, 연결하다
1155	³脸	liǎn	몡 얼굴
1156	³练习	liànxí	동 연습하다, 익히다 몡 연습 문제, 숙제
1157	⁵恋爱	liàn'ài	동 연애하다 몡 연애
1158	⁵良好	liánghǎo	혱 좋다, 양호하다
1159	⁴凉快	liángkuai	혱 시원하다, 서늘하다
1160	⁵粮食	liángshi	몡 양식, 식량
1161	²两	liǎng	쉬 둘
1162	⁵亮	liàng	혱 밝다, 빛나다
1163	³辆	liàng	양 대, 량
1164	³聊天	liáo//tiān	동 한담하다, 이야기하다
1165	⁵了不起	liǎobuqǐ	혱 뛰어나다, 대단하다

1166	³了解	liǎojiě	동 자세하게 알다
1167	⁵列车	lièchē	명 열차
1168	³邻居	línjū	명 이웃집
1169	⁵临时	línshí	형 임시의, 일시적인 부 때가 되어
1170	⁵灵活	línghuó	형 민첩하다, 융통성 있다
1171	⁵铃	líng	명 방울, 종, 벨
1172	²零	líng	수 0, 영
1173	⁵零件	língjiàn	명 부속품
1174	⁴零钱	língqián	명 푼돈, 잔돈
1175	⁵零食	língshí	명 간식, 군것질
1176	⁵领导	lǐngdǎo	명 지도자 동 지도하다, 이끌다
1177	⁵领域	lǐngyù	명 분야, 영역
1178	⁴另外	lìngwài	대 다른 사람이나 사물 접 이외에
1179	⁵浏览	liúlǎn	동 대강 둘러보다
1180	⁴留	liú	동 남기다
1181	³留学	liú//xué	동 유학하다
1182	⁵流传	liúchuán	동 유전하다
1183	⁵流泪	liú//lèi	동 눈물을 흘리다
1184	⁴流利	liúlì	형 막힘이 없다, 유창하다
1185	⁴流行	liúxíng	동 유행하다 형 유행하는
1186	¹六	liù	수 6, 여섯
1187	⁵龙	lóng	명 용
1188	³楼	lóu	명 다층 건물 양 층
1189	⁵漏	lòu	동 새다, 새나가다
1190	⁵陆地	lùdì	명 땅, 육지
1191	⁵陆续	lùxù	부 끊임없이, 연이어
1192	⁵录取	lùqǔ	동 채용하다
1193	⁵录音	lù//yīn	동 녹음하다 명 녹음
1194	²路	lù	명 길, 도로, 노선

1195	⁴旅行	lǚxíng	동 여행하다
1196	²旅游	lǚyóu	동 여행하다, 관광하다
1197	⁴律师	lǜshī	명 변호사
1198	³绿	lǜ	형 푸르다
1199	⁴乱	luàn	형 어지럽다, 혼란스럽다
1200	⁵轮流	lúnliú	동 차례로 ~하다
1201	⁵论文	lùnwén	명 논문
1202	⁵逻辑	luóji	명 논리
1203	⁵落后	luò//hòu	형 낙후되다, 뒤떨어지다
1204	¹妈妈	māma	명 엄마, 어머니
1205	⁴麻烦	máfan	형 귀찮다 동 폐를 끼치다
1206	³马	mǎ	명 말
1207	⁴马虎	mǎhu	형 조심성이 없다
1208	³马上	mǎshàng	부 곧, 즉시
1209	⁵骂	mà	동 욕하다
1210	¹吗	ma	조 의문의 어기를 나타냄
1211	¹买	mǎi	동 사다, 구매하다
1212	⁵麦克风	màikèfēng	명 마이크
1213	²卖	mài	동 팔다, 판매하다
1214	⁵馒头	mántou	명 만터우, 찐빵
1215	⁴满	mǎn	형 가득차다, 가득하다
1216	³满意	mǎnyì	동 만족하다 형 만족스럽다
1217	⁵满足	mǎnzú	동 만족하다 동 만족시키다
1218	²慢	màn	형 느리다
1219	²忙	máng	형 바쁘다
1220	¹猫	māo	명 고양이
1221	⁴毛	máo	명 털, 깃, 깃털 양 화폐단위 (1위안(元)의 1/10)
1222	⁵毛病	máobìng	명 문제, 고장, 결점, 질병
1223	⁴毛巾	máojīn	명 수건, 타월

1224	⁵矛盾	máodùn	명 갈등, 대립, 모순 통 모순이 되다
1225	⁵冒险	mào//xiǎn	통 모험하다, 위험을 무릅쓰다
1226	⁵贸易	màoyì	명 무역
1227	³帽子	màozi	명 모자
1228	¹没关系	méi guānxi	괜찮다, 상관 없다
1229	¹没有	méiyǒu	통 (소유 혹은 존재) 없다, ~만 못하다, (수량) ~가 안 되다
1230	⁵眉毛	méimao	명 눈썹
1231	⁵媒体	méitǐ	명 대중 매체
1232	⁵煤炭	méitàn	명 석탄
1233	²每	měi	대 매, 각, ~마다
1234	⁴美丽	měilì	형 아름답다, 예쁘다
1235	⁵美术	měishù	명 미술, 그림
1236	²妹妹	mèimei	명 여동생
1237	⁵魅力	mèilì	명 매력
1238	²门	mén	명 문 양 과목
1239	⁴梦	mèng	명 꿈
1240	⁵梦想	mèngxiǎng	명 꿈, 몽상 통 갈망하다
1241	⁴迷路	mí//lù	통 길을 잃다
1242	³米	mǐ	명 쌀
1243	¹米饭	mǐfàn	명 쌀밥
1244	⁵秘密	mìmì	명 비밀, 기밀
1245	⁵秘书	mìshū	명 비서
1246	⁴密码	mìmǎ	명 암호, 비밀 번호
1247	⁵密切	mìqiè	형 밀접하다, 긴밀하다
1248	⁵蜜蜂	mìfēng	명 꿀벌
1249	⁴免费	miǎn//fèi	통 무료로 하다
1250	³面包	miànbāo	명 빵

1251	⁵面对	miànduì	동 직면하다, 직접 대면하다
1252	⁵面积	miànjī	명 면적
1253	⁵面临	miànlín	동 직면하다, 놓여 있다
1254	²面条	miàntiáo	명 국수
1255	⁵苗条	miáotiao	형 날씬하다
1256	⁵描写	miáoxiě	동 묘사하다
1257	⁴秒	miǎo	양 초
1258	⁴民族	mínzú	명 민족
1259	⁵敏感	mǐngǎn	형 민감하다
1260	⁵名牌	míngpái	명 유명 브랜드
1261	⁵名片	míngpiàn	명 명함
1262	⁵名胜古迹	míngshèng gǔjì	명 명승고적 형 조용하다
1263	¹名字	míngzi	명 이름, 성명
1264	³明白	míngbai	동 이해하다
1265	⁵明确	míngquè	형 명확하다
1266	¹明天	míngtiān	명 내일, 명일
1267	⁵明显	míngxiǎn	형 뚜렷하다, 분명하다
1268	⁵明星	míngxīng	명 스타
1269	⁵命令	mìnglìng	명 명령 동 명령하다
1270	⁵命运	mìngyùn	명 운명
1271	⁵摸	mō	동 어루만지다, 쓰다듬다
1272	⁵模仿	mófǎng	동 모방하다
1273	⁵模糊	móhu	형 모호하다 동 애매하게 하다
1274	⁵模特	mótè	명 모델
1275	⁵摩托车	mótuōchē	명 오토바이
1276	⁵陌生	mòshēng	형 생소하다, 낯설다
1277	⁵某	mǒu	대 아무, 어느

1278	⁴母亲	mǔqīn	몡 엄마, 어머니
1279	⁵木头	mùtou	몡 나무, 목재, 재목
1280	⁵目标	mùbiāo	몡 목표
1281	⁴目的	mùdì	몡 목적
1282	⁵目录	mùlù	몡 목록
1283	⁵目前	mùqián	몡 지금, 현재
1284	³拿	ná	동 쥐다, 잡다, 가지다
1285	¹哪	nǎ	대 어느, 어느것
1286	¹哪儿	nǎr	대 어디
1287	⁵哪怕	nǎpà	접 설령 ~라 해도
1288	¹那	nà	대 저, 그, 저것, 그것
1289	³奶奶	nǎinai	몡 할머니
1290	⁴耐心	nàixīn	몡 인내심 형 참을성이 있다
1291	²男	nán	형 남자(의)
1292	³南	nán	몡 남, 남쪽
1293	³难	nán	형 어렵다, 힘들다, 곤란하다
1294	⁴难道	nándào	부 설마 ~란 말인가? 설마 ~하겠는가?
1295	⁵难怪	nánguài	부 어쩐지, 과연, 그러기에 동 ~을 탓하기 어렵다
1296	³难过	nánguò	형 괴롭다, 슬프다
1297	⁵难免	nánmiǎn	동 면하기 어렵다
1298	⁴难受	nánshòu	형 몸이 불편하다, 상심하다
1299	⁵脑袋	nǎodai	몡 두뇌, 머리
1300	¹呢	ne	조 의문 혹은 지속을 나타냄
1301	⁴内	nèi	몡 안, 속, 내부
1302	⁵内部	nèibù	몡 내부
1303	⁵内科	nèikē	몡 내과
1304	⁴内容	nèiróng	몡 내용
1305	⁵嫩	nèn	형 부드럽다
1306	¹能	néng	조동 ~할 수 있다

1307	⁵能干	nénggàn	형 유능하다
1308	⁴能力	nénglì	명 능력
1309	⁵能源	néngyuán	명 에너지원, 에너지
1310	⁵嗯	ńg	감 어 (의문을 나타낸다)
1311	¹你	nǐ	대 너, 당신
1312	¹年	nián	명 년, 해 양 년
1313	⁵年代	niándài	명 시대
1314	³年级	niánjí	명 학년
1315	⁵年纪	niánjì	명 나이
1316	⁴年龄	niánlíng	명 연령
1317	³年轻	niánqīng	형 젊다, 어리다
1318	⁵念	niàn	동 읽다, 낭독하다, 그리워하다
1319	³鸟	niǎo	명 새
1320	²您	nín	대 당신 ('你'의 높임말)
1321	⁵宁可	nìngkě	접 차라리 ~할지언정
1322	²牛奶	niúnǎi	명 우유
1323	⁵牛仔裤	niúzǎikù	명 청바지
1324	⁵农村	nóngcūn	명 농촌
1325	⁵农民	nóngmín	명 농민, 농부
1326	⁵农业	nóngyè	명 농업
1327	⁵浓	nóng	형 진하다
1328	⁴弄	nòng	동 하다, 행하다, 만들다
1329	³努力	nǔlì	동 노력하다
1330	²女	nǚ	형 여자(의)
1331	¹女儿	nǚ'ér	명 딸
1332	⁵女士	nǚshì	명 여사, 숙녀, 부인
1333	⁴暖和	nuǎnhuo	형 따뜻하다, 따사롭다
1334	⁵欧洲	Ōuzhōu	명 유럽
1335	⁴偶尔	ǒu'ěr	부 때때로, 가끔

1336	⁵偶然	ǒurán	튄 우연히, 뜻밖에 휑 우연하다
1337	³爬山	pá//shān	동 산을 오르다
1338	⁵拍	pāi	동 치다, (사진을) 찍다
1339	⁴排队	pái//duì	동 줄을 서다
1340	⁴排列	páiliè	동 배열하다, 정렬하다
1341	⁵派	pài	동 파견하다
1342	³盘子	pánzi	명 쟁반, 접시
1343	⁴判断	pànduàn	동 판단하다, 판정하다
1344	⁵盼望	pànwàng	동 간절히 바라다
1345	²旁边	pángbiān	명 옆, 곁
1346	³胖	pàng	형 뚱뚱하다
1347	²跑步	pǎo//bù	동 달리다
1348	⁴陪	péi	동 모시다, 동반하다
1349	⁵培训	péixùn	동 양성하다, 육성하다
1350	⁵培养	péiyǎng	동 배양하다
1351	⁵赔偿	péicháng	동 배상하다, 변상하다
1352	⁵佩服	pèifu	동 탄복하다, 감탄하다
1353	⁵配合	pèihé	동 협동하다, 협력하다 명 협력, 협조
1354	⁵盆	pén	명 대야, 화분
1355	¹朋友	péngyou	명 친구
1356	⁵碰	pèng	동 부딪히다, 우연히 만나다, 마주치다, 건드리다
1357	⁵批	pī	양 무리, 떼, 패
1358	⁴批评	pīpíng	동 비판하다, 지적하다
1359	⁵批准	pīzhǔn	동 비준하다, 허가하다
1360	⁵披	pī	동 덮다, 걸치다
1361	⁴皮肤	pífū	명 피부
1362	³皮鞋	píxié	명 가죽 구두
1363	⁵疲劳	píláo	형 피곤하다 명 피로
1364	³啤酒	píjiǔ	명 맥주

1365	⁴脾气	píqi	몡 성격, 기질
1366	⁵匹	pǐ	양 필(말이나 노새를 세는 단위)
1367	⁴篇	piān	양 편, 장
1368	²便宜	piányi	형 값이 싸다
1369	⁵片	piàn	양 편(편평하고 얇은 모양의 것에 쓰임)
1370	⁵片面	piànmiàn	형 일방적이다, 단편적이다
1371	⁴骗	piàn	동 속이다, 기만하다
1372	⁵飘	piāo	동 바람에 나부끼다
1373	²票	piào	몡 표
1374	¹漂亮	piàoliang	형 예쁘다, 아름답다
1375	⁵拼音	pīnyīn	몡 병음

Day 12

1376	⁵频道	píndào	몡 채널
1377	⁴乒乓球	pīngpāngqiú	몡 탁구
1378	⁵平	píng	형 평평하다, 평탄하다, 균등하다, 같다
1379	⁵平安	píng'ān	형 평안하다, 무사하다
1380	⁵平常	píngcháng	형 보통이다 몡 평소
1381	⁵平等	píngděng	형 동일한 대우를 받다 몡 평등
1382	⁵平方	píngfāng	몡 제곱, 평방
1383	⁵平衡	pínghéng	형 균형잡히다, 평형하다
1384	⁵平静	píngjìng	형 조용하다, 고요하다
1385	⁵平均	píngjūn	동 평균 ~가 되다 형 균등하다, 특별한 차이가 없다
1386	⁴平时	píngshí	몡 평소, 평상시

1387	⁵评价	píngjià	통 평가하다
1388	¹苹果	píngguǒ	명 사과
1389	⁵凭	píng	전 ~에 의거하여
1390	³瓶子	píngzi	명 병
1391	⁵迫切	pòqiè	형 절박하다, 다급하다
1392	⁴破	pò	통 파손되다, 찢어지다
1393	⁵破产	pò//chǎn	통 파산하다, 도산하다
1394	⁵破坏	pòhuài	통 파괴하다
1395	⁴葡萄	pútao	명 포도
1396	⁴普遍	pǔbiàn	형 보편적인, 일반적인
1397	⁴普通话	pǔtōnghuà	명 현대 중국 표준어
1398	¹七	qī	수 7, 일곱
1399	²妻子	qīzi	명 아내
1400	⁵期待	qīdài	통 기대하다
1401	⁵期间	qījiān	명 기간, 시간
1402	⁴其次	qícì	대 순서상으로 부차적인 것, 그 다음
1403	³其实	qíshí	부 사실은, 실제는
1404	³其他	qítā	대 기타, 그 외
1405	⁵其余	qíyú	대 나머지, 남은 것
1406	⁴其中	qízhōng	대 그 중에, 그 안에
1407	³奇怪	qíguài	형 이상하다, 괴이하다
1408	⁵奇迹	qíjì	명 기적
1409	³骑	qí	통 타다
1410	⁵企业	qǐyè	명 기업
1411	⁵启发	qǐfā	명 깨우침, 영감 통 일깨우다, 계발하다
1412	²起床	qǐ//chuáng	통 (잠자리에서) 일어나다
1413	³起飞	qǐfēi	통 이륙하다

1414	³起来	qǐ//lái	동 일어나다
1415	⁵气氛	qìfēn	명 분위기
1416	⁴气候	qìhòu	명 기후
1417	⁵汽油	qìyóu	명 휘발유, 가솔린
1418	²千	qiān	수 1,000, 천
1419	⁴千万	qiānwàn	부 부디, 제발
1420	²铅笔	qiānbǐ	명 연필
1421	⁵谦虚	qiānxū	형 겸손하다, 겸허하다
1422	⁵签	qiān	동 서명하다
1423	⁴签证	qiānzhèng	명 비자, 사증
1424	¹前面	qiánmiàn	명 앞
1425	⁵前途	qiántú	명 전도, 전망, 미래
1426	¹钱	qián	명 돈
1427	⁵浅	qiǎn	형 얕다, 옅다, 쉽다, (감정이) 깊지 않다
1428	⁵欠	qiàn	동 빚지다
1429	⁵枪	qiāng	명 총
1430	⁵强调	qiángdiào	동 강조하다
1431	⁵强烈	qiángliè	형 강렬하다, 맹렬하다
1432	⁵墙	qiáng	명 담장, 벽
1433	⁵抢	qiǎng	동 빼앗다, 약탈하다
1434	⁵悄悄	qiāoqiāo	부 은밀히, 몰래
1435	⁴敲	qiāo	동 두드리다
1436	⁴桥	qiáo	명 다리, 교량
1437	⁵瞧	qiáo	동 보다
1438	⁴巧克力	qiǎokèlì	명 초콜릿
1439	⁵巧妙	qiǎomiào	형 교묘하다
1440	⁵切	qiē	동 끊다, 자르다

1441	⁵亲爱	qīn'ài	형 친애하는
1442	⁴亲戚	qīnqi	명 친척
1443	⁵亲切	qīnqiè	형 친절하다
1444	⁵亲自	qīnzì	부 직접, 손수, 친히
1445	⁵勤奋	qínfèn	형 부지런하다, 열심히 하다
1446	⁵青	qīng	형 푸르다, 젊다
1447	⁵青春	qīngchūn	명 청춘
1448	⁵青少年	qīngshàonián	명 청소년
1449	⁴轻	qīng	형 가볍다
1450	⁵轻视	qīngshì	동 경시하다, 무시하다
1451	⁴轻松	qīngsōng	형 수월하다, 부담이 없다
1452	⁵轻易	qīngyì	형 수월하다, 간단하다 부 함부로, 쉽사리
1453	³清楚	qīngchu	형 분명하다, 뚜렷하다
1454	⁵清淡	qīngdàn	형 음식이 기름지지 않고 담백하다
1455	⁵情景	qíngjǐng	명 정경, 광경
1456	⁴情况	qíngkuàng	명 상황, 정황, 형편, 사정
1457	⁵情绪	qíngxù	명 마음, 기분, 정서
1458	²晴	qíng	형 하늘이 맑다
1459	¹请	qǐng	동 청하다, 초청하다, 부탁하다
1460	³请假	qǐng//jià	동 휴가를 신청하다
1461	⁵请求	qǐngqiú	명 요구, 요청 동 요청하다, 부탁하다
1462	⁵庆祝	qìngzhù	동 경축하다
1463	⁴穷	qióng	형 빈곤하다, 궁하다
1464	³秋	qiū	명 가을
1465	⁵球迷	qiúmí	명 축구 팬, 구기운동을 좋아하는 사람
1468	⁴区别	qūbié	명 구별, 차이 동 구별하다
1467	⁵趋势	qūshì	명 추세

1468	⁴取	qǔ	동 취하다, 받다
1469	⁵取消	qǔxiāo	동 취소하다
1470	⁵娶	qǔ	동 아내를 얻다, 장가들다
1471	¹去	qù	동 가다, 떠나다
1472	²去年	qùnián	명 작년
1473	⁵去世	qùshì	동 돌아가다
1474	⁵圈	quān	명 주위, 둘레, 주변, 바퀴, 범위
1475	⁵权力	quánlì	명 권력
1476	⁵权利	quánlì	명 권리
1477	⁴全部	quánbù	명 전부, 전체, 모두
1478	⁵全面	quánmiàn	명 전면, 전반 형 전면적이다, 총체적이다
1479	⁵劝	quàn	동 권하다, 권고하다
1480	⁴缺点	quēdiǎn	명 결점, 단점
1481	⁵缺乏	quēfá	동 모자라다, 결핍되다
1482	⁴缺少	quēshǎo	동 부족하다, 모자라다
1483	⁴却	què	부 ~지만, ~하지만
1484	⁵确定	quèdìng	동 확정하다
1485	⁵确认	quèrèn	동 확인하다
1486	⁴确实	quèshí	형 확실하다 부 확실히
1487	³裙子	qúnzi	명 치마, 스커트
1488	⁵群	qún	양 무리, 떼
1489	⁴然而	rán'ér	접 그러나, 하지만, 그렇지만
1490	³然后	ránhòu	접 그런 후에, 그 다음에
1491	⁵燃烧	ránshāo	동 연소하다, 타다
1492	²让	ràng	동 사양하다, 양보하다, ~하도록 시키다 전 ~에게 (~에 의해) (당하다)
1493	⁵绕	rào	동 맴돌다, 돌다

1494	¹热	rè	형 덥다, 뜨겁다 동 가열하다 명 열
1495	⁵热爱	rè'ài	동 뜨겁게 사랑하다
1496	⁵热烈	rèliè	형 열렬하다
1497	⁴热闹	rènao	형 번화하다, 스글벅적하다 동 떠들썩하게 놀다
1498	³热情	rèqíng	형 열정적이다, 친절하다
1499	⁵热心	rèxīn	형 열심이다, 열성적이다
1500	¹人	rén	명 사람, 인간

Day 13

1501	⁵人才	réncái	명 인재
1502	⁵人口	rénkǒu	명 인구
1503	⁵人类	rénlèi	명 인류
1504	⁵人民币	rénmínbì	명 런민비, 인민폐, 위안화
1505	⁵人生	rénshēng	명 인생
1506	⁵人事	rénshì	명 인사, 인간사
1507	⁵人物	rénwù	명 인물
1508	⁵人员	rényuán	명 인원, 요원
1509	⁵忍不住	rěnbuzhù	동 견딜 수 없다, 참지 못하고 ~하다
1510	¹认识	rènshi	동 알다, 인식하다
1511	³认为	rènwéi	동 ~라고 여기다, ~라고 생각하다
1512	³认真	rènzhēn	형 진지하다, 착실하다
1513	⁴任何	rènhé	대 어떠한
1514	⁴任务	rènwu	명 임무
1515	⁴扔	rēng	동 던지다
1516	⁴仍然	réngrán	부 변함없이, 여전히

1517	²日	rì	몡 해, 일, 날
1518	⁵日常	rìcháng	혱 일상의
1519	⁵日程	rìchéng	몡 일정
1520	⁴日记	rìjì	몡 일기
1521	⁵日历	rìlì	몡 일력
1522	⁵日期	rìqī	몡 날짜, 기간
1523	⁵日用品	rìyòngpǐn	몡 일용품
1524	⁵日子	rìzǐ	몡 날, 날짜, 생활, 살림, 형편
1525	³容易	róngyì	혱 쉽다
1526	³如果	rúguǒ	젭 만약
1527	⁵如何	rúhé	떼 어떠한가, 어떻게
1528	⁵如今	rújīn	몡 이제, 현재
1529	⁴入口	rùkǒu	몡 입구
1530	⁵软	ruǎn	혱 부드럽다
1531	⁵软件	ruǎnjiàn	몡 소프트웨어
1532	⁵弱	ruò	혱 약하다
1533	⁵洒	sǎ	동 뿌리다, 쏟다
1534	¹三	sān	수 3, 셋
1535	³伞	sǎn	몡 우산
1536	⁴散步	sàn//bù	동 산보하다, 산책하다
1537	⁵嗓子	sǎngzi	몡 목소리
1538	⁵色彩	sècǎi	몡 색채, 색깔
1539	⁴森林	sēnlín	몡 삼림, 숲
1540	⁵杀	shā	동 죽이다
1541	⁴沙发	shāfā	몡 소파
1542	⁵沙漠	shāmò	몡 사막
1543	⁵沙滩	shātān	몡 모래사장, 백사장
1544	⁵傻	shǎ	혱 어리석다, 우둔하다
1545	⁵晒	shài	동 햇볕을 쬐다, 햇볕에 말리다

R·S

1546	⁵删除	shānchú	동 삭제하다, 지우다
1547	⁵闪电	shǎndiàn	명 번개
1548	⁵扇子	shànzi	명 부채
1549	⁵善良	shànliáng	형 선량하다, 착하다
1550	⁵善于	shànyú	동 ~를 잘하다, ~에 능하다
1551	⁵伤害	shānghài	동 (몸이나 정신, 감정을) 해치다
1552	⁴伤心	shāng//xīn	동 상심하다, 슬퍼하다
1553	¹商店	shāngdiàn	명 상점
1554	⁴商量	shāngliang	동 상의하다, 의논하다, 협의하다
1555	⁵商品	shāngpǐn	명 상품
1556	⁵商务	shāngwù	명 비즈니스, 사업상의 업무
1557	⁵商业	shāngyè	명 상업, 비즈니스
1558	¹上	shàng	명 위, 지난 동 올라가다, 가다, 내놓다, 바르다
1559	²上班	shàng//bān	동 출근하다
1560	⁵上当	shàng//dàng	동 속다, 꾐에 빠지다
1561	³上网	shàng//wǎng	동 인터넷을 하다
1562	¹上午	shàngwǔ	명 오전, 상오
1563	⁴稍微	shāowēi	부 조금, 약간
1564	⁴勺子	sháozi	명 국자, 수저
1565	¹少	shǎo	형 적다 동 부족하다, 빠지다
1566	⁵蛇	shé	명 뱀
1567	⁵舍不得	shěbude	동 아껴서 차마 ~하지 못하다, 아쉬워하다
1568	⁵设备	shèbèi	명 설비, 시설
1569	⁵设计	shèjì	동 설계하다, 디자인하다
1570	⁵设施	shèshī	명 시설
1571	⁴社会	shèhuì	명 사회
1572	⁵射击	shèjī	동 사격하다, 쏘다
1573	⁵摄影	shèyǐng	동 사진을 찍다, 촬영하다
1574	¹谁	shéi	대 누구

1575	⁴申请	shēnqǐng	동 신청하다
1576	⁵伸	shēn	동 펴다, 내밀다
1577	⁵身材	shēncái	명 몸매, 체격
1578	⁵身份	shēnfèn	명 신분
1579	²身体	shēntǐ	명 몸, 신체
1580	⁴深	shēn	형 깊다
1581	⁵深刻	shēnkè	형 깊다
1582	¹什么	shénme	대 무엇, 무슨
1583	⁵神话	shénhuà	명 신화
1584	⁵神秘	shénmì	형 신비하다
1585	⁴甚至	shènzhì	접 심지어, ~까지도
1586	⁵升	shēng	동 오르다, 올라가다
1587	²生病	shēng//bìng	동 병이 나다
1588	⁵生产	shēngchǎn	동 생산하다
1589	⁵生动	shēngdòng	형 생동감 있다, 생생하다
1590	⁴生活	shēnghuó	명 생활
1591	⁴生命	shēngmìng	명 생명
1592	³生气	shēng//qì	동 화내다
1593	²生日	shēngrì	명 생일
1594	⁴生意	shēngyi	명 장사
1595	⁵生长	shēngzhǎng	동 성장하다, 나고 자라다
1596	⁵声调	shēngdiào	명 성조
1597	³声音	shēngyīn	명 소리, 목소리
1598	⁵绳子	shéngzi	명 새끼, 밧줄
1599	⁴省	shěng	동 절약하다
1600	⁵省略	shěnglüè	동 생략하다
1601	⁵胜利	shènglì	명 승리 동 승리하다
1602	⁴剩	shèng	동 남다
1603	⁴失败	shībài	동 실패하다

1604	⁵失眠	shī//mián	동 잠을 이루지 못하다
1605	⁵失去	shīqù	동 잃다, 잃어버리다
1606	⁴失望	shīwàng	동 실망하다
1607	⁵失业	shī//yè	동 직업을 잃다
1608	⁴师傅	shīfu	명 스승, 사부, 선생님
1609	⁵诗	shī	명 시
1610	⁵狮子	shīzi	명 사자
1611	⁵湿润	shīrùn	형 촉촉하다, 습윤하다
1612	¹十	shí	수 10, 열
1613	⁴十分	shífēn	부 매우, 아주
1614	⁵石头	shítou	명 돌
1615	⁵时差	shíchā	명 시차
1616	⁵时代	shídài	명 시대, 시기
1617	¹时候	shíhou	명 때, 시각
1618	²时间	shíjiān	명 시간
1619	⁵时刻	shíkè	명 시각, 시간
1620	⁵时髦	shímáo	형 유행이다, 최신식이다
1621	⁵时期	shíqī	명 시기
1622	⁵时尚	shíshàng	명 시대적 유행, 시류
1623	⁵实话	shíhuà	명 실화, 참말
1624	⁴实际	shíjì	형 실제의 명 실제
1625	⁵实践	shíjiàn	동 실천하다 명 실천, 실행

1626	⁵实习	shíxí	동 실습하다
1627	⁵实现	shíxiàn	동 실현하다, 달성하다
1628	⁵实验	shíyàn	명 실험 동 실험하다
1629	⁵实用	shíyòng	형 실용적이다
1630	⁴实在	shízài	부 확실히, 정말, 참으로
1631	⁵食物	shíwù	명 음식물
1632	⁴使	shǐ	동 (~에게) ~시키다, ~하게 하다
1633	⁵使劲儿	shǐ//jìnr	동 힘껏 하다
1634	⁴使用	shǐyòng	동 사용하다, 쓰다
1635	⁵始终	shǐzhōng	명 처음과 끝 부 줄곧
1636	⁵士兵	shìbīng	명 병사, 사병
1637	⁴世纪	shìjì	명 세기
1638	³世界	shìjiè	명 세계
1639	⁵市场	shìchǎng	명 시장
1640	⁵似的	shìde	조 ~과[와] 같다
1641	²事情	shìqing	명 일, 사건
1642	⁵事实	shìshí	명 사실
1643	⁵事物	shìwù	명 사물
1644	⁵事先	shìxiān	명 사전, 미리
1645	³试	shì	동 시험삼아 해보다, 시험하다
1646	⁵试卷	shìjuàn	명 시험지
1647	¹是	shì	동 ~이다
1648	⁴是否	shìfǒu	부 ~인지 아닌지
1649	⁴适合	shìhé	동 적합하다, 부합하다
1650	⁴适应	shìyìng	동 적응하다
1651	⁴收	shōu	동 받다, 접수하다
1652	⁵收获	shōuhuò	동 수확하다, 추수하다 명 수확물, 성과물

1653	⁵收据	shōujù	몡 영수증, 수취증
1654	⁴收入	shōurù	몡 수입, 소득
1655	⁴收拾	shōushi	동 정리하다, 치우다
1656	²手表	shǒubiǎo	몡 손목시계
1657	⁵手工	shǒugōng	몡 수공, 손으로 하는 일
1658	²手机	shǒujī	몡 휴대전화
1659	⁵手术	shǒushù	몡 수술, 동 수술하다
1660	⁵手套	shǒutào	몡 장갑
1661	⁵手续	shǒuxù	몡 수속, 절차
1662	⁵手指	shǒuzhǐ	몡 손가락
1663	⁵首	shǒu	몡 머리, 처음, 우두머리, 부 최초로, 형 고의, 최초의 양 (시를 세는) 수
1664	⁴首都	shǒudū	몡 수도
1665	⁴首先	shǒuxiān	부 가장 먼저
1666	⁵寿命	shòumìng	몡 수명, 명
1667	⁴受不了	shòubuliǎo	견딜 수 없다
1668	⁴受到	shòudào	동 받다
1669	⁵受伤	shòu//shāng	동 부상당하다, 상처를 입다
1670	⁴售货员	shòuhuòyuán	몡 판매원
1671	³瘦	shòu	형 마르다, 여위다
1672	¹书	shū	몡 책
1673	⁵书架	shūjià	몡 책꽂이
1674	³叔叔	shūshu	몡 숙부, 작은아버지, 삼촌
1675	⁵梳子	shūzi	몡 빗
1676	³舒服	shūfu	형 편안하다
1677	⁵舒适	shūshì	형 쾌적하다, 편하다
1678	⁴输	shū	동 패하다, 지다
1679	⁵输入	shūrù	동 입력하다
1680	⁵蔬菜	shūcài	몡 채소, 야채

1681	⁵熟练	shúliàn	형 능숙하다, 숙련되다
1682	⁴熟悉	shúxī	형 잘 알다, 숙지하다
1683	⁵属于	shǔyú	동 ~에 속하다
1684	⁵鼠标	shǔbiāo	명 마우스
1685	⁵数	shǔ	동 세다, 헤아리다
1686	³树	shù	명 나무, 수목
1687	⁵数据	shùjù	명 데이터
1688	⁴数量	shùliàng	명 수량, 양
1689	⁵数码	shùmǎ	명 디지털
1690	³数学	shùxué	명 수학
1691	⁴数字	shùzì	명 숫자
1692	³刷牙	shuā//yá	동 이를 닦다
1693	⁵摔倒	shuāi//dǎo	동 쓰러지다, 자빠지다
1694	⁵甩	shuǎi	동 휘두르다, 내젓다, 뿌리치다, 흔들다, 떼 버리다
1695	⁴帅	shuài	형 잘생기다, 멋지다
1696	³双	shuāng	양 짝, 켤레, 쌍
1697	⁵双方	shuāngfāng	명 쌍방, 양쪽
1698	¹水	shuǐ	명 물
1699	¹水果	shuǐguǒ	명 과일, 과실
1700	³水平	shuǐpíng	명 수준
1701	⁵税	shuì	명 세금, 세
1702	¹睡觉	shuì//jiào	동 자다
1703	⁴顺便	shùnbiàn	부 ~하는 김에
1704	⁴顺利	shùnlì	형 순조롭다
1705	⁴顺序	shùnxù	명 순서, 차례
1706	¹说	shuō	동 말하다, 설명하다, 가리키다, 나무라다
1707	⁵说不定	shuōbudìng	부 아마, 짐작컨대, 대개
1708	⁵说服	shuō//fú	동 설복하다, 설득하다
1709	²说话	shuō//huà	동 말하다

1710	⁴说明	shuōmíng	통 설명하다, 해설하다
1711	⁴硕士	shuòshì	명 석사
1712	³司机	sījī	명 기사, 운전사
1713	⁵丝绸	sīchóu	명 비단
1714	⁵丝毫	sīháo	부 조금도, 추호도
1715	⁵私人	sīrén	명 민간, 개인
1716	⁵思考	sīkǎo	통 사고하다, 깊이 생각하다
1717	⁵思想	sīxiǎng	명 사상, 의식
1718	⁵撕	sī	통 손으로 찢다
1719	⁴死	sǐ	통 죽다
1720	¹四	sì	수 4, 넷
1721	⁵似乎	sìhū	부 마치 ~인 것 같다
1722	²送	sòng	통 보내다, 배웅하다, 선물하다
1723	⁵搜索	sōusuǒ	통 수색하다, 검색하다
1724	⁴速度	sùdù	명 속도
1725	⁵宿舍	sùshè	명 기숙사
1726	⁴塑料袋	sùliàodài	명 비닐 봉투
1727	⁴酸	suān	형 (맛이) 시다
1728	²虽然…… 但是……	suīrán…… dànshì……	비록 ~이지만 그러나~
1729	⁴随便	suíbiàn	부 마음대로, 함부로 통 마음대로 하다 형 제멋대로 하다
1730	⁵随身	suíshēn	형 몸에 지니다
1731	⁵随时	suíshí	부 수시로, 언제나
1732	⁵随手	suíshǒu	부 ~하는 김에, 겸해서, 손가는대로
1733	⁴随着	suízhe	통 ~에 따르다
1734	¹岁	suì	양 살, 세
1735	⁵碎	suì	통 부서지다, 깨지다, 부수다
1736	⁴孙子	sūnzi	명 손자
1737	⁵损失	sǔnshī	통 소모하다, 소비하다 명 손실, 손해

1738	⁵缩短	suōduǎn	동 단축하다, 줄이다
1739	⁵所	suǒ	양 채, 동 (건물을 셀 때 쓰임)
1740	⁴所有	suǒyǒu	형 모든, 전부의
1741	⁵锁	suǒ	명 자물쇠 동 잠그다
1742	¹他	tā	대 그, 그 사람
1743	²它	tā	대 그, 저, 그것, 저것
1744	¹她	tā	대 그녀
1745	⁴台	tái	양 (기계·차량·설비 등을 세는) 대
1746	⁵台阶	táijiē	명 층계, 계단
1747	⁴抬	tái	동 들어올리다
1748	¹太	tài	부 대단히, 매우, 지나치게
1749	⁵太极拳	tàijíquán	명 태극권
1750	⁵太太	tàitai	명 처, 아내

Day 15

1751	³太阳	tàiyáng	명 태양, 해
1752	⁴态度	tàidu	명 태도
1753	⁴谈	tán	동 말하다
1754	⁵谈判	tánpàn	동 담판하다
1755	⁴弹钢琴	tán gāngqín	피아노를 치다
1756	⁵坦率	tǎnshuài	형 솔직하다, 담백하다
1757	⁴汤	tāng	명 국, 탕
1758	⁴糖	táng	명 설탕, 사탕
1759	⁴躺	tǎng	동 눕다, 드러눕다
1760	⁵烫	tàng	형 몹시 뜨겁다 동 데다, 데우다, 다림질하다

1761	⁴趟	tàng	양 차례, 번
1762	⁵逃	táo	동 도망치다, 달아나다
1763	⁵逃避	táobì	동 도피하다
1764	⁵桃	táo	명 복숭아
1765	⁵淘气	táo//qì	형 장난이 심하다
1766	⁵讨价还价	tǎojià huánjià	성 값을 흥정하다
1767	⁴讨论	tǎolùn	동 토론하다
1768	⁴讨厌	tǎoyàn	동 싫어하다, 미워하다
1769	⁵套	tào	양 세트
1770	³特别	tèbié	형 특별하다 부 특히
1771	⁴特点	tèdiǎn	명 특색, 특징
1772	⁵特色	tèsè	명 특색, 특징
1773	⁵特殊	tèshū	형 특수하다
1774	⁵特征	tèzhēng	명 특징
1775	³疼	téng	형 아프다
1776	⁵疼爱	téng'ài	동 매우 귀여워하다
1777	²踢足球	tī zúqiú	축구를 하다
1778	⁴提	tí	동 끌어올리다, 제기하다, 들다
1779	⁵提倡	tíchàng	동 제창하다
1780	⁵提纲	tígāng	명 요점, 요강
1781	³提高	tí//gāo	동 제고하다, 향상시키다
1782	⁴提供	tígōng	동 제공하다, 공급하다
1783	⁴提前	tíqián	동 앞당기다
1784	⁵提问	tíwèn	동 질문하다
1785	⁴提醒	tí//xǐng	동 일깨우다, 깨우치다
1786	²题	tí	명 문제
1787	⁵题目	tímù	명 제목
1788	⁵体会	tǐhuì	동 체득하다
1789	⁵体贴	tǐtiē	동 자상하게 돌보다

1790	⁵体现	tǐxiàn	동 구현하다, 체현하다
1791	⁵体验	tǐyàn	명 체험 동 체험하다
1792	³体育	tǐyù	명 체육
1793	⁵天空	tiānkōng	명 하늘
1794	¹天气	tiānqì	명 날씨, 일기
1795	⁵天真	tiānzhēn	형 천진하다
1796	³甜	tián	형 달다, 달콤하다
1797	⁴填空	tián//kòng	동 빈 칸에 써 넣다
1798	³条	tiáo	양 가늘고 긴 것을 세는 단위
1799	⁴条件	tiáojiàn	명 조건
1800	⁵调皮	tiáopí	형 장난스럽다
1801	⁵调整	tiáozhěng	동 조정하다, 조절하다 명 조정
1802	⁵挑战	tiǎo//zhàn	명 도전 동 도전하다
1803	²跳舞	tiào//wǔ	동 춤을 추다
1804	¹听	tīng	동 듣다, 듣고 따르다
1805	⁴停	tíng	동 정지하다, 멎다, 세우다, 체류하다
1806	⁴挺	tǐng	부 상당히, 대단히
1807	⁵通常	tōngcháng	명 보통, 통상
1808	⁴通过	tōngguò	동 건너가다, 통과하다
1809	⁴通知	tōngzhī	동 통지하다, 알리다
1810	⁴同情	tóngqíng	동 동정하다
1811	⁴同时	tóngshí	명 동시, 같은 시간
1812	³同事	tóngshì	명 동료
1813	¹同学	tóngxué	명 동창, 학우, 학교 친구
1814	³同意	tóngyì	동 동의하다
1815	⁵统一	tǒngyī	동 통일하다
1816	⁵痛苦	tòngkǔ	명 고통, 아픔 형 고통스럽다
1817	⁵痛快	tòngkuài	형 통쾌하다, 즐겁다
1818	⁵偷	tōu	동 훔치다

1819	³头发	tóufa	몡 머리카락, 머리털
1820	⁵投入	tóurù	동 뛰어들다, 투자하다 형 몰입되다 몡 투자
1821	⁵投资	tóu//zī	동 투자하다
1822	⁵透明	tòumíng	형 투명하다
1823	⁵突出	tūchū	형 두드러지다, 뛰어나다 동 두드러지게 하다
1824	³突然	tūrán	형 갑작스럽다 부 갑자기, 문득
1825	³图书馆	túshūguǎn	몡 도서관
1826	⁵土地	tǔdì	몡 토지, 땅
1827	⁵土豆	tǔdòu	몡 감자
1828	⁵吐	tù	동 토하다
1829	⁵兔子	tùzi	몡 토끼
1830	⁵团	tuán	몡 단체, 집단
1831	⁴推	tuī	동 밀다
1832	⁴推迟	tuīchí	동 뒤로 미루다, 늦추다
1833	⁵推辞	tuīcí	동 거절하다, 사양하다
1834	⁵推广	tuīguǎng	동 널리 보급하다, 일반화하다
1835	⁵推荐	tuījiàn	동 추천하다
1836	³腿	tuǐ	몡 다리
1837	⁵退	tuì	동 물러나다, 물러서다, 물리다, 바래다, (열이) 내려가다
1838	⁵退步	tuì//bù	동 퇴보하다
1839	⁵退休	tuì//xiū	동 퇴직하다
1840	⁴脱	tuō	동 몸에서 벗다
1841	⁴袜子	wàzi	몡 양말, 스타킹
1842	⁵歪	wāi	형 비뚤다
1843	²外	wài	몡 밖, 바깥
1844	⁵外公	wàigōng	몡 외할아버지
1845	⁵外交	wàijiāo	몡 외교
1846	²完	wán	동 마치다, 끝나다
1847	³完成	wán//chéng	동 완성하다

1848	⁵完美	wánměi	웹 완미하다, 완벽하다
1849	⁴完全	wánquán	뷔 완전히 혭 완전하다
1850	⁵完善	wánshàn	혭 완전하다 圐 완벽하게 하다
1851	⁵完整	wánzhěng	혭 완정하다, 온전하다
1852	²玩	wán	圐 놀다, 놀이하다
1853	⁵玩具	wánjù	웹 장난감, 완구
1854	²晚上	wǎnshang	웹 저녁
1855	³碗	wǎn	웹 그릇 얭 그릇
1856	³万	wàn	쉬 10,000, 만
1857	⁵万一	wànyī	젭 만일, 만약
1858	⁵王子	wángzǐ	웹 왕자
1859	⁵网络	wǎngluò	웹 네트워크, 사이버
1860	⁴网球	wǎngqiú	웹 테니스
1861	⁴网站	wǎngzhàn	웹 웹사이트
1862	²往	wǎng	젠 ~로 향하여
1863	⁵往返	wǎngfǎn	圐 왕복하다
1864	⁴往往	wǎngwǎng	뷔 왕왕, 자주
1865	³忘记	wàngjì	圐 잊다
1866	⁵危害	wēihài	圐 해를 끼치다 웹 위해, 해
1867	⁴危险	wēixiǎn	혭 위험하다 웹 위험
1868	⁵威胁	wēixié	圐 위협하다
1869	⁵微笑	wēixiào	圐 미소를 짓다 웹 미소
1870	⁵违反	wéifǎn	圐 위반하다, 위배하다
1871	⁵围巾	wéijīn	웹 목도리, 스카프
1872	⁵围绕	wéirào	圐 주위를 돌다
1873	⁵唯一	wéiyī	혭 유일한
1874	⁵维修	wéixiū	圐 보수하다
1875	⁵伟大	wěidà	혭 위대하다

1876	⁵尾巴	wěiba	명 꼬리
1877	⁵委屈	wěiqū	형 억울하다 동 억울하게 만들다
1878	⁴卫生间	wèishēngjiān	명 화장실
1879	³为	wèi	전 ~을[를] 위하여, ~때문에
1880	³为了	wèile	전 ~을[를] 하기 위하여
1881	²为什么	wèi shénme	왜, 어째서
1882	⁵未必	wèibì	부 반드시 ~한 것은 아니다
1883	⁵未来	wèilái	명 미래
1884	³位	wèi	양 (사람을 세는 단위) 분, 명
1885	⁵位于	wèiyú	동 ~에 위치하다
1886	⁵位置	wèizhì	명 위치
1887	⁴味道	wèidào	명 맛
1888	⁵胃	wèi	명 위
1889	⁵胃口	wèikǒu	명 식욕
1890	¹喂	wèi	감 야, 이봐, 여보세요
1891	⁴温度	wēndù	명 온도
1892	⁵温暖	wēnnuǎn	형 따뜻하다, 온난하다 동 따뜻하게 하다
1893	⁵温柔	wēnróu	형 온유하다, 따뜻하고 부드럽다
1894	³文化	wénhuà	명 문화, 교육수준
1895	⁵文件	wénjiàn	명 공문, 서류
1896	⁵文具	wénjù	명 문구, 문방구
1897	⁵文明	wénmíng	명 문명
1898	⁵文学	wénxué	명 문학
1899	⁴文章	wénzhāng	명 글, 문장
1900	⁵文字	wénzì	명 문자, 서면어, 문장
1901	⁵闻	wén	동 냄새를 맡다, 듣다
1902	⁵吻	wěn	동 키스하다

1903	⁵稳定	wěndìng	형 안정되다
1904	²问	wèn	동 묻다, 질문하다
1905	⁵问候	wènhòu	동 안부를 묻다, 문안드리다
1906	²问题	wèntí	명 문제
1907	¹我	wǒ	대 나, 저
1908	¹我们	wǒmen	대 우리
1909	⁵卧室	wòshì	명 침실
1910	⁵握手	wò//shǒu	동 악수하다, 손을 잡다
1911	⁴污染	wūrǎn	동 오염시키다, 오염되다
1912	⁵屋子	wūzi	명 방
1913	⁴无	wú	동 없다
1914	⁴无聊	wúliáo	형 심심하다
1915	⁴无论	wúlùn	접 ~에 관계 없이
1916	⁵无奈	wúnài	동 하는 수 없다 접 어쩔 수 없이
1917	⁵无数	wúshù	형 무수히 많다 동 헤아리기 어렵다
1918	⁵无所谓	wúsuǒwèi	동 상관없다, ~라고 할 정도는 아니다
1919	¹五	wǔ	수 5, 다섯
1920	⁵武术	wǔshù	명 무술
1921	⁵勿	wù	부 ~해서는 안 된다, ~하지 마라
1922	⁵物理	wùlǐ	명 물리
1923	⁵物质	wùzhì	명 물질
1924	⁴误会	wùhuì	동 오해하다 명 오해
1925	⁵雾	wù	명 안개
1926	³西	xī	명 서쪽
1927	²西瓜	xīguā	명 수박
1928	⁴西红柿	xīhóngshì	명 토마토
1929	⁵吸取	xīqǔ	동 흡수하다, 빨아들이다
1930	⁵吸收	xīshōu	동 섭취하다, 흡수하다
1931	⁴吸引	xīyǐn	동 흡인하다, 빨아당기다

1932	²希望	xīwàng	동 희망하다 명 희망
1933	³习惯	xíguàn	명 버릇, 습관 동 익숙해지다
1934	²洗	xǐ	동 씻다, 빨다
1935	³洗手间	xǐshǒujiān	명 화장실
1936	³洗澡	xǐ//zǎo	동 목욕하다, 몸을 씻다
1937	¹喜欢	xǐhuan	동 좋아하다
1938	⁵戏剧	xìjù	명 희극, 연극
1939	⁵系	xì	명 학과
1940	⁵系统	xìtǒng	명 계통, 시스템
1941	⁵细节	xìjié	명 자세한 사정, 세부 사항
1942	⁵瞎	xiā	동 눈이 멀다, 실명하다 부 제멋대로, 함부로
1943	¹下	xià	명 밑, 아래 동 내려가다, (결론을) 내리다, 넣다, 마치다
1944	¹下午	xiàwǔ	명 오후
1945	¹下雨	xià//yǔ	동 비가 오다
1946	⁵下载	xiàzài	동 다운로드하다
1947	⁵吓	xià	동 놀라다
1948	³夏	xià	명 여름
1949	⁵夏令营	xiàlìngyíng	명 하계 캠프
1950	³先	xiān	부 먼저
1951	¹先生	xiānsheng	명 선생, 씨 (성인 남성에 대한 경칭)
1952	⁵鲜艳	xiānyàn	형 화려하다
1953	⁴咸	xián	형 짜다
1954	⁵显得	xiǎnde	동 ~하게 보인다
1955	⁵显然	xiǎnrán	형 명백하다, 뚜렷하다
1956	⁵显示	xiǎnshì	동 뚜렷하게 나타내 보이다, 과시하다
1957	⁵县	xiàn	명 현 (중국 행정 구획 단위의 하나)
1958	⁵现代	xiàndài	명 현대
1959	⁴现金	xiànjīn	명 현금
1960	⁵现实	xiànshí	명 현실 형 현실적이다

1961	⁵现象	xiànxiàng	몡 현상
1962	¹现在	xiànzài	몡 현재, 이제
1963	⁵限制	xiànzhì	몡 제한 동 제한하다
1964	⁴羡慕	xiànmù	동 흠모하다, 부러워하다
1965	⁵相处	xiāngchǔ	동 함께 지내다
1966	⁵相当	xiāngdāng	부 상당히, 무척 형 비슷하다
1967	⁵相对	xiāngduì	부 비교적, 상대적으로 형 상대적이다
1968	⁴相反	xiāngfǎn	접 반대로 동 상반되다
1969	⁵相关	xiāngguān	동 관계가 있다
1970	⁵相似	xiāngsì	형 닮다, 비슷하다
1971	⁴相同	xiāngtóng	형 서로 같다, 일치하다
1972	³相信	xiāngxìn	동 믿다, 신임하다
1973	⁴香	xiāng	형 향기롭다, 맛이 좋다
1974	⁵香肠	xiāngcháng	몡 소시지
1975	³香蕉	xiāngjiāo	몡 바나나
1976	⁴详细	xiángxì	형 상세하다, 자세하다
1977	⁵享受	xiǎngshòu	동 향유하다, 즐기다
1978	⁴响	xiǎng	동 울리다 형 소리가 크다
1979	¹想	xiǎng	조동 ~하고 싶다 동 생각하다, 그리워하다
1980	⁵想念	xiǎngniàn	동 그리워하다, 생각하다
1981	⁵想像	xiǎngxiàng	동 상상하다 몡 상상
1982	³向	xiàng	전 ~로, ~을[를] 향하여
1983	⁵项	xiàng	양 항목
1984	⁵项链	xiàngliàn	몡 목걸이
1985	⁵项目	xiàngmù	몡 항목, 조목
1986	⁵象棋	xiàngqí	몡 중국식 장기
1987	⁵象征	xiàngzhēng	동 상징하다, 표시하다 몡 상징
1988	³像	xiàng	동 같다, 비슷하다, 닮다
1989	⁴橡皮	xiàngpí	몡 지우개

1990	⁵消费	xiāofèi	동 소비하다
1991	⁵消化	xiāohuà	동 소화하다
1992	⁵消极	xiāojí	형 소극적이다
1993	⁵消失	xiāoshī	동 소실되다, 없어지다, 사라지다
1994	⁴消息	xiāoxi	명 소식
1995	⁵销售	xiāoshòu	동 팔다, 판매하다
1996	¹小	xiǎo	형 작다, 어리다, (서열이) 맨끝의
1997	⁴小吃	xiǎochī	명 간단한 먹을거리, 간식
1998	⁴小伙子	xiǎohuǒzi	명 젊은 청년, 총각
1999	¹小姐	xiǎojiě	명 아가씨
2000	⁵小麦	xiǎomài	명 밀

Day 17

2001	⁵小气	xiǎoqì	형 인색하다, 박하다, 좀스럽다
2002	²小时	xiǎoshí	명 시간
2003	⁴小说	xiǎoshuō	명 소설
2004	³小心	xiǎoxīn	동 조심하다
2005	⁵孝顺	xiàoshùn	동 효도하다
2006	³校长	xiàozhǎng	명 학교장
2007	²笑	xiào	동 웃다
2008	⁴笑话	xiàohua	명 우스운 이야기 동 비웃다, 조소하다
2009	⁴效果	xiàoguǒ	명 효과
2010	⁵效率	xiàolǜ	명 능률, 효율
2011	¹些	xiē	양 조금, 약간
2012	⁵歇	xiē	동 휴식하다, 쉬다

2013	⁵斜	xié	형 기울다
2014	¹写	xiě	동 글씨를 쓰다
2015	⁵写作	xiězuò	동 글을 짓다, 저작하다
2016	¹谢谢	xièxie	동 감사하다, 고맙다
2017	⁵心理	xīnlǐ	명 심리
2018	⁴心情	xīnqíng	명 심정, 기분
2019	⁵心脏	xīnzàng	명 심장
2020	⁴辛苦	xīnkǔ	형 고생스럽다
2021	⁵欣赏	xīnshǎng	동 감상하다, 마음에 들다
2022	²新	xīn	형 새로운
2023	³新闻	xīnwén	명 뉴스
2024	³新鲜	xīnxiān	형 신선하다, 싱싱하다
2025	⁴信封	xìnfēng	명 편지 봉투
2026	⁵信号	xìnhào	명 신호, 사인
2027	⁵信任	xìnrèn	동 신임하다, 신뢰하다 명 신임, 신뢰
2028	⁴信息	xìnxī	명 정보
2029	⁴信心	xìnxīn	명 자신, 신념
2030	³信用卡	xìnyòngkǎ	명 신용카드
2031	⁴兴奋	xīngfèn	형 격동하다, 격분하다, 흥분하다
2032	¹星期	xīngqī	명 주일, 요일
2033	⁴行	xíng	동 유능하다, 걷다, 가다, ~해도 좋다
2034	⁵行动	xíngdòng	동 몸을 움직이다, 행동하다 명 행위, 행동
2035	³行李箱	xínglixiāng	명 짐가방
2036	⁵行人	xíngrén	명 길을 가는 사람, 행인
2037	⁵行为	xíngwéi	명 행위, 행동
2038	⁵形成	xíngchéng	동 형성되다, 이루어지다
2039	⁵形容	xíngróng	동 형용하다, 묘사하다
2040	⁵形式	xíngshì	명 형식, 형태
2041	⁵形势	xíngshì	명 형편, 상황

2042	⁵形象	xíngxiàng	몡 이미지, 형상
2043	⁵形状	xíngzhuàng	몡 형상, 물체의 외관
2044	⁴醒	xǐng	동 잠에서 깨다
2045	⁴幸福	xìngfú	형 행복하다 몡 행복
2046	⁵幸亏	xìngkuī	부 다행히
2047	⁵幸运	xìngyùn	몡 행운 형 운이 좋다, 행운이다
2048	⁴性别	xìngbié	몡 성별
2049	⁴性格	xìnggé	몡 성격
2050	⁵性质	xìngzhì	몡 성질
2051	²姓	xìng	몡 성, 성씨 동 성이 ~이다
2052	⁵兄弟	xiōngdi	몡 동생, 아우
2053	⁵胸	xiōng	몡 가슴, 흉부
2054	³熊猫	xióngmāo	몡 팬더
2055	²休息	xiūxi	동 휴식하다, 쉬다
2056	⁵休闲	xiūxián	동 한가하게 지내다
2057	⁵修改	xiūgǎi	동 고치다, 수정하다
2058	⁴修理	xiūlǐ	동 수리하다, 수선하다
2059	⁵虚心	xūxīn	형 겸손하다, 겸허하다
2060	³需要	xūyào	동 필요하다
2061	⁴许多	xǔduō	형 매우 많다
2062	⁵叙述	xùshù	동 서술하다, 기술하다
2063	⁵宣布	xuānbù	동 선포하다, 공표하다
2064	⁵宣传	xuānchuán	동 선전하다, 홍보하다
2065	³选择	xuǎnzé	동 고르다, 선택하다
2066	⁵学历	xuélì	몡 학력
2067	⁴学期	xuéqī	몡 학기
2068	¹学生	xuéshēng	몡 학생
2069	⁵学术	xuéshù	몡 학술
2070	⁵学问	xuéwèn	몡 학문

2071	¹学习	xuéxí	동 공부하다, 배우다
2072	¹学校	xuéxiào	명 학교
2073	²雪	xuě	명 눈
2074	⁵血	xuè	명 피, 혈액
2075	⁵寻找	xúnzhǎo	동 찾다
2076	⁵询问	xúnwèn	동 알아보다, 물어 보다
2077	⁵训练	xùnliàn	동 훈련하다
2078	⁵迅速	xùnsù	형 신속하다, 재빠르다
2079	⁴压力	yālì	명 압력, 스트레스
2080	⁵押金	yājīn	명 보증금, 담보금
2081	⁵牙齿	yáchǐ	명 이, 치아
2082	⁴牙膏	yágāo	명 치약
2083	⁴亚洲	Yàzhōu	명 아시아주
2084	⁴呀	ya	조 조사 啊의 변형
2085	⁵延长	yáncháng	동 연장하다, 늘이다
2086	⁴严格	yángé	형 엄격하다, 엄하다
2087	⁵严肃	yánsù	형 엄숙하다, 근엄하다
2088	⁴严重	yánzhòng	형 위급하다, 심각하다
2089	⁴研究	yánjiū	동 연구하다, 고려하거나 협의하다
2090	⁴盐	yán	명 소금
2091	²颜色	yánsè	명 색, 색깔
2092	²眼睛	yǎnjing	명 눈
2093	⁴眼镜	yǎnjìng	명 안경
2094	⁴演出	yǎnchū	동 공연하다 명 공연
2095	⁵演讲	yǎnjiǎng	명 강연 동 강연하다, 연설하다
2096	⁴演员	yǎnyuán	명 배우, 연기자
2097	⁵宴会	yànhuì	명 연회, 파티
2098	²羊肉	yángròu	명 양고기
2099	⁴阳光	yángguāng	명 햇빛

2100	⁵阳台	yángtái	몡 발코니, 베란다
2101	⁴养成	yǎng//chéng	통 (습관 등을) 기르다, 배양하다
2102	⁵痒	yǎng	형 가렵다, 간지럽다
2103	⁵样式	yàngshì	몡 형식, 양식
2104	⁴样子	yàngzi	몡 모양, 모습
2105	³要求	yāoqiú	통 요구하다 몡 요구
2106	⁵腰	yāo	몡 허리
2107	⁴邀请	yāoqǐng	통 초청하다 몡 초청, 초대
2108	⁵摇	yáo	통 흔들다
2109	⁵咬	yǎo	통 물다
2110	²药	yào	몡 약, 약물
2111	²要	yào	조동 ~하려 하고 있다 통 요구하다, 청구하다 접 만약
2112	⁵要不	yàobu	접 그렇지 않으면, ~하든지(선택)
2113	⁴要是	yàoshi	접 만약 ~이라면
2114	⁴钥匙	yàoshi	몡 열쇠
2115	³爷爷	yéye	몡 할아버지
2116	²也	yě	부 ~도
2117	⁴也许	yěxǔ	부 어쩌면, 아마도
2118	⁵业务	yèwù	몡 업무
2119	⁵业余	yèyú	형 업무나 학과 시간 외의, 비전문의
2120	⁴叶子	yèzi	몡 잎
2121	⁴页	yè	몡 쪽, 면
2122	⁵夜	yè	몡 밤
2123	¹一	yī	수 1, 하나
2124	³一般	yìbān	형 보통이다, 일반적이다
2125	⁵一辈子	yíbèizi	몡 한평생, 일생

Day 18

2126	³一边	yìbiān	명 한쪽, 한 편 부 ~하면서 ~하다
2127	⁵一旦	yídàn	부 일단
2128	¹一点儿	yìdiǎnr	수량 조금
2129	³一定	yídìng	부 반드시, 꼭
2130	³一共	yígòng	부 모두, 전부
2131	³一会儿	yíhuìr	수량 잠시, 잠깐 부 ~하다가 ~하다
2132	⁵一律	yílǜ	형 일률적이다 부 일률적으로, 예외없이
2133	²一起	yìqǐ	부 같이, 함께 명 같은 장소
2134	⁴一切	yíqiè	대 일체, 모든 것
2135	²一下	yíxià	수량 한번, 한차례 부 잠깐
2136	³一样	yíyàng	형 같다
2137	⁵一再	yízài	부 수차, 거듭
2138	³一直	yìzhí	부 계속, 줄곧, 똑바로
2139	⁵一致	yízhì	형 일치하다 부 일제히, 모두
2140	¹衣服	yīfu	명 옷, 의복
2141	¹医生	yīshēng	명 의사
2142	¹医院	yīyuàn	명 병원
2143	⁵依然	yīrán	부 여전히
2144	⁵移动	yídòng	동 옮기다, 움직이다
2145	⁵移民	yí//mín	동 이민하다 명 이민
2146	⁵遗憾	yíhàn	명 유감 형 유감스럽다
2147	⁵疑问	yíwèn	명 의문
2148	⁵乙	yǐ	명 을(천간의 두 번째)
2149	²已经	yǐjing	부 이미, 벌써
2150	⁴以	yǐ	전 ~로써, ~으로, ~에 의거하여
2151	⁵以及	yǐjí	접 및, 그리고
2152	⁵以来	yǐlái	명 이래, 동안

2153	³以前	yǐqián	명 이전, 예전
2154	⁴以为	yǐwéi	동 여기다, 간주하다
2155	¹椅子	yǐzi	명 의자
2156	⁵亿	yì	수 억
2157	⁵义务	yìwù	명 의무
2158	⁴艺术	yìshù	명 예술
2159	⁵议论	yìlùn	동 의논하다, 논의하다, 비평하다
2160	⁴意见	yìjiàn	명 견해, 의견
2161	²意思	yìsi	명 의미, 뜻, 재미, 성의
2162	⁵意外	yìwài	형 의외다 명 의외의 사건
2163	⁵意义	yìyì	명 의의
2164	⁴因此	yīncǐ	접 이로 인하여
2165	⁵因而	yīn'ér	접 그러므로
2166	⁵因素	yīnsù	명 요소, 성분
2167	²因为······所以······	yīnwèi······ suǒyǐ······	～이기 때문에 그래서 ～
2168	²阴	yīn	형 흐리다
2169	³音乐	yīnyuè	명 음악
2170	⁵银	yín	명 은
2171	³银行	yínháng	명 은행
2172	⁴引起	yǐnqǐ	동 일으키다, 야기하다, 끌다
2173	³⁰饮料	yǐnliào	명 음료
2174	⁵印刷	yìnshuā	동 인쇄하다
2175	⁴印象	yìnxiàng	명 인상
2176	³应该	yīnggāi	조동 ～해야 한다
2177	⁵英俊	yīngjùn	형 잘생기다, 재능이 출중하다
2178	⁵英雄	yīngxióng	명 영웅
2179	⁵迎接	yíngjiē	동 영접하다, 마중하다
2180	⁵营养	yíngyǎng	명 영양

2181	⁵营业	yíngyè	동 영업하다
2182	⁴赢	yíng	동 이기다, 승리하다
2183	³影响	yǐngxiǎng	명 영향 동 영향을 주다
2184	⁵影子	yǐngzi	명 그림자
2185	⁵应付	yìngfu	동 대응하다, 대처하다
2186	⁴应聘	yìngpìn	동 지원하다
2187	⁵应用	yìngyòng	동 응용하다
2188	⁵硬	yìng	형 단단하다, 딱딱하다
2189	⁵硬件	yìngjiàn	명 하드웨어
2190	⁵拥抱	yōngbào	동 포옹하다, 껴안다
2191	⁵拥挤	yōngjǐ	형 붐비다, 혼잡하다
2192	⁴永远	yǒngyuǎn	부 영원히
2193	⁴勇敢	yǒnggǎn	형 용감하다
2194	⁵勇气	yǒngqì	명 용기
2195	³用	yòng	동 쓰다, 사용하다
2196	⁵用功	yòng//gōng	동 열심히 공부하다
2197	⁵用途	yòngtú	명 용도
2198	⁴优点	yōudiǎn	명 장점
2199	⁵优惠	yōuhuì	형 특혜의, 우대의
2200	⁵优美	yōuměi	형 우아하고 아름답다
2201	⁵优势	yōushì	명 우세
2202	⁴优秀	yōuxiù	형 우수하다
2203	⁴幽默	yōumò	형 유머러스하다
2204	⁵悠久	yōujiǔ	형 유구하다, 아득하게 오래다
2205	⁴尤其	yóuqí	부 더욱이, 특히
2206	⁴由	yóu	전 ~에 의해, ~이/가, ~로써, ~로부터
2207	⁴由于	yóuyú	전 ~때문에
2208	⁴邮局	yóujú	명 우체국
2209	⁵犹豫	yóuyù	형 주저하다, 망설이다

2210	⁵油炸	yóuzhá	동 (끓는) 기름에 튀기다
2211	⁵游览	yóulǎn	동 유람하다
2212	³游戏	yóuxì	명 게임, 놀이 동 놀다
2213	²游泳	yóu//yǒng	동 수영하다, 헤엄치다
2214	⁴友好	yǒuhǎo	형 우호적이다
2215	⁴友谊	yǒuyì	명 우의, 우정
2216	¹有	yǒu	동 있다
2217	⁵有利	yǒulì	형 유리하다, 유익하다
2218	³有名	yǒumíng	형 유명하다
2219	⁴有趣	yǒuqù	형 재미있다
2220	³又	yòu	부 또, 다시
2221	²右边	yòubiān	명 오른쪽
2222	⁵幼儿园	yòu'éryuán	명 유치원, 유아원
2223	⁴于是	yúshì	접 그래서, 그리하여
2224	²鱼	yú	명 물고기
2225	⁵娱乐	yúlè	동 오락하다 명 오락
2226	⁴愉快	yúkuài	형 기쁘다, 유쾌하다
2227	⁴与	yǔ	접 ~과[와] 전 ~과[와]
2228	⁵与其	yǔqí	접 ~하기보다는, ~하느니
2229	⁴羽毛球	yǔmáoqiú	명 배드민턴
2230	⁴语法	yǔfǎ	명 어법
2231	⁵语气	yǔqì	명 말투, 어기
2232	⁴语言	yǔyán	명 언어
2233	⁵玉米	yùmǐ	명 옥수수
2234	⁵预报	yùbào	동 예보하다
2235	⁵预订	yùdìng	동 예약하다
2236	⁵预防	yùfáng	동 예방하다
2237	⁵预习	yùxí	동 예습하다
2238	³遇到	yùdào	동 만나다, 마주치다

2239	³元	yuán	양 위안(중국 본위 화폐 단위)
2240	⁵元旦	Yuándàn	명 원단, 양력 1월 1일
2241	⁵员工	yuángōng	명 직원, (회사의) 종업원
2242	⁴原来	yuánlái	부 원래, 본래, 알고 보니
2243	⁴原谅	yuánliàng	동 양해하다, 이해하다, 용서하다
2244	⁵原料	yuánliào	명 원료, 감
2245	⁴原因	yuányīn	명 원인
2246	⁵原则	yuánzé	명 원칙
2247	⁵圆	yuán	형 둥글다
2248	²远	yuǎn	형 멀다
2249	⁵愿望	yuànwàng	명 희망, 바람
2250	³愿意	yuànyi	조동 ~하기를 바라다 동 희망하다

Day 19

2251	⁴约会	yuēhuì	동 약속하다 명 약속
2252	¹月	yuè	명 달, 월
2253	³月亮	yuèliang	명 달
2254	⁵乐器	yuèqì	명 악기
2255	⁴阅读	yuèdú	동 열독하다, 읽다
2256	³越	yuè	동 뛰어넘다 부 점점 ~하다, ~할수록 ~하다
2257	⁵晕	yūn	형 어지럽다 동 까무러치다
2258	⁴云	yún	명 구름
2259	⁴允许	yǔnxǔ	동 동의하다, 허락하다
2260	²运动	yùndòng	동 운동하다 명 운동, 캠페인
2261	⁵运气	yùnqi	명 운수, 운세

2262	⁵运输	yùnshū	동 운반하다, 수송하다
2263	⁵运用	yùnyòng	동 운용하다, 활용하다
2265	⁵灾害	zāihài	명 재해, 재난
2266	²再	zài	부 재차, 또
2267	¹再见	zàijiàn	동 또 뵙겠습니다, 안녕
2268	⁵再三	zàisān	부 재삼, 몇 번씩, 여러 번
2269	¹在	zài	동 ~에 있다 전 ~에,~에서
2270	⁵在乎	zàihu	동 마음에 두다, 문제 삼다
2271	⁵在于	zàiyú	동 (본질이나 내용이) ~에 있다, ~에 달려있다
2272	⁴咱们	zánmen	대 우리
2273	⁴暂时	zànshí	명 잠깐, 잠시
2274	⁵赞成	zànchéng	동 찬성하다, 찬동하다
2275	⁵赞美	zànměi	동 찬미하다
2276	⁴脏	zāng	형 더럽다
2277	⁵糟糕	zāogāo	형 엉망이 되다, 망치다
2278	²早上	zǎoshang	명 아침
2279	⁵造成	zàochéng	동 조성하다, 초래하다, 야기하다
2280	⁵则	zé	접 ~하면 ~이다, 오히려 동 즉 ~이다
2281	⁵责备	zébèi	동 책하다, 나무라다
2282	⁴责任	zérèn	명 책임
2283	¹怎么	zěnme	대 어떻게, 왜, 어째서
2284	¹怎么样	zěnmeyàng	대 어떻다, 어떠하다
2285	⁴增加	zēngjiā	동 증가하다, 늘리다
2286	⁵摘	zhāi	동 따다, 뜯다, 발췌하다
2287	⁵窄	zhǎi	형 좁다
2288	⁵粘贴	zhāntiē	동 붙이다, 바르다
2289	⁵展开	zhǎnkāi	동 펴다, 펼치다, 전개하다
2290	⁵展览	zhǎnlǎn	동 전람하다
2291	⁵占	zhàn	동 차지하다, 점용하다

2292	⁴占线	zhàn//xiàn	동 (전화 선로가) 통화 중이다
2293	⁵战争	zhànzhēng	명 전쟁
2294	³站	zhàn	동 서다, 일어서다 명 정거장, 역
2295	³张	zhāng	양 장 동 열다, 펼치다
2296	³长②	zhǎng	동 자라다, 생기다
2297	⁵长辈	zhǎngbèi	명 손윗사람, 연장자
2298	⁵涨	zhǎng	동 오르다
2299	⁵掌握	zhǎngwò	동 정통하다, 장악하다, 주관하다
2300	²丈夫	zhàngfu	명 남편
2301	⁵账户	zhànghù	명 계좌
2302	⁵招待	zhāodài	동 접대하다, 대접하다
2303	⁴招聘	zhāopìn	동 모집하다, 초빙하다
2304	⁵着火	zháo//huǒ	동 불붙다, 불나다
2305	³着急	zháo//jí	동 조급해하다
2306	⁵着凉	zháo//liáng	동 감기에 걸리다
2307	²找	zhǎo	동 찾다
2308	⁵召开	zhàokāi	동 열다, 개최하다
2309	⁴照	zhào	동 비추다, (사진이나 영화를) 찍다
2310	⁵照常	zhàocháng	동 평소와 같다
2311	³照顾	zhàogù	동 돌보다, 간호하다
2312	³照片	zhàopiàn	명 사진
2313	³照相机	zhàoxiàngjī	명 사진기, 카메라
2314	⁵哲学	zhéxué	명 철학
2315	¹这	zhè	대 이, 이것
2316	²着	zhe	조 ~하고 있다, ~한 채로 있다
2317	⁵针对	zhēnduì	동 겨누다, 겨냥하다
2318	⁵珍惜	zhēnxī	동 진귀하게 여겨 아끼다, 소중히 여기다
2319	²真	zhēn	부 확실히, 진정으로 형 진실하다
2320	⁵真实	zhēnshí	형 진실하다

2321	⁴真正	zhēnzhèng	⑱ 진정한, 참된 ⑭ 정말로
2322	⁵诊断	zhěnduàn	⑧ 진단하다
2323	⁵阵	zhèn	⑨ 한동안, 바탕, 차례
2324	⁵振动	zhèndòng	⑧ 진동하다
2325	⁵争论	zhēnglùn	⑧ 변론하다, 쟁론하다
2326	⁵争取	zhēngqǔ	⑧ 쟁취하다, 따내다
2327	⁵征求	zhēngqiú	⑧ 탐방하여 구하다
2328	⁵睁	zhēng	⑧ 눈을 뜨다
2329	⁵整个	zhěnggè	⑱ 모든, 전부의
2330	⁴整理	zhěnglǐ	⑧ 정리하다
2331	⁵整齐	zhěngqí	⑱ 정연하다, 반듯하다
2332	⁵整体	zhěngtǐ	⑨ 전체, 총체
2333	⁵正	zhèng	⑱ 바르다 ⑭ 마침
2334	⁴正常	zhèngcháng	⑱ 정상적인
2335	⁴正好	zhènghǎo	⑱ 꼭 맞다 ⑭ 마침, 때마침
2336	⁴正确	zhèngquè	⑱ 정확하다, 올바르다
2337	⁴正式	zhèngshì	⑱ 정식의
2338	²正在	zhèngzài	⑭ 지금 ~하고 있다
2339	⁵证件	zhèngjiàn	⑨ 증거 서류, 증명서
2340	⁵证据	zhèngjù	⑨ 증거
2341	⁴证明	zhèngmíng	⑧ 증명하다 ⑨ 증명서
2342	⁵政府	zhèngfǔ	⑨ 정부
2343	⁵政治	zhèngzhì	⑨ 정치
2344	⁵挣	zhèng	⑧ 노력하여 돈 등을 벌다, 몸부림쳐 벗어나다
2345	⁴之	zhī	⑪ 이, 그, 이것, 그것 ㉜ ~의
2346	⁵支	zhī	⑨ 자루
2347	⁴支持	zhīchí	⑧ 지지하다
2348	⁵支票	zhīpiào	⑨ 수표
2349	³只①	zhī	⑨ 마리

2350	²知道	zhīdao	동 알다, 이해하다
2351	⁴知识	zhīshi	명 지식
2352	⁵执照	zhízhào	명 인가증, 허가증
2353	⁵直	zhí	형 곧다, 솔직하다 동 펴다 부 내내, 줄곧, 정말이지
2354	⁴直接	zhíjiē	형 직접적인
2355	⁴值得	zhídé	동 ~할 만한 가치가 있다
2356	⁴职业	zhíyè	명 직업
2357	⁴植物	zhíwù	명 식물
2358	³只②	zhǐ	부 단지, 다만
2359	⁴只好	zhǐhǎo	부 부득이, 할 수 없이, 어쩔 수 없이
2360	⁴只要	zhǐyào	접 ~하기만 하면
2361	³只有……才……	zhǐyǒu……cái……	오로지 ~해야만 비로소 ~
2362	⁴指	zhǐ	명 손가락 동 가리키다
2363	⁵指导	zhǐdǎo	동 지도하다
2364	⁵指挥	zhǐhuī	동 지휘하다
2365	⁵至今	zhìjīn	부 지금까지
2366	⁴至少	zhìshǎo	부 적어도, 최소한
2367	⁵至于	zhìyú	동 ~의 지경에 이르다 전 ~에 관해서는
2368	⁵志愿者	zhìyuànzhě	명 지원자
2369	⁵制定	zhìdìng	동 제정하다
2370	⁵制度	zhìdù	명 제도
2371	⁵制造	zhìzào	동 제조하다, 만들다
2372	⁵制作	zhìzuò	동 제작하다, 만들다
2373	⁴质量	zhìliàng	명 품질
2374	⁵治疗	zhìliáo	동 치료하다
2375	⁵秩序	zhìxù	명 질서

2376	⁵智慧	zhìhuì	몡 지혜
2377	¹中国	Zhōngguó	몡 중국
2378	³中间	zhōngjiān	몡 중간, 가운데
2379	⁵中介	zhōngjiè	몡 매개
2380	³中文	Zhōngwén	몡 중국어, 중국글
2381	¹中午	zhōngwǔ	몡 정오
2382	⁵中心	zhōngxīn	몡 한가운데, 중심
2383	⁵中旬	zhōngxún	몡 중순
2384	³终于	zhōngyú	뷔 마침내, 결국
2385	³种①	zhǒng	얭 종(종류)
2386	⁵种类	zhǒnglèi	몡 종류
2387	⁴重	zhòng	혱 무겁다
2388	⁵重大	zhòngdà	혱 중대하다
2389	⁴重点	zhòngdiǎn	몡 중점
2390	⁵重量	zhòngliàng	몡 중량
2391	⁴重视	zhòngshì	동 중시하다
2392	³重要	zhòngyào	혱 중요하다
2393	⁵周到	zhōudào	혱 세심하다, 꼼꼼하다
2394	³周末	zhōumò	몡 주말
2395	⁴周围	zhōuwéi	몡 주위, 주변
2396	⁵猪	zhū	몡 돼지
2397	⁵竹子	zhúzi	몡 대나무
2398	⁵逐步	zhúbù	뷔 한 걸음 한 걸음, 점차
2399	⁵逐渐	zhújiàn	뷔 점점
2400	⁵主持	zhǔchí	동 주재하다, 사회를 보다
2401	⁵主动	zhǔdòng	혱 주동적인
2402	⁵主观	zhǔguān	몡 주관 혱 주관적인

2403	⁵主人	zhǔrén	명 주인
2404	⁵主任	zhǔrèn	명 주임
2405	⁵主题	zhǔtí	명 주제
2406	⁵主席	zhǔxí	명 주석, 위원장
2407	³主要	zhǔyào	형 주요한, 주된
2408	⁴主意	zhǔyi	명 방법, 생각
2409	⁵主张	zhǔzhāng	동 주장하다 명 주장, 견해, 의견
2410	⁵煮	zhǔ	동 삶다, 끓이다
2411	¹住	zhù	동 숙박하다, 살다
2412	⁵注册	zhù//cè	동 등록하다, 등기하다
2413	³注意	zhùyì	동 주의하다, 조심하다
2414	⁵祝福	zhùfú	동 축복하다, 축원하다 명 축복, 축하
2415	⁴祝贺	zhùhè	동 축하하다, 경하하다
2416	⁴著名	zhùmíng	형 저명하다, 유명하다
2417	⁵抓	zhuā	동 붙잡다, (기회 등을)잡다, 체포하다
2418	⁵抓紧	zhuā//jǐn	동 꽉 쥐다, 단단히 잡다
2419	⁵专家	zhuānjiā	명 전문가
2420	⁴专门	zhuānmén	형 전문적이다 부 전적으로, 일부러
2421	⁵专心	zhuānxīn	형 전심전력하다, 전념하다
2422	⁴专业	zhuānyè	명 전공, 전문 형 전문의
2423	⁴转	zhuǎn	동 회전하다, 바뀌다, 전하다
		zhuàn	동 돌다, 돌아다니다
2424	⁵转变	zhuǎnbiàn	동 전변하다, 바꾸다, 바뀌다
2425	⁵转告	zhuǎnggào	동 전언하다, (내용을) 전하다
2426	⁴赚	zhuàn	동 벌다
2427	⁵装	zhuāng	동 싣다, 포장하다, ~인 체하다
2428	⁵装饰	zhuāngshì	명 장식품 동 장식하다
2429	⁵装修	zhuāngxiū	동 (가옥내부를) 설치하고 꾸미다, 인테리어하다
2430	⁵状况	zhuàngkuàng	명 상황, 형편, 상태

2431	⁵状态	zhuàngtài	명 상태
2432	⁵撞	zhuàng	동 부딪치다
2433	⁵追	zhuī	동 뒤쫓다, 추구하다, 따라다니다
2434	⁵追求	zhuīqiú	동 추구하다, 탐구하다, (이성을) 쫓아다니다
2435	²准备	zhǔnbèi	동 준비하다
2436	⁴准确	zhǔnquè	형 확실하다, 정확하다
2437	⁴准时	zhǔnshí	형 시간에 맞다 부 제때에
2438	¹桌子	zhuōzi	명 탁자, 테이블
2439	⁵咨询	zīxún	동 자문하다, 상의하다
2440	⁵姿势	zīshì	명 자세, 모양
2441	⁵资格	zīgé	명 자격
2442	⁵资金	zījīn	명 자금
2443	⁵资料	zīliào	명 자료
2444	⁵资源	zīyuán	명 자원
2445	⁴仔细	zǐxì	형 세심하다, 꼼꼼하다
2446	⁵紫	zǐ	형 자색의, 보라색
2447	⁵自从	zìcóng	전 (시간)~부터, ~이래
2448	⁵自动	zìdòng	형 자동으로, 자발적인 부 자동적으로, 자발적으로
2449	⁵自豪	zìháo	형 자랑스럽다
2450	³自己	zìjǐ	대 자기, 자신
2451	⁵自觉	zìjué	동 자각하다 형 자발적이다, 자진하다
2452	⁴自然	zìrán	명 자연 형 천연의, 자연의
2453	⁵自私	zìsī	형 이기적이다
2454	⁴自信	zìxìn	동 자신하다 명 자신감
2455	³自行车	zìxíngchē	명 자전거
2456	⁵自由	zìyóu	형 자유롭다 명 자유
2457	⁵自愿	zìyuàn	동 자원하다
2458	¹字	zì	명 문자, 글자
2459	⁵字母	zìmǔ	명 자모

2460	⁵字幕	zìmù	명 자막
2461	⁵综合	zōnghé	동 종합하다
2462	⁵总裁	zǒngcái	명 총재
2463	⁵总共	zǒnggòng	부 합쳐서, 도합
2464	⁴总结	zǒngjié	동 총괄하다 명 총결산
2465	⁵总理	zǒnglǐ	명 총리
2466	³总是	zǒngshì	부 늘, 언제나
2467	⁵总算	zǒngsuàn	부 마침내, 드디어, 대체로
2468	⁵总统	zǒngtǒng	명 총통, 대통령
2469	⁵总之	zǒngzhī	접 총괄적으로 말하면
2470	²走	zǒu	동 걷다, 떠나다, 통과하다
2471	⁴租	zū	동 세내다, 임차하다
2472	⁵阻止	zǔzhǐ	동 저지하다
2473	⁵组	zǔ	명 조, 팀 양 조
2474	⁵组成	zǔchéng	동 짜다, 조성하다
2475	⁵组合	zǔhé	동 조합하다 명 조합
2476	⁵组织	zǔzhī	동 조직하다 명 조직
2477	³嘴	zuǐ	명 입
2478	²最	zuì	부 가장, 제일
2479	⁵最初	zuìchū	명 최초, 처음
2480	⁴最好	zuìhǎo	형 가장 좋다 동 ~하는 게 제일 좋다
2481	³最后	zuìhòu	형 최후의
2482	³最近	zuìjìn	명 최근, 요즈음
2483	⁵醉	zuì	동 취하다
2484	⁵尊敬	zūnjìng	동 존경하다
2485	⁴尊重	zūnzhòng	동 존중하다
2486	⁵遵守	zūnshǒu	동 준수하다, 지키다
2487	¹昨天	zuótiān	명 어제
2488	²左边	zuǒbiān	명 왼쪽, 왼편

2489	⁴左右	zuǒyòu	명 좌와 우, 좌우, 가량 동 좌우하다
2490	⁴作家	zuòjiā	명 작가
2491	⁵作品	zuòpǐn	명 작품
2492	⁵作为	zuòwéi	동 ~로 여기다 전 ~로서, ~가 되어서
2493	⁵作文	zuòwén	명 작문
2494	³作业	zuòyè	명 숙제, 과제
2495	⁴作用	zuòyòng	명 작용, 역할
2496	⁴作者	zuòzhě	명 저자, 필자
2497	¹坐	zuò	동 앉다
2498	⁴座	zuò	양 좌, 동, 채. (부피가 크거나 고정된 물체를 세는 단위) 명 좌석, 자리
2499	⁴座位	zuòwèi	명 좌석, 자리
2500	¹做	zuò	동 하다

PART 03

新HSK 5급
汉办 新大纲
추가 어휘

1 이중 조합 단어

★2개 이상의 단어를 조합하여 만든 단어

Part 3-1

	단어	병음	뜻	大纲词
01	摆放	bǎifàng	동 진열하다, 배열하다, 나열하다	摆 放
02	背后	bèihòu	부 남몰래, 암암리에, 뒤에서 명 뒤, 뒤쪽, 뒷면, 배후	后背 后面
03	编写	biānxiě	동 창작하다, 편저하다, 편집하여 저술하다	编辑 写
04	标签	biāoqiān	명 태그(Tag), 라벨, 상표	标志 签
05	采用	cǎiyòng	동 채용하다, 채택되다, 응용하다 적합한 것을 골라 쓰다	采取 使用
06	查询	cháxún	동 문의하다, 조회하다, 조사하여 묻다, 알아보다	检查 咨询
07	产量	chǎnliàng	명 생산량	生产 数量
08	虫子	chóngzi	명 벌레	昆虫 兔子
09	辞退	cítuì	동 해고하다, 해직시키다, 사양하다	辞职 退
10	刺眼	cìyǎn	형 눈이 부시다, 눈이 따갑다, 눈에 거슬 리다, 눈꼴사납다	刺激 眼睛
11	促销	cùxiāo	동 판매를 촉진시키다, 판촉하다	促进 销售
12	订单	dìngdān	명 (상품·물품 예약) 주문서, 주문 명세서	预订 菜单
13	独自	dúzì	부 혼자서, 홀로, 단독으로	单独 自己
14	躲避	duǒbì	동 회피하다, 숨다, 물러서다, 피하다	躲藏 逃避
15	法则	fǎzé	명 규율, 법칙, 법규	法律 规则
16	返回	fǎnhuí	동 (원래의 곳으로) 되돌아가다, 되돌아오다	往返 回
17	房屋	fángwū	명 집, 주택, 가옥, 건물	房间 屋子
18	废旧	fèijiù	형 낡아서 못 쓰게 되다	废话 旧
19	分享	fēnxiǎng	동 (기쁨·행복·좋은 점 등을) 함께 나누다, 함께 누리다	分 享受
20	概率	gàilǜ	명 확률, 개연율	大概 汇率
21	古老	gǔlǎo	형 오래 되다	古代 老

22	观赏	guānshǎng	동 감상하다, 관상하다, 보고 즐기다	参观 欣赏	
23	柜子	guìzi	명 캐비닛(cabinet), 궤짝, 함, 장롱	柜台 桌子	
24	含量	hánliàng	명 함량	包含 数量	
25	含有	hányǒu	동 함유하다, 포함하다, (사물의) 안에 들어 있다	包含 有	
26	缓慢	huǎnmàn	형 (속도가) 느리다, 완만하다	缓解 慢	
27	货架	huòjià	명 화물 수납장	售货员 书架	
28	计算机	jìsuànjī	명 계산기, 컴퓨터	计算 手机	
29	纪念品	jìniànpǐn	명 기념품	纪念 商品	
30	加强	jiāqiáng	동 강화하다, 증강하다	增加 强调	
31	驾驶员	jiàshǐyuán	명 (자동차·배·비행기 등의) 운전사, 항해사, 기관사, 조종사	驾驶 售货员	
32	驾照	jiàzhào	명 운전 면허증, 비행기 조종사 면허증, 해기사 면허증	驾驶 执照	
33	减弱	jiǎnruò	동 (힘·기세 등이) 약해지다, 약화되다, 쇠약해지다	减少 弱	
34	奖品	jiǎngpǐn	명 상품, 포상, 트로피	奖金 商品	
35	靠近	kàojìn	동 가까이 가다, 다가가다, 접근하다 형 가깝다	靠 附近	
36	夸大	kuādà	동 과대하다, 과장하다	夸张 大	
37	礼品	lǐpǐn	명 선물	礼物 商品	
38	美食	měishí	명 맛있는 음식	美丽 食物	
39	名称	míngchēng	명 명칭, 이름	名字 称呼	
40	木材	mùcái	명 목재	木头 材料	
41	拍摄	pāishè	동 촬영하다, (사진을) 찍다	拍 摄影	
42	拍照	pāizhào	동 사진을 찍다	拍 照片	
43	陪伴	péibàn	동 동무가 되다, 함께 하다, 같이 있다, 모시다	陪 伙伴	
44	品牌	pǐnpái	명 상표, 브랜드(brand)	商品 登机牌	
45	凭借	píngjiè	동 ~에 의지하다, ~을 믿다, ~을 기반으로 하다 전 ~에 의거하여, ~에 의해	凭 借	

46	强大	qiángdà	형 강대하다	坚强 大
47	身份证	shēnfènzhèng	명 신분증	身份 证件
48	升高	shēnggāo	동 위로 오르다, 높이 오르다	升 提高
49	升职	shēngzhí	동 승진하다	升 职业
50	诗歌	shīgē	명 시, 시가	诗 唱歌
51	诗人	shīrén	명 시인	诗 人
52	食品	shípǐn	명 (상품으로서의) 식품	食物 商品
53	收集	shōují	동 수집하다, 모으다, 채집하다, (인재를) 모집하다	收 集中
54	受益	shòuyì	동 이익을 얻다, 유익하다, 수혜를 받다	接受 利益
55	树木	shùmù	명 나무, 수목 동 나무를 심다	树 木头
56	水源	shuǐyuán	명 수원	水 资源
57	睡眠	shuìmián	명 수면, 잠 동 수면하다, 잠자다	睡觉 失眠
58	搜集	sōují	동 수집하다, 찾아 모으다, 채집하다	搜索 集中
59	俗语	súyǔ	명 속어, 속담	风俗 词语
60	特产	tèchǎn	명 특산물	特别 产品
61	提升	tíshēng	동 진급하다, 진급시키다, (권양기 따위로 광물·재료 등을) 높은 곳으로 운반하다	提高 升
62	体型	tǐxíng	명 체형, 인체의 유형, 몸매	身体 类型
63	同伴	tóngbàn	명 동료, 친구	同事 伙伴
64	外婆	wàipó	명 외할머니, 외조모	外公 老婆
65	外形	wàixíng	명 외형	外 形状
66	文件夹	wénjiànjiā	명 서류철, (파일) 폴더	文件 夹子
67	问卷	wènjuàn	명 설문 조사, 앙케트	问题 试卷
68	物品	wùpǐn	명 물품	购物 商品
69	显而易见	xiǎn'éryìjiàn	성 (사태나 도리 등이) 똑똑히 보이다, 분명하고 뚜렷이 보이다, 잘 알 수 있다	明显 而 容易 看见
70	显示器	xiǎnshìqì	명 모니터	显示 机器
71	相册	xiàngcè	명 앨범, 사진첩	照相机 册
72	销量	xiāoliàng	명 (상품의) 판매량	销售 数量

	단어	병음		뜻	大纲词
73	研制	yánzhì	동	연구 제작하다	研究 制造
74	夜晚	yèwǎn	명	밤, 야간	夜 晚上
75	艺术品	yìshùpǐn	명	예술품	艺术 作品
76	增强	zēngqiáng	동	증강하다, 강화하다, 높이다	增加 坚强
77	掌声	zhǎngshēng	명	박수 소리	鼓掌 声音
78	主持人	zhǔchírén	명	사회자, 진행자, MC	主持 人
79	住宿	zhùsù	동	묵다, 유숙하다, 숙박하다	住 宿舍

2 음절 축약 단어

★다음절 단어에서 음절을 생략하여 만든 단어

● Part 3-2

	단어	병음		뜻	大纲词
01	编	biān	동	편성하다, 편집하다, (극본·가사 등을) 창작하다	编辑
02	藏	cáng	동	숨기다, 숨다, 간직하다, 간수하다	躲藏
03	肠	cháng	명	장(腸), 창자, (~儿) 소시지, 마음(속)	香肠
04	厂	chǎng	명	공장, (지붕은 있지만 벽이 없는) 간이 건물	工厂
05	尺	chǐ	양	자, 척 [길이의 단위, 1丈(장)의 1/10로 약 33.3cm	尺子
06	充	chōng	형 동	가득하다, 충분하다 가득 채우다, 담당하다	补充
07	充电	chōngdiàn	동	충전하다 [비유] (학습을 통해) 지식·기술 등을 재충전하다	充电器
08	愁	chóu	명 동	수심, 걱정 근심하다, 걱정하다	发愁
09	胆	dǎn	명	담낭, 쓸개, (~儿) 담력, 담	胆小鬼
10	岛	dǎo	명	섬	岛屿
11	订	dìng	동	예약하다, 주문하다, 체결하다	预订

12	毒	dú	명 독, 독극물 [비유] 폐해, 폐단	病毒
13	躲	duǒ	동 피하다, 숨다	躲藏
14	防	fáng	명 방어 동 막다, 방어하다, 지키다	预防
15	工程	gōngchéng	명 (관련 범위가 넓고 각 방면의 협력이 필요하며 많은 인력과 물자가 투입되는) 프로젝트, 사업, 프로그램, 대공사	工程师
16	拐	guǎi	동 다리를 절다, 방향을 바꾸다, 속여서 빼앗다	拐弯
17	含	hán	동 함유하다, 포함하다, (어떤 감정을) 품다, 띠다	包含
18	挤	jǐ	동 비집다, 서로 밀치다, 붐비다	拥挤
19	剪	jiǎn	동 (가위 등으로) 자르다, 깎다, 소탕하다	剪刀
20	亏	kuī	동 손해 보다, 잃어버리다, 부족하다, 밑지게 하다	多亏
21	立	lì	동 서다, (조직·기구 따위를) 창립하다, 설립하다	建立
22	领	lǐng	명 목, 목덜미, (~儿)(옷의) 깃, 칼라	领导
23	录	lù	동 기록하다, 녹음하다	录音
24	赔	péi	동 배상하다, 변상하다, 보상하다, 손해를 보다, 사과하다	赔偿
25	配	pèi	동 분배하다, 배치하다, (~에) 어울리다	分配
26	喷	pēn	동 (액체·기체·분말 등이 압력을 받아) 내뿜다, 분출하다	打喷嚏
27	齐	qí	동 가지런하다, 일치하다, 갖추다	整齐
28	棋	qí	명 장기, 바둑, 체스	象棋
29	强	qiáng	형 강하다, 건장하다, (의지가) 굳건하다	坚强
30	删	shān	동 (문장 속의 글자나 문구 등을)빼다, 삭제하다	删除
31	扇	shàn	명 (~儿) 부채	扇子
32	射	shè	동 쏘다, 발사하다, (액체를) 분사하다, (빛·열·전파 따위를) 방사하다	射击
33	湿	shī	명 적시다 형 습하다, 축축하다	潮湿

34	梳	shū	명 빗 동 빗다, 빗질하다	梳子
35	摔	shuāi	동 내던지다, 떨어져 부서지다, (몸이 균형을 잃고) 쓰러지다	摔倒
36	搜	sōu	동 찾다, 모으다, 수색하다, 검색하다	搜索
37	替	tì	동 대신하다 전 ~을[를] 위하여, ~때문에	代替
38	贴	tiē	동 붙이다, 바싹 붙다	粘贴
39	痛	tòng	형 아프다, 고통스럽다 동 슬퍼하다	痛苦
40	投	tóu	동 던지다, 투척하다 (편지 등을) 부치다, 보내다	投入
41	土	tǔ	명 흙, 토지, 땅, 국토	土地
42	弯	wān	형 굽다, 구불구불하다 동 구부리다	拐弯
43	未	wèi	부 아직 ~하지 않다, ~이[가] 아니다	未必
44	稳	wěn	형 평온하다, 안정되다, 확고하다	稳定
45	握	wò	동 (손으로) 잡다, 쥐다, 장악하다	掌握
46	闲	xián	명 여가, 틈 형 일이 없다, 한가하다	休闲
47	用品	yòngpǐn	명 용품	日用品
48	造	zào	동 만들다, 제작하다, 날조하다, 조작하다	创造
49	曾	céng	부 일찍이, 이미, 벌써, 이전에	曾经
50	粘	zhān	동 (풀 따위로) 붙이다, 들어붙다	粘贴
51	治	zhì	동 다스리다, 치료하다	治疗
52	致	zhì	동 (감정 등을) 나타내다, (정력을) 다하다	导致

3 특수 사례 단어 ★고유명사

Part 3-3

	단어	병음	뜻	분류
01	《本草纲目》	《Běn Cǎo Gāng Mù》	《본초강목》 중국 명(明)대의 학자 이시진(李時珍)이 엮은 약학서	도서명
02	《地理概况》	《Dìlǐ Gàikuàng》	《지리개황》	도서명
03	《汉书》	《Hàn Shū》	《한서》 중국 후한(後漢)시기의 역사가 반고(班固)가 저술한 역사서	도서명
04	《交换空间》	《Jiāohuàn Kōngjiān》	《공간교환》 서로의 공간을 인테리어 해주는 TV프로그램	프로그램명
05	《清明上河图》	《Qīng Míng Shàng Hé Tú》	《청명상하도》 북송(北宋) 시기 장택단의 풍속화 중국 청명절의 도성 내외의 변화한 정경을 묘사한 그림	작품명(그림)
06	《全唐诗》	《Quán Táng Shī》	《전당시》 중국 청대에 편찬된 당시 전집	도서명
07	《三国志》	《Sān Guó Zhì》	《삼국지》 중국의 위(魏)·촉(蜀)·오(吳) 3국의 정사(正史)서	도서명
08	《三字经》	《Sān Zì Jīng》	《삼자경》 옛날, 아동에게 글자를 익히게 하기 위한 책	도서명
09	《舌尖上的中国》	《Shéjiān Shang De Zhōngguó》	《혀끝으로 느끼는 중국(A Bite of China)》 중국 요리 다큐멘터리	프로그램명
10	《实话实说》	《Shí Huà Shí Shuō》	《팩트 토크》 (Tell it like it is) 중국의 TV토크쇼	프로그램명
11	《史记》	《Shǐjì》	《사기》 한(漢)대의 사마천(史馬遷)이 지은 역사서	도서명
12	《孙子兵法》	《Sūnzǐ Bīngfǎ》	《손자병법》 춘추 말기 오(吳)나라 장군이자 병법가인 손무(孫武)가 편찬한 현존하는 가장 오래된 병서	도서명
13	《围城》	《Wéichéng》	《위성》 항일전쟁 시기 중국 지식인 계층의 실상과 사회 현상을 구체적으로 묘사한 장편소설	도서명
14	《战争与和平》	《Zhànzhēng Yǔ Hépíng》	《전쟁과 평화》 러시아 작가 톨스토이의 장편소설	도서명

15	安济桥	Ānjǐ Qiáo	안제교 수(隋)대에 석재로 지은 아치 다리	건축물
16	安乐寺	Ānlè Sì	안락사 남송(南宋)시기 지어진 사원	건축물
17	白居易	Bái Jūyì	백거이 (772~846년) 당나라 때의 저명한 시인	인명
18	北京故宫博物馆	Běijīng Gùgōng Bówùguǎn	베이징 고궁 박물관	기관명
19	北宋	Běi Sòng	북송 960~1127년에 존재하였던 중국 왕조	시대명
20	编辑部	biānjíbù	편집부	부서명
21	冰灯	bīngdēng	빙등(얼음 등불)	관상물
22	成都	Chéngdū	청두 쓰촨(四川)성의 성도	지명
23	楚国	Chǔguó	초(楚)나라 춘추전국시대(春秋戰國時代)의 나라 이름	지명
24	川菜	chuāncài	쓰촨(四川) 음식	요리
25	春秋	Chūnqiū	춘추 시대 (기원전 722~481년) 중국 역사 중의 한 시기	시대명
26	东汉	Dōng Hàn	동한(東漢) A.D.25~220년. 광무제(光武帝) 건무(建武) 원년부터 헌제(獻帝) 연강(延康) 원년까지의 시기	시대명
27	东南亚	Dōngnányà	동남아시아. 동남아(東南亞)	지명
28	洞庭湖	Dòngtíng Hú	동정호 후난(湖南)성 북부에 있는 호수	지명
29	非洲	Fēizhōu	아프리카 주(阿非利加州)	지명
30	福建	Fújiàn	푸젠성. 복건성	지명
31	国航	Guó Háng	국항 중국 국제항주식회사(中国国际航空公司)의 약칭	조직명
32	汉族	Hànzú	한족 중국 인구의 대부분을 차지하는 민족	민족
33	衡山	Héng Shān	형산. 형산 후난(湖南)성에 소재한 중국 5대 명산 중 하나	지명
34	湖南	Húnán	후난성. 호남성	지명

35	甲骨文	jiǎgǔwén	갑골문	문자명
36	精卫	Jīngwèi	정위 바다에 빠져 죽은 여인이 한이 맺혀 정위(精卫)로 환생하여 그 바다를 평평하게 메우려 했다는 고사에서 정위전해(精卫填海)라고 함(불가능한 일을 계속 한다)	인명
37	孔明灯	kǒngmíngdēng	공명등 윗부분이 막힌 종이 등롱. 제갈공명이 발명했다고 하여 붙여진 이름	관상물
38	孔子	Kǒngzǐ	공자 (B.C.551~B.C.479년) 중국 춘추 시대의 사상가·교육가·정치가 및 유가 학설의 창시자	인명
39	李时珍	Lǐ Shízhēn	이시진 명나라 말기 박물학자이자 약학자. 30년에 걸쳐 《본초강목》을 편찬한 인물	인명
40	满汉全席	Mǎn Hàn Quán Xí	만한전석 청나라 중엽 궁중에서 유래하여 수백 가지의 만주풍 요리와 한족풍 요리를 갖춘 호화 연회석	요리
41	满族	Mǎnzú	만주족 중국 소수 민족 중 하나로 주로 헤이룽장(黑龙江)·랴오닝(辽宁)·지린(吉林)·허베이(河北)·베이징(北京)과 네이멍구(内蒙古) 지역에 분포함	민족
42	梅兰芳	Méi Lánfāng	매난방 중국의 경극 배우	인명
43	明代	Míng Dài	명대 몽골족이 세운 원(元)나라를 멸망시키고 한족(漢族)이 세운 통일왕조(1368~1644)	시대명
44	明清	Míng Qīng	명청 명대(1368~1644)와 청대(1636~1912)를 통틀어 이르는 말	시대명
45	清朝	Qīng Cháo	청나라 (1636~1912) 명나라 이후 만주족 누르하치가 세운 중국 최후의 통일왕조	시대명
46	商周	Shāng Zhōu	상주시대 (기원전 1600~256)	시대명
47	少林寺	Shàolín Sì	소림사 허난(河南)성 쑹산(嵩山)에 있는 사찰	시대명
48	四川	Sìchuān	쓰촨성. 사천성	지명

49	塔克拉玛干沙漠	Tǎkèlāmǎgān Shāmò	**타클라마칸 사막** 신장웨이우얼(新疆維吾爾) 자치구 서부, 타림 분지의 사막	지명
50	泰山	Tài Shān	**타이산. 태산** 산둥(山东)성에 소재한 중국 5대 명산 중 하나	지명
51	唐代	Táng Dài	**당대** 수(隋)나라에 이은 중국의 왕조(618~907)	시대명
52	天池	Tiān Chí	**천지** 백두산 산정에 있는 자연호수	지명
53	香港	Xiānggǎng	**홍콩**	지명
54	颐和园	Yíhé Yuán	**이허위안. 이화원** 베이징(北京)에 있는 유명한 황실 정원	건축물
55	赵王	Zhào Wáng	**조나라 왕**	칭호
56	赵州桥	Zhàozhōu Qiáo	**자오저우차오(조주교)** 중국 허베이성(河北省)에 있는 다리	건축물
57	重庆	Chóngqìng	**충칭. 중경** 중국 직할시(直轄市)의 하나	지명
58	诸葛亮	Zhūgě Liàng	**제갈량**(181~234) 삼국 시대 촉(蜀)나라의 정치·군사 전략가	인명
59	庄子	Zhuāngzǐ	**장자**(B.C369~B.C286) 본명은 장주(莊周), 송(宋)의 몽(蒙)지역 사람으로 전국 시대의 사상가이며 도가의 대표적 인물	인명